CB066599

PAULO DE BARROS CARVALHO
UM JURISTA BRASILEIRO
DIMENSÕES E PERCURSOS

DADOS INTERNACIONAIS DE CATALOGAÇÃO NA PUBLICAÇÃO (CIP)
(CÂMARA BRASILEIRA DO LIVRO, SP, BRASIL)

Gaudêncio, Francisco de Sales
Paulo de Barros Carvalho : um jurista brasileiro: dimensões e percursos / Francisco de Sales Gaudêncio, Hernani Maia Costa. – São Paulo : Prólogo, 2017.

Bibliografia.
ISBN: 978-85-93001-01-7
448 p.

1. Advogados - Brasil - Biografia 2. Carvalho, Paulo de Barros 3. Direito - Brasil I. Costa, Hernani Maia. II. Título.

17-03628

CDU-347.965(81)(092.1)

FRANCISCO DE SALES GAUDÊNCIO
HERNANI MAIA COSTA

PAULO DE BARROS CARVALHO
UM JURISTA BRASILEIRO
DIMENSÕES E PERCURSOS

2017

Copyrigth©2017 by Selo Editorial Prólogo.
Editoras: Fernanda Carvalho e Renata Nascimento
Produção Editorial: Rosangela Santos
Projeto Gráfico e Diagramação: Renato Castro
Revisão: Georgia Evelyn Franco
Capa: Renato Castro
Foto de Capa: Silvia Costanti
Fotos do livro: Acervo pessoal de Paulo de Barros Carvalho
Apoio: Eduardo Peruzzo

TODOS OS DIREITOS RESERVADOS. Proibida a reprodução total ou parcial, por qualquer meio ou processo, especialmente por sistemas gráficos, microfílmicos, fotográficos, reprográficos, fonográficos, videográficos. Vedada a memorização e/ou a recuperação total ou parcial, bem como a inclusão de qualquer parte desta obra em qualquer sistema de processamento de dados. Essas proibições aplicam-se também às características gráficas da obra e à sua editoração. A violação dos direitos autorais é punível como crime (art. 184 e parágrafos, do Código Penal), com pena de prisão e multa, conjuntamente com busca e apreensão e indenizações diversas (arts. 101 a 110 da Lei 9.610, de 19.02.1998, Lei dos Direitos Autorais).

Selo Editorial Prólogo

AGRADECIMENTOS

Para a realização do presente estudo biográfico de Paulo de Barros Carvalho, contamos com a participação de muitas pessoas, que direta ou indiretamente, colaboraram na sua consecução. São familiares, amigos, professores, alunos e ex-alunos, advogados e colaboradores do escritório Barros Carvalho Advogados Associados, do Instituto Brasileiro de Estudos Tributários (IBET) e da Editora Noeses.

Nossos agradecimentos, e nem poderia ser diferente, se estendem inicialmente ao círculo familiar. À Sonia Falcão de Barros Carvalho, sua companheira e parceira há mais de meio século; às filhas Roberta, Renata, Priscila e Fernanda; aos netos Bruno e Filipe; ao cunhado e sócio Antonio Sérgio Falcão; à Tia Lúcia Suanê; aos primos Valéria de Barros Carvalho, Orestes Manfro Cruz e Antônio Carlos Rosa Flores.

No âmbito do escritório Barros Carvalho Advogados Associados, somos gratos a Maria Leonor Leite Vieira, Robson Maia Lins, Marcela Conde Acquaro Maia, Fabiana del Padre Tomé, Lucas Galvão de Britto, Andréa Medina, Vanessa Nayara de Souza Mello, Vanusa dos Santos Silva, Cátia Cilene Gonçalves dos Santos e às meninas da cozinha. Da mesma forma, ao pessoal do IBET, Priscila de Sousa, Neiva Baylon, Aurora Tomazini de Carvalho, Amanda Oliveira, Betânia Costa, Fernanda Vidigal, Gleice Evelyn, Patrícia Santos, e à equipe da Editora Noeses,

Rosangela Santos, Maria Eloisa Gomes dos Santos, Marcelo Teixeira, Paulo Breganholi, Semíramis de Oliveira Duro e Juan Carlos Panez Solorzano.

Não poderíamos deixar de destacar os nomes de Andréa Medina e Robson Maia Lins. À primeira, a zelosa secretária de Paulo de Barros Carvalho, que mesmo como bióloga de formação, deixou de lado uma carreira certamente auspiciosa para se dedicar integralmente, como um verdadeiro anjo da guarda, à sua assessoria direta. Foi ela, indubitavelmente, a grande responsável pela viabilização desse projeto, superando dificuldades diversas e criando condições para a sua concretização. Ao doutor Robson Maia Lins, agradecemos, sobretudo, pelas sugestões e pelas soluções, vitais na superação dos problemas que poderiam obstaculizar a realização do nosso trabalho.

Agradecemos, também, aos doutores Ives Gandra Martins, Heleno Taveira Torres, Tácio Lacerda Gama, Paulo Ayres Barreto, Mantovani Colares Cavalcanti, Tárek Moysés Moussalem, Charles William Mcnaughton e Flávia Holanda. Aos professores doutores estrangeiros: José Juan Ferreiro Lapatza, José Luís Shaw, José Osvaldo Casás, Gregorio Robles Morchón, Alejandro Carlos Altamirano, Jorge Bravo Gucci, Humberto Medrano Cornejo, Dardo Scavino e Cesar Garcia Novoa.

Por último, temos que destacar a participação dos membros desta pequena equipe. Eduardo Holderle Peruzzo, pós-graduando da FFLCH da USP, nas pesquisas, discussões e atuação dedicada na composição e recomposição dos materiais escritos. Pablo Matias, historiador e pesquisador de João Pessoa, Paraíba. Newber Machado, o cinegrafista competente sempre presente em todas as entrevistas. Este estudo biográfico, não seria possível sem o envolvimento do professor e historiador José Jobson de Andrade Arruda, da Universidade de São Paulo, definindo as diretrizes do projeto, lendo atentamente os textos produzidos e oferecendo sugestões que em muito contribuíram para o seu enriquecimento.

A todos, nossos sinceros agradecimentos.

SOBRE OS AUTORES

FRANCISCO DE SALES GAUDÊNCIO

Doutor em História pela Universidade de São Paulo (USP) e advogado. Professor associado do departamento de História da Universidade Federal da Paraíba (UFPB), membro do Instituto Histórico e Geográfico da Paraíba e da Academia Paraibana de Letras. Presidiu diversas instituições educacionais e culturais em seu Estado. Com experiência em história da formação econômica do Brasil, atualmente se dedica às áreas de preservação da memória e legislação de proteção ao patrimônio cultural.

HERNANI MAIA COSTA

Pesquisador e doutor em História pela Universidade de São Paulo (USP). Professor aposentado do Instituto de Economia da Universidade Estadual de Campinas (UNICAMP). Ex-diretor associado do Centro de Memória na UNICAMP. Atualmente, tem desenvolvido trabalhos e assessorias nas áreas de história, memória e cultura.

SUMÁRIO

PREFÁCIO – PAULO DE BARROS CARVALHO: UM UNIVERSAL SINGULAR – José Jobson de Andrade Arruda.... 11

APRESENTAÇÃO – Robson Maia Lins 17

NOTA DOS AUTORES 19

PRÓLOGO.. 23

O FAZER BIOGRAFIA 29

AS ORIGENS FAMILIARES 41

OS ANOS DE FORMAÇÃO NA GRANDE METRÓPOLE 103

ESTRUTURA DOS AFETOS... 167

O HOMEM DE CIÊNCIA: PERCURSO ACADÊMICO E INTELECTUAL 235

PAULO DE BARROS CARVALHO VISTO POR AMIGOS 327

CRONOLOGIA DA TRAJETÓRIA ACADÊMICA E PROFISSIONAL DE PAULO DE BARROS CARVALHO ... 357

FONTES E REFERÊNCIAS BIBLIOGRÁFICAS 443

PREFÁCIO
PAULO DE BARROS CARVALHO:
UM UNIVERSAL SINGULAR

Esta obra não é o relato lhano e descompromissado sobre a trajetória de vida de uma personagem ilustre. É o fruto de um procedimento teórico e metodológico fecundo. Pensado para ser o enquadramento ideal para a análise de um percurso singular, que traduzisse, com fidelidade histórica, a vida do jurista e intelectual Paulo de Barros Carvalho. Descrições e análises fundamentadas no vasto arsenal de materiais empíricos e bibliográficos, criteriosamente escrutinados pelos autores desta obra, os historiadores Francisco de Sales Gaudêncio e Hernani Maia Costa, que contaram com o inestimável suporte do jovem doutorando Eduardo Holderle Peruzzo. Um exercício que enaltece o ofício do historiador, cuja finalidade precípua é compassar a história de uma existência às linhas mestras da grande história circundante, realizada de tal modo que a tessitura resultante as iluminasse mutuamente. Procedimento sempre almejado pelos profissionais do campo, mas raramente alcançado na prática historiográfica corriqueira, aquela na qual se fundem indivíduo e sociedade numa trama indissociável, viva e instigante, em que o micro-objeto se põe a serviço da macro-história circundante, e vice-versa. Forma de abordagem que se presta tanto ao enfoque criativo da personagem distinguida que milita no espaço das academias, voltado à formação mental aprimorada de seus estudantes, caso da personagem em apreço, quanto ao operário que atravessa sua existência preso a um chão de fábrica, num trabalho rotineiro, enfadonho, mas que traduz uma experiência inigualável, milite ou não no grande movimento sindical operário, dialogue ou não com outras experiências assemelhadas, como reconhecem os cultores das biografias "corais", que defendem a validade dos experimentos independentemente da significação histórica dos biografados.

Para a execução de tarefa tão complexa e árdua, os autores desta biografia valeram-se de ferramentas teóricas e metodológicas sofisticadas, uma espécie de *dernier cri* do campo historiográfico. Entenderam que a história é a ciência das temporalidades. Temporalidades fluídas, não estanques, compartimentadas nas segmentações tradicionais: passado, presente e futuro. Realizaram uma verdadeira dialógica da transtemporalidade, ou seja, assumiram que os eventos históricos, ditos pretéritos, são tracionados pelos historiadores rumo ao presente, de modo a tornarem-se compreensíveis aos homens que vivenciam esta temporalidade. Seres que não estão imunes às influências que recebem do futuro, sobre o qual têm um amplo horizonte de expectativas, criando-se, destarte, um presente expandido, descomunal, saturado de agoras, de passado e de futuro. Se do ponto de vista astronômico, o fluxo temporal se apresenta contínuo, correndo do passado para o presente em direção ao futuro, que é o nosso entendimento comum do evoluir histórico, para os autores deste empreendimento biográfico, o historiador deve ter em sua mente, a um só tempo, estes três regimes temporais, que o leva a operar, portanto, sob o registro de uma temporalidade unívoca. Há uma impossibilidade absoluta que se faça a história, qualquer que seja, sem que sua mente viaje livremente sobre o mapa do tempo a partir de seu posicionamento no vértice das temporalidades, o tempo presente.

O desdobramento da assunção do conceito de transtemporalidade foi incorporar uma interpretação igualmente inovadora de historiografia, vulgarmente entendida como o acervo das obras históricas produzidas, a história da história. Na contramão desta visão tradicional, assumem a historiografia como sendo a consciência crítica da história. Isto é, pensar que o indivíduo a ser analisado, que as obras por ele produzidas, devam ser capazes de expressar o entorno problematizado das múltiplas experiências temporais que o encerram, ressaltando, no percurso histórico, o tempo a partir do qual fala, escreve, ensina, publica, manifesta-se, vive enfim; bem como os universos sociais, a ambientação acadêmica, o espectro ideológico, as confissões políticas, as crenças religiosas, o aparato institucional/profissional e, não menos relevante, sua rede de relações familiares, de compadrio, e, no limite, as motivações de cunho estritamente pessoal.

Compassado no diapasão deste paradigma teórico-metodológico, pode-se afirmar que o fazer biográfico proposto inscreve-se nos padrões mais elevados da nova história e, em decorrência, capaz de granjear o reconhecimento de parcelas consideráveis da comunidade de historiadores mais exigentes. Recusa a biografia hagiográfica, epidítica, vazada em retórica laudatória, destinada a louvar os poderosos, as casas reinantes, as figuras insignes, à consagração de individualidades. Transforma a prática biográfica numa modalidade de história sociopolítico-cultural. Social porque, através da figura retratada, busca-se compor e recompor as linhas mestras da história mais abrangente; cultural, porque atenta às simbolizações e representações que permeiam a totalidade da vida humana e, finalmente, política, porque este é o lugar em que se coagulam as representações sociais, um *locus* privilegiado para que se possa oscultar as tensões da sociedade, caminho privilegiado que nos faculta ultrapassar as aparências estampadas nos eventos e atingir a densidade recôndita das explicações: a essência histórica.

Os anos 1980 demarcam o renascer do fazer biográfico, por muitos considerados um evento espetacular, que levou François Dosse a compor um clássico para tratar do fenômeno, em sua dimensão propriamente historiográfica e editorial, *O Desafio Biográfico*, em 2009. Para Dosse, a biografia deve captar e reproduzir a atmosfera de uma época. Vale por sua capacidade generalizante, pela tradução que faz dos comportamentos e crenças próprias a um meio social ou um instante particular, visto que o indivíduo é o que lhe permite ser sua época e seu meio social. Nesse sentido, as biografias operam como a composição de verdadeiros tipos ideais weberianos. Travejadas na relação entre os indivíduos e a história, conservam a tensão entre a coerência de um destino individual e sua ancoragem na sociedade, estrutura esta que não pode ser tratada como pano de fundo imóvel, pois, sobre ela, o indivíduo, o biografado, deixa suas impressões digitais, agitando a cena, como bem observa Giovanni Levi.

Foi o retorno do sujeito que levou à revalorização das singularidades legitimadora do interesse pelas biografias, dando ao gênero um caráter mais reflexivo, projetando-o a um status mais elevado. As questões sobre o sujeito e os processos de subjetivação resgataram o gênero biográfico de sua condição de tabu, ao qual fora relegado pela linhagem historiográfica hegemônica dos *Annales*, que valorizava a história econômica e recusava a história política, à qual o gênero biográfico era atrelado como variante indescartável. O renascer biográfico levou Dosse a afirmar que Sartre chegou mesmo a elaborar um discurso do método biográfico, por ele entendido como a busca nos outros da consistência julgada não haver em si mesmo, a projeção no outro de suas aporias autobiográficas, a internalização do externo e a externalização do interno, o ser e o outro, rompendo metodologicamente o esquema da causalidade mecânica no gênero biográfico, abrindo uma janela para a articulação dos elementos singulares de uma dada realidade com a unidade de um ser determinado. Exatamente o procedimento adotado pelos escritores desta biografia, pois nela buscam os detalhes comportamentais que revestem um significado e esclarecem os traços singulares da personalidade do biografado, sem perder de vista as condições objetivas de sua existência, abrindo espaço para sua historicização, fazendo de Paulo de Barros Carvalho um homem **universal singular**.

O biografado é figura densa, cheio de histórias contadas por ele, por seus amigos, familiares, alunos, todos distribuídos do Nordeste ao Rio Grande do Sul, passando por São Paulo, onde se enraizou. Figura ímpar, cujas qualidades inestimáveis resplandecem nesta biografia: retidão, lealdade, honestidade, dignidade, generosidade, humildade, elegância. A imagem plácida e serena, o falar manso, contrasta com a pujança da representação que encerra, o intelectual de peso, sustentado por suas obras jurídicas no campo do direito tributário, criador de uma escola, com vasta gama de seguidores no país e no exterior, personagem que não se recusa a compartilhar com todos seu saber. Seu vício é o trabalho; sistemático e perseverante em todas as suas variáveis, cuja maior paixão é o direito tributário e, por desdobramento, o próprio coração pulsante do sistema social moderno vazado no sistema capitalista, a tributação, chave reguladora da distribuição de renda e, portanto, da felicidade ou infelicidade social.

Toda biografia contém uma inescapável dose de ficção porque, inevitavelmente, para compor um texto que satisfaça, seus autores devem produzir uma obra sedutora, que exige esmero textual e imagético. Mesmo que estejam conscientes da finalidade científica de sua composição, porque ela deve ser uma peça verdadeira, não escapam à necessidade de arquitetar com estilo sua narrativa, descrever situações, narrar eventos. Em suma, recriar a vida vivida pelo biografado, exige recorrer à ficcionalidade que distancia a obra biográfica da história e a aproxima da literatura. E, se assim for, torna-se capaz de criar um mundo novo a partir do mundo existente, nos dizeres de Antonio Candido. O mundo que melhor exprime a realidade de origem, da sociedade e do ser, fruto da textualidade convincente, que lhe dá ares de eficácia discursiva porque lastreada num pacto de verdade. Meta difícil de ser alcançada e que acaba por produzir, no historiador, um sentimento de incompletude, por produzir uma escrita tensionada entre o passado e o presente, entre a materialidade e a subjetividade do biografado, e do próprio historiador que produz o artefato histórico-literário.

A tensão se produz no texto biográfico pela coabitação de dois narradores, o biografado e o biógrafo. Dualidade que Paul Ricoeur propõe-se a equacionar pela distinção da identidade compreendida como o mesmo e a identidade entendida no sentido de si mesmo, sendo exatamente esta segunda forma que confronta o sujeito com o tempo, com a mudança, com mutações constitutivas na relação com o outro, pois, somente a dialetização dessas duas dimensões permite, via mediação da identidade narrativa, restituir a coesão de vida que não cessa de se fazer e desfazer.

Vista em perspectiva panorâmica, as biografias podem ser entendidas como a consumação final de uma existência. Nesse sentido, Michel de Certeau observou que as biografias são o enterro definitivo dos mortos, posto que representam a sacramentação da vida dos biografados. Sacramentados, são ejetados para fora da história rumo ao desterro da memória. Certo, se a abordagem for realizada no plano da individualidade, do sujeito isolado do seu entorno. Equívoco, se for urdida nos termos propostos pelos autores da biografia em tela. Se for elaborada como parte do movimento geral da sociedade. Pois, se for uma biografia social, o ser biografado viverá para sempre como figuração social, como parte integrante da epopeia histórica da humanidade.

José Jobson de Andrade Arruda

Professor Sênior do Departamento de História da
Universidade de São Paulo – USP

APRESENTAÇÃO

Entre o mundo que vivemos e o mundo que sonhamos parece muitas vezes abrir-se abismos. Ante o fosso escuro de nossos limites, muitos se resignam em seus lados, fazendo coincidir sua existência ao que parece intransponível. Outros, não se conformam e passam a ver nessa fissura "a própria razão da nossa actividade moral: o aperfeiçoamento das cousas, a sua disposição em marcha para um fim divino" (Teixeira de Pascoaes), assim é Paulo de Barros Carvalho.

Com efeito, o grande homem não existe para coincidir com o mundo. O seu agir molda o mundo à sua imaginação. Transpõe as fronteiras do sensível, aventurando-se pelos seus sonhos e anseios, na aventura da reflexão. Sua vida será marcada por sucessos e insucessos, porém, não lhe falta nunca a força do espírito. É com ele que transcende as vicissitudes do mundo, imagina ideais, agarra-se em sua fé, para poder regressar e insculpir seu desejo no barro da realidade.

Ler a biografia de um grande homem é a preciosa oportunidade de trocar o caráter hipotético dos experimentos pela concretude das experiências do biografado. É narrativa que prefere o ato à potência, o passo dado à hesitação que não transpõe a fissura que separa os sonhos da realidade.

Um bom texto biográfico servirá, assim, a duplo propósito: de um lado, deve compor documento histórico preciso e precioso, síntese dos acontecimentos que descrevem e situam o homem em seu tempo; por outro, registra os passos e atitudes desse homem que faz seu o tempo, colocando a marca de seu dedo sobre o fluxo da história, erguendo pontes entre o mundo vivido e os seus ideais. É um homem que não se conforma ao mundo, mas que age para conformar o mundo ao espírito.

Eis o caminho de Paulo de Barros Carvalho: sem nunca ter deixado apagar a lúcida inquietude da dúvida, fez correr o pensamento por diversas esferas do saber humano. Desprezando a certeza cômoda – que não é mais que pensar em linha reta –, pensou ao longo do tortuoso itinerário oferecido pelas complexidades da vida e as muitas voltas que dá o mundo.

Robson Maia Lins

Doutor e mestre em Direito Tributário pela PUC-SP. Professor nos cursos de graduação, mestrado e doutorado da PUC-SP. Professor no curso de especialização em Direito Tributário do Instituto Brasileiro de Estudos Tributários – IBET.

NOTA DOS AUTORES

O projeto da biografia de Paulo de Barros Carvalho, nasceu no segundo semestre de 2013, pela iniciativa original de Tácio Lacerda Gama e Robson Maia Lins, ambos advogados do seu escritório que, desde então, contavam com o incentivo de outros ex-alunos no sentido de construírem uma biografia do grande Mestre paulistano da PUC e da USP.

Em 01 de novembro deste ano, o professor Francisco de Sales Gaudêncio jantava com seu filho Samuel Gaudêncio, ex-aluno de Paulo de Barros Carvalho, no restaurante Avek, em São Paulo, quando foi informado por ele sobre a ideia de ser escrita uma biografia do Professor, em razão do alcance que sua escola alcançou em todo o Brasil. Na ocasião, Samuel contou ao pai que havia alguns nomes sendo cogitados pelos ex-alunos para escrever o texto e ponderou sobre a possibilidade dele próprio escrever o texto já que ele era autor do livro, *Joaquim da Silva – um empresário ilustrado do Império*, um estudo biográfico de um figura pouco conhecida que viveu no brejo paraibano no século XIX. Uma biografia social que serviu de tema para o seu Doutorado na FFLCH, da USP, defendido em 2003. Naquele mesmo instante, Francisco de Sales Gaudêncio se entusiasmou com a ideia, colocando-se à disposição para iniciar o trabalho.

Samuel, por sua vez, logo após a confirmação de que o projeto tinha estrutura para ser iniciado, telefonou para Paulo de Barros Carvalho, que se encontrava em Fortaleza, participando como conferencista do VII Congresso Ibero-Americano de Direito Tributário. Foi agendado então um encontro, em 03 de novembro de 2013, onde foram iniciadas as tratativas com a frase de PBC, sempre lembrada por Sales: "Entrego-lhe meu passado, meu presente e a posteridade."

Diante da magnitude do projeto, em conversa com seu antigo orientador, Professor José Jobson de Andrade Arruda, desde o início, o mentor intelectual deste estudo biográfico, Sales convidou o professor Hernani Maia Costa, professor aposentado da UNICAMP e seu velho amigo, que logo aderiu entusiasticamente ao desafio de realizar a biografia que ora é apresentada. Uma empreitada que, desde o início, passou a contar também com a colaboração do doutorando Eduardo Holderle Peruzzo.

Depois de quase três anos, oferecemos, ao público, o resultado final de um exaustivo trabalho de pesquisa e de redação, que tem como tema as dimensões e os percursos de um iminente jurista, como é o Professor Paulo de Barros Carvalho.

Os autores.

Entre o semeador e o que semeia há muita diferença: uma cousa é o soldado, e outra cousa o que peleja; uma cousa é o governador, e outra o que governa. Da mesma maneira, uma cousa é o semeador, e outra o que semeia; uma cousa é o pregador, e outra o que prega. O semeador e o pregador é nome; o que semeia e o que prega é ação; e as ações são as que dão o ser ao pregador. Ter nome de pregador, ou ser pregador de nome não importa nada; as ações, a vida, o exemplo, as obras são as que convertem o mundo.

Padre Antônio Vieira, Sermão da Sexagésima

PRÓLOGO

Passa um pouco das 20h30, de uma noite de quinta-feira. Em uma sala do pavilhão da pós-graduação da PUC/SP, um grupo de alunos aguarda ansiosamente a chegada do professor. Ele é Paulo de Barros Carvalho, ou PBC, uma referência carinhosa daqueles que o admiram e que sabem que ele vem de outro compromisso acadêmico na Universidade de São Paulo, que talvez esteja até cansado, mas que com certeza não faltará. São doutorandos de idade variada, alguns ainda jovens e outros mais velhos que depois de um dia de trabalho ou de estudos ali estão em busca de conhecimento. Muitos que vêm de fora não escondem o cansaço da viagem. Eis que num dado momento chega o Mestre. Com sua habitual elegância cumprimenta a todos que o esperam com um boa noite. Placidamente, senta-se e por um momento fita a sala, dando início à aula como se fosse a primeira atividade do dia, numa hora da noite em que muitos preferem o descanso depois de uma longa jornada de trabalho. De súbito, a sala se ilumina com o brilho dos olhos do velho Mestre, jovem no falar e seguro em suas explanações, presenteando a todos com as lições do Direito, e mais do que isso, com suas lições de vida.

À exceção das noites de sexta-feira, as aulas do período noturno nas faculdades de Direito das duas maiores universidades do país são parte da rotina de Mestre Paulo há décadas. Perto de completar 78 anos, quando há muito poderia estar afastado da docência, sua carga horária semanal não é nada pequena, pois além das aulas da noite, há também as aulas do turno da manhã, cuja oferta das disciplinas por ele ministradas varia de semestre para semestre. E o seu dia, ou melhor dizendo, sua noite não acaba quando termina a aula. Chegando em casa, há sempre uma obra a ser consultada, um texto para ser corrigido ou o último capítulo de um livro a ser lido. Não são poucas as vezes em que seus assistentes e colaboradores se surpreendem, quando se deparam, logo pela manhã, com algum trabalho por ele enviado às duas ou três horas da madrugada. A segunda-feira que se segue a um final de semana passado na Fazenda Santo Antônio de Palmares, no interior de São Paulo, onde supostamente poderia descansar com tranquilidade, relaxando e repondo energias para uma nova semana de trabalho, não é raro encontrar um texto produzido por ele.

Na sua fazenda, aliás, o que se vê é um homem descontraído que se veste de maneira simples, embora sempre elegante, que se movimenta de um canto a outro, antenado com tudo o que diz respeito ao gado, especialmente aos cavalos de raça, à granja, às plantações de cana-de-açúcar e de eucalipto e outros muitos assuntos relacionados à faina do campo, a partir dos relatos detalhados da esposa Sonia, dedicada e eficiente, que, no fundo, é a grande gestora do estabelecimento agropastoril.

A docência é apenas uma parte da sua rotina semanal, pois parte do seu dia a dia é dedicado ao escritório da Barros Carvalho Advogados Associados, reunindo-se com advogados, recebendo clientes, discutindo com seus assistentes os termos de um parecer, ou tratando de assuntos relacionados ao Instituto Brasileiro de Estudos Tributários (IBET), do qual é o presidente ou ainda, tomando decisões no âmbito da Editora Noeses, como editor-chefe e seu fundador. Em meio a tantos compromissos, há sempre espaço para receber seus alunos, tanto da PUC quanto da USP, seus orientandos de pós-graduação ou postulantes a um mestrado ou doutorado sob sua tão disputada orientação. Tudo isso, sem contar com a carregada agenda em que avultam convites para palestras, conferências e viagens para participar de eventos pelos vários cantos do país, quando não no exterior. Mesmo em meio a tudo isso, há tempo suficiente para a leitura e as pesquisas que poderão enriquecer ainda mais sua doutrina, a grande contribuição para a ciência do Direito, que o consagra como um dos maiores juristas da atualidade.

À primeira vista, pode até parecer que a carga de seus afazeres e compromissos, supera em muito as vinte e quatro horas de um dia normal, e assim, alguma atividade certamente não será realizada ou algumas delas serão prejudicadas, em benefício de outras. Ele, contudo, com a paciência e dedicação marcantes em sua personalidade, consegue realizar todas sem nunca reclamar do esforço despendido para tal. Talvez, pelo fato de sempre amar o que faz, ao fazer justamente o que mais ama, este homem virtuoso é tão admirado por todos que o cercam e com ele convivem diariamente. Um homem generoso, dizem alguns, que prima pela humildade dizem outros, sempre com um sorriso nos lábios e disposto a ouvir com respeito quem lhe dirige a palavra e tratando a quem quer que seja com elegância e fidalguia, fortes características que vêm de suas raízes nordestinas, forjadas no antigo Engenho Santo Antônio, localizado em Palmares, Pernambuco, que no passado pertenceu aos Barros Carvalho, e das quais muito se orgulha. É desse engenho ancestral que vem o nome da sua fazenda no interior paulista, um refúgio em meio a uma vida agitada e, ao mesmo tempo, uma religação com o mundo rural, que sempre marcou a história e a vida dos seus antepassados.

Tanto a generosidade quanto a humildade, duas das maiores virtudes, ao lado, entre outras, da dignidade, lealdade e honestidade, e consideradas, por muitos, algo raro nos homens de hoje, são distintivas do seu modo de ser. A generosidade não é apenas o compartir a riqueza, dinheiro ou bens materiais, a associação mais comum quando dela se fala, muito embora seja conhecida sua disposição em ajudar financeiramente a quem a ele recorre. Isso porque o homem generoso compartilha tudo o que tem, seja o conhecimento, uma de suas principais características ou as aflições alheias, com uma palavra de conforto a alguém que necessite. É do grande amigo Robson Maia Lins, um de seus sócios e colaboradores, ao ser abatido pela inesperada perda do pai, a prova de sua capacidade de doação ao colocar à sua disposição todos os meios para amenizar seu sofrimento, além de todas as manifestações de um carinho consolador, como um autêntico gestor de sentimentos.

A humildade, outra virtude que o torna um exemplo de ser humano, parece ser incompatível com sua longa trajetória profissional e acadêmica, seu imensurável conhecimento, seus títulos e comendas recebidas ao longo de uma brilhante carreira e o respeito daqueles que o reconhecem como uma das grandes expressões da ciência jurídica contemporânea. No entanto, ela foi apreendida como uma das mais ricas virtudes cristãs e cultivada por alguém que a pratica cotidianamente, sem que isso signifique ser inferior e, muito menos superior aos outros. Conversar com todo mundo que lhe dirige a palavra, contar uma anedota a um assistente preocupado com um o prazo de um parecer ou responder sempre de maneira bem-humorada ao comentário brincalhão de algum funcionário corintiano ou palmeirense sobre o desastroso desempenho do seu querido São Paulo Futebol Clube ao final de uma rodada do campeonato, são provas incontestes dessa humildade. Muitas vezes é dele, adepto de uma boa brincadeira, que parte a provocação até mesmo quando o seu time perde. É claro que quando a situação é inversa é bem melhor. Quando o seu glorioso tricolor paulista é o grande vencedor e o Corinthians ou o Palmeiras amargam o sabor de uma dolorosa derrota, a brincadeira fica mais gostosa. Que o digam, Vanessa, a pequena e diligente secretaria e a alegre baiana Cátia Cilene, responsável pela cozinha do escritório Barros Carvalho, a primeira corintiana fanática e a segunda, uma fervorosa palmeirense.

Ser generoso ao doar o que sabe, partilhando o conhecimento apreendido para ajudar a quem por ele procura e ser humilde, ao reconhecer publicamente que muito desse seu conhecimento é resultante das lições do grande mestre pernambucano Lourival Vilanova, precursor do Constructivismo Lógico-Semântico que ele consolidou como Escola, hoje reconhecida como uma autêntica Escola Carvalhiana. Ou ainda, aceitar e reconhecer outros modelos e escolas de pensamento do Direito, que não seja a sua escola, essas são dádivas que Paulo de Barros Carvalho vem propagando ao longo de toda sua vida, e que vai distingui-lo sempre como um homem verdadeiramente especial. Especial, porque está sempre disposto a compartilhar tudo o que aprendeu e o que sabe, sempre pronto a apoiar aqueles que podem crescer intelectualmente com sua ajuda, sem nunca se sentir ameaçado ou com ciúme daqueles que um dia, poderão a vir a lhe fazer sombra.

Por certo, nunca agiu ou pensou em agir como o sinistro Cronos, o primeiro deus entre todos os deuses da fase pré-helênica da mitologia grega, que, impiedosamente, devorava os próprios filhos que dele nasciam, para impedir que se realizasse a temida profecia de que algum dia, um deles iria lhe usurpar o trono.

1
O FAZER BIOGRAFIA

O FAZER BIOGRAFIA

O gênero biográfico é tão antigo como a própria História. Entre os gregos, uma prática comum aos filósofos e historiadores, como Xenofonte entre outros, que também é encontrada entre os romanos como Suetônio e Plutarco. Portanto, suas origens remontam à Antiguidade greco-romana, passando pela Idade Média com a hagiografia e panegírico, e pela própria Renascença. Assim, pode-se dizer que importantes biógrafos sempre existiram, embora não fossem chamados assim, pois de acordo com Sabina Loriga, o termo "biografia" somente apareceria nos meados do século XVII. Segundo ela, os primeiros e verdadeiros biógrafos foram os ingleses, como Izaak Walton, que escreveu sobre a vida do poeta John Donne.

Foi no século XIX, ainda sem se separar da História e da Literatura, que a biografia atingiu a maturidade, impondo-se como ofício de pleno direito. Este foi o século em que se destacaram nomes como Hippolyte Taine, Thomas Carlyle, Jules Michelet e Fustel de Coulanges, em uma época em que a ideia de nação exigiu a construção de líderes e monarcas que passariam a simbolizar as nacionalidades. Época também em que acabaram por se tornar moda os famosos dicionários biográficos.

No século seguinte, contra a criticada historicização, a Escola dos Annales passou a defender uma abordagem que ultrapassava os acontecimentos particulares, aprendendo da história o seu substrato mais profundo, como as estruturas sociais, as representações mentais e os fenômenos de longa duração. Assim, a biografia passou a ser entendida como um dos símbolos da história tradicional, mais preocupada com a cronologia do que com as estruturas, com os grandes vultos da história do que com as massas. Em suma, uma simples história política. A partir dos meados do século XX, era de ouro da história serial, e cuja marca principal foi a mensuração de todos os fenômenos culturais, com base nos indicadores quantitativos, chegou a se aspirar à escrita de uma história sem os homens.

Atualmente, a crescente importância da biografia retomada que foi, em novos moldes, deve-se em muito à revalorização dos vários papéis do sujeito na história. É a própria retomada da história política, repudiada por algumas décadas do século passado, pelos historiadores dos Annales, que renasce agora ancorada na sociologia, na antropologia, na literatura, e na própria história, num diálogo multidisciplinar bastante fecundo.

Paulo de Barros Carvalho, a figura central desta biografia, tem uma maneira de ser no mínimo curiosa. A imagem plácida e serena, a fala lenta e pausada, entremeadas pelos silêncios e a naturalidade dos gestos, parecem não condizer com sua estatura de grande figura do Direito no Brasil e no exterior. Nos meios acadêmicos, é o intelectual de renome internacional, reconhecido tanto pelo conjunto de obras jurídicas escritas, quanto pela constante presença em eventos de grande envergadura. Mais do que um jurista especializado em Direito Tributário, o brilhante filósofo, com merecido assento na Academia Brasileira de Filosofia, onde ocupa a cadeira 14, cujo patrono é o jurista Pontes de Miranda, o dedicado professor, que há décadas vem formando milhares de estudantes, seus discípulos que acabaram por se tornar admiradores e amigos; é o único, entre outros grandes nomes do Direito, a criar uma verdadeira escola de pensamento jurídico. Não uma escola, ou um grupo fechado cerceado pelo academicismo catedrático, mas sim, um ambiente de debate onde se possa compartilhar e desenvolver a ciência jurídica no seu sentido mais amplo.

Segundo o também tributarista Ives Gandra Martins, seu dileto amigo há mais de trinta anos, PBC é um homem que prima pela seriedade, pela integridade moral e honestidade intelectual, não por conveniência e sim por convicção. Ainda de acordo com ele, um excelente estilista em tudo que faz, escreve e fala. Um verdadeiro poeta do Direito, o filósofo em tudo, o verdadeiro jusfilósofo. Sobre ele, manifestou-se o catedrático espanhol José Juan Ferreiro Lapatza, no prefácio de uma de suas valiosas obras, ao dizer que lhe custou ponderar ao adentrar na profundidade do pensamento de Paulo de Barros Carvalho, se estava à frente de um jurista que faz filosofia ou frente a um filósofo que reflete sobre o Direito. Ao mesmo tempo, conforme Andréa Medina, sua secretária há mais de 13 anos, o homem extremamente educado, generoso e simples que quase sempre almoça em seu escritório e adora comer arroz, feijão e ovos "estrelados", ou outros pratos também comuns, como uma carne desfiada, um picadinho ou um cuscuz paulista, preparados com mestria e na medida pela cozinheira Vanusa, que com ele trabalha há anos. Alguém sempre pronto a receber, em sua sala, alunos, advogados ou colaboradores, ouvindo cada um deles atentamente, respondendo a uma consulta ou procurando ajudar a quem necessitar, sem nunca se preocupar com o tempo. Afinal, ainda hoje, ele enfrenta uma jornada noturna de trabalho que se estende de segunda à quinta-feira com aulas sempre concorridas nas Faculdades de Direito do Largo de São Francisco e da Pontifícia Universidade Católica de São Paulo. Isso sem falar nas aulas pela manhã, nas duas instituições, cuja carga pode variar de um semestre a outro.

O fascínio exercido pelo homem estudado nesta biografia, conhecido pelas virtudes como a simplicidade, a retidão, a lealdade e a elegância, tão apregoadas pelos seus seguidores, colaboradores e amigos, todos incondicionalmente seus admiradores, certamente poderá levar por caminhos perigosos; isso quando a admiração pelo biografado se torna forte, para não dizer incontrolável. É nesse momento que os biógrafos correm o risco de renunciar a qualquer distanciamento crítico, tornam-se tendenciosos e deixam-se levar, embevecidos, pelo arrebatamento de uma autêntica paixão. Melhor ainda, poderíamos falar como François Dosse invocando Roger Dadoun, numa autêntica "possessão" do biógrafo, isso quando este tende a se apropriar da vida do biografado. Contudo, reversamente, e ainda segundo ele, "como tudo que vai e volta, a possessão se exerce igualmente em sentido contrário, numa relação de reciprocidade. O biógrafo acaba possuído pelo biografado". Agindo dessa forma, e como acontece a qualquer apaixonado, os biógrafos podem se tornar irremediavelmente cegos tendendo, na maioria das vezes, a mergulhar no ridículo.

Da mesma forma, na construção de uma biografia, não se deve agir como aqueles que fizeram ou fazem hagiografias cuidando eles próprios de santificar seus biografados, ou ainda, deve se evitar as especulações e as conclusões danosas, especialmente quando estas apresentam um viés bombástico, sensacionalista, quando não picante, que podem induzir o leitor à formação de um juízo negativo sobre o biografado; uma postura típica e própria dos biófagos que ao contrário do verdadeiro biógrafo estraçalham e devoram o personagem estudado com o intuito de agradar um grande público e garantir grandes tiragens aos grupos editoriais.

Melhor seria, como se manifesta José Saramago sobre sua biografia escrita por João Marques Lopes, o desenvolvimento de um trabalho honesto e sério sem especulações gratuitas, como deveriam ser todos os estudos biográficos que têm como objeto um homem e sua vida. Afinal, a construção de uma biografia exige o *labor hercúleo*, um árduo trabalho de pesquisa, estudo e descrição de uma trajetória individual que não pode ser repetida, por ser ela única e original de um ser único, uma vez que não procura tratar do homem geral, mas do homem particular, do homem-indivíduo que sempre se apresenta como um enigma e com incontáveis problemas aparentemente insolúveis que somente se revelarão a partir dele mesmo. A característica essencial do homem-indivíduo, de acordo com Filloux, apresenta-se então como sendo a sua individualidade, à qual se deve acrescentar sua personalidade distinta. Isso pelo fato de ser ele o resultado único em seu gênero, separado temporal e espacialmente de todos os demais homens e de não se assemelhar totalmente a nenhum, comportando-se da maneira que lhe é própria.

Contudo, toda a história de vida, como uma espécie de micro-história, faz parte da grande história em geral, mais ampla que também pode ser resumida e esquematizada, destacando-se que a primeira sempre se apresenta dentro de um quadro bem mais contínuo e denso. O estudo biográfico permite entrever os vínculos sociais e históricos que se relacionam com a forma como o personagem tem sua obra e trajetória lembradas ou esquecidas ao longo do tempo: sua relação com grupos e movimentos distintos, sua atuação política ou profissional, sua produção editorial, acadêmica ou jornalística, bem como o envolvimento com entidades e instituições a que ele eventualmente esteja vinculado. Como este estudo, por exemplo, uma verdadeira biografia intelectual. Não se pretende com ele fazer apenas uma grande história do indivíduo biografado, mas sim, fazer a sua inserção na grande história. Fica claro, portanto, que se pode chegar ao todo através da parte, numa redução de escala como propõe a micro-história, e assim, uma biografia, segundo Dilthey, tende a ser um elemento privilegiado na reconstrução de uma determinada época. Um meio privilegiado que, partindo do individual, pode levar ao universal.

Numa empreitada como esta que ora se inicia, o biografado deve ser entendido – a exemplo de tantos e tantos outros – como aquela figura quase desconhecida do grande público, mas que, ao longo de sua vida, sempre fez a diferença, seja pelas obras e ações, seja pelo que pensa e o que realiza, nos vários campos em que se manifesta a sua atuação, quer seja como o mestre, o doutrinador, o pensador, o empreendedor, o chefe de família e o homem de fé. O autêntico *polítropos*, o homem múltiplo tal qual o Odysseus de Homero, o rei de Ítaca, um guerreiro valente, astuto e inventivo, a figura heroica da **Ilíada** e da **Odisseia**, reinventado por James Joyce, na figura de Leopold Bloom, personagem do seu celebrado *Ulysses*, para muitos, o maior romance do século XX. Um homem de muitos dons ou facetas. Bem ao contrário daquelas pessoas comuns referidas por Corbin, que não deixaram marcas e que não tinham intenção de deixá-las, ou daqueles homens, como o farsante Baudolino – personagem central do romance homônimo de Umberto Eco – cujas invencionices e inverdades transformaram-se numa mentira coletiva que se tornou a própria história de uma época, no caso, a Idade Média.

Muito mais do que isso, Paulo de Barros Carvalho é o personagem, que pela sua história acumula memórias familiares e flashes sobre ocorrências e protagonistas da história brasileira da segunda metade do século XX até os dias de hoje. Portanto, um homem bem diferente daquela espécie de indivíduos que, em virtude do poder da moderna mídia, alcançam rapidamente a notoriedade perante um público ávido pela história de "famosos", seja este um astro de televisão, uma estrela da música, um ídolo do esporte ou um destacado nome da vida política, ou mesmo como aquelas figuras, cujas limitações em seus campos de atuação são sobejamente conhecidas, conseguem de forma hábil ou com a presteza de uma eficiente assessoria de comunicação, ocupar amplos espaços na mídia. Ou ainda, aqueles que por um golpe de sorte acabam por alcançar, mesmo que por um curto período de tempo o *status*, hoje tão vulgarizado de celebridade.

Como personagem vivo, ainda na plenitude da brilhante carreira de jurista, celebrada profissional e intelectualmente, tanto em âmbito nacional como internacional, sua biografia insere-se na história do tempo presente, uma nova modalidade da historiografia, cuja origem encontra-se no pós-Segunda Guerra Mundial. Um momento particularmente significativo que implicou mudanças e redescobertas no fazer história, como a revalorização da história política, do acontecimento e da própria biografia, evidentemente com novas abordagens e métodos. Nesse passo, emerge a história oral, inicialmente entendida como método da história do tempo presente. A história feita com testemunhas que faz da oralidade – via entrevistas e depoimentos – um complemento e não uma oposição à história escrita, aquela que se funda basicamente em documentos. É só pensar que na longa trajetória da sociedade humana, bem antes de ser escrita, a história foi primeiramente contada. E para isso, valemo-nos de Carlo Ginzburg, quando assinala que o caçador teria sido o primeiro homem a narrar uma história, por força do seu próprio mister, e aqui podemos também incluir o historiador, porque era o único capaz de ler e entender, nas pistas mudas, quase imperceptíveis deixadas pela presa, uma série coerente de informações e de eventos reveladores.

Por outro lado, é com a imersão nos domínios da memória que se pode caminhar com o indivíduo biografado em busca da reconstrução do seu passado, fundamental para o entendimento do seu presente, mesmo com as diferentes dimensões e temporalidades que ela apresenta. Pablo Neruda, em seu livro autobiográfico *Confesso que vivi*, ao tratar da diferença entre o memorialista e o poeta, garantia que as memórias de ambos não são as mesmas, pois aquele viveu talvez menos, porém fotografou muito mais e nos diverte com a perfeição dos detalhes; este nos entrega uma galeria de fantasmas sacudidos pelo fogo e a sombra de uma época. A memória individual, embora com peculiaridades únicas, também é parte de uma memória coletiva muito mais ampla e que leva em conta a inserção do personagem no grupo social ao qual pertence. Lembrando Pierre Nora, a memória é um fenômeno sempre atual, um elo vivido no eterno presente; a história, uma representação do passado. Porque é afetiva e mágica, a memória não se acomoda a detalhes que a confortam: ela se alimenta de lembranças vagas, telescópicas, globais ou flutuantes, particulares ou simbólicas, sensível a todas as transferências, cenas, censuras ou projeções.

Devemos ter em mente, seguindo os ensinamentos da milenar filosofia oriental, que muito embora para existir enquanto passado, ela (a memória) dependa do presente, ela é como o futuro, que não existe enquanto futuro, mas sim como imaginação do presente que ora vivemos. E é essa imaginação que faz de Paulo de Barros Carvalho um homem à frente do seu tempo, sempre disposto a sondar e a revelar o novo, indagando e buscando por respostas na eterna busca pelos novos caminhos do conhecimento, que a seu ver é ilimitado. Sobre ele, em certa ocasião, referiu-se o professor José Souto Maior Borges, e muito acertadamente, como "um autêntico contemporâneo do futuro". Nesse passo, são as palavras do também professor Jorge Bravo Cucci, renomado jurista peruano, que nos oferecem uma exata dimensão do significado dessa referência: "As inumeráveis contribuições do jusfilósofo Paulo de Barros Carvalho para a ciência do Direito se estenderão em toda a sua magnitude para as próximas décadas, baseadas que são nos territórios da lógica, da semiótica, da filosofia da linguagem, das teorias retóricas e da teoria geral do Direito, todos considerados indômitos, quando não ignotos para um tributarista convencional".

A isso deve ser somado seu lado humano, do homem cortês e generoso, sempre pronto a acolher aqueles que dele se aproximam, que tem a modéstia e simplicidade como traços marcantes. O amigo incondicional dos amigos que sempre o distinguiram, como é o caso do intrépido professor Geraldo Ataliba, seu mentor e padrinho profissional. Foi por meio de Ataliba, uma figura agregadora e cultivadora das grandes amizades, que aprendeu a ser solidário e dedicado aos seus amigos, em alguns casos, com uma relação de décadas de convívio. É o exemplo do mestre pernambucano José Souto Maior Borges, Professor Honorário da Faculdade de Direito, da PUC/SP, que no início dos anos setenta, fora convidado a participar do Curso de Especialização em Direito Tributário, que se iniciava na Católica. O mesmo ocorreria em 1975, com o tributarista português Alberto Xavier, que em virtude de problemas surgidos com o movimento revolucionário de abril daquele ano, perdeu sua cátedra na Universidade de Lisboa, vendo-se obrigado a deslocar-se com a família para o Brasil, vindo para a PUC de São Paulo a convite de Geraldo Ataliba. "Foi através dele que conheci Paulo, estabelecendo com ele relações de grande amizade, extensivas às nossas famílias. Ambos – Paulo e Geraldo – foram mais do que padrinhos, foram irmãos que guiaram a mim e a minha família na descoberta de um mundo novo, desde a colocação profissional, a indicação do melhor colégio e do lugar para morar".

Por fim, há que se entender sempre que numa biografia em que se retrata a trajetória de um indivíduo, pode servir ainda como o modelo edificante para educar e transmitir valores. Assim sendo, retratar vidas, experiências singulares e trajetórias individuais pode-se transformar, intencionalmente ou não, numa pedagogia do exemplo, pois a força educativa de um relato biográfico é inegável. Lembremo-nos de Sócrates, quando indagava aos seus discípulos se a virtude era ou não transmissível, uma vez que para os gregos, a virtude era a qualidade essencial que faz do ser o que ele é. Assim é virtuoso o homem que procura ser bom e perfeito valendo-se da razão e do conhecimento para atingir esse objetivo porque essa é uma das qualidades próprias do homem. Portanto, pensemos que ao contrário das habilidades, que podem ser transmitidas, as virtudes precisam ser vivenciadas, praticadas no dia a dia ao longo da vida e mostradas por atos e palavras. E nada garante que a virtude foi assimilada senão a observação, feita por outrem, sobre uma determinada trajetória de vida. Desse modo, a apropriação da virtude acaba por ser feita de forma particular, única e intransferível, segundo a vida de cada um. Afinal, somente o exemplo de uma vida virtuosa pode servir à propagação da virtude.

2
AS ORIGENS FAMILIARES

AS ORIGENS FAMILIARES

Nascido na cidade de São Paulo, em 15 de dezembro de 1938, Paulo de Barros Carvalho é filho do pernambucano Leonardo de Barros Carvalho e da gaúcha Dulce Rosa Cruz, um casal cuja união foi fruto de um encontro que teve como pano de fundo as ocorrências políticas que marcaram os anos 1920, em especial aquelas do final da década e cujo ápice foi a Revolução de 1930. Um encontro enlaçando o Sul e o Nordeste, e não o primeiro, se entendermos que o gaúcho Antônio Augusto Borges de Medeiros estudou e se bacharelou em Direito pela célebre Escola do Recife, mesmo tendo passado primeiramente pela Faculdade de Direito de São Paulo. Ele próprio filho do pernambucano Augusto César de Medeiros, também formado em Direito pela mesma faculdade. Foi ele também, quando presidente do estado do Rio Grande do Sul, quem lançou as bases da fundação da Faculdade Livre de Direito de Porto Alegre, inaugurada em 17 de fevereiro de 1900. Nessa empreitada educacional, os principais organizadores daquela que seria a primeira escola de Direito gaúcha foram Alcebíades Cavalcanti de Albuquerque e Manuel André da Rocha, dois desembargadores nordestinos formados em Recife; o último deles, também pernambucano, acabaria se tornando o segundo diretor daquela escola. Pode-se afirmar, portanto, que a forte influência do positivismo de Augusto Comte, na política do Rio Grande do Sul, tenha vindo dessa corrente de pensamento, que num determinado momento, foi dominante na tradicional Escola do Recife.

Com efeito, as famílias Barros Carvalho e Rosa Cruz se encontrariam em meio ao conturbado quadro político, quando um movimento armado se impunha como a única solução para os problemas políticos que marcavam o país há décadas. As crises dos anos 1920 sinalizavam o fim da Primeira República, período da história republicana brasileira em que pontificavam os grupos oligárquicos. Exemplos disso foram a Reação Republicana, de 1922, quando os estados do Rio Grande do Sul, de Pernambuco, da Bahia e do Rio de Janeiro, em apoio à candidatura de Nilo Peçanha, se alinharam contra Artur Bernardes, o candidato oficial imposto segundo as regras da política ditada pelas elites paulista e mineira, as revoltas tenentistas de 1922 (RJ) e de 1924 (SP) e a Coluna Prestes, iniciada no Rio Grande do Sul, que em sua marcha pelo interior do Brasil adentrou ao estado de Pernambuco arrastando para suas fileiras inúmeros simpatizantes.

Em razão disso, a partir de 1929, passou a se viver um clima de instabilidade criado pelo processo eleitoral da sucessão do paulista Washington Luís, o último presidente da Primeira República, gerado pela política do café-com-leite, um esquema de alternância do qual participavam São Paulo e Minas Gerais, dois grandes estados da federação que aliavam, respectivamente, o poder econômico e a força eleitoral com o intuito de monopolizar do comando da República. Pela lógica do café-com-leite, era a vez de Minas Gerais "fazer" o presidente e Antônio Carlos Ribeiro de Andrada, então governante mineiro, surgia como candidato natural. Washington Luís, entretanto, preteriu sua candidatura alegando a necessidade de dar continuidade à sua política econômico-financeira, indicando para sucedê-lo outro paulista, Júlio Prestes, que na ocasião governava o estado de São Paulo. Assim sendo, em 1929, deu-se a ruptura de um sistema de equilíbrio político que funcionou durante a chamada República das Oligarquias (1894-1930), o que levou as lideranças mineiras a se aproximarem do Rio Grande do Sul, a terceira força política do país, que, embora estivesse à margem do esquema do café-com-leite, era também integrante da mesma ordem oligárquica então vigente. Ensejou-se assim a formação de uma frente de oposição unindo Minas Gerais e Rio Grande do Sul, ao qual coube a indicação da candidatura de Getúlio Vargas à presidência da República nas eleições de 1930. Essa frente de oposição que se denominou Aliança Liberal procurou atrair o estado de Pernambuco – a Bahia e o Rio de Janeiro também foram sondados – a quem caberia indicar o vice-presidente da chapa aliancista. Com a recusa dos três estados, então comprometidos com o governo federal, e com as gestões do ex-presidente Epitácio Pessoa, coube à Paraíba a indicação de João Pessoa, presidente do estado, como vice na chapa de oposição encabeçada por Vargas.

À derrota da Aliança Liberal nas eleições de março de 1930, atribuída, pela oposição como o resultado de um sistema eleitoral fraudulento, um dos mecanismos do sistema oligárquico da República Velha, seguiu-se o assassinato do paraibano João Pessoa, motivado por razões pessoais e conflitos políticos regionais, criando-se as condições para a deflagração da Revolução de 1930 e a assunção de Vargas ao poder.

Por outro lado, os problemas econômico-financeiros decorrentes dos efeitos da crise do capitalismo liberal, em âmbito mundial, cujo ponto culminante seria a crise de 1929, completaria esse quadro de instabilidade. O setor cafeeiro, com o predomínio dos cafeicultores paulistas, hegemônico na economia e na política nacional, sucumbiria diante da debacle internacional com o fim das valorizações do produto. Em Pernambuco, a agroindústria do açúcar, que era a base da sua economia, se debatia em crise desde o final do século anterior, esquecida pelos governos federal e estadual. Grande era o descontentamento com Estácio Coimbra, também um membro da açucarocracia pernambucana, à frente do governo do estado, figura central dos ataques e das críticas conduzidas por usineiros e senhores de engenho e, secundariamente, por trabalhadores urbanos e setores populares.

Assim, a difícil situação da economia açucareira que se mantinha a mesma há décadas, acabava por gerar um quadro social com acentuado desequilíbrio. De um lado, os ricos comissários que sempre auferiam grandes lucros com o produto, de outro, os usineiros e os senhores de engenho que nem sempre eram ricos e, por fim, os plantadores ou fornecedores de cana sempre à mercê do comportamento de toda a cadeia produtiva, todos viviam a luta constante contra as dificuldades que prejudicavam o setor, em especial, a variação dos preços e a capacidade de absorção dos mercados. Diante disso, vale a pena destacar a importância do Rio Grande do Sul como um grande mercado consumidor do açúcar pernambucano e, que ao mesmo tempo, tinha, no Pernambuco, o grande comprador do charque que ali era produzido, consolidando uma relação que remontava ao final do século XVIII, quando transformações significativas, como a diversificação da produção e o esboço de um mercado interno, marcaram o término da era colonial brasileira. Segundo Barbosa Lima Sobrinho, o Rio Grande do Sul era um dos grandes fregueses de Pernambuco, que produzia inclusive alguns tipos de açúcares especiais – como o cristal, por exemplo – só para atender os compradores gaúchos. Em contrapartida, recebia o charque sulino que alimentava a massa trabalhadora urbana e os operários das suas fábricas de açúcar.

As Raízes Pernambucanas

Leonardo de Barros Carvalho, pai de PBC, que recebeu esse nome como uma homenagem ao coronel Leonardo Orlando de Barros, seu avô materno, muito conhecido pelo espírito progressista, foi o terceiro dos nove filhos – oito meninos e uma menina – de José de Carvalho e Albuquerque, o Coronel Carvalhinho, e de Francisca Gouveia de Barros Carvalho, ou dona Francisquinha, como era conhecida. Um verdadeiro menino de engenho como seus irmãos, que nasceu e viveu a infância e boa parte da adolescência nos Engenhos Camevou ou Camivô e Santo Antônio, ambos localizados no município de Palmares, na Zona da Mata meridional pernambucana. Dos nove filhos do casal, Carlos, Antônio, Leonardo, Nelson, Gastão e Edvaldo, portanto, seis deles nasceram naquele primeiro engenho, que se localizava às margens dos rios Una e Camevou. Eládio e Dilermando foram os únicos que nasceram na cidade de Palmares, o primeiro em 1904 e o segundo, em 1905, num interregno em que o Camevou foi vendido pelos patriarcas da família Barros Carvalho. Temporã entre os nove irmãos, em 1922, veio ao mundo a menina Lúcia, a caçula desse grupo de varões. Ela foi a única que nasceu no Engenho Santo Antônio, localizado na divisa com o município de Água Preta.

Nascido em 1899, Leonardo e seus irmãos viveriam, portanto, os últimos tempos da rica cultura açucareira dos velhos engenhos e bangues, que desde o último quartel do século XIX conhecia os efeitos de uma crise aguda, resultante do fim da escravidão e da modernização da produção de açúcar. Até o início daquele século, a economia açucareira pernambucana apresentava muitas semelhanças com a organização pioneira dos primeiros tempos da colonização. De uma maneira geral, os engenhos – e eram vários os tipos existentes – continuavam a produzir o mesmo açúcar bruto e de baixa qualidade, extraído da mesma cana crioula ou de outras espécies inferiores. Valia-se ainda do trabalho escravo e a mão de obra era manual, pois até o arado somente apareceria em meados do século. As inovações em escala internacional, introduzidas no decurso dos oitocentos, determinaram a necessidade de modernização da indústria açucareira e, assim, foram implementadas melhorias nos bangues, visando à produção de açúcar branco e demerara, surgindo então as unidades fabris com maior capacidade de produção. Eram as usinas, de propriedade de antigos senhores de engenho e de parentes e vizinhos associados, que não separavam o cultivo da industrialização da cana e ainda se valiam da mão de obra do cativo.

Além das usinas, surgiram também os engenhos centrais ou fábricas centrais, geralmente ligadas ao capital estrangeiro, subsidiados e com garantias de juros do capital aplicado pelo governo. Nos engenhos centrais, que no Brasil tiveram vida curta, havia restrições quanto à posse de terras para a cultura da cana e à utilização da mão de obra escrava. A produção da cana a ser utilizada por eles na produção do açúcar era feita pelos proprietários de terra, antigos senhores de engenho que desativaram suas unidades de produção, vendendo toda ou parte da cana plantada ao engenho central, comprometendo-se também com o fornecimento de cotas anuais. Esses proprietários de engenho que desmontavam os equipamentos de seus bangues, passavam agora à condição de simples fornecedores de cana, numa posição subalterna em relação ao usineiro ou aos administradores de uma fábrica central, mesmo que entre eles houvesse anteriormente laços de parentesco, de uma velha amizade ou até de compadrio. Isso quando não se desfaziam dos seus engenhos, vendendo-os para um rico usineiro. O Engenho Camevou dos Barros Carvalho, por exemplo, foi comprado pelo coronel Piauhylino Gomes de Mello Filho, também um senhor de engenho, casado com uma prima de Dona Francisquinha, e que, entre 1896 e 1929, dedicou-se à construção da Usina Serro Azul, incorporando mais de 20 engenhos em funcionamento na região.

A doce lembrança de um passado familiar, em que avultaram coronéis e senhores de engenho por várias gerações e as memórias em que se fizeram sempre presente os legendários dezessete engenhos da família Barros Carvalho – da família dos seus pais e dos pais dos seus pais, são dois elementos que ainda hoje marcam a vida de todos descendentes do coronel Carvalhinho e de Dona Francisquinha. Provavelmente, foram eles que acabaram por motivar o homem urbano que é o paulistano Paulo de Barros Carvalho a tentar comprar o velho Engenho Santo Antônio, em Palmares e, posteriormente, a adquirir terras no estado natal dos seus ancestrais. Durante muitos anos, PBC foi proprietário da Fazenda Santa Teresinha, no município pernambucano de Arcoverde.

A família Barros Carvalho, embora seja relativamente nova, pois nasceu nas últimas décadas do século XIX, com casamento do Coronel Carvalhinho e Dona Francisquinha, em 1896, tem raízes seculares. Sua origem, de acordo com Delano Marroquim de Barros Carvalho, primo do biografado, incansável pesquisador e

Meu Pai, por Francisquinha

"Aos 21 de abril de 1845, nasceu Leonardo Orlando de Albuquerque Barros, na cidade de Rio Formoso, estado de Pernambuco. Era um homem de estatura mediana, um metro e sessenta e cinco, não mais, de tez morena e olhos pequenos, usava uma barba muito rala. Era republicano e abolicionista e se correspondia com Silva Jardim, Joaquim Nabuco e todos os correligionários da época, seus amigos. Tocava vários instrumentos e era professor de música. Gostava das Artes e das Letras e fazia seus versos. Muito simples e curioso, vivia pesquisando a cana de açúcar; o sistema utilizado na época era plantar o olho da cana que depois ficava esgotado perdendo o teor de açúcar. Então, ele fazia experiências com a semente da cana nascida da flor da flecha, acreditando que se a cana nascesse da semente seria mais sadia. Os amigos gozavam todas as suas tentativas achando que ele ocupava o seu tempo, não só com a música, mas também com sonhos e fantasias. Levou quinze anos trabalhando e quando foi um belo dia ele viu o broto nascido da semente da cana; só quando nasceram outros brotos foi que ele comunicou aos amigos, sendo saudado por eles. Com isso obteve canaviais robustos e presenteou agricultores, que por sua vez alcançaram êxito também. Batizou algumas canas com o nome de "Botocuda", outras de "Arcoverde", essas em homenagem ao dr. Leonardo Arcoverde, seu primo e amigo, médico da família, irmão do Cardeal. Inspirado pelo que lia nas revistas técnicas, das quais era assinante, construiu a primeira casa de farinha mecânica, cuja vantagem era moer 30 cuias de farinha por dia e só ocupar dois trabalhadores. Em Camivô, montou uma destilaria para álcool, coisa pouco comum naquele tempo. Fez também um banheiro flutuante com a característica de não ser destruído pelas águas quando enchia o rio Camivô, que passava atrás da casa-grande. Escreveu um livro de poemas que, por fatalidade, foi queimado juntamente com toda a sua correspondência de amigos correligionários como o Silva Jardim, Joaquim Nabuco e outros.

Lembro-me muito bem de sua alegria no 13 de maio de 1888, da festa que ofereceu aos amigos negros que durou uma semana. Outra alegria maior foi na Proclamação da República, até os jornais que costumavam chegar atrasados chegaram às 12 horas no engenho naquele dia! – De agora em diante, escolheremos o nosso Presidente, teremos a Democracia enfim! Foram suas palavras comovidas, comunicando a nós e aos moradores do engenho a grande notícia. Os desmantelos da monarquia, as cabeçadas do Conde D'Eu e seus comparsas já faziam parte do passado. Não tinha ilusões; sabia que iríamos errar e muito, mas sempre dizia que era errando que um povo jovem e sem tradições políticas acertaria, numa plenitude, o futuro do País. Foi quase um mês de festas no engenho. Amigos vinham festejar junto com ele nos grandes almoços oferecidos etc. etc. Mas logo, muito cedo, a politicagem tornava-se constante, mas meu pai não perdia a esperança de ver a Pátria numa magnitude democrática. Achava natural todo aquele estado de coisas que andava acontecendo. "Somos um povo excessivamente jovem, sem experiência, fomos 'colônia' desde o nosso descobrimento até ontem de tarde. Todos os nossos grandes e pequenos heróis foram assassinados e linchados por uma monarquia que se instalou no nosso País".

Era um homem alegre e otimista. Seu caráter, sua bondade e respeito para com todos, como tratava os mais humildes, seu modo simples de ser, o fazia estimado e admirado por todos que o conheciam. Era um homem de sensibilidade. Antes de morrer, em 1921, já no seu leito de morte me disse: 'Minha filha, quando eu ficar bom, vou fazer uma pesquisa sobre o MOTO-CONTÍNUO'..."

(Extraído dos escritos de Francisca Gouveia de Barros Carvalho, que sua filha Lúcia Suanê compilou em 1967) autor de um primoroso estudo de genealogia constante em *Raízes e Laços – algumas famílias nordestinas*, remonta ao século XVI, incrustada nas mais antigas e nobres estirpes pernambucanas, geradas por figuras lendárias, como Jerônimo de Albuquerque, o "Torto", Arnau de Holanda e Felipe Cavalcanti. À estas, soma-se também o componente indígena com a tabajara Muiara-Ubi, filha do cacique Arcoverde, batizada com o nome cristão de Maria do Espírito Santo Arcoverde, uma das esposas do velho Jerônimo de Albuquerque, que pelo grande número de filhos que teve, passaria para a história com o epíteto de "O Adão do Nordeste". Famílias que se entrelaçam com a história da capitania, que foi o berço do primeiro e esplendoroso ciclo do açúcar da História do Brasil colonial e palco da Insurreição Pernambucana, onde os senhores de engenho lideraram índios e negros na luta contra os invasores holandeses, e que de certa maneira também contribuíram para a geração de uma verdadeira raça pernambucana. Contudo, ao longo dos séculos seguintes, a essa trilogia básica foram se juntando dezenas de outras famílias, o que acabou por gerar um emaranhado genealógico ainda carente de estudos. Assim é que parentes nos mais diversos graus são encontrados com outros nomes familiares, além do Albuquerque, Cavalcanti, Holanda e Arcoverde, como Carvalho, Barros, Costa, Gouveia, Rego, Correia, Freire, Lins, Mello, Vieira de Mello – só para lembrar alguns – e nos mais diferentes Estados do Nordeste, como a Paraíba, o Rio Grande do Norte, o Ceará e Alagoas. Sem contar as ramificações existentes em Portugal, Espanha, Holanda e Itália, além de outros países do continente europeu.

Não é por outra razão, que se pode encontrar, na história dos Barros Carvalho, vários aparentados ancestrais ilustres. No século XIX, por exemplo, os viscondes de Albuquerque, Suassuna, Camaragibe e o barão de Muribeca, do ramo dos Albuquerque Cavalcanti, foram grandes expressões da vida política dos tempos da monarquia, como deputados provinciais e gerais, e que em várias ocasiões foram Ministros do Império, além de terem sido membros do Conselho de Estado do Imperador. No século XX, Manuel

Gouveia de Barros, destacado médico e político em Pernambuco; Etelvino Lins, governador do Estado e deputado federal; o poeta Ascenso Ferreira, grande nome da poesia pernambucana; Antônio de Barros Carvalho, irmão de Leonardo, deputado federal pela UDN, senador da República pelo PTB, Ministro da Agricultura do governo Juscelino Kubitschek e líder da maioria e do governo João Goulart; o senador udenista Vitorino Freire; Marcos Freire, deputado federal e senador pernambucano, que foi também Ministro da Reforma Agrária do governo Sarney, tragicamente desaparecido num acidente aéreo, em setembro de 1987, além de outras personalidades que poderão ser citadas oportunamente. Até o grande historiador paulistano Sérgio Buarque de Holanda, cujo pai Cristovam Buarque de Holanda era um pernambucano nascido em Rio Formoso, encaixa-se também nesse emaranhado de parentesco em que se insere a família Barros Carvalho. Afinal, Cristovam, o avô pernambucano, cantado por Chico Buarque de Holanda na música "Paratodos" é descendente direto, tanto pelo lado paterno como pelo materno, dos Cavalcanti de Albuquerque.

Como todos os filhos de senhores de engenho, e mesmo com as dificuldades vividas pela economia açucareira, os meninos Barros Carvalho também estudariam no ginásio Salesiano de Palmares e em colégio interno de Recife, o que era comum e uma questão de honra para as velhas famílias patriarcais. Segundo Gerardo Mello Mourão, autor do livro *Um Senador de Pernambuco*, uma obra memorialística sobre Antônio de Barros Carvalho, tio de PBC, a exemplo de outros coronéis, Carvalhinho tinha planos para o futuro dos filhos: a família deveria ter um filho padre, um filho militar, um filho advogado e um filho médico. Assim, todos os meninos da família completaram seus estudos, mesmo sem concretizar o sonho do velho coronel, pois nenhum se tornou militar, nem médico ou bacharel da advocacia de renome com banca estabelecida e tudo mais. Antônio, o segundo filho, que chegou a entrar para a Faculdade de Medicina da Bahia, foi o que mais se aproximou do que era sonhado pelo pai, pois acabou por se formar em Odontologia, em Recife, sem nunca de fato exercê-la. Tornou-se

UM DÂNDI DOS TRÓPICOS

O senador pernambucano Antônio de Barros Carvalho, o segundo filho do Coronel José de Carvalho e Albuquerque e de Dona Francisca Gouveia de Barros, desde muito cedo revelou-se um apreciador das coisas boas da vida. Conta Gerardo Mello Mourão, autor de uma breve memória de seu sogro, que quando de sua ida para Salvador, onde na velha Faculdade de Medicina da Bahia deveria formar-se em medicina, Antônio levava um fino enxoval constituído de nove ternos de linho branco irlandês SS-120, quatorze camisas brancas e quatorze cuecas brancas da mais pura cambraia de linho, conhecida como "batista" ou "holanda". Na capital baiana, ficou pouco tempo, pois com a agudização da crise da economia canavieira ele se viu forçado a abandonar, sem nenhum ressentimento, o curso de medicina, quem sabe por entender que tudo não passou de um entusiasmo juvenil.

Ao voltar para Pernambuco, entrou para a Faculdade de Odontologia do Recife, formando-se dentista e ganhou o título de doutor, mais como uma exigência para se ombrear com filhos da chamada boa sociedade daqueles tempos, do que para se dedicar à essa profissão, pois nunca a exerceu. De fato, era a política que o atraía, fascinado pela atuação do tio, deputado Gouveia de Barros, que por sinal, também era médico. Mesmo assim, ainda jovem, tornou-se, por concurso, agente fiscal do Imposto de Consumo, passando a fazer parte do quadro de funcionários do Ministério da Fazenda, onde fez uma brilhante carreira. Em pouco tempo, já desfrutava de uma posição destacada nas rodas políticas, culturais e sociais da cidade do Recife, trajando-se elegantemente em todas as ocasiões, como todos os seus contemporâneos, nos anos que assinalavam o crepúsculo da belle époque. Sua estreia na vida política veio com o convite de Estácio Coimbra, presidente do Estado de Pernambuco, para integrar sua equipe de governo ao lado de Gilberto Freyre e de Odilon Nestor de Barros Ribeiro, entre outros, até sua queda com a vitória da Revolução de 1930.

O conhecido culto do bom gosto, parte do seu estilo de vida, além dos ternos confeccionados por alfaiates ingleses da rua de Saville Row, em Londres, das camisas de cambraia de linho branco, feitas por camiseiros londrinos ou italianos, de

Firenze e dos sapatos sob medida que mandava fazer na conhecida Casa Cadete, no Rio de Janeiro, estendia-se também à casa de morar, ao mobiliário e às obras de arte. A mansão da rua Rumânia, nº 20, onde posteriormente se instalaria a Fundação Rio e o Instituto Municipal de Arte e Cultura e a casa grande da fazenda Santa Cecília, em Barra do Piraí, no interior do Rio de Janeiro, são os exemplos claros de um modo de vida requintado. A primeira, tombada por decreto municipal de outubro de 1983, constitui um dos poucos exemplares de importância da arquitetura neocolonial ainda existentes no capital carioca. Foi nessa mansão que o pintor Alberto Guignard viveu por dois anos, acolhido por Antônio, a pedido de Portinari, na década de quarenta, pintando em retribuição a tela "As Gêmeas", retratando suas filhas Léa e Maura, tendo ao fundo a paisagem das Laranjeiras, além do teto, onde pintou a fantástica Olinda Imaginária, a partir dos relatos de Barros Carvalho, uma vez que nunca estivera naquela cidade.

Mas, não era somente pelos modos e hábitos sofisticados que ele deve ser lembrado, pois sua atuação como deputado federal e senador por Pernambuco, ambos por dois mandatos, além de Ministro da Agricultura do governo JK, entre 1960 e 1961, são reveladores de sua importância na vida pública do País. É dele, a autoria da parte tributária da Lei que criou a Petrobras, durante o governo de Getúlio Vargas (1951-54), além de ser o relator na Comissão de Economia da Câmara dos Deputados, do seu projeto de criação. Nas crises de 1961 e 1964, que marcam o início e a queda do governo João Goulart, como líder do PTB no Senado e líder da maioria (PTB-PSD), sua ação agregadora teve um papel fundamental, evitando os radicalismos que poderiam trazer consequências ainda mais desastrosas. Mesmo com o golpe militar de 1964, manteve-se leal ao presidente deposto e às bandeiras do trabalhismo, até a sua morte em 1966.

Até o fim de sua vida, Barros Carvalho conviveria com a tragédia da perda do filho Almo Antônio, em junho de 1939, em um acidente com o elevador do Hotel Luxor, na avenida Atlântica, Rio de Janeiro, onde sua família estava hospedada. O menino, então com doze anos, corria à frente das três irmãs para ver da calçada da avenida, a queima de fogos e as fogueiras de uma noite de São João, quando ao abrir a porta do elevador, mergulhou no abismo de seu fosso, pois o carro deste não estava parado no andar. Durante vinte e seis anos, todos os sábados, ele era o pai que visitava o cemitério de São João Batista depositando um ramo de rosas sobre o túmulo do amado filho.

Agente Fiscal do Imposto de Consumo do Ministério da Fazenda, e desde cedo foi atraído pela vida política. Seria oportuno lembrar que seis dos seus nove filhos fizeram carreira no funcionalismo público federal: Carlos, Antônio, Leonardo, Dilermando e Eládio, cinco deles, portanto, no Ministério da Fazenda, e Edivaldo no Departamento Nacional de Estradas de Rodagem, vinculado ao antigo Ministério da Viação e Obras Públicas. Gastão se dedicaria ao comércio, tornando-se leiloeiro no Rio de Janeiro. A filha caçula Lúcia, se tornaria uma famosa artista plástica em São Paulo, onde vive desde meados dos anos quarenta, sendo mais conhecida como Lúcia Suanê, ou simplesmente Suanê, que é como assina seus quadros.

De todos os filhos, somente Nelson realizaria plenamente o sonho do velho Carvalhinho. Estudante do Seminário Arquidiocesano de Olinda e Recife, ordenou-se padre pela Diocese de Garanhuns, em 1926, no mesmo ano em que celebraria sua terceira missa em Palmares, a terra em que nasceu. Até 1957, quando faleceu em Recife, padre Nelson, cujo nome ultrapassou as fronteiras de seu Estado, dedicou toda sua vida ao vicariato de paróquias do interior pernambucano, a maior parte dela na cidade de Águas Belas. Ali ele foi além de pároco, o professor, o político atuante como chefe de partido e prefeito e, não raras vezes, cumpriu o papel de juiz de direito, conselheiro e até de médico. Uma vida que, guardando as devidas proporções, pode lembrar um pouco o padre cearense Cícero Romão Batista, ou "Padim Ciço", como é conhecido pela maioria de seus devotos nordestinos. Um autêntico "santo popular" brasileiro, até hoje venerado por milhões de fiéis, mesmo com as restrições impostas pela Igreja Católica Apostólica Romana.

No final do século XIX, então vigário de Juazeiro, o Padre Cícero protagonizou uma ocorrência que ganhou repercussão nacional. Isso porque, segundo se conta, durante a celebração de uma missa, a hóstia por ele consagrada transformou-se em sangue ao ser recebida por uma das paroquianas. Passou então a ser considerado um santo milagreiro e logo começou a atrair multidões em

Suanê

Contrariando o hábito da sociedade patriarcal, Lúcia, a única mulher entre os nove filhos de um senhor de engenho pernambucano, foi levada ainda jovem pelo seu espírito aventureiro à Águas Belas, no Agreste, onde conviveu com as histórias e as figuras do cangaço e o modo de vida dos índios que ali viviam. Do enlace dos dois mundos nasceu Suanê e as bases da pintura que a distingue entre os grandes nomes das artes do século XX. Hoje com 95 anos, Lucia Suanê ainda trabalha todos os dias, reclusa em seu apartamento no centro de São Paulo, onde vive rodeada de um mundo de lembranças em que se destaca um grande conjunto de sua obra, espalhada por todos os cantos da casa. Muito são os objetos e as coisas que remontam aos anos vinte, ao velho Engenho Santo Antônio, em Palmares, onde nasceu no início da década de 1920. O porte ereto da velha senhora parece negar sua idade, o que é confirmado pelo jeito jovial e pela lucidez de sua fala.

Sentada numa antiga rede, em um canto da sala, seu olhar divaga quando fala desse passado solitário no monótono mundo do engenho, de suas festas e do dia da botada, que deixava no ar o doce do mel de cana e a graça das cantigas festivas, numa nostálgica lembrança de um tempo em que se findava o apogeu da civilização do açúcar. Ou ainda, quando se lembra de Recife, onde viveu algum tempo com os pais. O olhar passa a ter um brilho mais intenso quando fala saudosa de seus tempos em Águas Belas, no Agreste pernambucano, em companhia do padre Nelson, o vigário local respeitado até por Lampião e conhecido pelas suas ações piedosas, visto pelos seus fiéis como um verdadeiro santo. De seu convívio com os índios fulni-ô, em cuja aldeia passava a maior parte do tempo; da rica cultura de um povo que ela aprendeu a admirar e a respeitar e do amor juvenil pelo filho do cacique que a acompanhava em suas andanças e aventuras pelo sertão, e de onde nasceu o nome Suanê.

Não é por outra razão que suas obras foram sempre povoadas por elementos indígenas, por bandeirinhas, figuras de festas populares e cangaceiros, pela própria proximidade com o mundo do cangaço. Isso explica o padre cangaceiro na cena de exorcismo, de uma de suas telas mais singelas. As memórias levam-na à São Paulo da década de 1940, ao seu casamento com também artista plástico Nelson Nóbrega, conhecido também como um grande professor, com o qual aperfeiçoou sua arte sem abandonar a essência, o seu estilo primitivista. Um pouco vítima de sua intempestividade, lembra agora com bastante humor de histórias interessantes como a da tela "Chega Irmão das Almas", selecionada por Assis Chateubriand, em 1950, para compor o acervo do futuro MASP, ao lado de Ticiano e outros grandes nomes da pintura europeia, por ela destruída depois de uma autocrítica em que ela própria julgou sua obra irrelevante. Um erro? Quem sabe? Afinal, não foi também um erro recusar o prêmio de um concurso ganho em 1951, quando insistiu com a comissão julgadora que o seu melhor trabalho era "O Exorcismo" e não a "A Ressurreição de Lázaro", que havia sido então premiada? O isolamento voluntário a que se propôs, depois da morte de Nelson, em 1997, nunca impediu que se dedicasse a uma rotina de trabalho, que não raras vezes se estende da madrugada até o entardecer. E mesmo com as dificuldades da visão, pois perdeu a vista esquerda e tem problemas com a mácula do olho direito. Isso não tira o seu entusiasmo quando de alguma visita, preparando um café à maneira antiga, em seu coador de pano, envolvido em dois tacos de madeira ou fazendo uma canjica com o gosto semelhante àquela que saboreava no engenho.

Ela é, sem dúvida alguma, pela maneira despojada como vive, o símbolo de uma brasilidade sertaneja tão discutida pelos intelectuais e tão presente em suas telas, como aquelas da série sobre os pastoris nordestinos, de 2005, celebrando o nascimento do filho de Deus. Hoje, ela vive, também, uma nova fase em sua arte, igualmente despojada e em suas telas destacam-se fios metálicos ou de algodão que se estendem pelo espaço pictórico, precisos, mas não geométricos, aos quais se justapõe, fragmentos de metais, em plena harmonia. A vida e a obra de Suanê estão à espera de alguém para contá-las.

busca de um milagre, o que não foi aceito pela Igreja Católica, que além de tratá-lo como apenas mais um místico, também o afastou do sacerdócio. Mesmo absolvido depois pela Igreja de Roma, continuou impedido de celebrar os rituais da Igreja Católica. Como político, foi prefeito de Juazeiro por longos anos, e uma das lideranças na famosa *Sedição do Juazeiro*, contra os desmandos do governo do Presidente Hermes da Fonseca. Ao morrer, em 1934, já era considerado uma das principais figuras religiosas da nossa história e seu túmulo, é um dos locais de peregrinação mais importantes do Brasil. O Padre Cícero, somente recebeu o perdão da Igreja, em dezembro de 2015, o que pode permitir agora, sem entraves, o seu processo de beatificação.

Quanto ao Padre Nelson, seu carisma e a vida piedosa fizeram dele também um verdadeiro santo, constantemente visitado por peregrinos até de outros Estados vizinhos. Conta-se que o próprio Lampião e seus cangaceiros eram uma visita constante, dele recebendo conselhos e pedindo-lhe perdão pelos desatinos que praticava em quase todo o sertão nordestino. Provavelmente, quem sabe, não foram as histórias do tio Nelson, ouvidas nas férias e nos costumeiros encontros familiares em Pernambuco, que fizeram do jovem Paulo um leitor voraz de quase tudo aquilo que se escreveu sobre o cangaço, desde a idade de quinze anos.

Por essa razão, PBC nunca esconde sua predileção pelo tema, tanto que em uma de suas bibliotecas do seu escritório em Higienópolis, há uma estante reservada, quase que unicamente, aos livros que tratam do fenômeno do cangaço e, principalmente, sobre Virgulino Ferreira da Silva, o Lampião, cognominado rei do cangaço. Para ele, Lampião é o personagem brasileiro sobre quem mais se escreveu e entre os itens de sua preciosa coleção há inclusive a reedição de 1998 da obra *Lampeão, sua História,* escrita pelo jornalista Erico de Almeida, a primeira biografia erudita do cangaceiro, cuja versão original foi publicada em 1926 – para alguns estudiosos, como Mário de Andrade, o verdadeiro autor desse livro teria sido João Suassuna, na época, o presidente do Estado da Paraíba. Possuindo quase todas as obras que tratam do tema, entende o cangaço como um fenômeno histórico e sociológico, gerador de uma sociedade paralela, peculiar pelo modo de vestir, de falar, e pelo código moral a que se submetia. Quanto ao padre Nelson, sacralizado por milhares de admiradores que constituíam a massa da população rústica do interior, há que se registrar um filho adotivo, criado e educado por ele. Nascido em 1949 e falecido em 2000, coincidentemente também recebeu o nome de Paulo, segundo o genealogista Delano Marroquim de Barros Carvalho. Conhecido por todos os membros da família que sempre o trataram como um filho, Paulinho ABC, como era chamado, foi muito amigo de PBC e do primo Eladinho, sendo muito conhecidas no círculo familiar, as saborosas estórias envolvendo os três primos, e em que são narradas as divertidas molecagens, estripulias promovidas pelo trio brincalhão.

Em meio à correspondência trocada entre membros da família durante décadas, que Paulo tem sob sua guarda, há uma carta de 1946, escrita pelo padre Nelson à sua irmã Lúcia, então em São Paulo, e que por anos, praticamente viveu com ele em Águas Belas, tal o número de vezes em que passou longas temporadas com o irmão. Além da missiva em que ele conta as últimas da sua vida e da cidade, há também um conto e dois poemas, um deles musicado pelo dedicado cura do sertão, que, ao que parece, tinha bastante conhecimento de teoria musical. Na carta, além de reafirmar sua fé e seu trabalho em prol dos seus paroquianos, há um trecho curioso que se segue: "Em algum tempo pretendi ser milionário, porém o **vendite quae possidetis** e dai de esmolas da Bíblia, me fez ficar como Deus ama as suas almas – limpas. Tenho um gadinho para lhes ouvir o urro, umas ovelhinhas para ter diante dos olhos um pedaço do panorama de Belém, e três fazendas com boas matas para continuar a ser a alma bucólica e virgiliana que sempre fui". É a própria Lúcia quem diz, que "o padre Nelson era uma poeta, que escolheu a profissão errada, pois não era para ser padre. No entanto, era padre por uma firme convicção".

Quanto à posse de bens não há por que se estranhar, uma vez que a Igreja Católica no Nordeste vivia um conflito que vinha desde os tempos do Império, senão da época colonial. A romanização do catolicismo, representada pelos bispos em suas dioceses, sempre enfrentou a resistência do chamado "catolicismo real", praticado numa realidade totalmente diferente daquela contida nos textos pontificiais, distantes da ação do clero da terra, entenda-se aí os vigários, quase sempre nascidos na região ou mesmo na cidade em que atuavam à frente de suas paróquias. Identificando-se muito com as ovelhas do seu rebanho, não era raro o seu modo de vida quase não se distinguir das práticas laicas e do mundo profano dos fiéis, cujos valores, de maneira geral, eram por eles compartilhados. Além disso, os fortes laços familiares muitas vezes predominantes nesse clero sertanejo, confundiam-se com o exercício do sacerdócio, e muitas vezes eram invocadas nas justificativas de algum ato condenado pelas dioceses. Há que se entender também, que a maioria das paróquias eram bastante pobres, especialmente as do Agreste pernambucano, e que o subsídio recebido pelos párocos era irrisório. Portanto, a prática de alguma atividade econômica pelos padres, permitindo-lhes uma vida com o mínimo de conforto, como a agricultura ou a criação de algum gado, por exemplo, não era proibida formalmente pela Igreja, desde que não comprometesse o pastoreio das almas. E não eram poucos os padres que temiam a velhice, pois não havia o benefício da aposentadoria. Assim, nenhum deles gostaria de acabar os seus dias assistido por um novo vigário com quem passava a morar de favor.

A partir desse quadro, ao que parece comum no interior nordestino, registrou-se, em 1957, ano da morte do padre Nelson, um crime que comoveu a opinião pública nacional. O vigário de Quipapá, padre Hosana de Siqueira, contra quem pesavam várias acusações, como a negligência com sua paróquia, por conta de seus negócios com terras e gado, além de práticas que comprometiam o celibato sacerdotal, entre outras, ao ser repreendido e ameaçado de transferência pelo seu superior, o bispo de

Garanhuns, D. Francisco Expedito Lopes, acabou por assassiná-lo a tiros, no próprio Palácio Episcopal daquela cidade. Segundo consta, D. Expedito que desde a sua assunção à diocese, mostrou a intenção de "moralizar" o seu conjunto de párocos e curas segundo, as prescrições da Igreja de Roma, sempre teve sua atenção voltada para três ou quatro padres "rebeldes" a ele subordinados, que agiam de forma independente com absoluto domínio sobre sua maneira de viver e de trabalhar como párocos: entre eles, além do padre Hosana, estava também o padre Nelson de Barros Carvalho, o vigário de Águas Belas.

Conforme Richard Marin em seu *Retrato de uma Diocese nordestina às vésperas do concílio,* um brilhante estudo-inquérito nos moldes da micro-história italiana, e que tem como ponto culminante "o crime do padre Hosana", os problemas da Diocese de Garanhuns pré-Concílio Vaticano II, eram muitos. Nos arquivos episcopais, existe uma copiosa correspondência, como memorandos e circulares, além de cartas, trocadas entre D. Expedito e seus párocos, alguns deles membros desse clero rebelde. Em uma carta de maio de 1956 a seu bispo, em resposta à uma delas em que falava de troca do vigário de Águas Belas – padre Nelson – este diz que chega a vislumbrar a hipótese de ser transferido, "com tanto que não vá prejudicar a minha família na fase em que está tanto a precisar de mim". No ano seguinte, em resposta a uma outra proposta de transferência, ele afirma não aceitar, a não ser que fosse para uma paróquia melhor, quem sabe talvez mais rica, uma vez que, segundo ele, "compromissos de família me obrigam a certas despesas bem elevadas quase acima de um vigário pobre como sou".

****

Lúcia de Barros Carvalho, hoje residente em São Paulo, a única dos nove filhos de Carvalhinho e Francisca ainda viva, nasceu em 1922 no Engenho Santo Antônio, em Palmares na divisa com Água Preta. Gerada em uma cachoeira onde todos da família se banhavam, numa noite quente e estrelada de abril, como ela mesmo conta, teve uma infância diferente dos demais irmãos mais velhos, todos homens feitos e vários deles já morando em Recife ou mesmo em outros Estados. Praticamente sozinha, suas irmãs e companheiras de folguedos eram suas sobrinhas, as filhas de Carlos e, principalmente, as três filhas de Antônio, Léa e Maura, as gêmeas, e Frieda. Todas elas nascidas no início da década de 1920 foram amamentadas como Lúcia, também por Francisquinha. Como criança, o que ela achava muito estranho era quando as meninas, mesmo as mais velhas do que ela, vinham tomar-lhe a benção. E assim viveu a pequena Lúcia, perdida e meio solitária no Engenho Santo Antônio, onde os dias quentes se arrastavam monotonamente e as noites tudo calavam com seu silêncio de mortalha, até a sua venda pelos pais, no final da década de vinte, quando a crise de 1929 sepultou de uma vez por todas o que restava do velho e romântico mundo dos senhores de engenho, levando-os a se mudar para Recife e depois, São Paulo.

Por essa razão, foi ela que teve maior convivência com os pais, e estava sempre em companhia da mãe, Francisquinha, de quem fala com admiração até hoje, sempre se referindo a ela como Manuelzinho, Manuel ou simplesmente Manu, algo sem explicação, mas um tratamento carinhoso, uma brincadeira de infância que a diverte até os dias de hoje. Francisca era uma mulher diferente, e muito à frente do seu tempo, que "deveria ter nascido amanhã", como diz a filha. Naquele tempo distante, teria sido uma das primeiras a defender a emancipação da mulher, inclusive o voto feminino. Lia muito e tudo que lhe caísse às mãos, e quando passou a se interessar pelos mistérios da vida, livros e textos de filosofia e de teosofia, mesmo à noite, quando então se valia da luz de velas. Escrevia pequenas crônicas para um semanário de Palmares e adorava dançar nas festas locais. Quando jovem, sonhava em fazer advocacia, mas sua mãe não permitiu que estudasse.

O coronel Carvalhinho, pai de Lúcia, ao contrário, era um homem cético, resoluto, de caráter firme, seco e de poucas palavras como todo o sertanejo, o que não se deve estranhar, sendo ele filho de uma autêntica família sertaneja com parte da sua origem no Ceará, lá pelas bandas da serra do Araripe. Mesmo assim, era atuante em seu meio, sempre presente ao lado de outros senhores de engenho, usineiros e lavradores, quando se tratava de defender os interesses da combalida economia açucareira, como se pode ver pelos jornais da época, como por exemplo, *A Província*, em suas edições de novembro de 1920. Na ocasião, em um manifesto, a Comissão de Defesa do Açúcar conclamava os senhores de engenho e os usineiros de Pernambuco para a luta contra as medidas governamentais responsáveis pelas dificuldades do setor "para a qual concorreu a errônea e injusta atitude do governo federal, impedindo a livre importação". Em tais eventos, a presença de José de Carvalho e Albuquerque, coronel Carvalhinho, estava sempre garantida, e sempre ao lado de Carlos, seu filho mais velho. Carvalhinho e Francisquinha viveriam com a filha Suanê a partir dos anos trinta, quando se mudariam para São Paulo, onde ele veio a falecer em 1959. Dona Francisquinha, faleceu no Recife dez anos depois.

Dos tempos do Santo Antônio, que segundo ela não era um engenho de vulto, com uma casa grande simples, porém confortável, que produzia mais aguardente e rapadura, uma vez que boa parte da cana era vendida para a Usina de Catende, tem muitas saudades das festas, da faina diária do engenho, do cheiro e do gosto do mel da cana. A macaxeira cozida no mel da cana, feita pela mãe, era uma de suas iguarias preferidas e um dos sabores marcantes da sua infância além, é claro, da garapa tirada da primeira moagem da "botada" do engenho. Isso sem falar nos alfenins, na canjica e outros doces, além dos pratos que agora fazem parte das inúmeras publicações que versam sobre a gastronomia das casas grandes. Do que mais gostava, entretanto, era das frequentes temporadas que passava em Águas Belas, na casa do seu irmão, o Padre Nelson. Foi lá que Lúcia descobriu sua paixão pelos índios, uma vez que a cidade de Águas Belas estava incrustada em terras da tribo dos fulni-ô. Passava a maior parte do tempo na aldeia em que eles viviam, nadando no rio e tomando banho nos poços da região – na maior naturalidade – chegando a ficar "noiva" de Aruana, filho do cacique a quem deve o nome Suanê. É dessa convivência no Agreste que veio a sua predileção por motivos populares, principalmente indígenas, que marcariam sua produção artística.

Das suas idas a Águas Belas, do que não gostava era das viagens em companhia do padre, quando este se deslocava para rezar as missas das capelas de sua paróquia. Conta ela, já com doze anos, que certa vez foi convocada pelo irmão Nelson para ir com ele até Quatro Lagoas, um distrito do município, onde celebraria uma missa. Saíram de carro de madrugada e na volta, no final da tarde, quando o sol praticamente se escondera, perceberam no lusco fusco que prenunciava a noite, algo estranho tombado no meio da estrada. Alertado pelo motorista, o padre pediu calma, saiu do automóvel e gritou: "Quem está aqui é o vigário de Águas Belas!!!" Em seguida ao silêncio quase mortal da boca da noite, um vulto com roupas de cangaceiro respondeu: "Seo vigário, é de paz! A benção seo vigário". E ato contínuo, com a ajuda de outro companheiro, retirou uma árvore tombada que impedia a passagem, para orgulho do vigário que sentiu a importância de sua posição. Em todas as suas andanças por lá, nunca viu pessoalmente Lampião, embora tenha ajudado a cuidar de seu cachorro Guarani, ferido à bala em uma refrega do bando de cangaceiros com os soldados de uma volante, e que foi deixado pelo oficial que a comandava para que o padre Nelson dele cuidasse. Tempos depois, o temível capitão Virgulino Ferreira pediu ao amigo vigário que lhe devolvesse o cachorro, agora completamente curado, a quem muito agradeceu.

Lúcia veio para São Paulo com os pais em 1933, não sem antes morar um tempo em Recife, no Arruda e depois na rua São João, em Casa Amarela, quando teve então suas primeiras e poucas aulas de pintura no Colégio Pinto Junior. Na capital paulista, moraram inicialmente com o irmão Antônio, então separado de Ligia Freire, sua primeira mulher, na Rua Ministro Godoy e, posteriormente, na Rua Tupi, somente os três. Numa volta forçada à Recife, pois Francisquinha não se acostumava com o clima frio da pauliceia, viveram em companhia das irmãs do Coronel Carvalhinho, no Parque Amorim. No retorno a São Paulo, passaram a residir na Rua Oscar Freire, quase na esquina com a Rua Peixoto Gomide, não muito longe da casa em que Paulo, seu sobrinho e neto dos patriarcas Barros Carvalho, morava com sua família. E foi na cidade de São Paulo, a partir dos anos quarenta, que ela se consagraria como uma talentosa artista plástica com seus trabalhos fortemente marcados pelos motivos e lendas nordestinas. Nas primeiras notas da imprensa paulistana, trazendo uma curta biografia da jovem revelação, ela é citada como tendo nascido em Águas Belas, onde vivia o padre Nelson, seu irmão e não em Palmares, a terra dos seus pais; uma alteração que ela própria assumiria como sendo verdadeira.

Em 13 de abril de 1946, fazia a sua primeira exposição na Galeria Ita, localizada na Rua Barão de Itapetininga. Logo em seguida, no mês de maio, participaria da Exposição de Artistas Modernos Pró Campanha, de Alfabetização Popular. Ao lado de grandes nomes das artes plásticas brasileira, como Cândido Portinari, Alfredo Volpi, Aldo Bonadei, Rebolo Gonsales e Nelson Nóbrega, com quem se casaria depois, Suanê teve sua criação admirada pelos apreciadores que visitaram a Galeria de Artes da rua Barao de Itapetininga, no centro da cidade. A partir de então, por ser seu marido também integrante da Família Artística Paulista, originada do Grupo do Santa Helena, uma importante referência na pintura brasileira moderna, ela se tornaria conhecida e admirada no meio artístico paulistano como a revelação de um tipo de arte, a técnica da têmpera, que mistura gema e clara de ovo, água e pigmentos em pó, até então quase desconhecida do grande público.

Em 1950, pintaria a famosa e intrigante tela "A ressurreição de Lázaro", com figuras e elementos típicos do sertão pernambucano, que ela sempre considerou seu verdadeiro torrão natal, premiada no Salão Paulista de Arte Moderna de 1951, ano em que também participou da primeira Bienal de São Paulo e adquirida em 1986 para compor o acervo da Pinacoteca do Estado. Convivendo com os principais nomes das artes dos meados do século XX, foi do italiano Pietro Maria Bardi, cujo nome está estreitamente ligado à fundação do Museu de Arte de São Paulo (Masp), sua indicação para a pintura do afresco do batistério da Capela do Morumbi, em 1951. A capela, parte da antiga Fazenda do Morumbi, estava em ruínas e sua restauração e reconstrução estava a cargo de Gregori Warchavchik, uma das principais expressões da arquitetura moderna paulista. Coube a Lúcia Suanê, usando a técnica do afresco, a criação e a pintura das paredes do batistério da capela. Nesse trabalho, Suanê representa a cena do batismo de Cristo, em que a figura do filho de Deus aparece cercada de anjos, todos com as fisionomias de índios ou negros, semelhantes aos personagens da tela "A ressurreição de Lázaro", e um elemento recorrente em sua vasta obra. Há telas suas também no Museu de Arte Contemporânea e na Biblioteca Mario de Andrade e em outros museus do país.

  O casamento com o piracicabano Nelson Nóbrega, em 1947, celebrado professor e artista plástico teve uma grande importância na evolução da sua arte. Mais do que um renomado pintor com várias premiações no Salão Nacional de Belas Artes, como participante ao lado de outros grandes nomes de nossas artes plásticas na Mostra de Pinturas Brasileiras Modernas, da *Royal Academy of Arts*, de Londres, em 1944, e autor de telas que hoje integram o acervo do Museu de Arte Moderna de Nova York (MOMA), Nóbrega tem seu nome ligado à formação de inúmeros nomes das artes, como professor da FAAP – Fundação Armando Alvares Penteado, e da Escola de Artesanato do Museu de Arte Moderna – MAM, por ele fundada em 1952. Entre estes nomes, figuram Irmgard Longman, Jeannette Priolli, Selma Daffré, José Tarantino, além de tantos outros. Foi com Nóbrega, na Escola de Artesanato do MAM, que Flávio Império, um dos mais famosos cenógrafos brasileiros iniciou seus primeiros estudos. Desde sua morte, em 1997, Suanê vive só em seu apartamento no centro de São Paulo, totalmente dedicada ao seu trabalho. Hoje com noventa e quatro anos, vive uma nova fase em sua pintura, a do despojamento e da abstração, fazendo uso de novos e variados materiais, em uma rotina de trabalho que se inicia, muitas vezes, na madrugada e se encerra com o pôr do Sol.

Quanto à Dona Francisquinha, vale a pena destacar um registro singelo dos tempos dos engenhos pernambucanos. Um pequeno livro que ela se dedicou a escrever de próprio punho quando tinha oitenta e sete anos, e que nunca foi publicado. Dele existem duas versões: a primeira transcrita e datilografada pela filha Lúcia, em 1967, e a segunda, com o título provisório "Histórias, bangues e coronéis" em mãos do bisneto Gonçalo de Barros Carvalho e Mello Mourão, ex-embaixador do Brasil na Dinamarca e na Lituânia e hoje, Diretor Geral do Instituto Rio Branco, vinculado ao Ministério das Relações Exteriores, que ao que tudo indica tinha a pretensão de publicá-lo. Em 1987, Gonçalo, filho de Léa de Barros Carvalho e Gerardo Mello Mourão teria recebido da mãe, como diz na apresentação do livro, os escritos da bisavó como um presente de aniversário, "em um caderno pautado, de lombada espiral, que a filha dela, [Suanê] tia da minha mãe, deu à minha mãe". Os dois textos não são iguais, pois apresentam narrativas e palavras diferentes e, ao que parece, alguns trechos foram suprimidos e outros acrescentados. A própria organização de ambos é diferente, a começar pela primeira página. A transcrição de Lúcia:

> *"Uma das piores secas do Nordeste foi a do ano de 1877. Meus pais moravam no engenho Massaranduba, município de Gameleira, estado de Pernambuco. A casa-grande ficava perto da estrada, passagem obrigatória para a sede do município. Os retirantes vinham em busca de alimento quase diariamente; auxiliada por duas escravas, minha mãe distribuía comida e água oferecendo descanso à sombra das árvores e mesmo no copiá de nossa casa. Na última noite daqueles dias de março, eu nasci. Era sábado de Aleluia".*

Segue-se agora o texto de Gonçalo:

"Um dos maiores flagelos do 'Nordeste', foi a seca do Ceará, em 1877. Meus pais moravam no engenho 'Massaranduba', município de Gameleira, estado de Pernambuco. A casa grande ficava à beira da estrada, passagem obrigatória para a sede do município. Os retirantes da seca quase diariamente vinham em busca de alimentos, quase mortos de fome, sede e cansaço. Auxiliada por duas escravas, minha mãe distribuía-lhes comida, água, permitindo-lhes um descanso à sombra das árvores ou no terraço de nossa casa. Aquele trabalho ia pela noite a dentro; em uma daquelas noites em que ela sonolenta e cansada procurava repousar, eu nasci".

Em ambos os textos, nem mesmo as ilustrações são iguais. Na versão de Lúcia, que estimulou a mãe a ilustrá-lo com seus próprios desenhos, as cenas e as figuras primam pela simplicidade beirando a ingenuidade, porém, belas. Além do mais trazem um inconfundível F, de Francisca, como assinatura. O opúsculo traz estórias curiosas, versos populares e frases exemplares, relata costumes e hábitos da época, e ao mesmo tempo conta um pouco da história da própria família. Um livro de memórias, um registro histórico sem maiores pretensões, que além das suas, tem muito das memórias de sua mãe Francisca Caraciola da Costa Gouveia e de seu pai, o coronel Leonardo Orlando de Barros, um homem bem diferente de tantos outros de seu tempo.

É por meio do texto de Francisquinha que se pode desvendar algumas dúvidas sobre os engenhos nos quais viveu ou conheceu, onde se localizavam e qual a relação da família com eles. É aí também que se entra um pouco na história dos famosos 17 Engenhos dos Barros Carvalho. Por Francisquinha, fica-se sabendo que um deles, o **Massaranduba**, localizado em Gameleira, pertencia a seu pai, o Coronel Leonardo Orlando de Barros, da família Cavalcanti Albuquerque, casado com Francisca Caraciola da Costa Gouveia, também filha de senhores de engenho. Da mesma forma, que o

Engenho *Mato Grosso,* que também ficava em Gameleira, pertencera aos seus avós maternos, João Bento de Gouveia e Rita Enedina da Costa Gouveia – esse engenho, inicialmente, não passava de uma almanjarra, com moendas feitas de madeira e movida por dois ou quatro cavalos, e produzia somente rapadura. Já o Engenho *Camevou,* onde morou e se casou, localizava-se em Palmares e pertencia ao Capitão José Cardoso de Araújo que, primeiramente, o arrendou a seu pai. Resta saber, em que condições Francisquinha e Carvalhinho viveram no Camevou, onde inclusive tiveram seis dos seus nove filhos. É certo também, que o Engenho *Liberdade* foi construído por seu pai, Leonardo Orlando de Barros, em terras compradas dos índios de Bentevi, no município de Bonito, por volta de 1880. Por fim, o Engenho *Santo Antônio*, também perto de Palmares, fora comprado por seus avós paternos Manoel de Albuquerque Barros e Ursulina Sá Barreto de Barros, de dois padres irmãos que lá viveram. Com o crescimento da família, os filhos comprando outros engenhos e o falecimento dos avós, o engenho foi abandonado ficando em fogo morto. Carvalhinho e Francisquinha – segundo a versão de Lúcia – compraram então o Santo Antônio, lugar em que os filhos do casal viveram a infância e a adolescência. Curiosamente, nos escritos de Dona Francisquinha, na versão em mãos do bisneto Gonçalo, ela fala em arrendamento, e não na compra do engenho.

Do ramo cearense dos Cavalcanti Albuquerque que vieram para o Pernambuco, em meados do século XIX, e à qual pertence José de Carvalho e Albuquerque – Coronel Carvalhinho – é que se pode encontrar outros tantos engenhos. Em 1845, seus avós maternos, o Coronel João Florentino Cavalcanti e Albuquerque e Antônia Florentina de Albuquerque, se instalaram na região de vila de Cimbres, atualmente um distrito do município de Pesqueira, onde compraram três fazendas: *Catolé, Barra* e *Gavião*, construindo na última uma casa-grande onde a família passou a residir. Embora apareçam como engenhos de açúcar nos vários relatos que se conhecem, as três fazendas destinavam-se à criação de gado, ao plantio de algodão e até de alguma cana, provavelmente para obter rapadura e cachaça sem, contudo, produzir grandes quantidades de açúcar. Há registros da família Cavalcanti e Albuquerque entrando em Cimbres acompanhada de muitos escravos, e por eles carregados em liteiras. Pouco tempo depois, o coronel João Florentino compraria o Engenho *Jussaral*, no município de Sirinhaém, também na parte meridional da Zona da Mata pernambucana, onde passaria a viver também sua filha Antônia Ubaldina, casada com Antônio de Carvalho Albuquerque, que era seu primo legítimo. É desse casal, que ali nasceria seu neto José de Carvalho e Albuquerque, o Coronel Carvalhinho, o avô paterno de Paulo de Barros Carvalho.

Com o sucesso de suas empreitadas, João Florentino acabou por comprar, na segunda metade do século XIX, um dos maiores engenhos de Pernambuco: o Engenho *Califórnia*, também localizado em Serinhaém, no caminho para Palmares. Florentino transformou o engenho numa verdadeira unidade autônoma, provavelmente nos moldes das fazendas mistas que predominaram em Minas Gerais no mesmo século. Além da produção de cana-de-açúcar e de gêneros alimentícios, construiu teares de madeira, instalou curtumes para beneficiar couros e peles, além de casas de farinha, forjas de ferreiro, olarias e carpintarias. Tinha um plantel de aproximadamente 150 escravos, e produzia-se de tudo, desde os rudes tecidos de algodão para as redes e a roupa da escravaria, sapatos e chapéus de couro, ferramentas para o campo, panelas de ferro e de barro, ferragens, tijolos, telhas e o madeirame das casas e das fábricas onde ferviam os tachos de mel. Em 1870, pelos anúncios de escravos fugitivos estampados no Diário de Pernambuco, tem-se a certeza que o Califórnia já era propriedade dos Cavalcanti e Albuquerque.

Mesmo depois de passadas décadas e décadas, ao longo de mais de um século, o imaginário da família Barros Carvalho ainda é povoado pelas narrativas dos famosos 17 engenhos que teriam pertencido ao clã em outros tempos, em que deve se compreender também, é claro, os de seus ramos ancestrais. Isso porque, o núcleo familiar Barros Carvalho originou-se do casamento do

Coronel Carvalhinho com Dona Francisquinha, os patriarcas da família, em janeiro de 1896. A estes, poderia até se somar o Engenho de Nossa Senhora do Desterro, de 1758, hoje localizado no município de Abreu e Lima, cuja casa-grande e boa parte do mobiliário antigo, além da capela, são carinhosamente preservados por Valéria Costa de Barros Carvalho, filha de Eládio de Barros Carvalho, portanto prima de PBC, e que nele reside há anos. O citado engenho, ou pelo menos parte dele, que poderia se juntar aos outros dezessete foi uma herança materna da família Albuquerque Maranhão da Costa e Silva, quando do casamento das irmãs Maria de Lourdes e Eudena, com os irmãos Eládio e Edvaldo de Barros Carvalho, respectivamente. É nele que vive também o velho Severino ou simplesmente Biu, que é como se chamam a todos os Severinos que vivem naquelas terras. Descendente de escravos, é uma espécie de faz-tudo no que resta do engenho e que acompanha a família desde o tempo que nem ele mesmo se lembra. Contudo, tem boas recordações da figura generosa e simples de PBC, a quem ajudou com seu trabalho na fazenda de Arcoverde. Para ele, Paulo é mais do que um homem bom: "é Deus no céu e o dotô Paulo na terra".

Os 17 engenhos são aqueles que, segundo Gerardo de Mello Mourão, autor de uma breve memória *Um Senador de Pernambuco*, eram recitados um a um pelo senador Barros Carvalho em suas noites solitárias da então vazia Brasília, que a partir de 1960, tornara-se a capital do país. Eram engenhos de seus pais e dos pais de seus pais, a maioria deles localizada na porção Sul da Zona da Mata pernambucana, numa área que compreenderia hoje os municípios de Palmares, Gameleira, Escada, Água Preta, Barreiros, Sirinhaém, Rio Formoso e Catende. Um pouco mais para o interior, sua nostálgica ladainha nomeando velhos engenhos estendia-se até o Agreste pernambucano com os municípios de Pesqueira e Bonito, este último na microrregião do Brejo. A pausada récita do senador começava por aquele onde havia nascido, o Camevou, seguido pelos engenhos de Massaranduba, Mato Grosso, Catuama, Limão Doce, Cucaú,

Oncinha, Burarema, Cabuçu, Gavião, Santo Antônio, Catolé, Barra, Liberdade, Conceição, Califórnia e Jussaral, sempre finalizada com os versos do poeta pernambucano Ascenso Ferreira, um aparentado que como ele também nascera em Palmares: *"Dos engenhos de minha terra só os nomes fazem chorar"*.

Os míticos engenhos da família, por certo, não foram possuídos de uma só vez e nem ao mesmo tempo pela parentela dos Barros Carvalho, mas sim a partir de um dado momento no final do século XVIII e até as primeiras décadas do século XX, quando se agudizou a crise do açúcar. E pode se dizer míticos, pois a maneira como eles são referidos não obedece, nenhuma lógica empírica ou científica; são como uma verdade intuitiva que prescinde de provas, pois está mais ligada à magia ou ao desejo de que as coisas tenham acontecido de uma determinada maneira. O antropólogo Claude Lévi-Strauss, que via a linguagem mítica mais do que uma simples construção fabular ou lendária, recorreu a *bricolage* – o processo de produção de um objeto a partir de pedaços e fragmentos de outros objetos – para composição de um mito. Segundo ele, o pensamento mítico se processa da mesma forma, reunindo experiências, narrativas e relatos, até a composição e criação de um mito geral. Para Lévi-Strauss, referindo-se ao caráter explicativo do mito, o presente pode ser apreendido a partir de alguma ação passada cujos efeitos permaneceram no tempo. Em essência, conforme Maria Arminda do Nascimento Arruda, em seu estudo da mitologia da mineiridade, o próprio mito expressa um rearranjo de elementos históricos que quando combinados de forma particular podem traduzir uma elaboração coerente e ordenada da vida social ou familiar.

As lendas e os mitos poderiam nos levar até aos séculos iniciais da colonização quando os primeiros engenhos de açúcar foram instalados em solo pernambucano, o mesmo solo por onde passaram intrigantes figuras humanas, como Jerônimo de Albuquerque ou o cacique Arcoverde, personagens históricos sem nenhuma dúvida, mas que pelas lacunas documentais existentes acabaram por se tornar personagens miticamente construídos através do tempo. Mas, nem é preciso ir tão longe, pois tudo começaria com o português José da Costa, um dos ancestrais dos Barros Carvalho pelo lado materno, protagonista de uma história ou lenda guardada e contada por gerações, ainda hoje repassada aos membros da família. Trata-se de um fato ocorrido num momento qualquer dos fins do século XVIII, em uma praça qualquer de Lisboa. Inesperadamente, com certa carga dramática e ao mesmo tempo pitoresca, Costa se viu às voltas com a ação repressiva da soldadesca portuguesa. E o motivo: era acusado, supostamente, de atirar uma pedra – acidental, supõe-se – na cabeça de um integrante de uma das ordens privilegiadas que constituíam a antiga sociedade de estamentos de Portugal; um membro do alto clero ou quem sabe, um fidalgo qualquer.

Fugindo dos soldados do rei, saiu em tresloucada correria pelas ruas da cidade, pondo-se a salvo ao embarcar clandestinamente, com a roupa do corpo e sem sequer saber o destino, em um navio que se preparava para partir. Despejado no litoral pernambucano, meses depois, passou a viver em Recife, onde passou a se dedicar a algumas atividades sem maior importância, mas, como bom português que era, acabou por se enveredar pelas práticas mercantis com bastante sucesso. Em meio aos mistérios de sua origem, ora tido como um nobre rebelde fugido do Reino, ora como o filho aventureiro de uma rica família de mercadores, foi aos poucos sendo aceito pela sociedade pernambucana e acabou por fazer um bom casamento. Construiu fortuna comprando terras e canaviais, tornando-se por fim senhor de muitos engenhos.

Assim, seguindo as informações de Francisquinha, foi possível identificar a localização e os proprietários de 5 dos 17 engenhos: o Massaranduba e o Mato Grosso, ambos em Gameleira, o segundo como ela diz "um portentoso engenho" e presente de casamento que o português José Costa, seu bisavô materno, deu a sua filha Rita Enedina, quando do seu casamento com João Bento da Gouveia; o Liberdade, construído por seu pai em Bonito, além do Camevou e do Santo Antônio, em Palmares, que teriam chegado às mãos do casal Barros Carvalho, pelo pai de Francisca.

Barra, Catolé e Gavião – que na verdade eram fazendas de criação – em Pesqueira, o Jussaral e o Califórnia, em Sirinhaém, são outros 5 que vêm da parte dos Cavalcanti e Albuquerque do Coronel Carvalhinho. Os demais, ao que tudo indica, pertenceram também aos tios, avós e bisavós, tanto do lado materno quanto do paterno de Francisquinha, a começar pelo já citado José Costa, que ao que parece, é onde tudo começa. Rio Formoso é o município em que, provavelmente, ficavam os engenhos Burarema, Cucaú, Cabuçu, Limão Doce e Oncinha, embora parte do território em que se localizavam, seja hoje pertencente ao município de Barreiros; o Conceição ficava em Catende e o Catuama, em Palmares. Este último, na divisão da herança paterna passou a pertencer, Joana Francelina de Barros Barreto, uma prima de Francisquinha, quando do seu casamento.

Seria oportuno lembrar que Dona Francisquinha, antes de escrever suas memórias no final dos anos sessenta, deve ter escrito um diário que remonta aos tempos em que por mais de duas décadas viveu o confinamento de uma senhora de engenho, seja no Camevou, seja no Santo Antônio. Sua existência é um fato, tendo em vista que Mello Mourão ao escrever a memória do seu sogro, o Senador Barros Carvalho, dele se utilizou citando-o em inúmeras passagens. E da mesma forma, valem-se dele sites oficiais e blogspots de Pernambuco quando se trata de informar sobre a localização e proprietários dos antigos engenhos que floresceram no Estado.

Carvalhinho, ao que se sabe, não deixou nada escrito sobre a época em que foi senhor de engenho. Contudo, na documentação familiar guardada por PBC, existe a cópia de uma carta escrita em 1945, algo como um testamento ou coisa parecida, pois segundo ele, adoentado que estava, não havia muito o que esperar. Escrita com uma caligrafia elegante, fazendo um bom uso da língua pátria, sem nenhuma falha gritante, ele transmite a certeza do dever cumprido educando e assegurando um rumo certo aos seus filhos, nada deixando de riqueza porque nada tinha, salvo uma apólice remida valendo pouco mais de dois contos de réis, do

Instituto dos Funcionários Públicos de Pernambuco, e a contribuição (uma provável pensão) do Instituto de Aposentadoria dos Industriários de São Paulo – certamente do antigo IAPI – cujo valor mensal não era sabido, que ele deixava para Francisquinha. Os gastos com o luto e o enterro, a própria associação arcaria. Não queria festa ou excessos no seu enterro. Embora não tivesse nada, assegura que nada devia a ninguém pois os comprovantes de pagamento do que ele chama de dívida – contas de água e luz, por exemplo – estavam na gaveta de sua mesa de trabalho. O Coronel Carvalhinho, então com 75 anos e agora vivendo em São Paulo, trabalhava no Laboratório Paulista de Biologia que funcionava na Avenida São Luís, no Centro novo da cidade. Não se sabe quais eram suas funções como funcionário de um laboratório farmacêutico de renome que produzia soros, vacinas e imunizantes, além de outros medicamentos orgânicos, criados a partir de pesquisas biológicas, antes do aparecimento dos grupos multinacionais e dos antibióticos.

José de Carvalho e Albuquerque faleceria em São Paulo quatorze anos depois. Morria assim, um dos últimos representantes de uma era esplendorosa, de um mundo romântico povoado por poderosos senhores de engenho, sisudos coronéis e graciosas sinhazinhas, de uma verdadeira civilização do açúcar. Francisquinha faleceria em 1969, não sem antes escrever o seu pequeno livro de memórias, que ela mesma ilustrou com seus desenhos. Foi a partir deles, já com a idade avançada, que ela começou a pintar, colocando-os nas telas e criando um outro mundo de cores e fantasias. Segundo Suanê, poucos dias antes da sua morte, ela falava animadamente como se fosse uma jovem de 20 anos e com a vida inteira pela frente, da exposição que faria de seus quadros no lançamento do seu livro.

As Raízes Gaúchas

Por parte da mãe, Dulce Rosa Cruz de Barros Carvalho, PBC tem um lado gaúcho, de onde venha talvez a postura mais calma e ponderada que contrasta com o jeito alegre, falante e estourado de seus familiares do lado pernambucano. A sua convivência com os parentes maternos do Rio Grande do Sul foi mais intensa, pelo menos até a morte do pai em 1963. Lembra-se das várias viagens de férias que a família fez à Caxias do Sul, quando ainda era pequeno e da presença da avó, Maria Luiza Rosa Cruz, que depois da morte de Orlando Cruz, seu avô, em 1945, costumava passar três meses do ano na casa de cada um dos quatro filhos: Júlio, Joaquim e Itacyr, no Rio Grande do Sul e Dulce, sua mãe, em São Paulo. Já mais velho, passou a viajar sozinho e com uma certa constância para a cidade de Caxias, encarando longas viagens de ônibus com quase dois mil quilômetros compreendidos entre a ida e a volta, para estar com familiares gaúchos, especialmente os primos Orestes e Sérgio Antônio, filhos dos tios Itacyr e Joaquim Rosa Cruz, respectivamente.

Contudo, com o passar do tempo, e sem maiores explicações, o seu contato com os parentes do Sul foi diminuindo. O mesmo não se pode dizer do seu permanente contato com os Barros Carvalho, de Pernambuco, uma vez que desde os oito anos eram constantes as viagens e as férias em Recife, boa parte delas em companhia dos tios e primos que lá viviam ou que para lá também iam. Eram famosos os serões, as reuniões, os almoços e os encontros, dos quais participavam toda a família na casa sempre cheia e alegre do tio Eládio de Barros Carvalho. Localizada na rua José Carvalheira, na Tamarineira, era uma casa grande e confortável, com um amplo quintal onde a família se reunia todos os fins de semana. Os homens e seus amigos convidados, sempre em separado das mulheres, bebiam muito whisky e saboreavam deliciosos petiscos, sempre entretidos em longas conversas que pareciam não ter fim, e que muitas vezes se estendiam até a noite. As três primeiras filhas de PBC, especialmente Roberta, a mais velha, chegaram a conviver com o clima de festa que marcava essas reuniões familiares e delas ainda guardam boas lembranças.

A família Rosa Cruz, dos avós maternos de PBC, que se formou com o casamento entre Orlando da Silva Cruz e Maria Luiza

O Túmulo e a Cova Rasa

Cinquenta e oito anos separam as mortes dos dois maiores líderes gaúchos da República Velha. Júlio de Castilhos, o primeiro Presidente do estado do Rio Grande do Sul, morreu vítima de um câncer na garganta, aos 44 anos, em 24 de outubro de 1903. Já Borges de Medeiros, seu sucessor no governo, faleceu em 25 de maio de 1961, faltando três anos para completar um século de idade. No entanto, apesar de Castilhos ter ficado apenas seis anos no poder, contra as três décadas em que Borges de Medeiros pontificou na política gaúcha, aquele possui um magnífico e grandioso mausoléu pago com verba do Estado como última morada, enquanto esse ocupa um nicho acanhado no túmulo de seu genro e secretário particular, Sinval Saldanha. Esse embotamento da figura de Borges de Medeiros no panteão monumental republicano pode ser analisado a partir das trajetórias de ambos na vida política do Estado.

A instalação da República no Rio Grande do Sul, encabeçada pelo Partido Republicano Rio-grandense (PRR) e sua aplicação não ortodoxa do Positivismo, implicou na implantação de uma forma autoritária de governo, fortemente centralizada na figura do chefe político. A Constituição do RGS, elaborada por Júlio de Castilhos em 14 de julho de 1891, dentre outros pontos, tinha por características um Legislativo estadual limitado, apto apenas para aprovação dos orçamentos elaborados pelo Executivo, este sim um poder forte, gerador de decretos que tinham valor de lei. A Constituição permitia também a reeleição dos presidentes com ¾ dos votos descobertos, medida essa que, através de fraudes eleitorais, permitiu a eternização do PRR no poder. Castilhos governaria o Estado entre 1892 e 1898, porém não sem oposição. Entre 1893 e 1895, enfrentaria a Revolução Federalista, uma revolta de coronéis – representantes da elite no poder durante o Império – contra a quebra de seus privilégios durante o governo castilhista. O PRR sairia vitorioso da sangrenta guerra civil, e Júlio de Castilhos governaria o Rio Grande do Sul por mais três anos.

Em 1898, este transmite o poder a Borges de Medeiros, mantendo-se, contudo, como o chefe intelectual do Partido. Borges de Medeiros teria um governo bem mais longo que seu antecessor, mas ainda mais marcado por oposições. O período borgista consolidaria o regime republicano e autoritário no Estado, adotando duas estratégicas básicas: a prática do consenso, alianças com setores sociais até então excluídos do poder, como comerciantes, industriais e camadas médias urbanas; e uma forte repressão a seus inimigos políticos, com uso de força militar armada, principalmente do Exército e da Brigada Militar. Borges também faria um novo pacto político, trazendo os coronéis revoltosos de 1893 para o PRR, submetendo-os ao poder do governo estadual, mas garantindo-lhes o controle do poder local. Uma primeira oposição ao governo gaúcho ocorreria em 1908, com a criação do Partido Republicano Democrático, composto, entre outros, por antigos membros do PRR. Foi um momento de crise republicana, e o período compreendido entre 1908 e 1912 é o único em que Borges esteve fora do poder, sendo o estado governado por Carlos Barbosa.

Em 1913, aquele retornaria, juntamente com a oposição de parte da elite, o que culminaria com a Revolução de 1923, que teve suas origens na política de desenvolvimento global da economia gaúcha, preconizada por Borges de Medeiros, que contrariava os interesses dos pecuaristas, além da grande incidência de fraude eleitoral nas eleições de 1922. Três grupos articularam-se em oposição ao governo, sendo eles os federalistas, os democratas e os dissidentes republicanos. O movimento revolucionário foi vitorioso, e acabou no Pacto de Pedras Altas, com o acordo de que a Constituição castilhista seria revisada, e que Borges de Medeiros concluiria seu quinto mandato e não mais se reelegeria. Júlio de Castilhos não viveu para ver sua Constituição reformada. Morrera no início do século, após longo sofrimento causado pelo câncer, em decorrência de complicações cirúrgicas. Borges de Medeiros não pouparia recursos para transformar Castilhos em um mártir republicano. Através da lei n. 29 de 01/12/1903, que orçaria a despesa do Estado para o ano seguinte, decretou a necessidade de "abrir os créditos necessários para traduzir o reconhecimento do Rio Grande do Sul e relembrar à posteridade sempiterna gratidão pelo excelso organizador do Estado republicano, incomparável estadista brasileiro – dr. Júlio de Castilhos – no levantamento de um monumento no cemitério público e uma estátua à praça Marechal Deodoro, da capital". Assim, o Governo do Estado adquiriu um lote no Cemitério da Santa Casa, e encomendou um mausoléu ao escultor carioca Décio Villares, pelo qual pagou noventa contos de réis, em 1913, com a inauguração da obra. No túmulo, centralizada, aparece a alegoria da República, "enlutada e comovida pela morte de um grande governante e defensor dos ideais republicanos, demonstrando todo o sofrimento da pátria pela enorme perda". Arnoldo Doberstein faz uma análise do segundo monumento, o colocado à praça cívica, mas seus argumentos servem para o túmulo: "parece até que a intenção de seus idealizadores foi conferir-lhe uma certa áurea de misticidade, transformando-o num tipo de altar público, onde os contemporâneos e pósteros viessem render um reverente culto à personalidade de Júlio de Castilhos e à doutrina por ele professada".

Outro republicano histórico com túmulo monumental é Pinheiro Machado, uma das pernas do tripé do PRR no começo da República, herói da Guerra do Paraguai e um dos grandes nomes no combate à Revolução Federalista, do Rio Grande do Sul. Enquanto Borges e Castilhos se consolidavam no poder no Estado, José Gomes Pinheiro Machado elegia-se senador e atuaria em nível federal, sendo um dos homens mais poderosos da República entre 1905-15. Supostamente assassinado por adversários políticos, no Rio de Janeiro, em 1916, o senador também teve direito a um túmulo encomendado pelo Governo do Estado. Desenvolvida pelo escultor Pinto de Couto, a obra é considerada a mais monumental de Porto Alegre. Nela, o escultor representa Pinheiro Machado morto, com o peito à mostra sobre um leito romano, numa analogia à Júlio Cesar, coberto pela bandeira nacional, e tendo ao lado a figura da República, representada por uma jovem com um barrete frígio, fazendo um gesto protetor. Acima dela, um vaso com o fogo fátuo simboliza a perpetuação da memória e aos pés do leito, uma mulher representando Clio, a musa da história, registra a vida do morto em seu livro, apontando o herói celebrizado como exemplo para as novas gerações, simbolizadas por um grupo de crianças. Baixos-relevos mostram cenas de culto cívico e a marcha da humanidade. Um dos baixos-relevos mostra um casal realizando um ritual cívico no altar da pátria. Outro mostra uma procissão de figuras desnudas em torno da palavra imortalidade.

E Borges de Medeiros? Uma análise da sua trajetória política após deixar o governo do Estado, aponta o seu crescente ostracismo. Foi um participante de última hora da Revolução de 30 e dois anos mais tarde, já septuagenário, lançou-se na luta pela constitucionalização do País em 1932. Em virtude disso, viria a sofrer o exílio político que o afastou do Rio Grande do Sul, dos seus familiares e amigos por cerca de dois anos. Anistiado, elegeu-se deputado para a Assembleia Constituinte de 1934, quando disputou com Vargas na eleição indireta à Presidência da República, sendo derrotado. Em 1937, perderia, juntamente com outros líderes, os seus direitos políticos com o decreto que instaurou o Estado Novo. Em 1945, com o fim do Estado Novo, ele retorna à vida pública apoiando a União Democrática Nacional nas eleições de 1946. Quando faleceu em 1961, aos 97 anos de idade, o governo do estado era exercido por Leonel Brizola (PTB). Os tempos eram outros, os interesses políticos também. Não convinha ao poder estadual gastar fortunas na perpetuação da memória de um antigo governante, há muito fora do poder. Ao contrário de Júlio de Castilhos e Pinheiro Machado, que faleceram no auge do poder das ideias que defendiam, Borges de Medeiros, no momento de sua morte, já era uma figura apagada, pois o próprio positivismo estava há muito sepultado. Sem ter um monumento e sem ter firmado uma dinastia, quer política quer familiar, Borges de Medeiros, que em seus mandatos ajudou a criar dois santos positivistas, passaria para a eternidade sem possuir um altar da Pátria sobre seu cadáver.

Rosa, vivia em Caxias do Sul, embora ambos sejam nascidos em Montenegro. Maria Luiza Machado Rosa, seu nome de solteira tem uma história que se confunde com a própria história da cidade em que nasceu, e mesmo de Caxias do Sul, pois é grande o número de aparentados – além dos Machado Rosa, os ramos Rodrigues Rosa e Fernandes Rosa –, que se destacaram na vida política e cultural rio-grandense. José Rodrigues Rosa foi o primeiro presidente da Intendência de Montenegro, instalada em 1873; Othelo Rodrigues Rosa, bacharel em Direito, foi promotor público, secretário particular de Borges de Medeiros, várias vezes Presidente do Estado gaúcho, além de poeta, historiador e deputado estadual; o advogado caxiense Júlio Costamilan Rosa, tornou-se Desembargador do Tribunal de Justiça do Rio Grande do Sul. O montenegrino Antônio Carlos Rosa Flores, também bacharel em Direito, foi promotor de Justiça, vice-prefeito de São Leopoldo pelo antigo MTR – Movimento Trabalhista Renovador – em 1963 deputado estadual pelo MDB, entre 1967 e 1975 e deputado federal de 1975 a 1987. E isso sem falar nas carreiras públicas de Cylon e Jacinto Marinho Fernandes Rosa, seus primos diretos, e com os quais PBC teve mais contato.

A origem familiar de Maria Luiza é marcada pela forte presença açoriana, pois provavelmente era uma descendente direta de Manuel Rodrigues da Rosa ou Ruivo e do primeiro Antônio Machado de Souza, ambos oriundos do arquipélago dos Açores, nos meados do século XVIII. Era pelo rio Caí, depois de passar por Porto Alegre, que os imigrantes chegavam à região de Montenegro; primeiro os açorianos e depois, alemães e italianos. Talvez tudo tenha começado no início da segunda metade dos setecentos, quando o segundo Antônio Machado de Souza, de origem açoriana, recebeu terras em sesmaria onde hoje se situa Montenegro, como recompensa pela sua participação na guerra contra os castelhanos. Por volta de 1850, o capitão Machadinho, o terceiro Antônio Machado de Souza, casado com Bernardina Rodrigues Rosa e herói da Guerra dos Farrapos, adquiriu uma grande extensão de terra na margem direita do Caí, e parte da antiga Sesmaria dos

Machado ou simplesmente, Sesmaria Machado, que havia sido doada à sua família. Machadinho e Bernardina, trisavós de PBC, tiveram onze filhos deixando, assim, uma vasta descendência no interior do Rio Grande do Sul.

O capitão Machadinho, visto como um desbravador, tem o seu nome estreitamente ligado à abertura de uma estrada, em 1864, que a partir de Montenegro atingia os Campos de Cima da Serra, tornando mais fácil a comunicação entre as duas regiões, pois até então, isso era feito pelo litoral, numa viagem mais perigosa e mais longa. Foi ele quem, em companhia de alguns amigos, descobriu os campos além da mata fechada e dos pinheirais, que batizou como Campos dos Bugres. Naquele exato lugar, nasceria, pouco tempo depois, a cidade de Caxias do Sul, hoje uma das mais importantes do Estado. Em 2014, quando se comemorou o sesquicentenário da epopeia pioneira, seus trinetos e tetranetos organizaram e realizaram a "Cavalgada do Machadaço", revivendo em companhia de centenas de pessoas o trajeto entre as duas cidades; oitenta e sete quilômetros que no tempo do capitão Machadinho implicava muitos e penosos dias de viagem.

A Sesmaria dos Machado foi objeto de disputas e ações, envolvendo seus herdeiros e outros, inclusive colonos alemães que haviam se fixado na região, e a demanda se estendeu até a década de 1930. Em 1915, a mãe de Maria Luiza, Maria Eulália Machado Rosa, depois da morte de seu pai, Júlio Rodrigues Rosa, deu entrada no fórum de Montenegro a uma petição reclamando seus direitos e de seus filhos sobre uma porção – quatro colônias de terras – da dita sesmaria, que havia sido adquirida por escritura do governo imperial brasileiro por seu finado, pai Antônio Machado, em 1873. Com a morte dos pais, Bernardina e Antônio, no final daquela década, as terras, cuja posse era mansa e pacífica foram divididas entre seus filhos e filhas, os legítimos herdeiros. Por não haver requerido a demarcação do seu quinhão devido à falta de recursos, viu suas terras serem invadidas, mesmo tendo construído um rancho para assegurar a posse. As terras indivisas ensejaram a invasão de colonos alemães, como os Franzen, os Messinguer e os Blauth, entre outros, que além de destruir o rancho, estavam derrubando todo o pinhal e levantando as árvores cortadas. A suplicante pedia providências visando à garantia de seus direitos e uma indenização pelos seus prejuízos. Em 1936, Orlando da Silva Cruz, pai de Dulce, que devidamente autorizado exerce a advocacia mesmo sem ser formado em Direito, entrou com uma reclamação no fórum de Caxias a propósito da ação demarcatória, medição e divisão das terras da Sesmaria do Machado, que com os desmembramentos e divisões do município de Caxias, estavam situadas agora no novo município de Farroupilha. O processo estava parado por falta de pagamento de imposto territorial em atraso, devido não pelos reclamantes e sim por outros condôminos. Em suma, as terras em litígio ainda permaneciam indivisas.

Orlando da Silva Cruz, o avô materno de PBC, era um policial civil, muito embora nos jornais da década de 1910 e 1920, seja sempre citado com as patentes de tenente, capitão e major. Nos editais de convocação para o alistamento militar, ele assina como tenente ou capitão-secretário. Em 1922, como major Orlando Cruz, foi nomeado o substituto do Procurador da República e convocado para a instalação da primeira mesa eleitoral federal na eleição que escolheu o novo vice-presidente da República. E é com essa mesma patente que os jornais a ele se referem, nos últimos anos em que esteve à frente da Delegacia de Polícia local. Teria nascido em Montenegro ou Caxias, e nada se sabe da sua família ou de sua formação, mas apenas que ocupou nessa última cidade, diversos cargos, tanto na Intendência municipal como na administração estadual, uma vez que era um importante quadro do PRR – Partido Republicano Rio-grandense. Em 1905, foi subintendente do primeiro distrito de Caxias, encarregado da estatística municipal por vários anos e subdelegado de polícia de 1906 a 1908. Neste último ano, foi nomeado fiscal da Coletoria Estadual, função que exerceu até abril de1911, quando foi nomeado Delegado de Polícia titular, cargo que exerceu aproximadamente por 14 anos. Em vários pleitos eleitorais, foi o primeiro e o segundo suplente do Juiz Federal substituto, tendo também trabalhado em todas eles como presidente de mesa ou, simplesmente como mesário. Além disso, era um dos cidadãos alistados para integrar o tribunal de júri local, ao lado de outras importantes figuras da sociedade e da política caxiense.

Orlando era um republicano convicto, fiel partidário de Borges de Medeiros, várias vezes presidente do Estado e uma das mais importantes figuras da política gaúcha na primeira metade do século XX e, consequentemente, de Getúlio Vargas. No jornal *O Brasil*, de Caxias do Sul, órgão do Partido Republicano do Riograndense, pode ser encontrada na página 3, da edição de 8 de novembro, de 1924, em sua secção livre, uma declaração que segundo Orlando se fazia necessária:

> *"Declaro a bem da verdade que não tem o menor fundamento a invencionice levantada por costumazes boateiros de que eu pretendesse filiar-me à 'Aliança Libertadora' de Caxias.*
>
> *Republicano de todos os tempos, embora afastado do cargo de delegado de polícia, que exerci durante 14 annos, continuo fiel aos meus deveres de cidadão e de soldado das fileiras a que sempre pertenci, não tendo jamais praticado acto algum que autorisasse quem quer que fosse a atribuir-me instinctos de opposição.*
>
> *Penso ser o bastante para dar por terra, mais esta exploração que pretendem fazer em torno de meu nome."*
>
> Caxias, 4 de novembro de 1924.
>
> ***Orlando da Silva Cruz***

A Aliança Libertadora, referida na declaração de Orlando, foi formada em janeiro de 1924, e era de fato uma frente ampla de oposições unificadas que combatia o continuísmo da política gaúcha, pois reunia federalistas, democratas e dissidentes republicanos, logo após o término da Revolução de 1923. Tinha em Joaquim José de Assis Brasil, um de seus principais líderes e evoluiria para se tornar futuramente o Partido Libertador.

Em 1933, ao lado do filho Júlio Rosa Cruz e mais cinco bacharéis em Direito, foi um dos nove advogados não formados a receber autorização da 7ª subseção da OAB, de Caxias do Sul, para poder requerer em qualquer juízo contencioso ou administrativo, cível ou criminal. Assim, parece ter exercido advocacia, como provisionado, até sua morte em 1945.

Dulce e seus três irmãos, Júlio, Joaquim e Itacyr, nasceram em uma típica família de classe média gaúcha, uma vez que seus pais eram servidores públicos. A mãe, professora Maria Luiza Rosa, assim como o irmão, Antônio Machado Rosa, dedicou-se ao magistério público a maior parte de sua vida, e ambos têm seus nomes gravados na história da educação pública do Estado, lecionando nas antigas escolas elementares do Rio Grande do Sul. Maria Luiza Rosa, ou Dona Lulu, um apelido familiar pelo qual também era bastante conhecida, ingressou no magistério em 1904, e foi professora do Colégio Elementar José Bonifácio, de Caxias do Sul, desde 1912, ano da sua fundação, assumindo sua direção no final dos anos 1920. Há registro da sua decisiva participação, em setembro de 1921, ao lado de outros mestres daquele estabelecimento de ensino, na criação da Caixa Escolar, que visava a auxiliar os alunos necessitados, uma iniciativa pioneira das próprias escolas primárias no contexto da República Velha, e que sobreviveria até os anos setenta, quando foi substituída pelas atuais Associações de Pais e Mestres. Em 1935, Maria Luiza assumiu a direção da Escola Complementar, também em Caxias, até a sua aposentadoria em abril de 1939. Falecida em 09 de janeiro de 1961, a grande educadora hoje empresta o seu nome à uma escola de educação fundamental da rede pública estadual, na cidade gaúcha em que fez toda sua carreira.

Júlio Rosa Cruz, o irmão mais velho de Dulce, bacharelou-se em Direito pela Faculdade de Direito de Porto Alegre, na turma

A Última Revolução Gaúcha

A Revolução de 1923 foi a última conflagração armada em que se envolveram as oligarquias gaúchas em mais uma luta intestina. O seu elemento destravador foram as eleições de 1922, em que as oposições se uniram em torno de Joaquim Francisco de Assis Brasil contra mais uma possível reeleição de Borges de Medeiros para a presidência do Estado. O candidato do PRR saiu-se mais uma vez vitorioso, valendo-se de recursos rotineiros como a fraude eleitoral, o voto de cabresto e o uso da violência. Diante da derrota, os oposicionistas assistas protagonizariam, retomando a denominação de Maragatos, a chamada "Revolução de 1923", uma nova e derradeira guerra civil que marcaria a história do Rio Grande do Sul.

Nesse conflito que chegou a durar quase um ano, e que para muitos estudiosos era uma retomada da sangrenta Revolução Federalista, do final do século XIX, conhecida também como a "Revolução da Degola", as oligarquias estaduais gaúchas dividiram-se novamente em duas facções: de um lado, os Chimangos ou medeiristas, partidários do presidente do Estado, e consequentemente de Getúlio Vargas e de outro, os Maragatos ou assisistas que congregava os opositores a mais um governo de Borges de Medeiros – este se reelegera pela quinta vez seguida Presidente do Rio Grande Sul – e ao mesmo tempo, pela reforma da constituição gaúcha legitimadora do imobilismo da política rio-grandense. A Carta gaúcha era a única do antigo modelo federativo, que vigeu a época da República dos Estados Unidos do Brasil a não prever limites para a reeleição do Presidente do Estado. Depois de onze meses de violentos embates, o Pacto das Pedras Altas, de 1923, colocou fim ao conflito. A reeleição foi limitada com a reforma constitucional e os grupos oligárquicos do Estado, uma vez reconciliados, garantiriam a unidade política que faria de Getúlio Vargas o grande vitorioso da Revolução de 1930.

Símbolo dessa unidade foi o gesto de Vargas, então líder civil desse movimento armado liberal, ao colocar em seu pescoço, num dado momento da Revolução, o lenço vermelho usado pelos maragatos sobre o lenço branco que usava, e que o identificava como um chimango.

de 1933, advogou em Caxias do Sul e, posteriormente foi Juiz de Direito da Comarca de Vacaria. Joaquim Rosa Cruz seguiu a carreira militar e como capitão serviu na Força Expedicionária Brasileira (FEB), parte integrante do V Exército Norte-Americano que lutou na Itália contra as forças do nazismo, atingindo posteriormente o generalato. Itacyr Cruz, o caçula, seguiu os passos do irmão e acabou por se tornar também general do Exército Brasileiro. Durante parte da sua formação militar, como era da cavalaria, conviveu com o futuro general e presidente da República João Batista Figueiredo, que como ele também pertencia a essa arma, sendo bastante conhecidas as disputas em que se envolviam os dois militares.

O tio de Dulce, Antônio Machado Rosa, como a irmã Maria Luiza, foi um dos grandes mestres das escolas estaduais em Montenegro, tendo estudado na Escola Normal de Porto Alegre. Intelectual de peso e ativo participante da vida política, era conhecido como um grande orador e pela defesa que fazia do meio ambiente, pregando a preservação de plantas e pássaros, assumia uma posição, sem dúvida, muito avançada para a época. Na década de trinta, com os filhos e a esposa, também tocava um comércio na mesma cidade. Toda a sua família era ligada a Borges de Medeiros e partidária de Getúlio Vargas desde a "revolução de 1923". Casado com Orcina Fernandes Rosa, foi pai de seis filhos: Pompílio Cylon, Jacinto, Homero, Antônio Carlos, Dila e Deli.

Dos filhos de Antônio Machado, Antônio Carlos Fernandes Rosa, o Doutor Niquinho Rosa, advogado formado pela Faculdade de Direito de Porto Alegre, em 1933, e que também atuou no comércio local, está muito ligado à história da cidade como autor da obra *A História de Montenegro*, publicada em 1979, como o primeiro volume da coletânea *Montenegro de Ontem e de Hoje*. Dois outros acabariam por se projetar como importantes figuras da política rio-grandense. Jacinto Marinho Fernandes Rosa, também formado em Direito, na turma de 1931, foi membro do Ministério Público do Rio Grande do Sul, como promotor público e depois deputado estadual pelo antigo PSD por duas legislaturas. Entre

1944 e 1946, foi nomeado prefeito municipal de Montenegro. De todos, o que mais se destacou, sem dúvida, foi Pompílio Cylon Fernandes Rosa, deputado estadual e governador do Estado na década de quarenta, entre 1946 e 1947. Bacharel em Direito, formado em 1923, pela Faculdade de Direito de Porto Alegre, exerceu a advocacia em Montenegro a partir do ano em que se formou. Era membro do Conselho Municipal de sua cidade – o conselho corresponde hoje à Câmara de Vereadores – quando eclodiu a Revolução Liberal no início de outubro de 1930. Imediatamente, incorporou-se aos rebeldes como tenente fazendo parte da "Coluna do Nordeste" organizada e comandada pelo general Valdomiro Lima.

A referida coluna, com mais de quatro mil combatentes teria um importante papel nas vitórias das forças da Aliança Liberal contra as tropas legalistas nos Estados de Santa Catarina e Paraná, dirigindo-se depois para o Rio de Janeiro, onde participou da tomada do poder ao lado de Vargas. É muito provável que o pernambucano Leonardo de Barros Carvalho, pai de PBC, tenha feito parte dessa coluna, ao lado de Cylon, que futuramente se tornaria seu primo. Nessa campanha, outro pernambucano também se destacaria como comandante das tropas revolucionárias: o capitão João Alberto Lins de Barros, um possível aparentado dos Barros Carvalho e uma das principais lideranças do movimento tenentista da década de 1920, cujo nome está ligado inclusive à conhecida Coluna Prestes. Contudo, não foi encontrado nada que se relacione a essa formação militar presente na Revolução de 1930, ou seja, a "Coluna do Nordeste"; quem eram seus componentes, suas origens, se eram civis ou militares, se foram convocados ou eram voluntários, ou coisa parecida. Afinal, em resposta à conclamação de Vargas, nas primeiras horas depois de deflagrado o movimento, mais de 50.000 voluntários se alistaram no Rio Grande do Sul. No entanto, foram encontradas notícias sobre a organização de outros grupamentos similares, como a "Coluna Louca", uma tropa favorável à revolução, formada em Garanhuns, Estado de Pernambuco, por atiradores da guarnição local, lideranças civis e demais voluntários da cidade, que em sua curta marcha até o Sul derrubou o governo situacionista de Alagoas, exercido até essa ocasião pelo presidente do Estado Álvaro Paes.

Cylon Rosa foi eleito deputado constituinte do Rio Grande do Sul, em 1934, pelo Partido Republicano Liberal (PRL), uma dissidência do velho PRR, fazendo parte automaticamente da legislatura que se iniciou em 1935, para um mandato de quatro anos. Durante sua curta atuação como deputado estadual, presidiu a Comissão de Finanças e Orçamento da Assembleia Legislativa rio-grandense. Seu mandato foi sustado com o golpe do Estado Novo, promovido por Vargas, em novembro de 1937, fechando os órgãos que representavam o poder Legislativo em seus três níveis: no federal, o Congresso Nacional, no estadual, as Assembleias Legislativas e no municipal, as Câmaras de Vereadores. A partir de então, ocupou a presidência da Caixa Econômica Federal do Rio Grande do Sul, só deixando o cargo para assumir, em 1943, o cargo de Secretário do Interior do governo Ernesto Dornelles, primo de Getúlio Vargas, que fora designado interventor no Estado em substituição ao general Cordeiro de Farias. Entre 7 de fevereiro de 1946 e 26 de março de 1947, foi nomeado governador do Rio Grande do Sul, fazendo um governo de transição no processo de redemocratização que se iniciara com a deposição de Vargas, em outubro de 1945. Foi dele que Walter Só Jobim, eleito governador gaúcho nas eleições de fevereiro de 1947, recebeu o governo do Estado.

É desse período final da ditadura getulista, quando ocupava a Secretaria do Interior do Estado, uma das ocorrências mais curiosas da história do Rio Grande do Sul no século XX. Cylon Rosa e o General José Antônio Flores da Cunha, um dos grandes nomes da política gaúcha e um dos líderes da Revolução de 1930, acabaram se desentendendo no final de agosto de 1945, o que deu origem a uma série de ofensas de ambos os lados, levando Flores da Cunha, conhecido pela valentia, a desafiá-lo para um duelo. Como essa prática era ilegal em nosso país, Flores sugeriu que ele fosse travado no vizinho Uruguai, pois ali os duelos ainda eram permitidos – os duelos somente foram proibidos na república uruguaia na década de noventa.

Embora a imprensa tenha atribuído a origem do incidente a uma consulta feita por Flores da Cunha ao Tribunal Regional Eleitoral, em 1945, sobre a legalidade da ação política de antigos partidos do Estado, e que foi contestada por Cylon, o desentendimento entre ambos teria começado bem antes, dentro do próprio PRL, partido ao qual os dois pertenciam. Flores, que fora interventor federal no Rio Grande do Sul desde 1930 e governador constitucional eleito também por aquela agremiação política em 1934, foi um dos poucos a se posicionar abertamente contra Vargas, no contexto que levaria ao golpe de 1937. Uma ala do PRL, do qual o deputado Cylon fazia parte era contra o governador Flores da Cunha, que por ter o comando de uma das maiores forças militares do país, ou seja, da Brigada Militar e do Corpo de Provisórios, poderia levar mais uma vez o Rio Grande do Sul a um conflito sangrento. Com a deposição de Flores da Cunha, por ocasião do Golpe de Estado que instaurou o Estado Novo, seu posterior exílio no Uruguai por cinco anos e, por fim, sua prisão na Ilha Grande, no Rio de Janeiro, os ânimos finalmente se acalmariam até meados de 1945, quando novamente Cylon e Flores entraram em atrito. Quanto ao tão falado duelo entre os dois, este felizmente nunca se realizou.

Cylon Rosa concorreu ao governo do Estado nas eleições de 1950, pela coligação PSD/PRP/UDN – Partido Social Democrático, Partido de Representação Popular e União Democrática Nacional – e foi derrotado pelo candidato do PTB, Ernesto Dornelles, esse contando com amplo apoio do primo Getúlio Dornelles Vargas, também vitorioso nas eleições presidenciais daquele ano. Em 1952, a convite do presidente Getulio, assumiu a Diretoria da Carteira de Crédito Geral, do Banco do Brasil, no Rio de Janeiro, onde permaneceu até 1961, retornando novamente à Diretoria da Caixa Econômica Federal, no Rio Grande do Sul.

Posteriormente, ocuparia, por concurso público, o cargo de funcionário do Arquivo Histórico do Estado, sendo depois afastado junto ao Instituto Histórico e Geográfico do Rio Grande do Sul, até seu falecimento em Porto Alegre, no dia 20 de julho de 1987, aos 90 anos. Em janeiro de 1964, ao lado da esposa Anita, Cylon foi um dos padrinhos de casamento do primo Paulo de Barros Carvalho, em São Paulo.

Engenho Santo Antonio – Palmares, PE, 1923.

Família Barros Carvalho na década de 1920. Da esquerda para direita: (sentados) Carlos, Cel. Carvalhinho, Suanê, D. Francisquinha e Pe. Nelson; (em pé) Edivaldo, Dilermando, Eládio, Gastão, Leonardo e Antonio.

Os irmãos Leonardo (de pé) e Antonio, 1928.

Pe. Nelson, vigário de Águas Belas, PE.

Carvalhinho, Francisquinha e Suanê – Parque da Aclimação, São Paulo, SP, 1933.

Pe. Nelson e seus paroquianos.

Família na casa da rua Peixoto Gomide – São Paulo, SP, 1942. Da esquerda para direita (sentados): Carlos, Suanê com Paulo ao colo, Francisquinha, Mirene e Carvalhinho, (em pé) Dulce e Leonardo.

Família Barros Carvalho nas comemorações das Bodas de Diamante do casal Carvalhinho e Francisquinha – Recife, PE, 1955.

Reunião familiar na rua Peixoto Gomide – São Paulo, SP, 1946. Da esquerda para a direita: Vera e Joaquim Rosa Cruz, Dulce e Leonardo, Leia e o pai Antonio, Amália, Francisquinha, Maura, Rosa Maria, Otília, Lúcia Suanê e Frieda. (Ao fundo) as crianças: Sérgio Antônio, Paulo e Mirene.

Orlando e Maria Luiza Rosa Cruz – Caxias do Sul, RS, 1940.

Os irmãos: Júlio, Joaquim e Dulce Rosa Cruz – Caxias do Sul, RS, 1914.

Carlos de Barros Carvalho (o primeiro à esquerda do Presidente) e uma comissão de altos funcionários do Ministério da Fazenda com Getúlio Vargas, 1944.

Leonardo e Dulce em Santana do Livramento, RS.

Leonardo – Caxias do Sul, RS, 1932.

Dulce – Caxias do Sul, RS, 1926.

Itacyr Rosa Cruz, capitão de cavalaria – Jaguarão, RS, 1942.

Sentado no pon-
te mais alto do
H.Coliseu, onde
morava anterior-
mente.
   Lembrança de te
filho

      Leonardo

Palegre, 2-4-28.

      Rio G.Sul

Leonardo, no Rio Grande do Sul, 1928.

Pompílio Cylon Fernandes Rosa, futuro governador do Rio Grande do Sul, 1923.

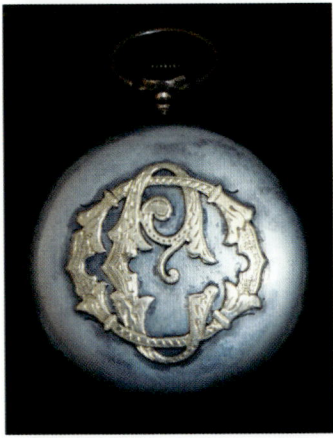

Relógio de Bolso com as iniciais de Orlando Cruz.

3
OS ANOS DE FORMAÇÃO NA GRANDE METRÓPOLE

OS ANOS DE FORMAÇÃO NA GRANDE METRÓPOLE

São Paulo nos anos quarenta

Seguindo o ritmo das décadas anteriores, a cidade de São Paulo dos anos quarenta, conheceria significativas transformações que iriam mudar em definitivo suas antigas feições. Apresentava uma população que andava por volta dos 1.500.000 de habitantes, bem mais que o dobro dos 580.000 dos anos vinte. A antiga vila de Piratininga estava a caminho de se tornar uma moderna metrópole e o respectivo processo que se acentuaria da década seguinte, tinha, no cosmopolitismo e no progresso, as expressões de uma cidade em franco crescimento, marcada agora pela diversidade de suas funções e atividades econômicas. Em meados de cinquenta, a terra da garoa, como ainda era conhecida, ganhou o merecido slogan: "São Paulo é a cidade que mais cresce no mundo".

A crescente industrialização era uma realidade, e seguindo o padrão de décadas anteriores, o território a ela reservado era ainda o das várzeas dos rios Tietê, Tamanduateí e, em menor escala, do rio Pinheiros. De uma maneira geral, a localização das indústrias de então era determinada pelas estradas de ferro que se estenderam aproveitando os vales. O aumento do número de imigrantes e o afluxo dos grandes contingentes de migrantes, crescentes na década de 1930, promoveram o crescimento de bairros operários como o Brás, a Mooca, a Bela Vista, o Belenzinho, a Lapa e a Vila Leopoldina entre outros tantos, com suas habitações tipicamente populares: casas simples, baixas e modestas, na maioria das vezes geminadas. Na sua área central, ao mesmo tempo que se verificava a rápido deslocamento do Triângulo Histórico – o centro velho – para o Centro Novo, abrangendo o novo Viaduto do Chá, a rua Barão de Itapetininga, a Avenida Ipiranga e a Praça da República, São Paulo conhecia também um processo acelerado de verticalização. Os grandes edifícios e as modernas galerias, além de oferecerem novos espaços de moradia em modernos apartamentos, destinavam-se sobretudo aos profissionais liberais, dispondo para isso de grandes salas para a instalação de escritórios, enquanto suas áreas térreas eram ocupadas por estabelecimentos comerciais.

Na área compreendida entre a Avenida Paulista, Brigadeiro Luís Antônio, Avenida Brasil e Avenida Rebouças surgiriam os bairros-jardins, ou simplesmente os Jardins, que acabariam por se constituir em uma das regiões mais nobres da cidade. O Jardim América, o primeiro deles, vinha sendo planejado e executado desde 1915, pela Companhia *City of São Paulo*, uma grande empresa imobiliária londrina, seguindo o modelo das modernas cidades-jardins, característico da urbanização inglesa na passagem do século XIX para o século XX. Moradias amplas e confortáveis, com áreas ajardinadas e muros baixos, o traçado das ruas pontuado por praças e espaços públicos arborizados seriam as marcas que distinguiam o moderno bairro paulistano, e que em muito contribuíram para atrair uma nova burguesia paulistana, ávida por morar bem ao estilo europeu. O sucesso desse projeto imobiliário da *Cia. City* estimulou outros empreendimentos, seguindo-se então, o Jardim Paulista, o Jardim Europa e o Jardim Paulistano. As restrições às atividades industriais e comerciais, a construção de igrejas e a instalação de clubes sociais, além da abertura de uma nova avenida – a Nove de Julho – no final dos anos 30, ligando a região ao centro da cidade, completavam o elenco de atrativos que naturalmente trariam os futuros moradores. Afinal, como apregoavam os panfletos que anunciavam os modernos lançamentos imobiliários daqueles anos, o ar livre do campo e todo conforto da cidade só seriam encontrados reunidos nos Jardins, o bairro mais nobre da capital.

******

Foi nessa cidade que se metamorfoseava, e mais especificamente no Jardim Paulista, que Paulo de Barros Carvalho veio ao mundo, em 15 de dezembro de 1938. Na época do seu nascimento, a família Barros Carvalho morava na rua Augusta, mudando depois para uma casa na Alameda Lorena, onde ele viveria os seus primeiros anos. Dessa casa, porém, e até pela tenra idade, não guarda nenhuma lembrança.

Ele próprio reconhece o quanto é difícil falar de si mesmo quando se trata de recordar coisas de um passado distante. Isso, quando as recordações são vagas, povoadas por figuras um pouco apagadas pelo tempo e cujos nomes, difíceis de serem lembrados, desfilam silenciosamente pela memória. Recordações que levam a uma São Paulo desse início dos anos quarenta, muito diferente da atual, e mais especificamente, a uma casa da Rua Peixoto Gomide, 2022, quase na esquina com a Rua Estados Unidos, apenas há alguns passos do Jardim América, onde ele passou sua infância e parte da adolescência. A São Paulo de então, mesmo já ostentando ares de uma metrópole, ainda conservava, de certa forma, o jeito típico de uma cidade calma e amena. Nas ruas, pouco movimentadas do bairro eram muitos os espaços vazios e da avenida Brigadeiro Luiz Antônio, um dos limites dos Jardins, era possível ver a cobertura vegetal dos matagais do Ibirapuera, onde as crianças iam caçar com estilingues ou brincar com suas bicicletas, depois de atravessar a avenida ainda parcialmente calçada com paralelepípedos; o Parque do Ibirapuera, como se conhece hoje, um dos principais cartões postais da cidade, só surgiria por ocasião das comemorações do IV Centenário de São Paulo, em 1954.

Na casa confortável adquirida pelo pai, Leonardo de Barros Carvalho, um alto funcionário do Ministério da Fazenda, viviam o casal Leonardo e Dulce, a irmã Mirene, que era a mais velha e ele, o menino Paulo, o Paulinho, ou, simplesmente "Po", como era tratado carinhosamente pela mãe.

A Trajetória Escolar antes do Direito

Um pouco acima da rua de sua casa, uns quatro quarteirões mais ou menos, ficava o antigo Externato América, a primeira escola por ele frequentada. Deveria ter por volta dos quatro anos quando seus pais o matricularam no jardim de infância e dessa época tem algumas recordações não muito convencionais. A primeira delas ocorreu durante o recreio, quando para exibir os seus "documentos de menino" abaixou o calção do uniforme mostrando tudo para quem quisesse ver. Ato contínuo: foram contar para a professora o que o Paulinho havia feito. Indagado por ela o porquê daquela atitude constrangedora, respondeu que era só para se coçar. A paciente mestra chamou sua atenção, dizendo que para se coçar não era preciso mostrar tudo, e valeu-se do acontecido como um recurso para a aula que se reiniciaria em seguida. Perguntaria por que fez aquilo, ele responderia o porquê, e ela, em seguida, diria para os seus coleguinhas de sala o quanto era inconveniente esse tipo de comportamento. De outra feita, durante uma atividade em que todos os alunos deveriam recitar um versinho, uma quadrinha do tipo "batatinha quando nasce", Paulinho se saiu com uma pérola, o único versinho que se lembrava: "Pato, marreco, galinha e peru, moça bonita chinelo no.... *chão*": claro que a rima sugerida, depois de muitos risos dos colegas de classe, não era exatamente essa.

De uma maneira geral a adaptação do menino nesses primeiros anos escolares, um ambiente estranho e novo para uma criança, pode ser considerada boa, mesmo quando batia a saudade do convívio familiar. Isso não impediu que certa vez deixasse o ambiente escolar em horário de aula dando uma fugida até sua casa, relativamente próxima e que ficava na mesma calçada do externato. Agarrado à Dona Dulce, sua mãe, que estranhava sua presença naquela hora imprópria, confessou que estava com muita saudade de casa. Como todas as mães, Dulce, sempre terna, acobertaria muito de suas traquinagens, mesmo em épocas posteriores. De coleguinhas, lembra-se apenas de Maria do Carmo, hoje casada com Álvaro Caíra, ambos ainda moradores do Jardim Paulista. Ele que foi ex-jogador da seleção paulista de vôlei, um excelente cortador, que jogou também pela seleção brasileira no Pan Americano de 1963, seria seu contemporâneo no colégio Rio Branco durante os anos 1950. Vez ou outra encontra o casal, que por acaso frequenta a mesma missa dominical vespertina das dezenove horas, na Paróquia de São Gabriel Arcanjo, no Itaim Bibi, uma obrigação religiosa que ele e Dona Sonia, sua esposa, cultivam há décadas e que durante uns bons anos, também era extensiva a Roberta, Renata e Priscila, suas filhas mais velhas.

Do externato onde teve contato com as primeiras letras foi para o antigo Ginásio Stafford, uma escola tradicional de São Paulo nos Campos Elíseos. Funcionando em regime de internato e semi-internato, o ginásio estava localizado na Alameda Cleveland 463, no mesmo casarão que serviu de moradia à família Santos Dumont, que hoje não existe mais; no número 601 da mesma alameda, ficava o departamento feminino da escola. Pelo renomado Stafford, passaram algumas figuras ilustres das sociedades paulista e paulistana, como o jornalista e escritor Antônio Alcântara Machado, a pianista Eudóxia de Barros, a historiadora Alice Piffer Canabrava, que vindo da cidade de Leme, ali estudou em regime de internato, e a professora e ensaísta Gilda de Mello e Sousa. O que se lembra, é que deveria estar no quarto ano primário e havia necessidade, portanto, de se preparar para o exame de admissão ao ginásio, uma exigência legal do sistema educacional então vigente. Por ter respondido de maneira grosseira a uma professora que o admoestara severamente, foi obrigado a abandonar a escola, sendo essa a primeira de uma série de três saídas compulsórias das escolas em que estudou. Depois de aprovado nas provas de admissão, ingressou no Colégio São Luís, também um tradicional estabelecimento de ensino localizado na Avenida Paulista.

****

Da sua passagem pelo São Luís guarda boas recordações. Era um colégio de jesuítas, que só recebia meninos – tornou-se escola mista somente na década de 1960 – semelhante ao Colégio Santo Inácio, do Rio de Janeiro. Primava pela disciplina e austeridade, como toda a escola confessional daqueles tempos, e mais ainda pelo fato de seu projeto educacional estar baseado nos princípios e propostas de Inácio de Loyola no século das reformas religiosas. É por todos reconhecida, a importância das escolas jesuítas na educação brasileira desde os tempos da América Portuguesa, construindo, através de séculos dedicados ao ensino, um modelo único alinhando, à tradição, as mudanças que se verificam na sociedade. Os postos principais da administração escolar eram ocupados por religiosos, e embora a maioria do corpo docente fosse constituída de leigos, os fundamentos da pedagogia inaciana eram seguidos à risca.

Transferido de Itu, onde funcionou até 1915, o Colégio São Luís instalou-se na Avenida Paulista conhecida na época pelos luxuosos casarões em que viviam as abastadas famílias de cafeicultores, industriais e banqueiros. Eram belas vivendas que em grande número também se espalhavam pelas ruas paralelas e transversais a ela, uma avenida elegantemente arborizada por onde ainda circulavam os bondes. Portanto, o São Luís tornou-se uma escola para os meninos da elite paulistana, sendo considerada uma das melhores da cidade, pois tinha bons professores e exigia muito do estudante que deveria levar a sério os estudos. Na hora do recreio,

O Ensino no Brasil dos Meados do Século XX

A educação daquela época ainda não havia conhecido as leis e reformas dos anos 1960 e 1970, além de outras que se seguiram, como a LDB 5.692/71, que terminaram por descaracterizá-la. Antes delas, o ensino era oficial e obrigatório a partir dos sete anos de idade, quando as crianças ingressavam no ensino primário –grupo escolar – com a duração de quatro anos, onde aprenderiam a ler, escrever, fazer contas fundamentais de aritmética e a conhecer rudimentos de história e geografia do Brasil. Se não passassem nos exames anuais, do qual também fazia parte o exame oral, ou nas temidas provas de segunda época, eram simplesmente reprovadas. Ao concluir o primário e já com dez anos, eram obrigadas a fazer o exame de admissão para entrar para o ginásio, o que só podiam fazê-lo com onze anos completos. Portanto, a preparação para as provas de admissão era bastante puxada, pois deveria se saber ler e escrever muito bem, saber a tabuada e as operações básicas da matemática e fração, conhecer bastante da história e da geografia do Brasil, ter noções de ciências conhecendo o básico do corpo humano, os aparelhos que o compõe e suas funções, além de conhecer todos os continentes e oceanos. Depois da aprovação, vinham as quatro séries do ginásio quando se aprendia, além de português, matemática, história e geografia, também o francês, o inglês e o latim, além de desenho geométrico, música e trabalhos manuais. Passados os quatro anos do ginasial, vinham mais três anos do ensino secundário – hoje o ensino médio – dividido em três cursos: o clássico, o científico e o normal. O primeiro destinava-se aos que pretendiam os cursos superiores de humanas e direito; o segundo para as carreiras de medicina e engenharia e o normal, mais procurado pelas moças, que nada mais era do que o curso de formação de professores primários. Uma vez concluído o curso secundário, vinha então o vestibular para a faculdade escolhida.

o *relax* era total e a convivência do alunado era marcada pelos jogos de basquete e, principalmente de futebol nos campeonatos internos; jogos curtos, limitados pelo tempo de duração do intervalo. No colégio, havia vários campos de futebol que estavam sempre ocupados e, logicamente, todos eram de terra. É preciso ter em mente que nessa época, antes da construção dos muitos prédios que acabaram por reduzir a sua área, o São Luís ocupava todo o quarteirão compreendido entre a Paulista, a Bela Cintra, a Haddock Lobo e a Luís Coelho. Do conjunto de edificações originais só ficou a Capela de São Luís de Gonzaga, ou simplesmente a Igreja de São Luís, como é mais conhecida, bem na esquina da Paulista com a Bela Cintra.

Dos seus contemporâneos, lembra-se bem de Manoel Gonçalves Ferreira Filho, o Maneco, de Fábio Konder Comparato, de José Geraldo Ataliba Nogueira, dos irmãos Celso Antônio e José Eduardo Bandeira de Melo e de Celso Seixas Ribeiro Bastos, que se tornariam seus grandes amigos, de Tercio Sampaio Ferraz, e de Luís Eulálio de Bueno Vidigal Filho, que no futuro, se tornaria uma das principais expressões do empresariado paulista. À exceção deste último, todos se tornariam grandes nomes das ciências jurídicas do país. Paulo Maluf e Reynaldo de Barros, futuros engenheiros e políticos, muito ligados à história de São Paulo, também foram seus contemporâneos, assim como o médico Silvano Raia e o arquiteto Júlio Neves, embora estudassem em séries mais avançadas. Em suma, um elenco de nomes que despontariam depois como personagens destacadas em seus campos de atuação profissional. Um exemplo disso é o talentoso Jatir Schall, bicampeão invicto do mundial de basquete em 1963, numa equipe famosa que contava com Asa Branca, Amaury, Wlamir, Mosquito, Paulista e Menon, entre outras figuras lendárias desse esporte. Por sinal, Jatir e ele foram colegas de série e de sala.

Quando entrou para o São Luís, o uniforme diário já não era obrigatório, o mesmo acontecendo com a elegante farda branca, que deveria ser usada nas missas dos domingos e nos dias de festas cívicas como o desfile militar do 7 de setembro, por exemplo, que então era realizado na Avenida 9 de Julho e do qual participavam também os colégios. Já estava na terceira série ginasial, quando por conta de brincadeiras e outras ações inoportunas, que segundo o regimento interno da escola, conhecida pela rigidez, geravam pontos negativos no prontuário do aluno, e não por baderna, atos violentos ou algo parecido, foi também obrigado a sair do São Luís. O novo colégio agora era o Rio Branco, então localizado na Rua Doutor Vilanova, Vila Buarque. Uma escola também tradicional por onde passaram o poeta Paulo Bonfim, o biólogo Paulo Vanzolini, conhecido como um dos grandes nomes da MPB, o narrador e apresentador esportivo Galvão Bueno e, posteriormente, o piloto de fórmula 1, Ayrton Sena. Fundado na década de 1920 por Savério Cristófaro, originou-se de um pequeno curso de preparação para exames de admissão, inicialmente como Instituto Rio Branco e depois Liceu Nacional Rio Branco. Adquirido em 1946 pelo empresário José Ermírio de Morais, passou a ser gerido desde então pela Fundação dos Rotarianos de São Paulo. A mudança para a Avenida Higienópolis, onde ocupa hoje as dependências do Edifício Rotary, viria somente na década de 1960.

No Rio Branco, uma escola mista, não demorou muito para que arrumasse algumas namoradinhas. Como sempre, procurava se sentar nos fundos da sala de aula, numa carteira de dois lugares, sempre em companhia de uma delas. O então adolescente pensava ter descoberto um método novo para não ser incomodado em seus namoricos, pois ali um casalzinho poderia ficar mais à vontade e tranquilo, fingindo que acompanhava as aulas. Uma das alunas, talvez uma secreta apaixonada, que não aceitava sua indiferença ou a exclusão do elenco de suas preferidas, acabou por fazer um comentário desagradável para um dos inspetores de aluno: o resultado foi uma chamada pela Diretoria da escola. Depois das explicações nada convincentes sobre o ocorrido e da não aceitação das represensões impostas, seguiu-se uma acalorada discussão com o responsável pela disciplina escolar, em que ele se defendeu até com um certo ar de irreverência, numa atitude de rebeldia muito comum aos jovens. Como era de se esperar, foi novamente convidado a se retirar do colégio onde havia estudado até o primeiro científico; era a terceira e última vez, que se via obrigado a deixar uma escola.

O seu comportamento, bem como de seus contemporâneos, é perfeitamente compreensível, pois durante a década de cinquenta, quase todos os jovens procuravam se espelhar nos modelos juvenis do inconformismo, os ídolos de uma juventude rebelde, que muitos denominaram juventude transviada. Por essa razão, não eram poucos os rapazes que procuravam, inclusive, incorporar a aparência do delinquente juvenil semelhante aos **bad boys** de Hollywood. Marlon Brando, e mais especificamente James Dean, o ator norte-americano que depois de uma curta e bem-sucedida carreira no cinema veio a falecer em um trágico acidente automobilístico em 1955, talvez tenham sido os ícones mais importantes daquela geração. Isso poderia explicar o seu ar melancólico, o jeito solitário e as roupas quase sempre escuras, com destaque para o blusão preto, que parecem ser uma constante em suas fotos daqueles tempos. Isso sem falar naquelas em que posa como o "moço rebelde", especialmente uma, provavelmente já cursando o primeiro ano do científico, tirada com colegas de sala do Rio Branco para alguma solenidade ou algo que o valha. Nela, ele aparece destoando dos demais com uma postura informal e desafiadora vestindo uma camiseta branca e ostentando um cigarro pendurado no canto da boca, numa franca atitude de contestação aos padrões comportamentais, que, de certa maneira, ainda carregavam o rigor das décadas anteriores. E isso apenas pelo prazer de ser diferente dos outros rapazes de seu grupo de amigos, um autêntico rebelde sem causa.

Próxima parada: a Escola Americana ou Colégio Mackenzie, não muito longe dali, onde fez os dois últimos anos do científico, completando assim o curso secundário. Como era aluno de um curso que priorizava as disciplinas de exatas, com as quais tinha bastante afinidade e também para satisfazer um desejo do pai, optou por engenharia na hora do vestibular para ingressar na faculdade. Foi aprovado e começou a cursar o primeiro ano de Engenharia no Instituto Mackenzie, mostrando-se agora mais interessado nos estudos, pois até então, segundo ele "só estudava para passar de ano". Foi quando ganhou do pai uma prancheta para poder trabalhar e estudar, além de um fino estojo alemão com esquadros, réguas, transferidores e compassos de altíssima precisão, fundamentais para quem quer se dedicar aos números, cálculos e projetos, algo que se perdeu com as muitas mudanças, e lembrado com saudades até hoje. No pouco tempo em que cursou Engenharia, conviveu com Rubens Donatelli, Paulo de Tarso de Abreu Sampaio e Fábio Denardi, que este último, como ele, trocaria a Engenharia pelo Direito. Mesmo abandonando uma carreira talvez promissora, nunca deixou de gostar de alguns ramos de estudo da matemática como as geometrias plana e descritiva. Foi nessa ocasião, mais assentado e vivamente interessado em seguir uma carreira que conheceu uma garota, pela qual logo se apaixonou e começou a namorar firme. A nova namorada era Sonia Maria Falcão, também estudante do Mackenzie, onde fazia o ginasial, e já decidida com planos futuros de um curso de Secretariado. Ela então com dezesseis anos, se viu forçada a desistir desse projeto por ciúmes do namorado e acabou optando pelo curso de Psicologia. Em janeiro de 1964, Paulo e Sonia se casariam. O adolescente irrequieto de até então ficava cada vez mais para trás e em seu lugar surgiria o jovem comedido, estudioso e determinado, algumas das características marcantes do homem que ele se tornaria.

****

Ao longo de todo esse tempo, Paulo foi tomando gosto pela leitura. Além dos livros escolares, uma maçante leitura obrigatória, o primeiro que leu, de forma sistemática, lendo e voltando até entendê-lo, foi *O Pequeno Príncipe*, de Antoine de Saint-Exupéry, que seu pai havia lhe dado como presente. Interessou-se desde cedo também pelos livros e artigos que tratavam do fenômeno do cangaço, talvez por influência dos casos e estórias que ouvia no ambiente familiar do Nordeste. Da mesma forma, tornou-se um leitor assíduo dos livros de Tarzan, personagem criado por Edgard Rice Burroughs, nas primeiras décadas do século XX. Esses livros tratavam da fantástica vida de um menino da aristocracia britânica, que depois de um naufrágio na costa africana, onde perdeu toda sua família, passou a viver na selva como um verdadeiro "filho" dos macacos. Suas aventuras em que ele aparecia sempre lutando contra o mal povoaram o imaginário de milhões de jovens pelo mundo.

As histórias de Tarzan, especialmente os gibis, cumpriram um importante papel na vida dos jovens do mundo urbano, que uma vez afastados dos perigos de uma realidade em que predominavam os elementos da Natureza, precisavam se identificar com o herói viril da floresta. Muitos devem se lembrar de Jane, salva por Tarzan, quando nativos atacaram uma expedição da qual ela fazia parte e que tinha com ele uma relação nunca bem explicada, ou ainda de Cheetah, uma fiel macaca que só faltava falar. Isso sem falar no menino Boy, Korak, nas histórias de Burroughs, o filho adotivo do estranho casal. Dos 24 livros escritos sobre o Rei da Selva, leu os 18 que foram publicados no Brasil pela Companhia Editora Nacional; leu todas as histórias em quadrinhos que saiam nos suplementos juvenis de jornais paulistanos ou nos conhecidos gibis e assistiu a todos os filmes, e não apenas uma vez, onde Tarzan era vivido por atores até hoje lembrados, como Johnny Weissmuller, Lex Baxter e Gordon Scott, entre outros. Como consequência, passou a se interessar por tudo que tratasse da África, um continente bastante misterioso que ele sonhava um dia conhecer.

As Reinações da Adolescência

A adolescência de PBC, um momento em que se processam importantes mudanças na vida de um garoto, pode ser considerada normal. Contudo, como todo e qualquer menino, seja de qual época for, começava a viver um cotidiano que não se resumia apenas ao ambiente familiar; algo como um mundinho à parte. Passava boa parte dos dias, depois das aulas, na casa do amigo Alberto Carraro, na Rua Estados Unidos, vizinha da casa de João Baptista Scuracchio, seu amigo até hoje e cuja família era proprietária do Cotonifício Paulista. Essa casa refletia a riqueza da família, era vizinha à casa dos Scarpa, e tinha piscina e quadra de tênis, que eles usavam como campo de futebol nas peladas das tardes. Embora fosse um pouco mais velho, Alberto foi muito seu amigo e cúmplice em muitas reinações, comuns aos adolescentes, ávidos por experimentar de tudo. Era filho do comendador Dante Carraro, um dos proprietários da Indústria de Tapetes Atlântida (ITA), que tinha sua fábrica em Santana, onde hoje é o Departamento de Arquivo de Estado de São Paulo. Aliás, enquanto o comendador estava vivo, a família Carraro também morava na Zona Norte. Contudo, o dinâmico empresário, um dos responsáveis também pelo desenvolvimento da triticultura em sua fazenda – a fazenda Atlântida – na região de São Miguel Arcanjo, um município no interior de São Paulo, havia falecido em um trágico acidente aéreo em novembro de 1949.

Certa vez ele e Alberto, que então vivia com a avó, dona Delfina Ferrabino, na elegante mansão do número 1053, da Rua Estados Unidos, projetada pelo arquiteto Rino Levi, em 1931, resolveram fazer experiências químicas com carbeto de cálcio, ou simplesmente carbureto, muito usado para solda e funilaria, que também é conhecido como a "pedra que pega fogo" ou "pedra de luz". Em contato com água, uma pedra de carbeto de cálcio libera um gás inflamável, o gás acetileno, que pela ação de um simples palito de fósforo, produz uma luz intensa. Por essa razão, o carbureto foi muito usado em outros tempos para iluminação em minas e cavernas. Estavam os dois a fazer experimentos com as pedras de luz, quando se cansaram do "brinquedo" e resolveram jogar o que havia restado das pedras – na verdade, mais da metade do volume – de uma só vez num grande recipiente com água, algo parecido com um tanque. O Alberto com um isqueiro e ele com uma caixa de fósforos. Optaram pelo fósforo, pois até que o palito aceso chegasse ao fundo, eles poderiam se afastar e buscar a proteção de uma parede bem próxima. O amigo já estava a salvo e ele riscou o fósforo tentando recuar para se esconder. Não deu tempo. A explosão e o fogo foram tão violentos que ele ficou com o cabelo todo chamuscado. As mãos e os braços ficaram bem queimados. No ombro direito, ganhou uma queimadura de segundo grau, o que lhe valeu dez dias de hospital. A única vantagem do ocorrido, segundo ele, foi que o pai, então em viagem ao Rio de Janeiro, veio às pressas para ver o filho. Ele, com a certeza de que o menino fumava escondido, o que a caixa de fósforos só confirmava, depois das primeiras palavras, e um pouco sem jeito, esticou o maço de cigarros para o filho e secamente perguntou-lhe: "Quer fumar um cigarro, cabra?" Ele timidamente respondeu que aceitaria um, e a partir de então nunca mais fumou escondido do pai. Essa foi uma maneira estranha, e talvez uma das poucas que o velho Leonardo tenha encontrado para se aproximar do filho.

De outra feita, a turma de garotos da Peixoto Gomide e dos arredores, que contava também com a participação de garotas, movida pelo espírito de aventura e da busca por novidades, inventou de fazer uma série de passeios de bicicleta pela cidade. Não havia tanto trânsito como hoje e, nas ruas, ainda circulavam poucos carros. Um dia, resolveram ir até ao Instituto Butantã, na Avenida Vital Brasil, para ver as cobras no seu famoso serpentário. Com o grupo estava uma menina que ele já há algum tempo tentava conquistar, mas que era cortejada também por outro colega da mesma turma. Para se mostrar e levar a melhor na disputa, num arroubo de exibição para chamar a atenção, pulou no serpentário – não no setor de cobras venenosas, é claro – para pegar uma cobra pequena que ela achara muito bonita e que ele sabia que não era venenosa. O serpentário era um fosso não muito raso onde as cobras ficavam expostas para o deleite dos muitos visitantes, turistas e especialmente das crianças. Uma vez lá dentro e pronto para capturar a tal cobrinha numa caixa de fósforos – que seria um presente para a menina pretendida – viu se aproximar uma cobra bem maior, que ele jurava que estava armando o bote. Não deu outra: deixou tudo para trás e tentou escalar a parede do fosso animado pelos gritos de apoio do bando. Foram várias as tentativas feitas pelo herói para sair do meio das "perigosas serpentes". Tomava distância, subia a parede, alcançava um determinado ponto e voltava para o chão do serpentário. Uma, duas, dez vezes e já estava batendo o desespero, quando seus amigos resolveram chamar um funcionário de plantão. Levado ao diretor do Instituto, disse que havia escorregado e caído no serpentário, o que não colou, é claro, pois o fosso era protegido por uma cerca de ferro. Pediram os telefones de seus pais e ele deu só o da mãe, argumentando que só ela estaria em casa. Com a certeza de que ela o acobertaria como sempre e que o pai nem ficaria sabendo, ficou à espera de dona Dulce que chegou bastante preocupada, voltando com ela para casa; a bicicleta, alguém da turma se encarregaria de levar. Aquela jogada para se mostrar e conquistar a menina não funcionou, mas o seu ato "corajoso" lhe deu mais prestígio dentro da turma. O chato agora era o contar e recontar a história, sabe-se lá quantas vezes, sempre recheada com novos lances de audácia e heroísmo, pois afinal, nas estórias de valentia, quem conta um conto sempre tende a aumentar um ponto. O menino urbano certamente se enxergava como o próprio Tarzan, revivendo assim o resquício matuto dos meninos de engenho.

******

O primo Orestes Manfro Cruz, hoje com 74 anos, filho de Itacyr Rosa Cruz e Pierina Philomena Manfro, gastroenterologista em Porto Alegre e ex-médico do Internacional de Porto Alegre, tem uma coleção de histórias saborosas da infância e da adolescência de PBC, com quem teve intensa convivência. Era afilhado de Paulo por representação e não conhecia o padrinho de batismo, apenas três anos mais velho do que ele. Em 1948, acompanhado dos pais, veio de Jaguarão (RS) para São Paulo, ansioso por conhecê-lo. Ficaram hospedados na casa dos tios Lelé e Dudu – como eram tratados pela família Leonardo e Dulce, pais de PBC, e em seguida à chegada, preparou-se para ser apresentado ao primo-padrinho que chegaria da escola pela hora do almoço. Depois do banho tomado, e do cabelo bem penteado, colocou a calça curta com suspensórios novos e sapatos lustrosos, tudo para esperar Paulo, então com 10 anos, estudante do Ginásio Sttaford. Ficou sentadinho no muro baixo que separava a casa dos Barros da família de uma menina chamada Rita, muito amiga da prima Mirene. Eis que então, para o ônibus escolar e desce seu tão esperado padrinho, seguro pela orelha por uma truculentíssima inspetora de ensino do colégio. O motivo: o menino Paulo tinha feito horrores na escola, e durante a viagem sob escolta, havia mentido sobre o endereço de sua casa, obrigando o veículo escolar a dar voltas e mais voltas. Conclusão: desfazia-se a imagem que ele criara de seu padrinho, o que não impediu que se tornassem grandes amigos por toda a vida.

Orestes tem muitas outras histórias de Paulo ao longo dessa convivência. Uma delas é de Caco, o cachorro de Mirene, um cão *setter* inglês, daqueles bem grandes, que tinha o seu lugar reservado do lado esquerdo do sofá da sala da casa dos tios, e pobre da visita que ali se sentasse. O cachorro ficava fora de casa, no quintal, mas quando alguém chegasse numa visita aos donos da casa, PBC e Orestes abriam a porta que dava para a sala, e era um Deus nos acuda. Isso porque, se o seu lugar estivesse ocupado, ele simplesmente saltava sobre o colo do usurpador e ali se alojava, para desespero dos seus tios. Bem escondidinhos e rindo para valer, ambos se deleitavam com aquela cena.

Em outra ocasião, quando estava em São Paulo em companhia da avó, Maria Luíza, Paulo voltou da feira livre com um simpático sagui – o que ele contesta pois teria sido comprado pela mãe – e que foi de pronto adotado por Mirene. Logo se acostumou com os moradores da casa e andava sempre no colo ou no ombro de alguém. Um belo dia, o bichinho começou a ficar bravo e distribuiu mordidas entre todos da família, e até em vizinhos. Logo depois desse estranho ataque de fúria, inexplicavelmente ele morreu, e foi enterrado no quintal da casa. Tio Barros, que é como Orestes se refere a Leonardo, teria feito comentários com colegas de trabalho, que o alertaram: se ele estivesse babando, com certeza estava com raiva. E dito e feito. Desenterraram o pequeno sagui, e enviaram seus restos para exames no Instituto Pasteur e o resultado não foi outro. O animalzinho estava com raiva, e toda a família teria que ser vacinada. Assim, durante vinte e cinco dias, todos que tivessem tido algum contato com ele, inclusive Dona Dulce, a avó Lulu e até alguns vizinhos eram levados em três taxis para receber a vacina no próprio Pasteur, na avenida Paulista. Algo muito chato, pois a vacina antirrábica era aplicada na barriga.

Numa dessas vindas para São Paulo, quando seu pai, então capitão Itacyr, teve que ficar alguns meses no Rio de Janeiro, onde fazia curso de aperfeiçoamento do Exército, Orestes conta que o padrinho Paulo, gostava de atormentá-lo com uma brincadeira, que segundo ele, revelava um pouco de seu sadismo, pois era do conhecimento de todos que ele sofria muito com a ausência do pai. Toda a noite, Paulo entrava em seu quarto onde ele estava quase dormindo, e anunciava: "Estou indo para o aeroporto, pois lá vou pegar um avião que vai me levar ao Rio de Janeiro para ver seu pai". Meio sonolento, e morrendo de saudades do pai, Orestes caia em prantos numa choradeira apavorante, que acordava toda a casa, e ninguém nunca soube por que. Perto dali, numa cama improvisada ao final da escada, o levado PBC, tranquilamente, dormia, ou fingia dormir, o merecido sono dos inocentes.

Em uma das férias escolares de julho, quando Orestes já estava com quase doze anos, ele e Paulo foram ao Rio de Janeiro, hospedando-se no apartamento do "tio" Cylon Rosa, que ficava na Avenida Nossa Senhora de Copacabana. Cylon, na verdade um primo dos meninos, que respeitosamente eles chamavam de tio, era então diretor do Banco do Brasil e uma figura muito querida pelos "sobrinhos", com os quais era muito generoso. No Rio, também morava José Carlos, um primo de PBC, filho de seu tio Gastão e três anos mais velho do que ele. Assim estava formado um trio de garotos terríveis, do qual Orestes era o mais novo. Um belo dia, os três aproveitaram a carona do tio, que como um alto funcionário do Banco, tinha um carro, à sua disposição, com motorista e foram até o centro da cidade. No caminho, como já estava previamente combinado, Paulo começou a pressionar o pobre Orestes para pedir algum dinheiro ao tio. Como ele era o mais novo do grupo, e além disso, afilhado de Paulo, seguiu à risca o que haviam pactuado antes: "Tio, nós estamos sem dinheiro. O senhor poderia no dar algum"? O tio atencioso, com a bondade de sempre, enfiou a mão no bolso e sacou três notas de cem cruzeiros – era esse o nome do dinheiro, antes das tantas mudanças da moeda brasileira – e passou ao sobrinho pidão, o que dava, exatamente, cem cruzeiros para cada um.

O dinheiro dado pelo tio foi muito bem gasto. Os três rapazes foram para a Boate Azul, misto de cabaré e inferninho frequentada por garotas bonitas e muito gentis. Foi ali, que a partir dos arranjos de Paulo com uma moreninha, que Orestes fez o seu *debut*. Algo inesquecível, segundo ele, "com uma morena da qual me lembro até hoje". O mais importante é que aquela noitada foi bancada pelo querido tio Cylon, que, logicamente, nunca ficou sabendo.

De acordo com Orestes, na sua infância e adolescência, Paulo teve muito contato com o Rio Grande do Sul. Nos finais de ano, no Natal ou Reveillon, e quando não, no início de um novo ano, por ocasião do carnaval ou da Festa da Uva, a viagem dos Barros Carvalho, de São Paulo à Caxias do Sul, era sagrada. Para ele, era uma alegria, sempre aguardando ansiosamente a chegada do padrinho. Num dos carnavais passados no antigo Clube Juvenil, a dupla, já mais crescidinha, se apossou de uma mesa comprada pela família, para aproveitar os dias de folia. Como estava previamente acertado, Orestes foi incumbido pelo padrinho, depois que os mais velhos se retirassem, de garantir o abastecimento da mesa. À época, o lança-perfume era liberado, e consumido em duas embalagens; uma de vidro, que sempre acabava quebrando, e outra metálica, da famosa marca Rodouro. Lá pelas tantas, Paulo fazia um gesto teatral acompanhado da ordem: Áaalllcccooollll. Pronto, lá ia o pobre Orestes caçar pelo chão ou mesas vazias, um lança-perfume usado e descartado pelo dono, e é claro, o de embalagem metálica. Paulo, então aspirava o que restava do conteúdo, um cheirinho apenas, e parecia curtir o maior barato. Passado algum tempo, lá vinha de novo o grito *ÁAAlllcccooolll*, e assim, o pobre Orestes repetiria a operação, não se sabe quantas vezes, até o final da noite. Depois do baile, iam à casa dos Spinato Manfro, avós maternos do primo gaúcho, onde dormiam até a tarde.

A Faculdade de Direito e A Experiência em Brasília

Depois de cursar Engenharia no Mackenzie por algum tempo, e agora vivamente empenhado nos estudos, falou com o pai que pretendia abandonar a faculdade e se preparar para um novo vestibular, pois agora o Direito lhe parecia mais atraente. O velho Leonardo logo entendeu: "então vamos suspender sua matrícula no Mackenzie e você tenta um novo vestibular para a faculdade de Direito". Naquela época, pelos meados dos anos cinquenta, estava no auge a Faculdade Paulista de Direito, que depois se tornaria a Faculdade de Direito da PUC (Pontifícia Universidade Católica) de São Paulo. Muito amigo de seu pai, o professor José Frederico Marques, professor de Direito Penal e Direito Processual, um dos grandes nomes daquela faculdade, e que era também da Diretoria do São Paulo Futebol Clube, insistiu que ele prestasse o vestibular para a PUC. Além dele, havia ainda os doutores Osvaldo Aranha Bandeira de Melo – pai dos irmãos Celso Antônio e José Eduardo que ele já conhecia do São Luís – um grande professor de Direito Administrativo e José Horácio Meireles Teixeira, renomado professor de Direito Constitucional. O doutor Carlos

Alberto Alves de Carvalho Pinto, que foi governador de São Paulo entre 1959 e 1962, também pertencia a esse quadro, lecionando Ciências das Finanças. Isso sem falar no professor Ruy Barbosa Nogueira, sucessor do professor Carvalho Pinto em suas disciplinas, que posteriormente deixou a PUC, passando a lecionar na Faculdade de Direito da USP. Nessa época, passava a fazer parte do corpo docente da antiga Faculdade Paulista de Direito, um jovem e polêmico professor, que no início dos anos setenta, se tornaria Reitor da PUC. Era José Geraldo de Ataliba Nogueira, do qual se tornou um grande amigo até sua morte prematura em 1995. Geraldo Ataliba era filho do jurista José Carlos de Ataliba Nogueira, Professor de Teoria Geral do Estado da Faculdade de Direito do Largo de São Francisco, uma das principais lideranças paulistas do PSD – Partido Social Democrático, pelo qual se elegeu deputado federal e constituinte em 1946, que nos anos sessenta ocupou a Secretaria de Estado da Educação e posteriormente, da Justiça do governo do Estado de São Paulo.

Nos poucos meses em que deixou os estudos universitários, procurou preparar-se com afinco, principalmente nas disciplinas em que era mais fraco. Chegou a contratar um professor particular para melhor aprender Latim e, com ele, a análise lógica do Português. Era um padre jesuíta italiano, dotado de grande conhecimento, e que lhe ensinou muito. O único problema era que o religioso se confundia todo quando estava por perto uma empregada de sua casa, uma exuberante morena que ele empolgado, acompanhava com os olhos de tentação, esquecendo-se até do aluno e do que estava fazendo ali. Aprovado no vestibular da PUC, em 1961, lembra-se de alguns colegas de turma como Fernanda Dias de Almeida Menezes, hoje também professora da Faculdade de Direito da Universidade de São Paulo, de Roberto Antônio Vallim Bellocchi, ex-presidente do Tribunal de Justiça de São Paulo, de Odair Romero e do futuro deputado federal Ricardo Izar. Também reencontrou José Eduardo Bandeira de Mello, seu colega da época do ginasial no São Luís. Agora um pouco mais reservado, uma marca do seu comportamento nos dias de hoje, frequentava o grupo de José Eduardo do qual faziam parte o estudante de economia Darwin Barbosa e Geraldo Mello Peixoto. Lembra-se também de um jovem, vindo de Minas Gerais, que entrou para o curso de Direito da PUC, em 1965, mais novo que ele e mais dedicado a fazer política do que aos estudos. Era José Dirceu de Oliveira e Silva, ou apenas Zé Dirceu, expressão do movimento estudantil dos anos 1960, e posteriormente, deputado estadual, deputado federal e Ministro da Casa Civil do primeiro governo do PT.

******

Os acontecimentos que marcaram o Brasil em 1961 criariam as condições para uma nova experiência em sua vida; trabalhar no governo federal e morar sozinho na recém-inaugurada cidade de Brasília, capital do país desde 1960. Em 25 de agosto daquele ano, depois de alguns meses de um governo confuso, Jânio da Silva Quadros, que havia sido eleito por uma coligação de partidos liderada pela UDN (União Democrática Nacional), renunciava à Presidência da República. A renúncia e os seus desdobramentos foram geradores de uma grave crise política que poderia ter mergulhado o país em um caos institucional com consequências funestas, o que de certa maneira aconteceu. O vice-presidente, o gaúcho João Belchior Goulart, o Jango do PTB (Partido Trabalhista Brasileiro), que constitucionalmente era seu sucessor natural, no momento da renúncia, encontrava-se em missão oficial na China Comunista (República Popular da China) em busca de aproximação diplomática e de parcerias comerciais, como parte de uma Política Externa Independente iniciada por Jânio. Como sua trajetória estava ligada historicamente a Getúlio Vargas, ao movimento sindical e às lideranças políticas mais progressistas, era visto com certa desconfiança pelos setores mais conservadores do país. Tenha-se em mente que esse era um momento crucial da Guerra Fria, o embate ideológico, político e econômico que opunha o mundo capitalista – entenda-se o bloco liderado pelos

Estados Unidos da América – e o mundo socialista, capitaneado pela então União Soviética. As duas superpotências disputavam áreas de influência, e o continente americano já tinha definida sua posição, pró-Estados Unidos. Contudo, o espectro da revolução cubana de 1959 parecia abrir uma brecha no monolitismo dessa aliança ocidental.

Diante do vazio de poder aberto pela saída de Jânio, esses setores mais conservadores da sociedade civil e parte da alta oficialidade das Forças Armadas, uniram-se para impedir a posse de Jango que, vindo do continente asiático, pousara no Uruguai, onde aguardava o desenlace da crise. Havia, portanto, um clima de golpe contra o que dispunha a Constituição de 1946, dividindo o país ameaçado por uma guerra civil, quando a Campanha da Legalidade, iniciada por Leonel Brizola, na época o governador do Rio Grande do Sul, ao ser apoiada pelo III Exército, passou a ameaçar de cisão o próprio bloco militar. A solução de emergência: a adoção do parlamentarismo, por emenda de setembro de 1961, em que a chefia do governo passava a ser exercida pelo Presidente do Conselho de Ministros. Jango assumia então a Presidência da República, mas seu poder ficaria limitado até o plebiscito realizado em 6 de janeiro de 1963, ocasião em que o presidencialismo foi restaurado.

Foi nesse quadro conturbado e eletrizante que veio o convite para trabalhar em Brasília e fazer parte, mesmo que por alguns meses de 1963, do governo João Goulart, quando ainda cursava Direito na PUC. Seu tio Antônio de Barros Carvalho, o Senador Barros Carvalho, era uma importante liderança petebista, como Deputado federal e depois Senador, pelo Estado de Pernambuco. No governo JK, ocupou o Ministério da Agricultura, entre 1960 e 1961, tornando-se líder do PTB no Senado entre 1962 e 1963 e posteriormente, líder do governo e da maioria da mesma casa entre 1963 e 1964. Por sinal, ele fazia parte da comitiva presidencial que acompanhava Jango em sua viagem à China Comunista. Portanto, como estava muito próximo de Jango, por quem era muito prestigiado, indicou o sobrinho de São Paulo para ocupar o cargo de Fiscal Auxiliar de Impostos Internos no Ministério da Fazenda; um cargo de confiança, de livre provimento do Presidente, que não exigia concurso público. Na mesma ocasião e nas mesmas condições, havia outro cargo disponível, o de Procurador da Fazenda Nacional. Para ocupá-lo foi indicado o mineiro Francisco Dornelles, sobrinho do deputado federal Tancredo Neves, de Minas Gerais, então Presidente do Conselho de Ministros. Futuramente, Dornelles, que acabou se tornando Procurador Geral da Fazenda, ocuparia três ministérios diferentes em vários governos da Nova República, tendo sido também deputado federal, senador pelo Estado do Rio de Janeiro e atualmente o vice-governador do Estado.

Afastado junto ao Gabinete da Casa Civil da Presidência, sob o comando do professor Darcy Ribeiro, exercia a função de oficial de gabinete e tinha como chefe imediato Eugênio Cailllard Ferreira, secretário particular e amigo íntimo do presidente Jango – após o golpe de 1964; Caillard foi preso e acabou por suicidar-se com barbitúricos na embaixada do México, onde estava asilado. Sua vida agora mudara, pois em todas as solenidades e recepções que envolviam o Presidente era sempre convocado, e em algumas ocasiões, era até convidado a participar dos eventos, onde não poucas vezes esteve ao lado de pessoas famosas, que até então ele só tinha conhecimento pela imprensa.

Era uma vida muito boa para um jovem com pouco mais de vinte anos e que se deslumbrava com as vantagens da nova posição. Tinha um carro do Planalto à sua disposição, era chamado por todo mundo de doutor e constantemente assediado por aqueles, que como sempre, procuram uma aproximação com alguém ligado ao governo. Em caráter provisório, passou a morar no apartamento do tio senador, localizado na Asa Sul do Distrito Federal, enquanto não saia seu apartamento funcional. Não foram poucas as vezes em que esteve presente em encontros e reuniões políticas, das quais participavam nomes expressivos da vida nacional, senadores, deputados, líderes petebistas ligados ao tio, e muitos outros.

Nos primeiros anos da década de sessenta, a recém-inaugurada Brasília não era uma cidade com muitos atrativos. Havia muita coisa ainda para ser concluída. Tapumes e obras em andamento espalhavam-se por todos os cantos da nova capital. Em lugar do asfalto, nas muitas vias de circulação predominava a terra avermelhada, típica do cerrado. Muitas superquadras ainda não haviam sido construídas ou estavam em construção e, portanto, havia trechos completamente ermos. A cidade em si mesma era vazia. Para quem morou em Brasília nesse começo, havia muito do vazio e da solidão. A salvação para um jovem paulistano cheio de vida eram as festas e recepções nos ministérios e nas embaixadas, que eram muito animadas por sinal.

Nesse meio de tempo, não chegou a abandonar seus estudos na Faculdade de Direito. Vivendo numa verdadeira ponte aérea, tornou-se um passageiro constante da Real Aerovias nos voos do trecho Brasília-São Paulo-Brasília. Em sua cabeça, começava a tomar corpo a intenção de continuar em Brasília, e o que ele tentava fazer era conciliar as duas coisas, dois mundos bem diferentes. Numa dessas vindas para São Paulo, quando comunicou à família suas pretensões, acabou ouvindo do pai um *ultimatum* categórico: "De maneira nenhuma, não! Esqueça Brasília, volte para casa, assuma suas funções no Ministério da Fazenda em São Paulo e se preocupe em terminar a sua Faculdade de Direito". E assim foi feito. Voltou para São Paulo e se concentrou nos estudos da faculdade com muito mais empenho. Na ocasião, embora gostasse de Direito Penal, passou a se interessar, por força do próprio cargo no Ministério da Fazenda, pelo Direito Tributário, um ramo relativamente novo na ciência do Direito. Assumiu seu cargo de Fiscal Auxiliar de Impostos Internos no Ministério, com a vantagem de não viver a rotina dos agentes fiscais, que consistia na circulação diária pela capital e pelas cidades vizinhas. Essa vantagem advinha do fato de Leonardo, seu pai, ser o Diretor da Recebedoria Federal da Fazenda, em São Paulo. Aos poucos, sua vida parecia ter voltado ao normal.

A Nova Vida em São Paulo e o Casamento com Sonia

Em São Paulo, agora em tempo integral, sua vida estava bem mudada. Poderia agora usufruir melhor do primeiro carro que ganhara de seu pai, um fusca de cor café, "novinho em folha". Era um sedan Volkswagen 1960, um dos primeiros a sair no Brasil, zero quilômetro com aquele cheirinho gostoso de coisa nova, que foi logo equipado com um belo rádio alemão. Ficavam longe também os tempos da Peixoto Gomide, pois desde 1956, a família Barros Carvalho morava na Rua Ubatuba, 296, bem próxima ao estádio do Pacaembu, o que fez aumentar ainda mais sua paixão pelo futebol, mais especificamente pelo São Paulo Futebol Clube, do qual o pai havia se tornado um dos diretores.

No retorno a Paulicéia, seus círculos de sociabilidade expandiram-se levando-o a conhecer novos ambientes, em especial a movimentada vida noturna paulistana de então, com seus bares e boates, fazendo e consolidando novas amizades, algumas que perduram até hoje. Antes disso, com amigos mais velhos, por exemplo, o tio Yeso Amalfi – um conhecido jogador dos anos 1940 e 1950 com uma brilhante carreira no futebol europeu – já frequentava o "La Licorne" e o "Scarabocchio", casas noturnas muito afamadas da época. Da primeira, existem fotos em que ele aparece com Vavá, Nilton Santos e outros campeões mundiais de 1962, sempre acompanhado do tio. Por sua vez, com Sonia, procurava sempre os ambientes mais calmos de alguns bares badalados da época, como o Bar Sem Nome, na rua Doutor Vila nova, onde poderia se encontrar, vez ou outra, Chico Buarque de Holanda e Sidney Miller, uma vez que a casa era frequentada por estudantes e artistas, e o violão sempre atraia alguém para uma canja. Desde cedo, era sócio e assíduo frequentador dos elegantes clubes Paulistano e Harmonia, ambos nos Jardins, optando depois por um deles apenas, no caso, o segundo, que era mais fechado. Ia sempre ao restaurante Fasano, recém-inaugurado no Conjunto Nacional da Avenida Paulista, em companhia dos pais e agora com Sonia, a jovem namorada muito querida pelo casal

Barros. Sonia e o sogro Leonardo – que adorava frappé de morango, uma novidade na época – deram-se muito bem desde o início do namoro. Mesmo hoje, passado tanto tempo, é com muito carinho que ela fala do velho Barros, lamentando o fato de seu falecimento ter ocorrido dois meses antes do seu casamento com Paulo. Foi graças a ela, segundo seus amigos e familiares, que Paulo tornou-se mais próximo do pai.

Em companhia de amigos, e mesmo sozinho, era também habitué do Frevo, ainda hoje existente na Rua Oscar Freire 603, quase na esquina com a Rua Augusta. Fundado em 1956, o bar e restaurante estava instalado em uma galeria com frente para a Augusta, onde funcionou por anos o antigo Cine Paulista. Essa rua, no trecho compreendido entre a Avenida Paulista e a Rua Estados Unidos, era muito conhecida pelo glamour de suas lojas, do charme dos seus salões de beleza e de suas butiques finas sempre exibindo famosas grifes; isso quando o comércio de rua ainda não havia sido eclipsado pelos shoppings centers. Por ela, circulavam refinados clientes, as mulheres mais elegantes, artistas e gente famosa da época, em busca das novidades oferecidas pelo seu rico comércio. Portanto, o Frevo localizava-se em um ponto privilegiado, onde era possível encontrar atores e atrizes, como Paulo José, Dina Sfat, John Herbert, Eva Wilma, o costureiro Denner Pamplona e outras celebridades, atraídos pelos lanches da casa, em especial, o seu famoso Beirute – uma versão incrementada do tradicional Bauru, criado no Largo do Paiçandu. Era muito comum sair de casa para almoçar no Frevo, retornar para casa e à noite voltar para o restaurante. E na verdade não só pelo ambiente ou pela comida, mas pela amizade com o Clóvis, meio caixa e meio gerente que costumava pendurar a conta, e quando não, até emprestar algum dinheiro para os meninos; quando a conta atingia valores meio altos, ele pedia com jeitinho uma ajuda para diminuir o débito. E era aí que entrava o pai, sempre adiantando o dinheiro da mesada.

Atualmente, como parte de um processo iniciado há alguns anos, o Frevo vem sendo ameaçado de fechamento por conta das tratativas de venda do prédio para um grupo hoteleiro internacional, que ali tenciona construir um grande hotel. Os frequentadores tradicionais do velho Frevo procuram reagir a cada ameaça, com as mobilizações na forma de grandes concentrações conhecidas como os *beirutaços*, entre eles Guilherme Afif Domingos, ex-vice-governador de São Paulo, um assíduo frequentador do Frevo desde sua adolescência.

Nos anos cinquenta e sessenta, a cidade tinha ainda muito da boemia de uma velha São Paulo da garoa. As noites eram movimentadas com bares, boates e dancings, onde a música ao vivo era uma coisa comum. Viver a boemia paulistana era um estilo de vida e uma nova forma de sociabilidade, que refletiam as transformações que se verificaram em São Paulo, a qual se tornava de fato uma grande metrópole. Era como um estado de espírito numa cidade que, segundo Maria Arminda Arruda, que conhecia a alta modernidade e recebia novas instituições culturais. Novos teatros, como o TBC – Teatro Brasileiro de Comédia, novos museus como o MASP – Museu de Arte de São Paulo, a primeira emissora de televisão brasileira – a TV Tupi, e posteriormente a TV Cultura, além de inúmeras e modernas salas de cinema. Na região central de São Paulo, surgiram bares famosos como o Paribar, na praça Dom José Gaspar, o Nick Bar, na Major Diogo, ao lado do TBC, imortalizado na canção de Garoto e José Vasconcellos e na voz de Dick Farney, além do Arpége, na São Luiz, entre muitos outros, sempre procurados por intelectuais, artistas e jornalistas, grandes boêmios desse tempo. Convém destacar que os principais jornais paulistanos tinham suas redações no centro da cidade, enquanto as principais agências de publicidade também se instalariam ali, na rua 7 de Abril e em seu entorno. Da mesma forma, os grandes hotéis da época também se concentravam na área central de São Paulo, como por exemplo o Claridge, Excelsior, Comodoro, o Esplanada ou o Lord Hotel, só para lembrar alguns. Quase todos eles, com bares e boates, bastante conhecidos na época e muito frequentados pelas atrações musicais que ofereciam.

Naquele tempo, ao contrário dos dias de hoje, havia segurança nas ruas e avenidas, tornando possível que se circulasse tranquilamente em busca de diversão madrugada à dentro. Assim, a Baiuca, o antigo Star Dust e o Djalma, na Praça Roosevelt, o João Sebastião Bar e o Ela Cravo e Canela, ambos na antiga "boca do luxo" e mesmo o Bar Riviera, na Rua da Consolação, eram pontos de frequência obrigatória de PBC e de seus amigos em noitadas regadas a muita bebida, que podiam se estender até altas horas, quando não, até o amanhecer. A Praça Roosevelt, hoje desfigurada, degradada e insegura, tem em sua memória um lugar especial, em um tempo em que a vida noturna tinha um ar de romantismo. Como um amplo e simpático espaço aberto, livre do concreto e da arquitetura sem graça que a caracteriza atualmente, a praça foi considerada por muitos, na época, como o recanto dentro da Metrópole que mais se assemelhava ao Rio de Janeiro, pela boa música popular brasileira e mesmo a música internacional apresentada em shows nos seus bares e boates. Ali poderia se ver e ouvir grandes músicos como os pianistas Johnny Alf e Dick Farney – antigo proprietário do Farney's, que depois se tornaria o Djalma – e cantores famosos como Peri Ribeiro, Jair Rodrigues e Claudete Soares. Entre muitos outros, estava uma pequena gaúcha, que então iniciava uma carreira fadada a ser brilhante: era a cantora Elis Regina, cuja primeira apresentação em São Paulo, aconteceu no sempre celebrado Djalma.

A Família Barros Carvalho: A Imagem do Pai

Quanto à vida familiar, em suas recordações, sempre há o destaque da figura do pai, Leonardo de Barros Carvalho – o Barros, como sua mãe o tratava – muito embora sua ligação maior fosse com à mãe, a terna Dulce, e até por razões óbvias: ela era muito carinhosa, estava sempre pronto a defendê-lo e a compreendê-lo, e ele, com "jeitinho", tirava dela o que queria. Nascida no Rio Grande do Sul, em uma família de professores, a mãe fora uma educadora muito importante em Caxias, dona Dulce teve uma formação esmerada, completada pela formação musical em conservatório. Exímia pianista, interpretava com muita sensibilidade obras de Chopin e clássicos brasileiros. O pai era o terceiro dos nove filhos de uma família de senhores de engenho de Pernambuco, portanto, um menino de engenho. Segundo Paulo, talvez mais do que os outros irmãos, ele era o mais autêntico menino de engenho.

Leonardo era um homem reservado, calado, decidido e valente, sempre o dono da situação fosse ela qual fosse. Todos o respeitavam até com certo temor, pois que era famoso pelo pavio curto. Para ele, o pai era um ídolo, um verdadeiro pai herói, tanto que em momento algum contestou o que ele dizia, mesmo quando, por um erro qualquer, cometido à mesa ouvisse a dura ordem: "Pega seu prato cabra e vá comer na cozinha", ou ainda quando, pelo sumiço de cartas que seriam enviadas pelo velho acabou por ver seu álbum de figurinhas todo picado por ele. Conhecedor das ações enérgicas do pai, do qual apanhou apenas duas ou três vezes, tinha bastante medo dele, mesmo quando este insistia em dizer que tivesse apenas respeito, e não medo. Mesmo assim, o temor era tanto, e já estava tão familiarizado com as suas reações, que apenas um olhar bastava. Isso deve ter influenciado o seu modo de ser que hoje o caracteriza, como um homem reservado e mais reflexivo.

Magro e sempre de óculos escuros, que ele foi forçado a usar desde quando uma faísca saída de uma velha "maria-fumaça" atingiu seu olho esquerdo e com a mão direita levemente imobilizada, devido a um acidente banal do tempo em que atuava como goleiro, Leonardo era um homem valente que nunca perdeu uma parada nos entreveros em que se metia; quando comprava uma briga, sabia com quem e por que brigava, e não entrava para perder. Contudo, tinha seu lado engraçado por ser muito espirituoso, mesmo quando ficava bravo. Quando a mãe ou uma empregada reclamava de alguma coisa quebrada, uma jarra, por exemplo, saía-se sempre com uma consideração bem-humorada, mesmo que depois viesse a reprimenda: "nesta casa, só não me quebram porque eu me defendo". Algo de família, pois seu tio Eládio, de Recife, para tais ocorrências também tinha saídas espirituosas: "Ah! quebraram, não é? Pois é, agora quebrem tudo logo e vamos todos embora".

O lado bem destemido e resoluto do pai era muito admirado por ele e pela irmã, tanto que ambos gostavam de vê-lo em ação. Numa ocasião, quando estava de saída para jogar botão com os meninos da redondeza, viu um senhor da vizinhança com a mão sobre o portão pedindo para falar com seu pai. O vizinho, que pelo sotaque bem característico devia ser árabe, reclamava que a menina Mirene, irmã mais velha de Paulo, tinha o hábito de tocar a campainha das casas da rua e depois saía correndo. Depois do relato, ele pediu providências do pai, que irritadíssimo se saiu com essa: "Olha, eu nunca fui à casa de fdp nenhum fazer queixa do que fazem aqui. E pode ir tirando a mão do meu portão senão eu lhe desço o braço".

Dos irmãos Barros Carvalho, além de Leonardo, Carlos, que era o mais velho, também era conhecido pela valentia, tanto que ficou marcado pelo apelido de "Carlos Mau". Carlos de Barros Carvalho, funcionário público federal, também viveu e trabalhou em São Paulo a partir de 1937. Em 29 de agosto desse ano, assumiu o cargo de escrivão da Coletoria de Rendas Públicas Federais, na capital paulista, cargo semelhante ao que ocupava no Ministério da Fazenda, em Recife. Posteriormente, foi removido para Limeira e dali para Araraquara, cidades do interior de São Paulo, voltando para Pernambuco na década de 1960.

Leonardo, ao que parece não provocava, mas também não fugia de provocações ou ameaças. Em uma carta de 15 de dezembro de 1930, escrita de Caxias do Sul e endereçada à Julieta Borges, sua futura cunhada, que então residia em Porto Alegre, Leonardo conta os detalhes de uma briga ocorrida dias antes com um desconhecido, um desafeto de momento ou talvez um assaltante, que o atacou munido de uma faca com a qual desferia-lhe golpes certeiros. Ele enfrentou o agressor armado apenas com sua bengala

– em fotografias dos anos vinte ele sempre aparece portando uma bengala – que se quebrou nos primeiros golpes da luta que durou mais de meia hora, colocando-o em desvantagem diante do seu contendor. Nem por isso ele desistiu da briga. Conseguiu desarmar o adversário, tomando-lhe a faca e colocando-o sob uma chuva de vigorosas bofetadas, até a chegada de pessoas que apareceram para separar a briga. O resultado: dois cortes profundos, um no tendão do braço esquerdo e outro numa veia do pulso, além das muitas escoriações e hematomas, que o obrigaram a permanecer em recuperação na Santa Casa da cidade por vários dias.

Leonardo havia se formado em Direito, mas nunca exerceu advocacia, pois desde jovem optou pelo funcionalismo público federal e seu ingresso no serviço público ocorreu em 14 de agosto de 1928, como Agente Fiscal Interino do Imposto de Consumo, no interior do Rio Grande do Sul. Sua nomeação, aprovada pelo Ministério da Fazenda, reconhecia o ato da Delegacia Fiscal daquele Estado, que o nomeou para o exercício do cargo em face do impedimento do fiscal efetivo que se achava licenciado. Curiosamente, em julho do ano anterior, sua nomeação interina fora submetida à aprovação do Ministério da Fazenda, pelo Delegado Fiscal de Recife, para o exercício das funções de Agente Fiscal do Imposto de Consumo no interior de Pernambuco, em substituição a um agente efetivo que também se encontrava de licença. Em outubro, ainda de 1927, foi designado delegado regional de seguros em Recife, atuando junto a DRS do Estado de Pernambuco. Não se sabe se houve a assunção aos cargos para os quais ele foi nomeado em Pernambuco, ou ainda, se ele chegou a ocupá-los, concomitantemente, com o exercício de Agente Fiscal no Rio Grande do Sul, o que parece pouco provável, dado o caráter interino dessas nomeações.

Uma história corrente nos meios familiares conta que, no final da década de 1920, em companhia de mais dois irmãos, Gastão e, provavelmente Antônio, o futuro senador Barros Carvalho, Leonardo teria se deslocado para o Rio Grande do Sul para se engajar na Revolução Liberal de 1930, liderada por Getúlio Vargas.

Com isso, atendia-se a um pedido do pai, o Coronel Carvalhinho, que ao lado de outros senhores de engenho pernambucanos, procurava, de alguma maneira, ajudar a causa dos revolucionários gaúchos. O que se sabe, é que seu irmão Gastão, com certeza, esteve no Rio Grande do Sul na época, pois ali ele acabaria por se casar, em 1934, com a jovem Julieta, da família Borges, da cidade de Vacaria. O que não se sabe é se ele integrou alguma unidade das tropas revolucionárias ou se chegou a combater ao lado dos rebeldes aliancistas. Na carta endereçada à futura cunhada, em que relata a briga de Caxias, Leonardo faz alusão à uma carta recebida de Gastão, comunicando-lhe que em janeiro próximo estaria no Rio Grande do Sul e que depois, iria para o estado de Minas Gerais. O que se pode afirmar é que Gastão foi o único irmão de Leonardo, à exceção do Padre Nelson, que não ingressou no serviço público federal, pois sempre se dedicou ao comércio e aos leilões, tornando-se um importante leiloeiro oficial do Rio de Janeiro décadas depois.

No caso de Antônio, que antes da bem-sucedida carreira política após 1945, também era Fiscal Federal do Imposto de Consumo desde os anos 1920, é improvável que ele tenha ido para o Rio Grande do Sul para se juntar aos revolucionários de 1930. Pelos jornais gaúchos, tem-se notícia da sua atuação naquele Estado, já como fiscal do Ministério da Fazenda, entre 1923 e 1924. No exercício de suas funções, esteve em Vacaria, Bom Jesus, Antônio Prado, Caxias do Sul e outros municípios do interior riograndense, e até mesmo na capital, Porto Alegre. A partir de então, várias são as notas da imprensa pernambucana que registram sua presença novamente em sua terra natal, vivendo e trabalhando em Recife. Levava uma vida social intensa participando de festas, jantares e banquetes nos clubes mais seletos da cidade. Em 1926, há notícia do lançamento de uma importante publicação na área fiscal de sua autoria, em parceria com o fiscal Silvio Cavalcante Paes Barreto, com o título *Anotações ao novo regulamento do imposto de consumo*. Tratava-se de um guia elucidativo das dúvidas sobre o tributo, uma obra que serviria tanto para o contribuinte como para os fiscais federais no exercício de suas funções. Dois anos depois, na edição de 11 de agosto de 1928, do jornal *A Província*, era anunciado um imperdível leilão de móveis, obras de arte, livros e outras peças, que seria realizado em sua casa localizada, à época, na estrada dos Aflitos, 1.312, junto ao Country Club, de Recife. O elenco das peças catalogadas de sua propriedade que iriam a leilão, revela o seu bom gosto e o seu refinamento, típicos de um bem-criado descendente direto de senhores de engenho.

Em conhecida obra de seu genro, Gerardo Mello Mourão, que leva o título *Um Senador Pernambucano: Breve Memória de Antônio de Barros Carvalho*, com a vitória da Revolução de 1930, o governo de Estácio Coimbra, partidário de Washington Luís, e último presidente do Estado de Pernambuco na República Velha, chegava ao fim. Nesse governo, Antônio exercia a função de oficial de gabinete, subordinado diretamente ao chefe da Casa Civil, nada menos que o sociólogo Gilberto Freire, do qual se tornaria compadre posteriormente. Com a fuga do Presidente do Estado e seus assessores do primeiro escalão, coube a Antônio – e isso três dias depois – a passagem do governo para o líder revolucionário de Pernambuco, o usineiro Carlos de Lima Cavalcanti, conforme depoimento do próprio sogro. Por sua vez, o Diário da Tarde, de Recife, em sua edição de 21 de outubro de 1930, apresenta em sua página 4, um relato cronológico das ocorrências que culminaram com a queda de Coimbra nos primeiros dias daquele mesmo mês. São dois telegramas, ambos do dia 7 de outubro, enviados da cidade pernambucana de Barreiros por Antônio; um encaminhado ao Deputado Federal Rego Barros, no Rio de Janeiro e outro a Álvares Paes, Presidente do Estado de Alagoas. No primeiro, informa que o *"Dr. Estácio Coimbra seguiu no rebocador Estácio Coimbra às 3 horas com destino a Alagoas, pretendendo tomar um vapor, ali, com destino ao Rio. A situação é péssima. Saudações. a) Barros Carvalho.* No segundo, ao governante alagoano, da ciência que o *"Dr. Estácio Coimbra deverá chegar ahi a bordo de um grande rebocador cerca de duas horas. Remetti por Aloysio Nogueira, o seu telegrama cifrado. Saudações. a) Barros Carvalho*. Com isso, pode-se concluir que Antônio de Barros Carvalho não foi para o Rio Grande do Sul para participar da Revolução Liberal de 1930, como se tem apregoado. Ele lá vivera nos primeiros anos da década de 1920, e, ao eclodir o movimento revolucionário, residia na capital pernambucana. Fica claro, portanto, que ele não poderia estar presente nos dois Estados na mesma ocasião.

Por outro lado, o relato de Mello Mourão revela que Antônio não era seguidor de Vargas tendo se alinhado, inclusive, com os rebeldes paulistas da Revolução Constitucionalista de 1932, que haviam se levantado contra a ditadura instaurada por Getulio dois anos antes. Antônio, que foi removido para São Paulo no início daquela década, viveu em São Paulo até 1935, onde residiu na Rua Ministro Godoy, 88, e depois na Rua Monte Alegre, 17A, próximo da PUC, ambas nas Perdizes. Neste mesmo ano, por permuta de cargo, foi para o Rio de Janeiro, chegando a se candidatar como representante do funcionalismo público, nas eleições que escolheriam os deputados classistas, uma inovação da Constituição de 1934, tendo sido eleito suplente. O coronel Carvalhinho e Dona Francisquinha, seus pais, e a irmã caçula, Lúcia, chegaram a morar com ele no primeiro endereço, a partir de 1933, quando deixaram Pernambuco e passaram a viver em São Paulo.

Quanto a Leonardo, no momento em que irrompe o movimento armado no Sul, ele já era Agente Fiscal do Imposto de Consumo e vivia em Caxias do Sul, aliás, onde conheceu e se casou com Dulce Rosa Cruz, natural daquela cidade, onde morava com os pais Orlando e Maria Luiza Rosa Cruz. Portanto, ele não deixou seu Estado natal em companhia dos dois irmãos, para ir para o Rio Grande do Sul, apenas em 1930, com o objetivo de se integrar a Revolução da Aliança Liberal. E isso porque, no seu acervo pessoal, hoje sob a guarda do filho Paulo, são muitas as fotos em que ele aparece sozinho ou em companhia de amigos, sempre de chapéu e com sua inseparável bengala, inclusive algumas tiradas na cidade de Caxias, em 1923, 1925 e 1927. Do ano de 1928, há uma fotografia sua batida em Porto Alegre, e que em seguida ele encaminhou aos seus pais, que já moravam em Recife com uma dedicatória: *"Sentado no ponto mais alto do Hotel Coliseu, onde morava anteriormente. Lembrança de teu filho, Leonardo. Porto Alegre, 2-4-28"*. Parece claro então que ele já vivia no Rio Grande do Sul, bem antes de outubro de 1930, quando teve início a Revolução.

Fala-se muito em família de uma carta enviada por Getúlio Vargas a seu pai, o coronel Carvalhinho, em que supostamente lhe agradecia pela ajuda recebida ao movimento armado gaúcho, deflagrado em outubro de 1930. Essa carta existe, é de 18 de março de 1930, e é endereçada ao próprio Leonardo como resposta de uma anterior, que ele enviara de Caxias do Sul a Vargas, em 26 de fevereiro do mesmo ano, fazendo alusão ao pai e encaminhando uma outra carta que este escrevera a Getulio. É essa a íntegra da missiva que se segue:

> Porto Alegre, 18/3/1930
>
> Accuso o recebimento de vossa carta de 26 de fevereiro findo, enviando-me a que vos dirigiu vosso pae, a propósito da campanha eleitoral, em Pernambuco.
>
> Tenho no devido apreço a patriótica atitude de vosso digno progenitor, a quem, por vosso intermédio, apresento efusivos cumprimentos.
>
> Sem outro motivo, devolvendo-vos a referida carta, saúdo-vos.
>
> Cordialmente,
>
> Getúlio Vargas.

Depreende-se, portanto, que o teor da carta é bem diferente daquele costumeiramente propalado pelos membros da família Barros Carvalho ao longo dos anos. Primeiro, por que não fala de uma Revolução e sim de uma campanha eleitoral em andamento, e no Pernambuco, que certamente o coronel Carvalhinho, como muitos de seus amigos, também senhores de engenho, deveria, de fato, apoiar, dado o estado difícil em que se encontrava a economia açucareira pernambucana. Em segundo lugar, ela é datada de 18 de março de 1930, e as eleições presidenciais já haviam ocorrido em 1º de março daquele mesmo ano, como era prevista pelo calendário eleitoral da Primeira República. O que não se sabia era da derrota de Vargas, que encabeçava a chapa de oposição, pois o resultado das eleições, segundo o que dispunha o calendário eleitoral, somente foram divulgados em maio.

Por outro lado, a participação de Leonardo na Revolução Liberal deve ter acontecido realmente, pois na mesma carta de dezembro de 1930, enviada à cunhada Julieta, aquela em que fala de uma briga de rua em Caxias, ele escreve: *"Estive fazendo a revolução e, ahi, cheguei (Porto Alegre) no dia 29 de novembro, procedente do Rio; procurei-te quase todos os dias durante oito dias que passei em Porto Alegre, e não consegui ter o prazer de te ver."* É bem provável, portanto, que Leonardo tenha participado do movimento armado como voluntário, a exemplo de dezenas de milhares de gaúchos, que atenderam à conclamação de Vargas em pronunciamento de 4 de outubro de 1930. Da mesma forma, deve ter-se alistado em uma das várias colunas que se formaram no Rio Grande do Sul, como a Coluna do Nordeste, organizada e comandada pelo general Valdomiro Dias, a qual também se integrou o montenegrino Cylon Fernandes Rosa, um futuro aparentado seu.

O seu casamento com Dulce Rosa Cruz ocorreu em Caxias do Sul, em 23 de janeiro de 1932. Leonardo estava com a idade de trinta e um anos, e ela, que a partir da cerimônia passaria a assinar Dulce Rosa Cruz de Barros Carvalho, tinha apenas vinte. O casal continuou a morar em Caxias do Sul e ele a desempenhar suas funções de Agente da Fazenda Federal, ao que parece com bom trânsito na sociedade caxiense. Embora residisse em Caxias em maio de 1933, ele é chamado da cidade de Garibaldi – onde se encontrava a serviço – pela Delegacia Fiscal, para ir à cidade de Porto Alegre. Em outubro deste ano, é designado por superiores para inspeção na Coletoria Federal de Alfredo Chaves, em meio aos embates entre facções políticas que acabara vitimando o coletor Domingos Farina. O referido coletor, segundo a imprensa local, era o alvo de uma grande "armação" de seus desafetos políticos, geradora de uma nefasta campanha de detratação, logo ele, que segundo os jornais, era um "autêntico republicano". Em março de 1934, estava em Bagé, dando expediente por ordem da Delegacia Fiscal de Porto Alegre. Pela sua constante movimentação por várias localidades, a impressão que se tem é que Leonardo atuava em diversas agências fiscais do interior do Estado, e não apenas em Caxias do Sul.

Algumas notas na imprensa, entre 30 de abril de 1934 e 17 de maio de 1935, revelam um pouco do perfil de Leonardo e, ao mesmo tempo, indicam as dificuldades encontradas pelos agentes públicos – especialmente os "homens do Fisco" – no cumprimento de seus deveres, no momento em que realmente se consolida em todo o território nacional a noção de República, uma grande inovação, entre outras, trazida pela Revolução de 1930. O clima em todo o país era marcado pelo fervor revolucionário, com expurgos de elementos tidos como oposicionistas à nova ordem recém-estabelecida, pelas rivalidades e arranjos locais ou regionais, pelos costumeiros expedientes do contribuinte procurando fugir do Fisco e pela necessidade de se fazer cumprir a lei a qualquer custo; no caso da política fiscal, Getúlio Vargas intitulava-se o "fiscal número 1". Esses são os ingredientes que se somavam para gerar um ambiente de hostilidades que não raras vezes descambava para a violência. É o caso do fato gerador do "gesto de fraternidade", que envolveu os agentes fiscais do imposto de consumo sulistas, a favor de seus colegas João Francisco Cardoso de Castro, do Estado da Bahia e de José Soares de Gouveia, do Rio de Janeiro, ambos agredidos violentamente quando no desempenho de suas funções e invalidados permanentemente para o serviço público. A campanha em prol desses agentes públicos, ainda jovens para a aposentadoria, e incapazes de prover o próprio sustento e o de suas famílias, teve início em São Paulo, como contribuição para a "quota de fraternidade". No Rio Grande do Sul, em apenas duas semanas, 63 fiscais gaúchos, entre os 70 em exercício, levantaram a quantia de dois contos e quinhentos e vinte mil réis. Entre eles, participando da organização da arrecadação dessa contribuição, estava Leonardo de Barros Carvalho.

Sempre rigoroso no cumprimento de sua missão como agente do Estado, em 14 de fevereiro de 1935, segundo um dos jornais de Caxias, Leonardo é enviado pelo seu chefe imediato à cidade de Farroupilha, para acompanhar as investigações sobre o roubo de 35 contos e 500 mil-réis da Coletoria local, o que lhe valeu manifestações elogiosas por parte do Delegado Fiscal, de Porto Alegre. Numa outra matéria de 11 de abril do mesmo ano, sua presença – reveladora de outra faceta – é registrada em uma reunião promovida por iniciativa do tenente Artemis Karan, cujo objetivo principal era a regulamentação da caça predatória em Caxias, de acordo com as determinações do novo Código de Caça e Pesca. Na ocasião, foram tomadas várias medidas procurando coibir a ação de caçadores profissionais, vistos como responsáveis pela mercantilização da fauna local. Desse evento, nasceria o Clube de Caçadores Caxienses, norteado pelas normas da nova legislação. Nesse mesmo ano, um fato importante marcaria o lar dos Barros Carvalho. No dia 31 de julho, nascia a menina Mirene, a primeira filha do casal e a única irmã de Paulo.

Em 1936, as edições de 5 de agosto dos jornais *O Momento* e do *Caxias Jornal* estampavam, em sua primeira página, uma manchete que marcaria por muito tempo a cidade de Caxias, e que mudaria significativamente a vida de Leonardo. Mais do que isso, eram reveladoras da dedicação e da seriedade do agente público no cumprimento da lei. O fato teve grande repercussão além das fronteiras gaúchas, ganhando também as primeiras páginas do *Correio Paulistano* e do *Correio de São Paulo*, dois importantes jornais paulistas. Sofrendo forte pressão do Fisco, representado pelos fiscais federais que trabalhavam em Caxias do Sul, um conhecido empresário do comercio local acabou por cometer o suicídio. O tresloucado gesto desse cidadão caxiense, segundo os jornais, uma figura querida e muito respeitada por todos na cidade, teria sido motivado pelo fato de lhe faltarem os recursos financeiros necessários para arcar com o pagamento de uma multa de cem contos de réis lavrada por dois fiscais federais do imposto de consumo: um desses dois fiscais era Leonardo.

Embora os fiscais federais não sejam citados nominalmente pelos jornais locais – o que foi feito pelos dois periódicos paulistas – a população caxiense revoltada e compungida, exigia das autoridades competentes a tomada de providências, no sentido de punir os agentes públicos envolvidos. O comércio local fechou as portas em protesto. Nem os cinemas e os cafés da cidade funcionaram. Ao governo estadual, que naquele momento era presidido por Flores da Cunha, foram encaminhadas as petições e reclamações dos poderes municipais e de associações do comércio e da indústria. A solução viria dois dias depois, segundo consta na edição de 7 de agosto de 1936 do jornal *A Federação*: após reunião com autoridades e representantes de entidades da indústria e do comércio caxienses, o Delegado Fiscal de Porto Alegre, José Serôa da Mota, determinava a imediata substituição dos dois fiscais federais. A propósito desse rumoroso acontecimento, é curiosa uma denúncia encontrada no Caxias Jornal, dois anos e meio antes, na edição de 29 de janeiro de 1934, com o título "Fisco Federal Lesado". A matéria, obviamente sem a assinatura do autor e sem citar o nome do envolvido, chamava a atenção do público caxiense em geral para a constante prática de sonegação de um grande comerciante local "de todos muito conhecido na cidade", o que evidentemente trazia um grande prejuízo para o fisco federal. Serôa da Mota, tornou-se um grande amigo de Leonardo, e no final da década de trinta, quando morava no Rio de Janeiro, foi convidado por ele para ser padrinho de batismo de PBC.

É bem provável que a substituição de Leonardo tenha sido acompanhada de sua remoção, a pedido ou mesmo *ex officio*, para o Ministério da Fazenda de São Paulo, o que na verdade acabou por se tornar mais uma promoção do que uma punição. Em São Paulo, ele faria uma brilhante carreira até tornar-se, em 1952,

Diretor da Recebedoria Fiscal – denominação anterior à reforma do Ministério nos anos sessenta – comandando a fiscalização e a arrecadação no Estado por dez governos. Assim, chegava ao patamar mais alto de uma longa carreira, iniciada como agente fiscal do imposto de consumo, no Rio Grande do Sul, e poderia galgar novos postos no Ministério, não fosse o seu falecimento precoce em novembro de 1963. Há que se entender que à época, os fiscais federais eram conhecidos como os "príncipes da República", o ponto de partida daquilo que se convencionaria chamar posteriormente de "carreira de Estado". Durante muito tempo, os vencimentos base da carreira de um fiscal fazendário eram sempre acrescidos da famosa "quota parte", sempre paga ao agente fiscal quando do recolhimento da multa aplicada – não do principal – o que resultava em uma ótima remuneração.

A Recebedoria Fiscal do Ministério da Fazenda, de São Paulo cobrava e recebia apenas o imposto de consumo e o imposto do selo, colocando-se como a segunda estação arrecadadora das Américas, perdendo só para os Estados Unidos da América; e numa época em que a arrecadação do imposto de renda era ainda incipiente. Até ser instituída a obrigatoriedade da sua declaração pelo governo Jango, em 1962, quase ninguém o fazia. Não eram poucos os banqueiros que nunca haviam declarado um centavo sequer.

Leonardo tinha uma rotina diária em que seus hábitos poderiam ser cronometrados. As 12 horas, deixava o prédio da Recebedoria que ficava na rua Florêncio de Abreu e, dirigindo seu próprio carro, vinha almoçar no restaurante do Mappin, da Rua Barão de Itapetininga, sempre atendido pelo conhecido maitre Cassimiro. Voltava à repartição de onde saía às 17 horas, estacionava o carro novamente na Barão e ia encontrar os amigos com quem mantinha longas conversas. O itinerário era sempre o mesmo: primeiramente dirigia-se a Camisaria Armando na mesma rua e depois, até a Fotóptica Moderna, do amigo Adolfo, na Rua Marconi e sempre rodeado dos amigos. Pelas 19 horas, voltava para casa. Essa rotina só era quebrada em uma ou outra ocasião, quando de um jantar em casa de amigos, por exemplo. A partir de 1958, ela também seria mudada com as eventuais reuniões da Diretoria do São Paulo Futebol Clube, onde passou a atuar como Diretor Social até o seu falecimento cinco anos depois.

A paixão do pai pelo tricolor paulista vinha desde sua mudança para São Paulo, e de acordo com seu filho, nasceu da semelhança do tradicional uniforme de três cores da agremiação paulista, o preto, o branco e o vermelho – encarnado, como dizia Leonardo – com a camisa do Santa Cruz Futebol Clube de Recife, do qual era torcedor e onde chegou a jogar como goleiro, sagrando-se campeão no torneio de 1919. Em Recife, praticou outra de suas grandes paixões, o remo. Quanto à sua carreira futebolística, essa não ficou restrita ao Santinha, uma vez que jogou também no América, de Natal, quando do serviço militar feito naquela cidade. Depois, já no Rio Grande do Sul nos anos trinta, jogou pela equipe do Cruzeiro Esporte Clube, de Porto Alegre e depois pelo Juventude, de Caxias, sempre como goleiro.

Frequentador assíduo dos jogos do São Paulo, especialmente quando eles se realizavam no Estádio do Pacaembu e depois no Cícero Pompeu de Toledo, o Morumbi, sempre se fazia acompanhar do filho Paulo, fanático são-paulino por sua influência, e que a partir dos anos sessenta, também se tornaria um membro do seu Conselho Deliberativo, e atualmente do seu Conselho Vitalício. Enquanto não entrou para a Diretoria do clube, Leonardo estava sempre envolvido nas críticas aos dirigentes do São Paulo, tornando-se famoso pelos seus discursos inflamados quando a equipe acumulava resultados adversos; momentos em que era sempre acompanhado e aplaudido por um grande número de torcedores. Gostava de privar com os craques tricolores, principalmente em suas festas de aniversário, quase sempre muito concorridas. Foi numa dessas festas, no final dos anos quarenta, que ele viu chegar à sua casa, para um abraço no pai, o aniversariante do dia, talvez o maior futebolista brasileiro de então; Leonardo já havia dito ao filho, pela manhã, que ele se preparasse para a grande surpresa. Era o famoso Leônidas da Silva, a quem é atribuída a invenção da bicicleta – talvez a mais exótica jogada de uma partida de futebol. O "diamante negro" como era chamado, vestia um elegante terno de linho branco, calçava sapatos bicolores e tinha os cabelos lustrosos de tanta brilhantina. Para o menino, que o admirava extasiado, não poderia haver surpresa maior. As presenças do argentino José Poy, que por anos foi goleiro do tricolor paulista, e do piracicabano Nilton De Sordi, conhecido lateral direito do São Paulo e da seleção brasileira, entre outros craques, eram constantes. Seu pai foi convidado e aceitou o convite de De Sordi, para ser seu padrinho de casamento.

Sociável e empreendedor, acreditando sempre no que se propunha fazer, liderou em 1960, ao lado de outros nomes do empresariado e personalidades dos mais variados setores profissionais da sociedade paulistana, como José Sábato e Walter Albanezi, entre outros, a fundação do Anhembi Tênis Clube, ainda hoje um elegante clube da Rua Alexandre Herculano, no Alto de Pinheiros. Tratava-se de um moderno clube esportivo e social construído a partir de um grande e arrojado projeto de João Batista Vilanova Artigas, um dos mais reconhecidos arquitetos de São Paulo. Leonardo estava convicto de que São Paulo era uma cidade que crescera em ritmo acelerado, e como todo homem de visão, não escondia sua preocupação com os excessos que adviam do processo de modernização da paisagem urbana. A cidade necessitava de novos espaços de sociabilidade que pudessem acolher uma nova dinâmica das relações humanas. A convivência social, as práticas esportivas e o lazer eram, portanto, as premissas sobre as quais se assentou o ambicioso projeto.

Para o filho, o pai era um modelo a ser seguido. Sua dedicação ao seu irmão mais velho, Antônio de Barros Carvalho, o senador Barros Carvalho, transcendia a relação fraterna, tornando-se um dos pilares da sua carreira política. Além de participar intensamente de suas campanhas eleitorais, era também quem procurava granjear apoio do empresariado de São Paulo, onde tinha muitos amigos e admiradores. Por essa relação estreita, viu-se envolvido num episódio desagradável durante a curta permanência de Jânio Quadros na Presidência da República, com quem até então mantinha boas relações. Quando Governador de São Paulo, não foram poucas as ocasiões em que ao visitá-lo, não lhe levasse pacotes de cigarros Parliament, os únicos de então com filtro, e que eram preferidos de Jânio.

O episódio referido relacionava-se com as disputas envolvendo o Congresso Nacional e o Presidente, famoso pelo estilo pessoal e autoritário, que se mostrava empenhado na aprovação do nome de José Ermírio de Morais, empresário paulista e tesoureiro da campanha janista em São Paulo, para o cargo de embaixador na República Federal da Alemanha. Como a questão apresentava outros componentes, como os desentendimentos entre Jânio e o PTB, partido do Vice-Presidente João Goulart e a oposição dos líderes da Câmara e do Senado, respectivamente, o deputado Almino Afonso e o senador Barros Carvalho, seu tio, coube a este último a manobra para esvaziar os planos do Presidente. Em uma sessão, em que aparentemente se votariam matérias ordinárias e sem grande importância, foi colocada na pauta de votação do Senado, a aprovação do nome defendido por Jânio Quadros. À proposta derrotada em plenário, seguiu-se a retaliação. Coube a Oscar Pedroso Horta, Ministro da Justiça de Jânio a ligação telefônica para o senador Barros Carvalho, já em São Paulo, comunicando-lhe da decisão do Presidente da República de exonerar imediatamente o seu irmão Leonardo de Barros Carvalho do cargo de chefia no Ministério da Fazenda, que há anos ele exercia em São Paulo. Ironicamente, no momento do telefonema, o senador estava no jantar comemorativo do aniversário do próprio irmão Leonardo, tanto que deixou para dar-lhe a notícia apenas no dia seguinte.

Mesmo com as manifestações de apoio das pessoas mais influentes da política e do empresariado paulista, este representado pela Federação das Indústrias do Estado de São Paulo – FIESP, protestando contra a arbitrariedade do Presidente da República, Leonardo só seria reconduzido ao cargo em 9 de fevereiro de 1962, quando após a renúncia inesperada de Jânio, o vice-presidente

João Goulart assumiria a Presidência da República limitado pelo parlamentarismo, uma solução de emergência encontrada para que lhe fosse entregue o poder. Assim, tem as assinaturas do presidente João Goulart e do mineiro Tancredo Neves, o primeiro Presidente do Conselho de Ministros do sistema parlamentarista da República, o ato de nomeação que o reconduziu à chefia da Diretoria da Recebedoria da Fazenda Nacional, em São Paulo, cargo que ele ocupava desde 1952, a partir de um ato assinado de próprio punho pelo então Presidente Getúlio Vargas.

Politicamente, Leonardo nunca escondeu sua vinculação a Getúlio Vargas e outras expressões do getulismo, como por exemplo, os gaúchos João Goulart, futuro Presidente da República e Oswaldo Aranha, um dos principais nomes da Revolução de 1930, que ocuparia posteriormente, os ministérios da Justiça, das Relações Exteriores e da Fazenda durante os governos de Getúlio. Em sua correspondência pessoal, sob a guarda de Paulo, existem duas cartas escritas de próprio punho e assinadas pelo ex-Ministro, em 1958. Numa linguagem coloquial e dirigindo-se a ele pelo primeiro nome, encaminha-lhe duas solicitações; no caso de uma delas, o que pede é a correção de alguns abusos cometidos por agentes que extrapolaram sua autoridade fiscal. Antes disso, por ocasião da campanha eleitoral de 1937, pode-se ver o seu telegrama de felicitações ao paraibano José Américo de Almeida, um dos candidatos à Presidência da República na eleição daquele ano, e que, ao contrário dos outros dois concorrentes, o integralista Plínio Salgado e o paulista Armando de Salles Oliveira, era o candidato preferido de Vargas. Essa eleição, que como se sabe nunca se realizou, foi abortada pelo golpe dado pelo próprio Getúlio Vargas, em 10 de novembro do mesmo ano e que instaurou a ditadura do Estado Novo em novembro, antes que o pleito acontecesse.

A partir de meados da década de cinquenta, inclinou-se para conhecidas lideranças progressistas do PTB, tornando-se partidário de João Goulart, uma provável influência do irmão, o deputado federal e depois senador Barros Carvalho, uma importante figura do petebismo. Por sua desenvoltura social, foi colocado à frente Comissão Executiva do banquete de 5 de janeiro de 1951, promovido por petebistas paulistas em homenagem a Danton Coelho, deputado federal pelo Rio Grande do Sul e presidente nacional do Partido Trabalhista Brasileiro e a Gabriel Pedro Moacir, dirigente da sessão gaúcha do Partido Social Progressista (PSP). Na homenagem realizada no Club Homs, localizado na Avenida Paulista, estiveram presentes várias personalidades políticas de São Paulo, como o fundador do PSP e governador do estado Adhemar Pereira de Barros, o primeiro a ser eleito depois da deposição de Vargas e do fim do Estado Novo; do doutor Erlindo Salzano, vice--governador, eleito em outubro de 1950 com o governador Lucas Nogueira Garcez; o deputado estadual José Porfírio da Paz, além de muitos outros líderes políticos. Seria oportuno lembrar, que em 1932, o conhecido líder gaúcho Danton Coelho, portanto, um amigo de longa data, havia sido padrinho de casamento de Leonardo e Dulce, em Caxias do Sul.

****

Desde muito cedo, Paulo se acostumou com as reuniões sociais que com frequência aconteciam em sua casa, tanto aquelas que envolviam apenas os parentes como as que reuniam amigos e convidados do pai, para celebrar seu aniversário, por exemplo. Um hábito que é cultivado até hoje por ele e Sonia, conhecidos pela elegância como recebem seus amigos na residência do casal no Morumbi. Na casa de Leonardo, principalmente, a da rua Ubatuba 296, era muito comum encontrar, nesses eventos sociais, jogadores e diretores do São Paulo, e outras personalidades da vida política, religiosa ou dos meios empresariais, como os deputados Ulysses Guimarães, Almino Affonso e Ranieri Mazzilli, este, que por duas ocasiões ocupou interinamente a Presidência da República, Monsenhor Francisco Bastos, Laudo Natel, presidente do SPFC e depois governador do Estado de São Paulo, Adolfo Ratzensdorfer, dono da Fotóptica Moderna, entre muitos outros.

O que lembrava um pouco as festas e celebrações que sempre marcaram a família Barros Carvalho, dentro do melhor estilo de uma alegre família nordestina, como a de aniversário de senador Antônio de Barros Carvalho, seu tio, em 18 de fevereiro de 1962, em que um dos principais convidados era o senador Pessoa de Queiróz, também pernambucano. Nessas ocasiões, Paulo inclusive convidava os amigos mais próximos como José Eduardo Bandeira de Mello, estudante de Direito como ele. Vale lembrar, que o que mais lhe causava admiração, era o fato de seu pai, alegre e comunicativo, circular por horas em meio aos convivas sempre com um copo ou uma taça na mão, às vezes até cheia, mas que ele não bebia. Agia assim, segundo ele, unicamente para não constranger os seus convidados.

A constante presença de atletas e membros da diretoria tricolor nas reuniões sociais em sua casa, serviu para alimentar a paixão pelo São Paulo Futebol Clube, transmitida de pai para filho, e que é outra coisa marcante de sua vida desde os primeiros anos. Assim, pode-se dizer que PBC acompanhou a trajetória do vitorioso clube paulista, reconhecido internacionalmente como uma das grandes equipes do futebol mundial e que se iniciara em 1936, apenas dois anos antes do seu nascimento. Suas lembranças levam-no a algumas cenas do passado, como o embarque do pai, um dos dirigentes do clube, acompanhando as viagens da delegação são-paulina, até no exterior, ou de alguma partida realizada em 1953 e 1957, anos em que o tricolor sagrou-se campeão paulista mais uma vez, ainda no Estádio do Pacaembu, e em que o São Paulo apresentava um esquadrão de respeito, com o goleiro Poy, De Sordi, Mauro, Pé de Valsa, Bauer, Alfredo, Vitor, Riberto, Maurinho, Albella, Gino Orlando, Negri, Teixeirinha, Turcão, Amaury, Zizinho, o grande Dino Sani e Canhoteiro, por muitos considerado o Garrinha da esquerda, além de muitos outros craques que deixaram seus nomes gravados na galeria do clube.

Há uma cena de um jogo São Paulo e Santos, em 1957, que para ele talvez tenha sido a mais importante na sua vida de torcedor. Ao final do jogo, como sempre fazia seu pai, que um pouco antes de acabar uma partida, ia com o filho até a entrada do vestiário para cumprimentar os jogadores, viram chegar Riberto, o lateral são-paulino com o rosto machucado e sangrando muito. Leonardo, bastante preocupado, perguntou-lhe o que havia acontecido: "Foi o Pelé", respondeu o jogador, "ele me confundiu com o Vitor que lhe batera o tempo todo, daí me deu uma cotovelada". Segundo Riberto, Pelé havia se dirigido a ele dizendo: "Me desculpa viu, eu achei que era o Vitor". Uma outra lembrança marcante ainda era a figura do Monsenhor Bastos, um ardoroso torcedor do São Paulo como ele, e uma presença constante em sua casa.

Monsenhor Francisco Bastos, vigário da Igreja da Consolação foi uma figura emblemática na história do São Paulo Futebol Clube, sendo um dos seus fundadores, em 1936, e o primeiro Presidente do Conselho do Clube. À época do seu nascimento, resultante de algumas fusões de outras equipes, o São Paulo não dispunha da moderna infraestrutura que hoje o torna um dos maiores clubes do País. Não havia lugar para treinar nem acomodações para que os jogadores pudessem se concentrar. A solução veio logo com o pároco da Consolação: o pátio da igreja transformava-se à noite em campo de treinamento e o terceiro andar da sua torre virou uma concentração improvisada onde mandou construir tabiques e beliches para acomodar os atletas. Quase anedótica, a solução para evitar a fuga dos jogadores da "concentração", localizada no centro da cidade com seus variados atrativos: Monsenhor Bastos trancava por fora, a porta do terceiro andar, impossibilitando os planos de qualquer fujão. Começava a se firmar o glorioso clube de tantas conquistas, estaduais, interestaduais, nacionais e internacionais, sendo a única agremiação a ganhar por três vezes, décadas depois, o campeonato mundial de clubes; duas na época em que o certame recebia a denominação de Copa Toyota ou Copa Intercontinental (1992 e 1993) e uma vez no atual formato do Mundial de Clubes da FIFA, em 2005. O São Paulo Futebol Clube, definitivamente, deixaria para trás os tempos pioneiros do São Paulo da Floresta, de 1930 e da fusão Tietê-São Paulo, de 1935.

São Paulo Futebol Clube:
O Sonho da Casa Própria

O São Paulo do Morumbi, como é hoje conhecido, também já foi em outros tempos o São Paulo do Canindé, ou ainda o Tricolor do Canindé. Na década de 1940, era o Pacaembu, o estádio onde o tricolor mandava seus jogos, faltando-lhe, entretanto, um centro de treinamento e outros espaços, comuns a um clube social e desportivo. Em 1942, por ocasião da Segunda Guerra Mundial, um antigo clube alemão, proprietário de uma área próxima à atual marginal Tietê, na rua Canindé, alugou suas instalações ao clube tricolor. Dois anos depois, ela foi comprada pelo SPFC e ganhou um gramado e arquibancadas de madeira, muito embora o time não tenha jogado ali nenhuma partida oficial. Em 1956, quando o projeto Morumbi já decolava, o estádio do Canindé foi vendido para a Associação Portuguesa de Desportos. Contudo, suas arquibancadas de concreto e os modernos alambrados somente seriam erguidos na década de 1970.

O Estádio Cícero Pompeu de Toledo, ou simplesmente do Morumbi, como é conhecido, foi um sonho acalentado desde os anos quarenta e que se tornou realidade pela determinação e ousadia de um grupo de apaixonados pelo SPFC, que além de torcedores, também atuavam como dirigentes do clube; o próprio Cícero Pompeu de Toledo, que hoje empresta seu nome ao maior estádio particular de futebol do Brasil, e por muitos considerado o maior presidente do São Paulo, foi um dos abnegados que não mediram esforços para a sua concretização. Em 4 de agosto de 1952, não sem antes percorrer os mais variados recantos da cidade em busca de um grande terreno para esse fim, seus idealizadores finalizaram a aquisição de uma grande área no Morumbi, que antes pertencera à família Matarazzo. A ansiedade era tanta, que mesmo sem um projeto definido, foi lançada a pedra fundamental do Gigante do Morumbi, cabendo a benção do terreno ao Monsenhor Bastos, conhecido pelo seu amor incondicional ao SPFC – conta-se que, a paixão pelo tricolor paulista levou-o a recusar os vários convites para trabalhar no Vaticano.

Na sequência desse processo, foi constituída a Comissão

Pró-Estádio que reunia, entre outras, figuras históricas para o São Paulo Futebol Clube, como o próprio Cícero Pompeu de Toledo, seu presidente, o banqueiro Amador Aguiar, o ex-jogador de futebol Roberto Gomes Pedrosa, Paulo Machado de Carvalho e Paulo Planet Buarque, sem contar com Laudo Natel, diretor do Banco Brasileiro de Descontos (Bradesco), que se tornaria seu presidente com a morte de Pompeu de Toledo. Além de recursos provenientes da venda do Canindé, de pequenos aportes financeiros vindos do Governo do Estado e da Prefeitura Municipal, foram as vendas de milhares de cadeiras cativas e os contratos de patrocínio pela exclusividade que permitiram a realização de tão ambiciosa empreitada.

O projeto do arquiteto Vilanova Artigas, conhecido adepto do estilo brutalista, foi o vencedor entre os muitos apresentados, tanto pela facilidade de manutenção do concreto aparente, quanto por ser o único a oferecer condições para receber um público de 120 mil torcedores. Além do moderno estádio de futebol, o Morumbi, possuiria um ginásio poliesportivo, quadras para diversas práticas desportivas e um conjunto de piscinas, além dos salões da sua parte social e outros equipamentos diversos para o usufruto dos associados. Dezoito anos depois, em 25 de janeiro de 1970, totalmente concluído, o novo estádio era entregue aos torcedores, com o jogo entre o SPFC e o Futebol Clube do Porto. Era sua segunda inauguração, uma vez que a primeira, a oficial, ocorreu em 2 de outubro de 1960, quando o Morumbi estava ainda parcialmente acabado. Nessa data, o São Paulo enfrentou o Sporting, de Lisboa, partida em que o time da casa venceu por 1x0. Uma semana depois, continuando as festividades, em um jogo histórico, o tricolor enfrentou o Nacional do Uruguai, vencendo por 3x0. Um jogo histórico, pois o SPFC contou com a participação de grandes estrelas de outros clubes: Djalma Santos e Julinho Botelho, da Sociedade Esportiva Palmeiras e Almir Pernambuquinho, do Sport Clube Corinthians Paulista. O craque Pelé, do Santos Futebol Clube, com a presença confirmada, não pode participar devido a uma grave contusão sofrida na semana do jogo.

Desde 1967, com a morte prematura de Cícero Pompeu de Toledo, o que era para ser Estádio Nove de Julho, em homenagem à Revolução Constitucionalista de 1932, passou a ostentar seu nome, e muito merecidamente: Estádio Cícero Pompeu de Toledo – a casa do Tricolor Paulista, o mais amado.

Infância de PBC.

Leonardo, Dulce, Mirene e Paulo na praia, num verão qualquer da década de 1940.

Leonardo, em sua sala de trabalho na Recebedoria Fiscal de São Paulo, em entrevista à imprensa.

O casal Leonardo e Dulce em sua casa na rua Ubatuba. Ao fundo, uma pintura do engenho Santo Antonio.

Leonardo em uma cerimônia no São Paulo Futebol Clube, ao lado de Laudo Natel, futuro governador de São Paulo.

Inauguração do Estádio do Morumbi, em 2 de outubro de 1960: Leonardo de Barros Carvalho e o capitão do Sporting de Lisboa, equipe que enfrentou o SPFC na ocasião.

Leonardo e diretores do SPFC em audiência com o governador Jânio Quadros.

Os pequenos foliões, Mirene e Paulo, como colombina e pierrot.

Paulo e Mirene, mais do que irmãos, muito amigos.

A família Barros Carvalho na festa de aniversário de 15 anos de Mirene.

Dançando a valsa de 15 anos com a irmã Mirene.

A jovem Mirene por volta de seus 17 anos.

Turma do Colégio São Luís, final dos anos 1940. Na quarta fileira, Paulo é o quarto da direita para esquerda.

Turma do Colégio Rio Branco, meados dos anos 1950. Na última fileira, Paulo é o quarto da direita para esquerda, com camisa branca e cigarro à boca.

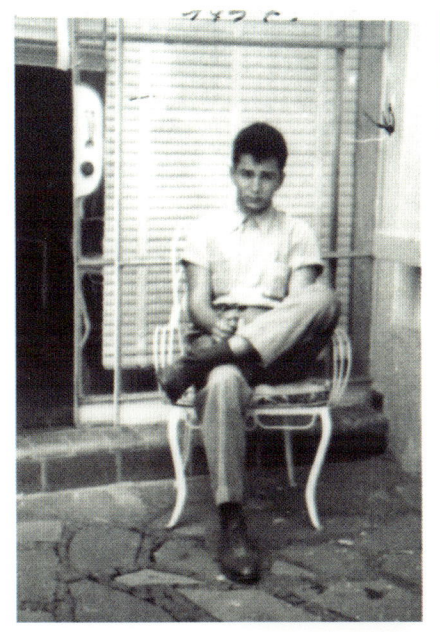

O retrato do jovem em tempos de rebeldia.

Paulo com 17 anos.

Paulo com 19 anos, na época em que concluía o curso científico no Mackenzie, 1957.

Cerimônia religiosa na casa da rua Ubatuba. Da esquerda para a direita: Leonardo, Roberto Maluf (irmão de Paulo Maluf), Monsenhor Bastos, Dulce, Paulo e o deputado Ulysses Guimarães.

Foto com os campeões da Copa do Mundo de 1962. Nos extremos da foto: Ieso Amalfi à esquerda e Paulo à direita. De blazer escuro, da Seleção, e gravata, estão Vavá à esquerda e Nilton Santos à direita.

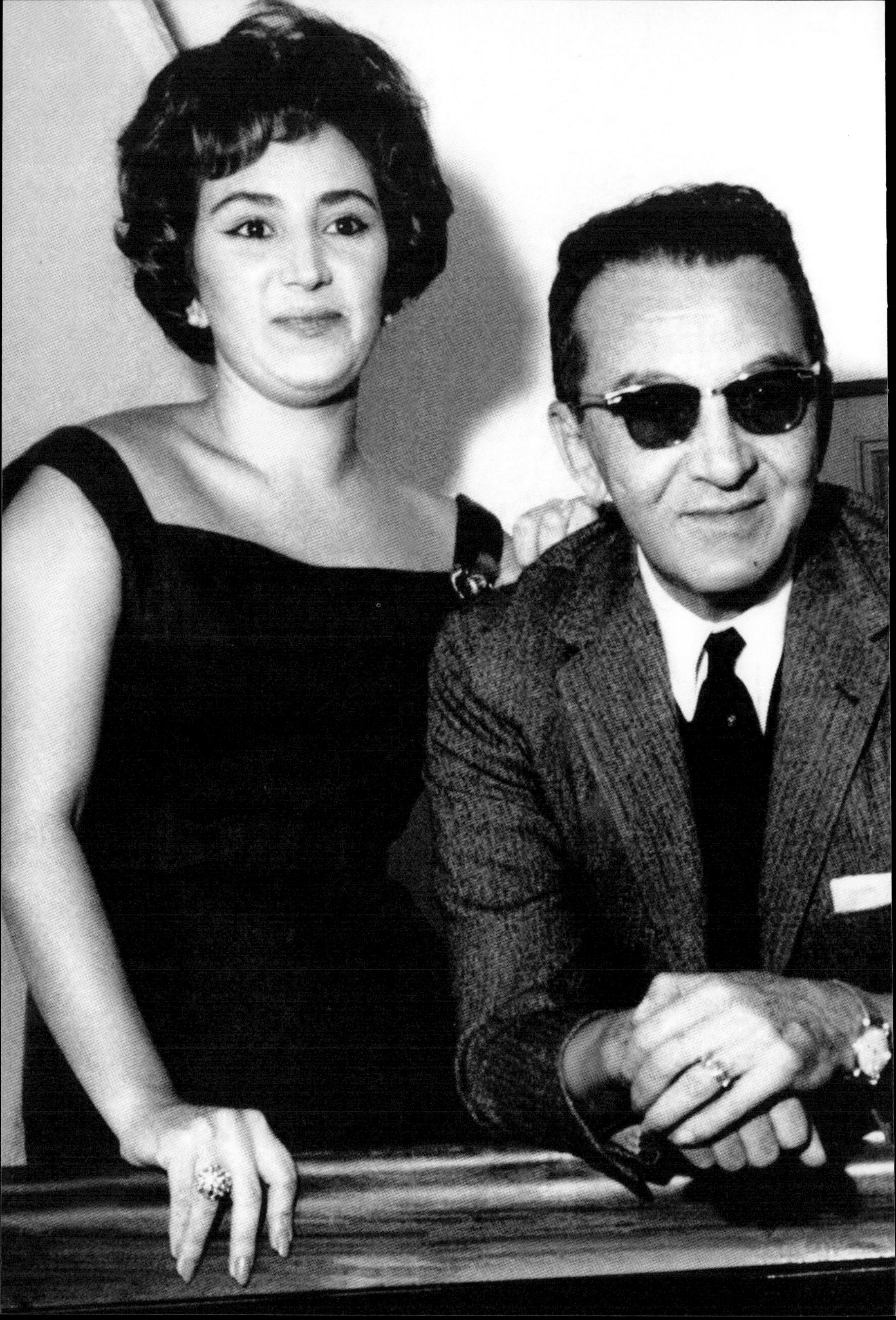

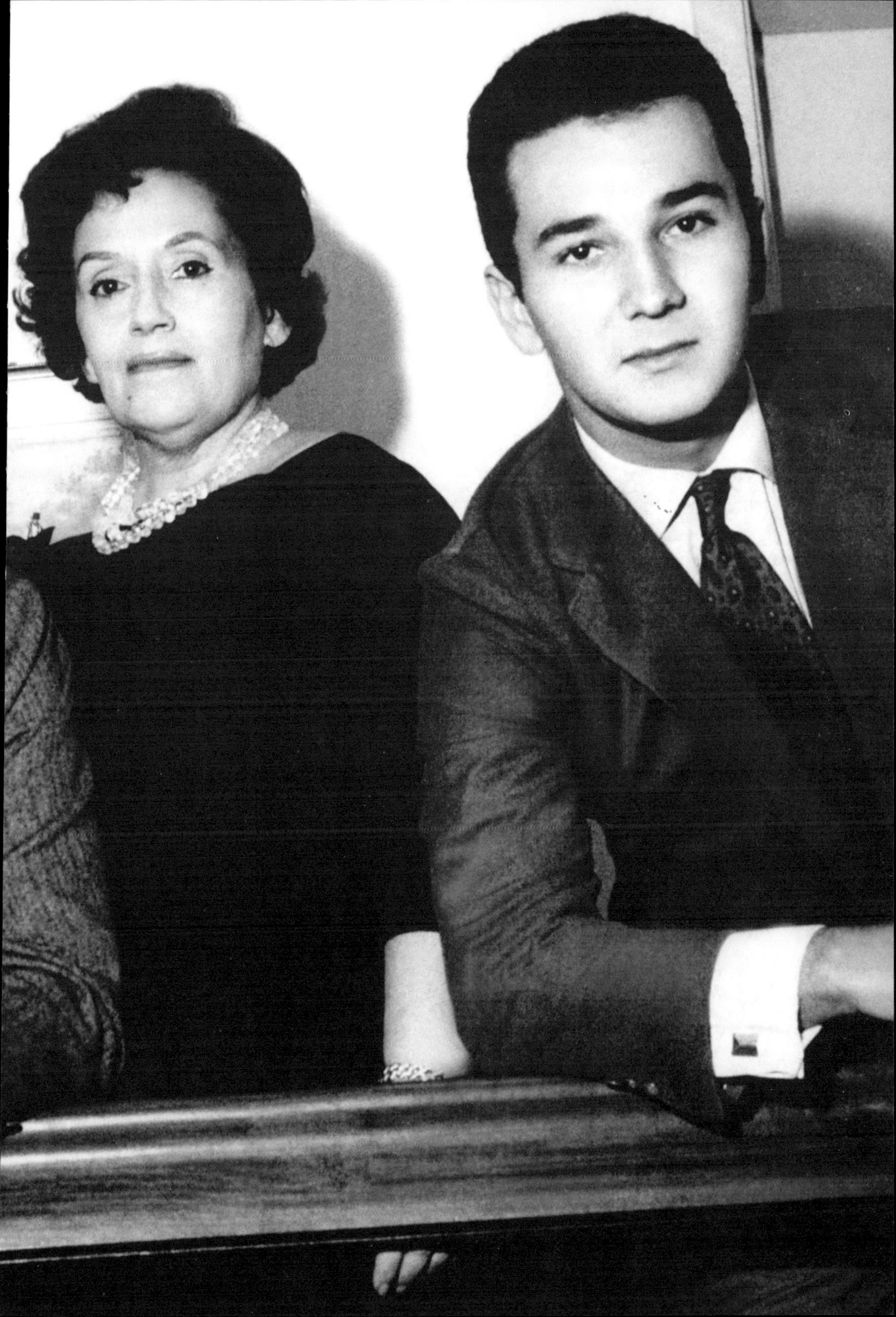

4
ESTRUTURA DOS AFETOS

ESTRUTURA DOS AFETOS

Nos dias de hoje, os casamentos duradouros não são muito comuns. Alcançar meio século de uma união conjugal com a festiva e merecida celebração das bodas de ouro, é algo cada vez mais raro. No entanto, a longevidade do enlace entre um homem e uma mulher em uma relação duradoura e prazeirosa que é a definidora de um casamento feliz, ainda existe. Paulo e Sonia após cinquenta anos de casados, quatro filhas e oito netos, são o claro exemplo de que isso ainda pode ser encontrado. E a fórmula parece até simples, porque, desde o início, aprenderam a compartilhar valores, a cultivar o respeito e admiração mútuos, aceitando as eventuais diferenças e reconhecendo o que há de positivo no outro, respeitando-lhe o espaço e a privacidade. Sobretudo, aprenderam a cumplicidade para alcançar objetivos, sejam eles comuns ou individuais, atuando de forma diferente para sua consecução de acordo com a maneira de ser de cada um.

Há quem diga, entre seus amigos, que ambos constituem uma aliança providencial, uma parceria em que se juntam e se complementam a contemplação e a ação. A pequena e exuberante Sonia, sempre falante e irriquieta é a ação, a prática do saber fazer, enquanto Paulo, mais reservado e ponderado, é a contemplação, uma vez que o saber por ele buscado somente pode ser encontrado na esfera contemplativa do silêncio e da reflexão. Para os aficcionados nos segredos do zodíaco, contudo, isso somente foi possível, pois embora com características até opostas, seus signos são compatíveis: ele, um bom sagitariano, o intelectual estudioso, sincero, modesto e bem humorado, adepto da liberdade e que detesta as situações em que tenha que se preocupar com detalhes, tem nela, a típica canceriana, o seu complemento. É ela, que gosta da casa, da vida doméstica e estruturada, que sempre foi atenta à criação dos filhos e muito prática, algumas características de seu signo, que sempre criou as condições para que ele construisse uma sólida carreira. De qualquer forma, foi a existência de muito amor entre o casal, que permitiu que ambos se dispusessem a realizar ajustes em suas personalidades para que a união se tornasse duradoura.

Paulo e Sonia começaram a namorar no início dos anos sessenta, a partir do que se costuma chamar uma feliz coincidência, pois embora fossem mackenzistas, acabaram se conhecendo na festa de noivado de uma prima de Sonia, na qual ele também estava, só que acompanhado de uma namorada, por sinal uma prima do noivo. A partir daí, começou a aproximação que acabaria em casamento, não sem antes passar pelo noivado e pelo namoro, antecedidos da fase do *flerte* ou *paquera*, como se diz hoje, com os encontros "casuais" promovidos pelos amigos ou quando ele, em seu fusca, descia e subia a Rua Augusta, a Alta Augusta, é claro, o *point* elegante daqueles tempos, seguindo-a com os olhos até sua entrada no salão de cabelereiro. A mesma Rua Augusta da famosa música cantada por Ronnie Cord, um *rock and roll* de 1963, da fase que antecedeu a Jovem Guarda, e que foi um dos seus grandes sucessos, uma composição do seu pai, o maestro mineiro Hervé Cordovil.

Na ocasião, a família de Sonia morava na Rua Cônego Eugênio Leite, 524, no Jardim Paulistano. Seu pai, o jauense Mauro Marques Falcão, que vivia em São Paulo desde os catorze anos, formado em farmácia, era empresário do ramo farmacêutico, e sua mãe Egle Amalfi, que havia cursado a Escola Normal, era professora de formação, embora nunca tenha lecionado. Seu único irmão, Antonio Sérgio Falcão, mais novo do que ela, também viria a se formar em Direito. Sua formação escolar começou no

Colégio Elvira Brandão, uma escola de excelência que funcionou até a década de 1970 na Alameda Jaú, no Jardim Paulista, num velho prédio que como outros tantos, não sobreviveram à febre de verticalização que assolou a região. Atualmente, o colégio ocupa novas instalações na Chácara Santo Antônio, em Santo Amaro. Nele, Sonia fez todo o ciclo básico ou o curso primário, como era então denominado e, ao contrário do que seria uma sequência comum, não mostrou interesse em ir ao Ofélia Fonseca, uma escola destinada às meninas da elite paulistana, que ficava no bairro de Higienópolis, cursando todo o ginasial no Colégio Mackenzie. Em seguida ao encerramento deste ciclo, deu continuidade aos estudos fazendo o curso normal, o curso de Psicologia e, posteriormente, mestrado em Psicologia Clínica na Universidade de São Paulo. Com formação em psicodrama pedagógico, é analista junguiana, membro da Sociedade Brasileira de Psicologia Analítica e da *International Association for Analytical Psichology*, de Zurique.

A paixão de Paulo pela vida noturna paulistana, um rapaz mais velho, já na casa dos vinte e poucos anos, que fumava e bebia, além de ser um assíduo frequentador de bares e boates, incomodou muito de início, a família da namorada, a tal ponto que os avós de Sonia insistiam em advertir seus pais sobre suas noitadas. Afinal, ela tinha apenas dezesseis anos, ainda cursava o ginasial e, além do mais, seria muito mais lógico que ela namorasse rapazes da sua idade. Se não fosse a opinião de antigos vizinhos da Alameda Lorena, no Jardim Paulista, amigos de seus pais e conhecidos dos Marques Falcão, que na defesa de Paulo exaltaram suas qualidades de bom moço, com a boa formação proporcionada pela família a que pertencia, o namoro talvez não tivesse prosperado. E acabou por prosperar, porque Leonardo e Mauro, pais dos candidatos a um futuro casamento, se tornaram grandes amigos e passaram a se frequentar nos fins de semana estreitando, assim, as relações entre as duas famílias. Leonardo se afeiçoara muito à namorada do filho, que segundo ele, embora bem mais jovem, havia mudado e muito o seu modo de ser e de agir. Ele, que até então era um pouco distante e arredio, agora aproximara-se bastante do pai em uma relação de maior intimidade, redescobrindo-o e passando a admirá-lo cada vez mais.

Depois de um namoro de quase quatro anos, Paulo que completaria vinte e cinco anos em dezembro e Sonia, com apenas vinte, decidiram se casar no início de janeiro de 1964. Ele havia sido nomeado em junho de 1963, Agente Fiscal de Tributos Internos do Ministério da Fazenda, em São Paulo, e cursava o último ano de Direito na PUC, enquanto ela, que havia acabado de concluir a Escola Normal preparava-se para fazer Psicologia. Envolvidos nos preparativos daquela que tinha tudo para ser uma grande festa, noivos, familiares e amigos aguardavam ansiosamente as bodas de casamento, contagiados pelo clima de alegria que marca essa celebração, não fosse o falecimento repentino de Leonardo, pai de Paulo, vítima de problemas cardíacos, ocorrido em 10 de novembro de 1963, portanto, dois meses antes. Mesmo diante da lamentável ocorrência, pelo fato de que quase todos os convites já haviam sido distribuídos, não havia como adiar a data de um acontecimento tão importante para ambos. Por essa razão, embora o ambiente fosse festivo por ocasião das bodas, pairava no ar a sombra de uma grande tristeza, pois todos se ressentiam ainda da ausência de Leonardo, mesmo com o empenho de Mauro e Egle, os pais de Sonia, um casal alegre e descontraído, bastante conhecidos por serem perfeitos anfitriões. Antes da realização do enlace, e por conta do precoce passamento de Leonardo, os noivos já haviam desistido do tão sonhado apartamento que seria dado como um presente pelos pais de Sonia, pois ficara combinado que o novo casal passaria a morar com Dulce, mãe de Paulo e Mirene, sua irmã, na casa da rua Ubatuba, 296, no Pacaembu. Aliás, bem antes disso, Dona Dulce já havia se manifestado de maneira veemente a favor da ideia de que eles deveriam morar, até por algum tempo, na espaçosa casa do Pacaembu, uma vez que Mirene também estava para se casar, também em 1964.

A cerimônia religiosa do casamento de Paulo e Sonia ocorreu na tarde do dia 9 de janeiro, na Igreja de Nossa Senhora do Perpétuo Socorro, no Jardim Paulistano. Os padrinhos do noivo foram o seu tio, Senador Antônio de Barros Carvalho e a esposa Maria Inês, o primo de sua mãe e ex-governador do Rio Grande do Sul, Pompílio Cylon Fernandes Rosa e Mirene Barros Carvalho, sua irmã, e o casal Mário e Juremy Seixas Aurvalle, ele um renomado advogado gaúcho. Os padrinhos de Sonia, foram o seu tio Yeso Amalfi e Ziza de Almeida, Arakem de Morais e Honorina Baldassari, e o casal Cyra e José J. Barbosa, do Rio de Janeiro. Seguiu-se depois uma singela recepção na residência de Mauro e Egle, oferecida aos noivos e aos convidados presentes, parentes próximos como os avós e tios de Sonia, Orestes e Eva Maria, do Rio Grande do Sul, primos de Paulo e muitas amigas da noiva como Susana Sandoval e Maria Aparecida Cardoso de Mello. Como Leonardo era Diretor Social do SPFC desde 1958, e havia sido eleito para mais um biênio que se iniciaria em 1964 estiveram presentes membros da Diretoria do clube, como Laudo Natel e Manuel Raymundo Paes de Almeida, acompanhados de suas esposas, além do advogado Antônio Moacyr de Freitas Braga, seu amigo de longa data.

Logo após a celebração, os recém-casados saíram em viagem de lua de mel. Por razões sentimentais, talvez, o destino escolhido foi Recife, uma vez que lá ainda vivia boa parte da família Barros Carvalho, tios e primos de Paulo. À época, o Nordeste, de uma maneira geral não era tão procurado como o é hoje em dia. Não havia ainda uma grande rede hoteleira como atualmente, mas mesmo assim, ficaram hospedados no Hotel Boa Viagem, na orla da praia homônima, à época, um dos melhores da capital pernambucana. Foram naqueles dias felizes, em meio ao intenso convívio familiar, que ele parece ter-se dado conta da importância de suas origens, o que acabou por gerar a necessidade de entendê-las e resgatá-las. Uma necessidade que o acompanha até hoje.

No retorno à São Paulo, Paulo e Sonia, que se preparavam para começar uma nova vida, sofreriam com outro golpe tramado pelo destino. À morte de Leonardo, dois meses antes do casamento, seguia-se agora um trágico acidente envolvendo a família de Sonia, em que Mauro, seu pai, então com quarenta e oito anos, viria a falecer. Como bem lembra Paulo, "foi muito difícil segurar a barra. Primeiro meu pai e agora meu sogro, exatamente dois meses após nosso casamento. E eu era o único homem a quem cabia enfrentar tudo". E ele tinha pouco mais de vinte e cinco anos, quase nenhuma experiência de vida e ainda se dedicava aos estudos para acabar a faculdade. Até então, de acordo com o conceito de família predominante até o início dos anos sessenta, o pai, como o principal provedor da casa, era a grande autoridade do núcleo familiar, acompanhando os passos de seus filhos e solucionando todos os problemas e dificuldades que porventura surgissem na esfera do clã. De uma hora para outra, o jovem chefe de uma família recém-constituída teve que assumir novas responsabilidades, agora duplicadas, uma vez que envolviam duas famílias: a mãe, abalada com a morte de seu pai ocorrida alguns meses antes; a sogra e o cunhado, internados em estado grave, e como se não bastasse, os problemas com o laboratório do pai de Sonia, praticamente paralisado com a morte súbita do seu proprietário.

Mauro Falcão era um bem-sucedido empresário do ramo farmacêutico, proprietário do Laboratório Loubet de Produtos Farmacêuticos, que tinha suas instalações na Rua Maria Borba, 44, na Vila Buarque, próximo do centro de São Paulo. Trabalhou com seu pai, Sebastião Marques Falcão, que também era farmacêutico e no início dos anos cinquenta decidiu-se pela produção de medicamentos, o que não era incomum aos profissionais da área que trabalhavam com a manipulação de drogas, produzindo xaropes, cápsulas e pomadas de reconhecida eficácia. A atuação dos profissionais de farmácia de outros tempos não se resumia apenas ao de vendedor de remédios ou de tantos outros artigos que nada têm a ver com sua função e formação, como acontece nos dias de hoje, nas drogarias das grandes redes. Como exemplo, vale a pena lembrar que décadas antes, Cândido Fontoura, um farmacêutico de Bragança Paulista, desenvolveu domesticamente a fórmula de um tônico até hoje conhecido nacionalmente. Era o famoso Biotônico Fontoura que depois passou a ser produzido pelo seu próprio laboratório criado em São Paulo.

O laboratório fundado por Mauro era dotado dos equipamentos tidos então como os mais modernos, e embora não fosse grande, ocupava os três andares de um velho sobrado e ali funcionou até a segunda metade da década de sessenta. Inicialmente, teve como sócio Arakem de Morais, que depois de algum tempo deixou a sociedade fundando seu próprio laboratório, o Laboratório Virtus. No Loubet, chegou-se a fabricar mais de cem produtos, como xaropes, tônicos, fortificantes, analgésicos e produtos injetáveis, entre outros, além de uma linha de cosméticos femininos como cremes para as mãos, rosto e corpo, uma vez que, naquele momento, as mulheres passavam a representar um importante nicho de mercado. É preciso lembrar que nos anos que se seguiram à Segunda Guerra Mundial, a indústria de consumo de massas era cada vez mais uma realidade, e nela, a mulher moderna, uma nova mulher, que aos poucos deixava de ser apenas a dona de casa, passava a ter uma grande importância.

No Loubet, onde trabalhavam dezenas de funcionários, pilulava-se, capsulava-se, produziam-se drágeas e comprimidos, pomadas, cremes e medicamentos injetáveis em ampolas, ainda fechadas a bico de gás, tudo de forma manual. Daí, um catálogo de porte para um laboratório pequeno – mas, genuinamente nacional – com produtos populares que eram muito procurados. Exemplos disso, eram o Arsenidia, um conhecido tônico; o Hepavax, indicado para o tratamento de anemias e insuficiência hepática; o Ereinal, auxiliar no tratamento da sífilis; o Clororvit, importante medicação tônica e o Fortitex, drágeas rejuvenescedoras a base de Pfafia, ou ainda Bromogril, um eficiente xarope contra a tosse, além de muitos outros medicamentos bastante procurados.

A linha de produtos para a beleza da mulher, oferecida pelo laboratório, tinha como destaques o creme Mamex, famoso por deixar os seios sedutores quando ainda nem se cogitava nos milagres do moderno silicone, e o revolucionário Apis-Ruga, também um creme, capaz de rejuvenescer todas as mulheres. A revista *O Cruzeiro,* que por décadas foi o semanário ilustrado mais vendido do país, em seus vários números de 1956, além de anunciar o Mamex, estampa também uma mensagem publicitária do creme milagroso com o curioso enunciado "Livre-se das Rugas como por encanto", reiterando, na mensagem, figuras que se relacionavam à imagem da magia como "o maravilhoso creme antirrugas" e "as rugas desaparecem como magia". Muito procurado pelo público feminino, o creme Apis-ruga, um verdadeiro segredo da fonte da eterna juventude, era um composto de "geleia real das abelhas", cuja eficácia era devidamente referendada pelo Laboratório Loubet.

Para o casal Paulo e Sonia, que acabava de voltar da viagem de núpcias, o dia 29 de março de 1964, um domingo de Páscoa, amanheceu diferente de tantos outros domingos. E não apenas porque o país vivera naquela Semana Santa a crise da Marinha, uma das muitas crises políticas e militares que se sucederam ao longo daquele mês. Para alívio geral, os jornais do dia anunciavam o fim de um movimento de rebeldia, graças à firmeza e serenidade de João Goulart, o Presidente da República, que para acalmar os ânimos, acenava também com a anistia a todos os envolvidos. Alguns veículos mais conservadores da imprensa, contudo, atuavam no sentido inverso, conclamando as Forças Armadas a manter a legalidade, defender o Estado de Direito e a colocar Jango na ilegalidade. Afinal, no dia seguinte, o discurso do Presidente conhecido pelas suas propostas reformistas, num encontro promovido pela Associação de Sargentos e Suboficiais da Polícia Militar do Rio de Janeiro, no Automóvel Clube do Brasil, seria o elemento destravador de um processo sem volta. Este era o quadro que prenunciava o golpe militar, que ocorreria em 31 de março de 1964.

Na tarde desse mesmo dia, depois de um agradável fim de semana passado com a família em Ilha Comprida, no litoral sul do Estado, o empresário Mauro Falcão regressava à São Paulo em companhia de Egle, sua esposa e do filho Antônio Sérgio, dirigindo o pequeno sedan Volkswagen da família pela BR 2 – mais conhecida como Régis Bittencourt. Na altura do km. 21, em Taboão da Serra, portanto, quase dentro de São Paulo, um traiçoeiro enfarto que o acometera ao volante precipitaria a colisão do seu carro com um ônibus estacionado no acostamento. Mauro faleceu no local, enquanto sua esposa e filho escaparam por pouco, embora gravemente feridos. De acordo com Sérgio, tudo não passou de uma peça do destino, uma vez que sempre tinham o costume de viajar no carro do pai, um velho, mas muito bem conservado Cadillac dos anos 50, muito mais robusto e, portanto, mais seguro, do que o pequeno carro que era usado pela sua mãe no dia a dia da capital paulista. Ocorre que um de seus pneus estava furado, e por comodidade ou na pressa da saída para o prolongado fim de semana festivo, o pai acabou optando pelo fusquinha de Egle, o segundo carro da família. Com certeza, tudo não passou de uma terrível fatalidade.

A morte repentina do pai nesse trágico acidente, em que sua mãe e seu irmão se salvaram por milagre, foi uma perda irreparável para Sonia. Dona Egle, em estado grave, foi levada para o Hospital de Clínicas de São Paulo, onde passou três meses internada, boa parte deles na UTI, sempre a inspirar cuidados. O irmão Sérgio saiu bastante ferido do acidente, com várias fraturas no rosto e nas pernas, que exigiram diversas cirurgias, demorando um bom tempo para se recuperar totalmente. Por sua vez, laboratório Loubet, um negócio da família, entraria também numa espiral de crise que começava pela acefalia da empresa, pois faltava a figura de Mauro, seu criador e gestor, que com a capacidade de empreender, havia transformado um sonho em realidade. Fora ele, sempre criativo e conhecido pela simpatia e ousadia, o responsável pela projeção do pequeno laboratório ampliando suas vendas e vencendo concorrências de vulto, inclusive para o fornecimento de medicamentos para muitos dos grandes hospitais públicos da capital e do Estado de São Paulo.

Para Paulo, seu genro, e Sérgio, seu filho, com apenas quinze anos, caberia agora a direção do laboratório. A empreitada não era nada fácil até porque, Sebastião Falcão, pai de Mauro, que era um renomado farmacêutico e que muito poderia ajudá-los naquela difícil missão, nunca mais apareceu no Loubet. Por outro lado, ambos não tinham nenhuma experiência na administração de uma empresa, pois segundo eles próprios, "não sabiam sequer diferenciar uma fatura de uma duplicata". Sérgio, que estava em plena adolescência, embora frequentasse a firma do pai desde a infância, sempre viu o laboratório como um lugar divertido, mais um lugar para brincar. Por outro lado, a saúde financeira do laboratório inspirava cuidados, pois o faturamento caía e as dívidas se acumulavam. Nem as estratégias comerciais implantadas pelo seu criador, como o esquema de bonificações – na compra de 12 unidades de um produto, recebiam-se 6 de graça – amenizavam os problemas. Além do mais, a morte repentina do pai acabou por revelar uma faceta, até então desconhecida de todos: Mauro sabia como gerir seus negócios e ganhar dinheiro – e por sinal muito dinheiro – mas, por outro lado, gastava sem medida quase tudo o que ganhava. Assim, e nem poderia se esperar o contrário, o laboratório outrora lucrativo, agora agonizava. Mesmo com todos os esforços de alguns anos, de muita dedicação e trabalho de ambos, sem o necessário capital de giro e com o caixa zerado, a única solução viável parecia ser o encerramento das suas atividades, com a dispensa e o pagamento dos direitos dos empregados, além da renegociação de algumas dívidas. Decididamente, mesmo deixando de lado as dolorosas circunstâncias em que tudo acontecera, Paulo não tinha o perfil de um homem de negócios. Não fora preparado para se ocupar com a rotina, com os problemas, desafios e decisões complexas que marcam o cotidiano de uma empresa.

O laboratório que não chegou a ser fechado, acabou sendo vendido. Porém, em virtude de seu passivo, a venda foi feita em condições não muito vantajosas para os seus proprietários. Naquele momento, os grandes grupos farmacêuticos internacionais também intensificavam sua presença no mercado brasileiro, tornando cada vez mais difícil a sobrevivência das pequenas indústrias nacionais, carentes de tecnologia e de pesquisas mais avançadas no ramo. Por essa razão, ao contrário do Loubet, não foram poucos os laboratórios nacionais de seu porte que passaram, por meio de venda, para o controle dos gigantes do setor, deixando muito ricos seus antigos proprietários, menos os do Loubet.

Com o fim da experiência à frente do laboratório, Paulo que era funcionário do Ministério da Fazenda, e bacharel em Direito desde 1965, voltou aos estudos. Entre 1966 e 1968, fez o curso de especialização em Administração na GV, entrando concomitantemente para o Mestrado em Direito Comercial na USP, em 1967. Entre 1968 e 1970, cursou a especialização em Direito Tributário, na PUC, deixando clara a sua opção pela carreira universitária, que então iniciaria logo depois. Antônio Sérgio, por sua vez, também retomou os estudos, concentrando seus esforços para o vestibular de Direito, curso que seria feito também na PUC de São Paulo. Aprovado em concurso para o Banco do Brasil, foi aluno de Paulo, no início de sua carreira, quando então era assistente do Professor Geraldo Ataliba, entre 1970 e 1974. Com o cunhado e a também advogada Maria Leonor Leite Vieira, ex-assistente do professor Fábio Fanucchi, foi um dos fundadores do escritório Paulo de Barros Carvalho Advogados Associados, sempre se dedicando mais à parte administrativa de um grupo advocatício que começou com apenas três profissionais. Além disso, atua também no Instituto Brasileiro de Estudos Tributários (IBET) com dezenas de núcleos espalhados por quase todo país, e na bem-sucedida Editora Noeses. Ele que conheceu PBC quando tinha por volta de dez anos, logo no início do namoro com sua irmã Sonia, mal sabia que sua vida estaria ligada para sempre ao futuro cunhado, em uma convivência de mais de cinquenta anos, e que se estreitaria mais ainda com os acontecimentos trágicos dos idos de março de 1964.

Por essa razão, Sérgio sempre viu em Paulo mais do que o cunhado, uma vez que a morte precoce do pai fez com que este, de certa maneira, ocupasse o seu lugar. Entre ambos, há uma relação de cumplicidade, de empatia e de confiança tornando-se ele, declaradamente, um dos maiores admiradores da sua trajetória vencedora que, ao contrário do que usualmente acontece, serviu para acentuar ainda mais suas virtudes que sempre o distinguiram entre outros homens e profissionais de sua estatura. Para Sérgio, ele é um homem incomum, tanto pela capacidade de trabalho, pela seriedade e bondade, quanto pela devoção. Um verdadeiro cristão que nunca deixa de cumprir suas obrigações religiosas com as várias orações diárias feitas com todo o fervor.

****

Mesmo com as dificuldades enfrentadas nos primeiros tempos, o casamento entre Paulo e Sonia tinha tudo para dar certo desde o início. Embora tivessem uma formação diferente, pois vinham de famílias de culturas bem distintas, nada afetava harmonia e o equilíbrio existente entre os dois, como os ciúmes de Paulo e o fato de viverem algum tempo com Dulce, sua mãe. Para Sonia, quer queira quer não, era ela a dona da casa, sempre muito apegada ao filho e vice-versa. Além do mais, quem casa quer casa, como ensina o velho ditado popular. Nos poucos meses em que Mirene também viveu na casa da Ubatuba, foi até possível a manutenção de um clima de conciliação, uma vez que os dois irmãos eram muito unidos, além dela e Sonia se darem muito bem.

Quanto às origens familiares, Paulo vinha de uma antiga família pernambucana, pela parte do pai, em que a vertente patriarcal, oriunda dos senhores de engenho, convivia com o lado descontraído das letras e das artes. A renomada pintora Lúcia Suanê, sua tia, os primos Valéria e Tunga – este falecido recentemente – ambos artistas plásticos, além do poeta Ascenso Ferreira e do diplomata Gonçalo de Barros Carvalho de Mello Mourão, também seu primo, poeta, historiador e escritor, são exemplos claros disso. Deve ser lembrado que Gerardo Mello Mourão, o pai de Tunga e Gonçalo, jornalista, escritor e poeta, um intelectual de altíssimo nível, que falava seis línguas, além de conhecer profundamente o grego e o latim, foi indicado para o Prêmio Nobel de Literatura, em 1979. Contudo, com o fim dos engenhos, quase toda a geração de irmãos da qual o pai de Paulo fazia parte, fizeram carreira no funcionalismo público federal. Pela parte da família da mãe, vinha de uma classe mais conservadora de Caxias do Sul e de Montenegro, formada por advogados, professores, políticos e militares. Por sua vez, Sonia nasceu em uma família que tinha um lado paulista pela parte do pai, os Marques Falcão da região de Jaú, voltados para atividades comerciais urbanas, especialmente no ramo farmacêutico e, pelo lado da mãe, uma parte constituída de imigrantes, os Noce e os Amalfi, do Sul da Itália e outra portuguesa, os Cardoso da região de Bragança Paulista, São Paulo, entre eles Joaquim Pereira Cardoso, um dos fundadores da cidade de Morungaba, em 1888. Conforme seu tio Yeso, em sua autobiografia *O futebolista brasileiro que conquistou o mundo*, tanto os Noce quanto os Amalfi vinham de antigas famílias cultas e aristocráticas de Cosenza e Amalfi, duas importantes cidades da costa meridional tirrena da Península Itálica, onde, antes da unificação política, pontificavam os barões e os duques do reino de Nápoles e Duas Sicílias. E foi em Morungaba que os Cardoso e os Amalfi se conheceram e se uniram pelo casamento de seus filhos.

O avô materno de Sonia, Alcides Cardoso Amalfi, que era farmacêutico em São Paulo, um dia decidiu abandonar esse ramo de negócio investindo tudo o que tinha na instalação de uma fábrica de óleo de rícino e assemelhados, localizada na Mooca, em uma área de dez mil metros quadrados. Contudo, logo no início de suas atividades, um incêndio de grandes proporções destruiu por completo o novo estabelecimento industrial, que sem a cobertura de seguro, teve a falência decretada. Um convite de parentes de sua mulher e a necessidade de superar o revés nos negócios citadinos forçou o casal Alcides Amalfi a uma retirada de anos pelo interior paulista; a filha Egle, foi para um colégio de freiras em

Tunga

Nascido Antônio José de Barros Carvalho e Mello Mourão, no dia 8 de fevereiro de1952, Tunga consagrou-se como um dos mais emblemáticos entre os artistas plásticos do cenário artístico nacional e um nome de expressão internacional, com obras em acervos permanentes de grandes museus como o Guggenheim de Veneza e o Centro de Arte Contemporânea Inhotim – Instituto Inhotim – em Minas Gerais, com galerias exclusivas dedicadas à sua obra. Mais do que isso, o primeiro artista contemporâneo do mundo e o primeiro brasileiro a ter uma obra exposta no Museu do Louvre em Paris.

Formado em arquitetura, sem nunca tê-la exercido, valeu-se tanto da escultura, como do desenho, do filme e do vídeo para criar seus trabalhos, perfeitamente arranjados em intrigantes instalações, o que o tornou um dos artistas multimidiáticos mais famosos em todo mundo. Mais do que o artista, Tunga era conhecido pela sua sólida formação intelectual que refletia em suas obras pelas incursões em várias áreas do conhecimento como a literatura, a psicanálise, o teatro e as ciências de um modo geral. Em suas esculturas e instalações, que ele próprio denominava "instaurações" valia de materiais variados como feltro, borracha, lâmpadas, fios elétricos e correntes, além do uso de ossos, crânios, dedais e agulhas, que davam à sua obra uma grande carga de simbolismo, o que lhe garantiu um espaço privilegiado na arte contemporânea nos últimos dez anos.

Filho do jornalista e poeta cearense Gerardo de Mello Mourão e de Lea de Barros Carvalho, Tunga nasceu no Rio de Janeiro, embora tenha um registro de nascimento da cidade de Palmares, Pernambuco. O fato de ter dois registros com as mesmas datas sempre o divertiu e ao que parece, esse foi um costume do pai, uma vez que seu irmão mais velho Gonçalo, também nascido no Rio, tem um registro de Ipueiras, no Ceará, terra onde nasceu o velho Gerardo Mourão. O seu primeiro contato com a arte ocorreu na casa de seu avô materno, o senador Antônio de Barros Carvalho conhecido pela sua coleção de arte moderna e barroca. A famosa casa da Rua Rumânia, onde ele vivia no Rio de Janeiro, era frequentada por muitos intelectuais e artistas como Portinari e Manuel Bandeira, entre muitos outros. Foi lá que tomou contato com as pinturas de Guignard, que nos anos quarenta ali vivera, acolhido pelo seu tio e deixara no seu interior – no teto e nas paredes – inúmeras obras de arte que sempre o impressionaram muito.

Sua carreira artística teve início em meados dos anos 1970, enquanto ainda era estudante de arquitetura, no Rio de Janeiro. Mudando-se para Paris depois de formado, onde residiu por dois anos, passou a dedicar-se integralmente à arte. Teve sua primeira mostra individual no Museu de Arte do Rio de Janeiro (MAM), em 1974. Na sua volta ao Brasil, encontrou seus pares na arte contemporânea, como Waltércio Caldas, Cildo Meireles, Zé Resende e Ronaldo Brito. A partir da década de 1980, galgou uma carreira internacional com destaque para as exposições na Bienal de Veneza (1981), na Itália; no Museu Stedelijk (1989), na Holanda; na galeria Jeu de Paume (1992), na França; e no MOMA (1993), nos Estados Unidos, além de participações na Bienal de São Paulo (1987, 1994 e 1998), no Brasil.

Uma das obras mais espetaculares de Tunga é True Rouge, em exposição permanente no Instituto Inhotim, em Brumadinho, Minas Gerais, sem falar nas suas versões no Pensatorium (Rio de Janeiro, Brasil – 1997), na Luhring Augustine Gallery (Nova Iorque, Estados Unidos – 1998), na Bienal do Mercosul (Porto Alegre, Brasil – 1999) e no Jeu de Paume (Paris, França – 2001). Sobre a criação da obra, segundo Tunga, ela nasceu quase que, simultaneamente, com um poema do Simon Lane, um escritor inglês, com o qual colaborou largamente. O fato desse poema estar na origem da obra faz dele não só um poema, mas quase matéria-prima. Outras obras do mesmo artista também compõem o acervo do museu, como Ão (1980), a série Vanguarda Viperina, 1983- 1997); Lézart (1989); Palíndromo Incesto (1990-1992); Deleite (1999) e A Bela e a Fera (2001). A parceria do Inhotim com o artista faz parte da própria trajetória do museu. Foi Tunga, quem aconselhou o proprietário do museu e seu amigo, o empresário do ramo siderúrgico Bernardo Paz, a investir em arte contemporânea. Por essa razão, dizem os estudiosos, as obras de Tunga e de Cildo Meireles são os dois eixos conceituais que norteiam a constituição do acervo de Inhotim.

Convém destacar também a tétrica instalação, À Luz de Dois Mundos, criada para ser exposta no Louvre, em 2005 e a performática Xifópagas Capilares, de 1985, em que duas meninas loiras semelhantes circulam de mãos dadas unidas por uma vasta cabeleira. Quando questionado sobre a suposta conexão entre as suas Xifópagas e a pintura "As Gêmeas", de Guignard, feita em 1940, Tunga sempre procurou negar, com um tom de mistério, a possível relação entre as duas obras, sem deixar de confirmar, contudo que sua mãe e sua tia, irmãs gêmeas, serviram de modelo para a celebrada pintura de Guignard.

Tunga, que mesmo como um artista experimental conseguiu ser mundialmente reconhecido e celebrado, ao longo de cinco décadas de intensa produção, faleceu em 6 de junho de 2016, no Rio de Janeiro, vítima de câncer. Estava com sessenta e quatro anos de idade.

Araçatuba e o filho Yeso para um colégio de padres em Lins. Na longínqua região da Alta Noroeste, dedicou-se com o cunhado à formação de fazendas, tornando-se um próspero fazendeiro, que retornaria depois ao ramo farmacêutico na atual cidade de Bento de Abreu, à época denominada de Alto Pimenta. Recuperado financeiramente, Alcides e sua família puderam voltar a viver em São Paulo. Curiosamente, além de Mauro, seu pai, tanto o avô materno quanto o paterno de Sonia eram farmacêuticos.

Seus pais, Mauro e Egle, criaram uma típica família paulistana dos anos cinquenta, época em que o dinamismo e o espírito progressista marcavam uma cidade que se transformava. Ambos eram bem relacionados, gostavam de sair e tinham muitos amigos com quem costumeiramente frequentavam festas ou jogavam cartas. Sonia era uma típica garota paulistana dos Jardins, bonita, do tipo *mignon*, graciosa e educada que teve uma infância e uma adolescência feliz. Nascida em 14 de julho, como quase todo canceriano, era muito inteligente, determinada, às vezes até teimosa, e mudava constantemente de humor. Mesmo assim, sua presença era sempre notada, a todos conquistando pela simpatia. Gostava muito de festas, era muito querida pelos amigos e frequentava os melhores ambientes sociais da cidade.

O núcleo formador dos Falcão de Barros Carvalho, a nova família que nasceu do casamento entre Paulo e Sonia, logo se ampliaria com o nascimento das filhas. Em 14 de novembro de 1964, nasceu Roberta, a primeira das quatro filhas, quando ainda moravam na Rua Ubatuba. Em 1966, já residindo no apartamento nº 31 da Rua Peixoto Gomide, 1.210, o casal celebrou a chegada de Renata, mais uma menina. Ali também nasceria Priscila, a terceira filha, em 1969. A quarta filha, Fernanda, temporona nasceria em 1981, na nova casa construída no Morumbi, onde moram atualmente. Roberta, formada em Psicologia, casou-se em 1986 com o advogado José Henrique Longo, também tributarista; é mãe de quatro filhos. Bruno, o primeiro neto e hoje com 26 anos, é formado em Direito como o avô e o segundo, Filipe, com 24 anos, formou-se em Administração de Empresas, na Fundação Getulio

Vargas e, finalmente, as gêmeas Júlia e Luiza, nascidas em 1999. Renata, formada pela PUC, é também psicóloga como a mãe e a irmã. Casou-se com o artista plástico italiano Marco Ficarra e tem duas filhas, Marina e Isabela. Priscila, por sua vez, a única a cursar Direito, também na PUC, e que poderia seguir os passos do pai, casou-se com o inglês Paul Heath, um alto executivo da Ogilvy & Mather, mudando-se para Hong Kong alguns meses depois do casamento, onde moraram por onze anos. Em 2015, Paul foi transferido para Londres, cidade em que vivem atualmente com os filhos Nathalie e Leonardo, ela nascida em São Paulo, e ele na China. A Ogilvy é a terceira empresa de publicidade do mundo, e Paul é o CEO da corporação, responsável pelos seus negócios na Ásia, Pacífico e Índia. Por fim, Fernanda, a caçula, é publicitária de formação e artista plástica, atuando hoje no mercado editorial e no campo das artes visuais.

As meninas, conforme narrativa das três primeiras, tiveram uma infância e uma adolescência muito feliz e plenas de boas recordações. Estudaram em boas escolas, entre as melhores de São Paulo e, praticamente, fizeram a mesma trajetória: Lourenço Castanho, Nossa Senhora do Morumbi e Logos. Todas insistem em lembrar constantemente da figura de Sonia, a quem cabia muitas vezes o papel de pai, uma vez que PBC sempre trabalhou muito. Como as meninas tinham horário de criança, quando ele saia pela manhã para o trabalho, elas já haviam ido para a escola. Não almoçava em casa e, quando voltava à noite, nunca antes das 23 horas, elas já estavam dormindo, o que não significa que Paulo tenha sido um pai ausente, pois embora sempre se reportassem à mãe, que além disso era a que repreendia, e quando necessário distribuía umas boas palmadas, a figura e a autoridade do pai estavam sempre presentes. Já Sonia, conforme o padrão da família moderna, sempre foi mãe zelosa, mas, que além dos cuidados com a casa e com as meninas, ainda encontrava tempo para trabalhar e fazer faculdade à noite. Foi professora na Escola Lourenço Castanho e, depois de formada em Psicologia passou a trabalhar em sua própria clínica.

Quanto a PBC, lembram que ele, embora demonstrasse um imenso carinho e amor pelas filhas, nunca foi adepto das manifestações físicas desse amor, como o excesso de beijos e abraços, ou mesmo o hábito de dar-lhes colo, o que todas entendem ser uma característica da sua personalidade. Contudo, nas poucas horas de folga que tinha, procurava estar sempre com as meninas, revelando-se um pai agradável e brincalhão. Gostavam de brincar de *tam-tara-ram*, que consistia em esconder-se dele debaixo da cama, que ao "descobri-las", dava-lhes com a ponta da toalha repetindo as mágicas palavras que davam o nome à brincadeira. Mesmo com as toalhadas, que às vezes ardiam um pouco, era sempre muito gostoso e divertido estar com pai, algo que elas lembram com muita saudade. Vez ou outra poderia convidá-las para ir ao shopping, mas sempre com a recomendação: "Decidam o que querem comprar e qual é a loja que vamos, pois vamos chegar, comprar e sair, certo"? Algo que não entendiam bem, pois para uma criança ou adolescente, não era só a compra que interessava, mas sim a possibilidade do passeio em meio às lojas e lanchonetes.

É de Roberta, a filha mais velha, que vem boa parte das informações sobre o cotidiano da família no apartamento da Peixoto Gomide nos fins de semana, quando o pai estava disponível para as brincadeiras. Animadamente, jogavam bola no corredor do apartamento com ele narrando os lances de gol, para desespero da mãe preocupada com os estragos que uma dessas partidas poderia causar. Com ele acostumaram-se a assistir jogos de futebol pela televisão nas tardes de domingo, especialmente, os do São Paulo Futebol Clube, o time de coração de Paulo e, que é lógico, passou a ser o delas também. Ao lado dele, ficavam admiradas com seus comentários sobre a peleja, sempre antevendo os lances que levariam ao gol, como se fosse o maior comentarista esportivo. Na verdade, parece ter sido o futebol, uma de suas grandes paixões, o elo de ligação com as filhas.

Das três irmãs, a mais velha, é ela também quem mais se lembra da avó Dulce, que morava no mesmo andar do prédio da

Peixoto Gomide. Adoravam dormir no apartamento dela, vendo filmes de terror na televisão até bem tarde e comendo os deliciosos sanduíches de forno que ela fazia ou encomendava em uma padaria próxima. Quando os pais viajavam era a avó quem vinha ficar com elas e, é lógico, para alegria de todas. Sempre vaidosa e bem arrumada, tinha um cuidado muito especial com o cabelo, que jamais tinha um fio fora de lugar e com as unhas, sempre bem-feitas. Gostava muito de uma televisão e não perdia a oportunidade de falar de sua família, dos irmãos, do marido e do filho, seu xodó, para ela, as melhores pessoas do mundo. Tinha uma preferência especial por ela, a primeira neta, que dizia ser muito parecida com o filho Paulo, tanto que depois que nasceu Renata, ela continuou levando presentes só para a sua preferida. Foi de Sonia, com muito tato, o sábio conselho: "Quando vier ver suas netas, traga presente paras as duas, ou para nenhuma". Quanto à Priscila, que tinha um jeito bem diferente das irmãs, mais atirada e liberal, era comum a referência: " Menina, você é meio pernambucana, sabe? " E a resposta de pronto: "Lógico, vó. E a culpa é da senhora". Fernanda, a filha mais nova, lembra-se da avó Dulce já bem velhinha, quando morava em um apartamento na Alameda Franca, nos Jardins, onde veio a falecer em 1996. Vizinha dela, no mesmo prédio, morava também a avó Egle, mãe de Sonia, que posteriormente foi morar com a filha no Morumbi, até seu falecimento em 2007.

Um papel marcante na vida das filhas teve a fazenda que PBC adquiriu no sertão pernambucano. Era a fazenda Santa Teresinha, que ficava no município de Arcoverde, e uma escolha constante das meninas quando tinham que decidir entre uma viagem de férias para a Disney, por exemplo, ou irem à fazenda no interior de Pernambuco. Por unanimidade, todas optavam sempre pela fazenda, que passou a ser o lugar favorito para as longas temporadas anuais. Segundo Renata: "Para nossos amigos e amigas, todos de família ricas e habituados ao Shopping Iguatemi, ao colégio Nossa Senhora do Morumbi, ao clube e a esquiar em Bariloche ou Aspen, soava estranho ter uma fazenda no Nordeste, tão distante como diziam, para onde íamos quase todas as férias". As três são unânimes quanto à importância de conviver com aquela gente pobre do sertão, pois desde cedo se aperceberam de outra realidade muito diferente daquela em que viviam numa grande cidade, sobretudo, pelo desprendimento com que era oferecido o que tinham de melhor em uma simples refeição, muitas vezes, mesmo sem ter o que comer. Ou ainda da alegria com que eram recebidas por aquela gente simples nas festas locais, sempre muito animadas com danças, cantorias e muita comida típica daquela região.

A convivência com as crianças de um mundo bem distinto do que conheciam, ensinou-as a aceitar e a respeitar as diferenças, num aprendizado que se refletiu ao longo de suas vidas e uma das maiores riquezas que Paulo e Sonia lhes propiciaram. O modo como o pai e a mãe tratavam a todos, fosse um trabalhador da fazenda ou um vizinho, ouvindo e falando educadamente com qualquer um deles, procurando ajudá-los na superação dos problemas de um cotidiano marcado pela carência de quase tudo, foram importantes lições que não se aprende entre as paredes de uma sala de aula. Priscila, que tinha pouco mais de seis anos quando o pai adquiriu a Santa Teresinha, conta que foi ali que ela viveu uma das épocas mais incríveis de sua vida, cavalgando o dia inteiro com outras crianças, pelas estradas que levavam às vilas próximas ou com os vaqueiros em suas lidas, vivendo como eles viviam e comendo o que eles comiam, muitas vezes um churrasco com carne de caça, da qual jamais soube o nome.

Ainda hoje, depois de décadas, falar da "fazenda do sertão" remete a um passado cheio de boas lembranças. Roberta e Renata lembram-se da casa simples, mas grande, que não tinha forro e onde, às vezes, poderia se ver uma cobra circulando pelo chão, sem nenhuma cerimônia. Ao falar da fazenda, Roberta não segura as lágrimas, e procura explicar: "É a saudade, sabe? Saudade de um tempo que foi muito bom, que só deixou boas lembranças". Sonia também se refere à fazenda, com a mesma saudade, pois, segundo suas palavras, todos tiveram com ela uma relação muito intensa. É dela a observação de que, mesmo com a secura e todas as adversidades inerentes ao meio, o sertão é dotado de uma magia e de um fascínio que não dá para explicar, em especial, pelos belos e coloridos cenários que se desenham no seu entardecer.

Mas, o que levaria PBC a comprar uma propriedade rural em um lugar tão distante? Com certeza não era a possibilidade de grandes lucros, devido à distância que dificultava uma administração eficiente, e até pelas limitações que o meio impunha ao desenvolvimento de atividades econômicas mais rentáveis. Afinal, nos vinte e sete anos em que se ocupou da Santa Teresinha, Paulo dedicou-se à criação de gado bovino e caprino, ao cultivo de algaroba, jojoba e palma forrageira, que certamente não eram tão lucrativas, à exceção da jojoba, que nos anos oitenta, passou a ser muito valorizada pelo seu óleo bastante usado pela indústria de cosméticos. É provável, portanto, que seu contato com o interior pernambucano teria vindo do seu desejo de tatear pelos caminhos da memória, em busca de suas raízes. Foi a partir da Santa Teresinha, que ele perambulou por outras paragens do sertão, sozinho ou acompanhado do primo Paulinho ABC, procurando entrevistar personagens que viveram no cangaço, ou em visitas aos lugares por onde teriam passado cangaceiros, em especial, o conhecido Lampião, impulsionado por uma paixão que vinha sendo cultivada desde a infância. Mais do que isso, com certeza, o que o moveu foi uma necessidade do resgate da memória do pai. Uma recuperação do que o pai talvez não tenha conseguido dizer a ele, no tempo que tiveram para conversar antes da sua morte. A fazenda, certamente, pode ter sido uma forma de preenchimento de parte daquilo que poderia estar perdido para sempre.

Desde o final dos anos setenta, os Barros Carvalho estavam de casa nova. A elegante moradia que Paulo e Sonia construíram no Morumbi foi planejada com todos os detalhes de modo a ser confortável para a família. E aos poucos, com o casamento das filhas, ela foi parecendo grande demais para Paulo e Sonia, ambos com um cotidiano de muito trabalho que se arrasta muitas vezes até à noite. Sonia tem a vantagem de suas atividades profissionais estarem mais próximas, pois acabou por transformar uma parte

A Ação Social da GREI

Para as crianças do nosso país, que vivem o dia a dia de milhões de famílias desestruturadas pela pobreza, a escola deveria ser o ponto de compensação necessário à sua formação conduzindo-as ao longo da vida e fazendo delas os verdadeiros cidadãos de amanhã. Isso seria bom se fosse verdade, uma vez que o nosso sistema educacional está praticamente desmantelado, não apresenta alternativas capazes de atrair os alunos e não consegue barrar os altos índices de evasão escolar. Assim, essas crianças passam a conviver com uma estrutura social perversa e excludente que reduz a nada todas as suas chances sociais, uma vez que mesmo as políticas públicas não se mostram eficazes para criar mecanismos que possibilitem sua inserção.

Três psicólogas de uma mesma família paulistana, Sonia Falcão de Barros Carvalho, a mãe, Roberta Falcão de Barros Carvalho Longo e Renata de Barros Carvalho, as duas filhas, poderiam estar muito bem acomodadas em suas rotinas de trabalho, atendendo no consultório que elas dividem no Morumbi uma seleta clientela de classe média alta. Mas, não é o que ocorre, pois em outra parte do dia, elas dedicam-se a atender pacientes de uma realidade bem diferente, formada por crianças e adolescentes carentes que foram vítimas de violência ou maus-tratos de toda sorte, seja de origem familiar, institucional, físicos, negligenciais, abandonos e tantos outros. Crianças e adolescentes de baixo nível sócioeconômico com problemas emocionais, que são tratados em um trabalho similar ao desenvolvido em consultórios particulares: sessões individuais e semanais de cinquenta minutos, e o tratamento demora o tempo que for necessário — mais de um ano, em muitos casos.

Elas são as criadoras da Clínica Comunitária GREI (CCG), que existe desde 2007 como organização não governamental, muito embora o trabalho das três tenha começado em 2004, a partir de uma proposta de transformação da sociedade com a inserção de jovens marcados pelo perverso processo de exclusão social que ora vivemos. A GREI é uma retomada da primeira clínica criada por Sonia Falcão de Barros Carvalho na década de oitenta, sob a denominação de Grupo de Educação Integrada.

Presente em creches, abrigos, centros comunitários e escolas, a CCG desenvolve um trabalho itinerante em vários bairros da cidade, contando para isso com a participação voluntária de psicólogas, psicoterapeutas e pedagogas, em suma, com profissionais altamente capacitados, cujo número ultrapassa hoje a casa dos vinte. Atualmente, são 14 instituições, em diferentes pontos da periferia de São Paulo, que contam com a presença da ONG, contabilizando um total de 164 atendimentos semanais, nos moldes da terapia de consultório. Um trabalho que, embora seja difícil, tem-se revelado gratificante e eficaz. Segundo Sonia, que é psicóloga analítica: "O que temos são casos complicados, de crianças e jovens que vivem um cotidiano de violência, carentes de modelos e onde lhes falta tudo, inclusive perspectiva de vida". Para ela, dar sentido a uma vida que poderia ser perdida para as drogas, uma coisa corriqueira no seu dia a dia, ajudando a descobrir o valor do trabalho e dos estudos é algo que não tem preço.

Alguns dos tristes relatos de profissionais da CCG, com todos os traços de uma moderna tragédia urbana, oferecem-nos uma nítida visão do que é a dura realidade vivida há anos por uma população completamente abandonada e desassistida pelos governos. O que se pode fazer ou esperar de uma criança de dois anos, vítima da violência doméstica, que teve quebrado todos os ossos do corpo pelo padrasto? Ou de uma inocente menina que viu seu irmão ser assassinado e jogado como se fosse entulho numa caçamba? Ou ainda, de um garoto de apenas seis anos, que ganhava algum dinheiro fazendo caminhõezinhos ou carrinhos de latinhas, ao descobrir que servindo de "olheiro" aos traficantes, poderia ganhar muito mais?

A limitação de recursos da CCG, que atua com um orçamento apertado, obrigando em certos momentos o uso de dinheiro que sai do bolso dos seus próprios idealizadores, parece não ser um obstáculo ao seu funcionamento e à concretização de uma proposta que tem por objetivo melhorar, um pouco que seja, as condições de vida de um semelhante. E é assim que a CCG, mesmo com todas as dificuldades, segue em sua missão social, seja na favela de Paraisópolis, onde atende jovens dos 7 aos 17 anos, ou no Centro de Apoia à Criança, "O Visconde", no Real Parque, para citar apenas dois, entre muitos dos vários locais em que sua presença é exigida.

da casa, com uma entrada independente, em uma bem-equipada clínica com três salas, pois Roberta e Renata também trabalham com ela. Além do atendimento de seus pacientes, ali também funciona a sede da conhecida Clínica Comunitária GREI, a CCG, uma organização não governamental (ONG), fundada por elas, e que há muitos anos vem desenvolvendo um importante trabalho social em várias regiões da cidade de São Paulo.

Atualmente, são os netos que lhe conferem vida nova, quando de suas constantes visitas aos avós. É evidente que os que vivem em São Paulo são os mais privilegiados por usufruírem da companhia deles, embora os filhos de Priscila e Paul, que vivem no exterior, quando vêm para o Brasil adoram ficar na casa do Morumbi, sempre disputando a cada noite quem vai dormir com o vovô, especialmente Leonardo, que é muito agarrado a ele.

Os dois netos mais velhos, Bruno e Filipe, foram os que mais conviveram com PBC e, ainda hoje, sempre que possível, o procuram para longos papos, verdadeiras conversas de homem, quando podem contar suas experiências, ouvir sugestões e livremente falar besteiras. Houve um tempo em que o contato era mais intenso do que hoje, pois ambos recém-formados já trabalham e Bruno, curiosamente, que agora também é advogado, não está no escritório do avô ou do pai, também um profissional renomado. Quando mais crianças, procuravam sempre estar em sua companhia, apaixonados pelas suas histórias e piadas e, muitas vezes como se recordam, fazendo-lhe um *cafuné* de dez minutos cada um, pelo qual recebiam cinco ou dez reais. Ao contrário do que se pode pensar, tendo em mente sua costumeira maneira de agir com as filhas, quando pequenas, algumas fotos mostram os dois meninos sendo abraçados carinhosamente pelo avô. Uma clara manifestação de amor que talvez tenha lhe faltado quando menino ou o fato de sentir-se mais à vontade com os dois homenzinhos, uma vez que, depois de casado, sempre viveu cercado por mulheres. Muito embora, segundo Bruno, ele seja o homem formal no ambiente acadêmico, que ele cumprimenta com um aperto de mão, em lugar do beijo no avô, quando na informalidade em família. É dele o comentário, até um pouco inconformado, de PBC não ter lhe dado aula de Direito Tributário durante o seu curso na PUC, com o argumento de que já não lecionava para graduandos. A surpresa veio depois quando terminou a faculdade e o avô passou a lecionar na graduação. Ele mesmo entende, agora, o porquê talvez de ele não ter sido seu professor. É muita pergunta dos amigos de sala, surpresos de estudar com o neto de um grande jurista, quando não os constantes pedidos que lhe faziam para conseguir um livro autografado por ele. Para Bruno, que não é deslumbrado com isso, ser neto de PBC é uma coisa absolutamente normal, mesmo reconhecendo a importante figura que é o avô.

Atualmente, segundo eles, por força de novas responsabilidades e compromissos, pois ambos trabalham, os contatos são mais espaçados, embora se falem por telefone todos os dias. Além disso, nas noites de domingos, depois da costumeira missa das sete na Igreja de São Gabriel Arcanjo, os avós sempre passam na casa de Roberta e José Henrique para ver os netos. Isso quando não se deslocam até o Morumbi para assistir, em companhia do avô, pela madrugada a dentro, as lutas ao vivo da categoria Artes Marciais Mistas – MMA – organizadas pelo UFC (Ultimate Fighting Championship). Em 2013, ambos tiveram o privilégio de estarem com ele, e somente os três, numa inesquecível semana que passaram juntos em Portugal, quando falaram de tudo e, principalmente, instigados por ele, daquilo que a maioria dos jovens mais gosta, ou seja, de mulher. Brunello di Montalcino e Fifilino Scarlati, que é como ele chama Bruno e Filipe, seguindo um costume seu de dar apelido a todo mundo, compartilham com PBC um reservadíssimo grupo do Whatsapp vedado a estranhos, em que circulam piadas e vídeos picantes. Em qualquer conversa com os meninos, em que começa perguntando como vão as coisas, segue-se sempre uma outra: "E as mulheres?" Além disso, não há uma vez que não faça a tão esperada observação, quando lhe contam alguma coisa ou uma novidade boa: "Ah! Isso é bom. Mas o melhor mesmo é mulher, não é"?

Paulo e Sonia são avós muito queridos e admirados pelos netos, pela postura liberal que ambos adotam diante de qualquer problema que lhes são apresentados. Existe, nos dois, uma jovialidade responsável, capaz de entender o mundo diferente em que eles vivem. Um exemplo disso é contado por Filipe, quando estava com seus quinze anos, ou pouco mais, e como qualquer jovem se sentia atraído pelo mundo da noite e pelas bebidas. Em uma conversa com a avó, teria dito que gostaria de sair nos finais de semana para beber e conversar com os amigos, mas que não o fazia pelos perigos que rondam a noite paulistana e porque não queria fazê-lo às escondidas. "Pois venha beber aqui em casa", disse-lhe Sonia. Dias depois, o neto liga: " Vó, vocês vão estar em casa no sábado? Eu posso ir e levar alguns amigos"? E diante da resposta positiva, logo em seguida: "Eu posso levar uns trinta"? Claro, respondeu-lhe a avó. Ao chegarem, os amigos um pouco ressabiados, encontraram uma mesa posta com uma grande variedade de salgadinhos, cervejas e um drink com vodca e suco de frutas. Acontecia então, o primeiro de uma série do ***drinking at grandma's house*** que se estendia até o amanhecer, onde vez ou outra, apareciam os avós habituados a dormir tarde, deixando os convivas bastante encabulados, pelo menos até se acostumarem com a presença de ambos. De acordo com Sonia, não havia nada demais em recebê-los, pois em casa estavam muito mais à vontade e mais seguros.

A residência dos Barros Carvalho, no entanto, tem uma história na vida social paulistana, especialmente, entre 1980 e 1990, quando eram frequentes os jantares, reuniões ou festas comemorativas do aniversário de PBC, que nunca reuniram menos de quinhentos convidados, sempre com a presença dos inúmeros amigos do casal e personalidades dos meios jurídico, político, empresarial e acadêmico. Excelentes anfitriões, Paulo e Sonia são conhecidos pela elegância com que recebem e, na maioria das vezes, cabendo a ela a organização de tais eventos em que seu bom gosto sempre foi elogiado. A casa poderia mudar de uma recepção à outra, explorando de forma criativa seus múltiplos espaços.

A comida de boa qualidade e as bebidas escolhidas a dedo foram sempre fartas, não deixando de faltar atrações artísticas como a cantora Maria Odete, o violonista Geraldo Cunha e trio, o pianista Moacyr Peixoto, os humoristas Chico Anísio e Jô Soares, a atriz Rogéria e a dupla Dom e Ravel, entre muitas outras atrações. Esses artistas, em sua maioria, amigos do casal, eram convidados que viam nesses eventos uma oportunidade de se apresentarem, ou dar uma "canja", que é como se diz no meio. A relação com o pessoal do mundo artístico, deveu-se à uma intensa vivência da noite paulistana que Paulo e Sonia cultivaram depois de casados, até um certo momento do início dos anos oitenta. A Baiúca, o Regine's e o Viva Maria, por exemplo, eram casas noturnas com boa música ao vivo muito frequentadas pelo casal, em grandes noitadas que se estendiam até de madrugada. De acordo com Sonia, não foram poucas as vezes em que vinha da noite diretamente para o trabalho.

Algumas dessas recepções são emblemáticas pelo significado em momentos importantes da nossa História. Uma delas, quando se comemorava o aniversário de PBC, em dezembro de 1981, é lembrada de uma maneira pitoresca envolvendo dois convidados ilustres, o ex-presidente Jânio Quadros e, o então senador André Franco Montoro. Jânio chegara primeiro, sabendo que Montoro também viria. Circulou descontraído entre os convivas com suas conhecidas e bem-humoradas tiradas, mas fez um pedido: quando o senador fosse chegar, ele queria ser avisado, para não ter que encontrá-lo, e muito menos cumprimentá-lo. Imediatamente, após sua saída, não se sabe se alertado ou não, entrou Montoro, acompanhado da esposa Lucy. Jânio saia por uma porta enquanto Montoro entrava por outra, e assim, alguns segundos impediram que ocorresse tão aguardado encontro.

A razão da postura do ex-Presidente se deve ao fato de que, no ano seguinte e depois de décadas, São Paulo escolheria seu primeiro governador pelo voto direto. Montoro era candidato pelo PMDB, Jânio pelo PTB, o ex-prefeito de São Paulo, Reynaldo Emygdio de Barros pelo PDS, o sindicalista Luiz Inácio Lula da

Silva pelo PT e o ex-deputado Rogê Ferreira pelo PDT. Contudo, desde o momento em que se colocaram como postulantes na disputa, começou a troca de farpas entre ambos. Nas eleições de 15 de novembro de 1982, o senador Franco Montoro saiu-se vitorioso e o ex-presidente Jânio Quadros amargou um terceiro lugar, mesmo com sua sagacidade e saídas criativas durante os debates que a antecederam.

Como é sabido, a vitória dos partidos de oposição nesse pleito eleitoral, entendendo-se aqui o PMDB e o PDT, em 10 dos 23 estados da Federação, foi de fundamental importância no processo que levaria ao fim, o regime autoritário instaurado com o golpe militar de 1964. Basta lembrar que o movimento das Diretas-Já, deflagrado em 1983, só foi possível com a presença de governadores oposicionistas de importantes Estados do país, como Franco Montoro (SP), Tancredo Neves (MG), José Richa (PR), Iris Resende (GO), Gerson Camata (ES), todos do PMDB e o gaúcho Leonel de Moura Brizola do PDT, eleito governador do Rio de Janeiro.

Com relação a esse último, outra recepção sempre lembrada pela sua importância política, foi um movimentado jantar que o casal Barros Carvalho lhe ofereceu em meados de 1989 e que pode ser entendida como um retorno ao passado de PBC. Afinal seu pai, Leonardo, e o tio, senador Antônio de Barros Carvalho, eram historicamente ligados ao PTB de Vargas, seu criador e de Jango, uma de suas principais lideranças. Por essa razão, na eleição presidencial daquele ano, apoiou abertamente o renomado líder gaúcho, ex-governador do Rio Grande do Sul e depois do Rio de Janeiro, aliás o único a ser eleito pelo voto popular para governar dois Estados diferentes em toda a História do Brasil, voltando a ser o governador dos cariocas em um segundo mandato, entre 1991 e 1994.

Na eleição de 1989, contudo, mesmo reconhecido como o herdeiro político de Getúlio Vargas e de João Goulart, grandes expressões do PTB, Brizola concorria à Presidência da República pelo PDT (Partido Democrático Trabalhista), uma vez que na reformulação partidária do início da década, aquela sigla estava em mãos de Ivete Vargas, que a conquistara por ação judicial ou como muitos afirmam, por uma manobra do regime, que não via com bons olhos sua volta ao Brasil, beneficiado que fora pela Lei da Anistia. Em clima de festa com a presença de Brizola, de Fernando Lyra, deputado federal, ex-Ministro da Justiça do governo Sarney e seu candidato à vice, do deputado e jornalista Roberto D'Ávila, e do escritor Gerardo Mello Mourão, aparentado de PBC, desfilaram também muitas figuras importantes da política e do empresariado paulista, dispostos a apoiar e a colaborar com a candidatura do grande líder gaúcho.

Podem ser lembrados ainda alguns outros eventos sociais, não menos importantes, quando a mansão do Morumbi se abria para homenagear destacadas figuras do meio jurídico e acadêmico. Gilberto Ulhoa Canto, um dos coautores do Código Tributário Nacional, o ministro Francisco Manoel Xavier de Albuquerque, presidente do STF, o ministro Carlos Mário da Silva Velloso, que também presidiu a mais alta Corte de Justiça do país, os professores estrangeiros José Juan Ferreiro Lapatza, Gregorio Robles, Jorge Bravo e Humberto Medrano, foram alguns dos muitos homenageados em jantares oferecidos pelos Barros Carvalho. Em quase todas essas ocasiões, estavam sempre presentes muitos amigos, como Geraldo Ataliba, Celso Antônio Bandeira de Mello, Michel Temer, Antônio Roberto Sampaio Dória, Ayres Fenandino Barreto, Eros Roberto Grau e Ives Gandra Martins, grandes nomes do Direito, além dos amigos de longa data do casal, como Walkiria e João Baptista Scuracchio, Bernardo Kasinsky, Maria Aparecida Cardoso de Mello Levy e Flávio Levy, e o ex-Ministro Almino Affonso.

O jantar comemorativo da aprovação de PBC no concurso de Livre-Docência da PUC/SP, em junho de 1981, também foi marcado por um "quase incidente", que teve como protagonistas Geraldo Ataliba e Priscila, até então a caçula de Paulo e Sonia, muito conhecida por ser a mais atirada e estourada entre suas filhas. Chegavam os convidados, entre eles o casal gaúcho Mario e Juremy Aurvalle, que haviam sido padrinhos de casamento de Paulo, em 1964, os irmãos Bandeira de Melo, os professores Lafayete Pondé, Presidente do Conselho Federal de Educação, Antônio Roberto Sampaio Dória, Eduardo Jardim, Carlos Mário da Silva Veloso, então Ministro do Tribunal Federal de Recursos e Yolanda Costa e Silva, viúva do general Arthur da Costa e Silva, ex-Presidente da República, quando Priscila, com a autoridade dos seus doze anos, recebeu à porta Ataliba e sua esposa, com uma pergunta indignada: "Como o senhor tem a coragem de ainda vir à minha casa"? Mal-estar geral, em um primeiro momento, seguido da explicação dada por ela: "Hoje, na banca do meu pai, ele estava muito bravo. Acho que ele queria reprová-lo. E justamente ele que sempre foi amigo de papai". Entenda-se: a arguição de Ataliba, um dos membros da banca examinadora, foi muito dura como sempre se espera nessas ocasiões, exigindo do candidato examinado, prontas e seguras respostas, tanto que ele recebeu, ao final do concurso a menção, aprovado com distinção. O difícil foi explicar isso para uma menina ressentida, que só procurava defender o pai.

O último grande evento realizado no Morumbi, em 11 de janeiro de 2014, comemorou as bodas de ouro de Paulo e Sonia. Depois de cinquenta anos de uma duradoura e feliz união, a ocasião mereceu a celebração numa noite grandiosa com a presença de filhas, genros e netos, parentes mais próximos, uma infinidade de amigos e o pessoal do escritório. Afinal, após meio século marcado por conquistas, alegrias e, mesmo dissabores, o casal tem o que comemorar, como o sucesso profissional de ambos e a construção de uma família bonita e muito unida. Por essa razão, a festa tornou-se uma grande balada, que acabou por se prolongar até o raiar do dia.

As viagens em família são uma constante para os Barros Carvalho. Como uma grande caravana todos os membros do clã, sob o comando de PBC e Sonia, participam dessas viagens que incluem a Europa e a América Latina, sem contar a África e o Sudeste

Asiático, um privilégio de poucos membros da família. Iniciadas em meados dos anos noventa, mais precisamente em 1994, a família Barros Carvalho já esteve em Portugal, Espanha, França, Itália, Chile, Grécia, Israel e Jordânia, no Oriente Médio. Nelas, o intenso convívio fortalece ainda mais os sólidos laços familiares. Pode ser na casa alugada por eles em julho de 2007, a vila de Saint Bastide, na Riviera Francesa, o que lhes permitiu o giro pelo país, uma vez que para PBC, viajar até a baixa Normandia, mais especificamente à Lisieux, a cidade em que viveu Santa Terezinha do Menino Jesus, de quem é devoto, é uma obrigação que se repete há muitos anos. Ou ainda, nos iates Alcor e Valentina, alugados pela família, em 2010, para navegar por uma semana pela costa amalfitana e outros lugares do litoral da Itália meridional, depois da passagem por Roma e por Nápoles.

Nas viagens, o clima de descontração é geral. A coleção de fotos que registra cada uma delas, cuidadosamente organizada por Sonia, revelam uma família gostosa e unida, em que cada membro procura demonstrar o prazer de poder conviver e de estarem todos juntos. O que mais surpreende é a informalidade de PBC, trajando bermudas, floridas seja numa praia de Cannes ou de Mikonos, ou ainda, curtindo uma balada em Saint Tropez, dançando com as filhas e os netos numa noitada feliz.

Um presente costumeiro que todos os netos ganham ao fazer 15 anos é uma viagem para o exterior em companhia dos avós. Bruno, o primeiro, foi para Bolonha, quando do lançamento do livro de PBC, e depois para a Tailândia e o Camboja. Filipe já viajou para a África com os avós. O seu presente foi um safari, em junho de 2006, que incluiu a Tanzânia, Quênia e Johannesburgo. A neta Marina, também nos seus 15 anos, foi com Paulo e Sonia para Paris e Israel. Em janeiro de 2015, as gêmeas Júlia e Luiza também tiveram esse privilégio, viajando com eles à África do Sul, certamente uma experiência que jamais será esquecida. O fato de Priscila e o marido terem morado em Hong Kong, facilitou a ida da família ao Sudeste asiático, onde visitaram o Vietnã e puderam apreciar os resquícios do charme francês, em Hanói.

Como se vê, o sentido de família está sempre presente nas ocasiões em que estão todos juntos, algo que PBC e Sonia fazem questão de manter vivo, principalmente nas datas festivas. A comemoração do Natal, por exemplo, conta às vezes com a presença dos filhos de Mirene, irmã de PBC, falecida em 2007. Uma das pessoas que ele mais amou em sua vida, Mirene foi sua fiel companheira em uma infância feliz, como revelam as muitas fotografias dos dois quando criança. Sempre estudiosa, teve uma ótima formação, pois foi aluna do Ofélia Fonseca e do Colégio Sion, ambos em Higienópolis. Fez História e depois Direito na PUC, curso este concluído em 1976, e como o irmão, dedicou-se à advocacia. Casada desde 1964 com Newton Nogueira, foi mãe de três filhos: Carlos Alberto, Ana Paula e Flávio Augusto, este, que como a mãe e o tio também, é advogado em São Paulo.

Diante dos problemas e dificuldades, tão comuns na vida de uma família, Paulo esteve sempre disposto a lhe dar apoio. Ajudava financeiramente, quando da troca de carros, por exemplo, e oferecia todo o ano, uma viagem para onde ela quisesse ir, e mesmo depois de sua morte, nunca deixou de ajudar os sobrinhos. Mesmo presente nos momentos difíceis da irmã, por quem sentia-se responsável como o protetor que lembra em muito o patriarca nordestino que nele é presente, é sua filha Renata que sempre teve mais contato com ela e com os filhos. Mirene nunca deixou de frequentar as festas, jantares ou outras reuniões sociais no Morumbi, em que era notada pela sua elegância e alegria contagiante. Faleceu em 28 de fevereiro de 2007, vitimada por problemas cardíacos e Renata ainda lembra da expressão de profunda tristeza do pai, segurando uma das alças do caixão em que ela era levada para a última morada. Nesse ano de lembranças dolorosas, PBC também sofreria com outra perda. Exatamente um mês depois, falecia, em Recife, o primo Eladinho, um de seus melhores amigos na infância e na adolescência, uma outra figura também muito querida por ele. Segundo seu primo Orestes Manfro, de Porto Alegre: "Mirene era a terceira de uma linhagem de mulheres gaúchas conhecidas pela doçura e meiguice, iniciada com a avó

Maria Luiza e continuada por Dulce, a mãe de PBC, que tem a doçura no próprio nome".

A vida de Paulo e Sonia sempre foi pautada pela extrema dedicação ao trabalho. A rotina diária de PBC pouco mudou nos últimos anos, e é com prazer que cumpre uma pesada carga de obrigações acadêmicas e profissionais. Gosta de acordar tarde, pois tem o hábito de também dormir tarde. Salvo quando leciona ou tenha algum compromisso pela manhã, está de pé por volta das nove horas. Depois do café, dedica algumas horas para as orações matinais e para os exercícios físicos acompanhados de uma fisioterapeuta, na moderna academia que montaram em casa. Segue-se a preparação para enfrentar o dia de trabalho, o barbear diário, o banho demorado, a escolha da roupa e o indispensável perfume. Uma rotina diária típica de um homem vaidoso, que pode durar, segundo sua filha Fernanda, algumas horas da manhã. No escritório, em Higienópolis, a cozinheira Vanusa é avisada do prato escolhido para o almoço, sempre muito simples e invariavelmente seguido do pudim *flan* como sobremesa. À tarde, o indispensável mousse de abacate acompanhado de bolacha *waffer*.

Sonia, por sua vez, que sempre acorda mais cedo, é mais prática. Às nove da manhã, já está pronta para atender em sua clínica ou para começar as atividades que desenvolve com as filhas Roberta e Renata, à frente da ONG Clínica Comunitária GREI. Trata-se de um trabalho social admirável voltado para atender centenas de crianças e adolescentes das famílias de baixa renda, vítimas de toda sorte de abuso como a violência física, sexual e doméstica. Uma ação social que os poderes públicos não executam, e que elas empreendem como voluntariado, como uma verdadeira missão.

Em meio a uma semana de muitas atividades, a incansável Sonia, que tia Suanê chama de "supersônica", ainda encontra tempo para se dedicar a outras tarefas. Todas as quintas-feiras está na Editora Noeses, em Higienópolis, onde trabalha cuidando da parte administrativa e financeira, juntamente com sua filha

Fernanda, que também gere a Prólogo, Selo Editorial, da qual é proprietária, voltada para a viabilização de projetos autorais e revelação de novos talentos. Fernanda atua também no campo da literatura de internet e das artes visuais.

    A cada quinze dias, nas quintas-feiras à noite, Sonia e Paulo vão para a fazenda que possuem no interior de São Paulo. Uma rotina que ele só deixa de cumprir por força de algum compromisso, uma viagem ou uma banca examinadora, que possam coincidir com a quinzena em que se dedicam aos negócios da propriedade. Situada na região central do Estado de São Paulo, a fazenda, ou melhor dizendo, o complexo de fazendas, tem suas terras espalhadas entre os municípios paulistas de Botucatu, de Avaré, Pratânia e Lençóis Paulistas. São atualmente cerca de 840 alqueires, mas que no seu início, há 27 anos, eram apenas 90. Conforme o empresário Edmond Chaker Farhat, seu amigo e vizinho, proprietário da Fazenda Jequitibá, em Itatinga: "Meu amigo Paulo é dono de um bem-sucedido empreendimento iniciado com algumas dezenas de alqueires, em que a prática de atividades diversificadas contribuiu para o seu crescimento e para a valorização das terras da região, onde o preço do alqueire foi quase decuplicado. E tudo isso construído com a paixão que ele carrega pelas coisas do mundo do campo, pois a terra está no seu sangue".

    Mas a grande surpresa que se revela para quem se dispõe a visitá-los no campo, é ver o lado fazendeiro de PBC. Enganam-se aqueles que pensam que a fazenda cumpre apenas o papel de lugar para se passar um fim de semana, como costuma ser para a grande maioria. Com toda a certeza, Paulo vai para lá para descansar, beber um bom vinho, ler um livro e escrever algum artigo ou o prefácio de uma obra, mas tudo isso num outro ritmo. Naqueles momentos, ele também procura saber de tudo o que acontece na propriedade. Na direção de uma Adventure, percorre as fazendas, nunca se confundindo com o nome delas, conversa com os administradores e empregados, fica sabendo o preço da arroba do gado e acompanha o trabalho feito pelas usinas no corte do canavial.

Ver e admirar os seus cavalos de raça, uma grande paixão, parece fazê-lo ainda mais feliz. Afinal, dos 133 filhos do campeoníssimo Apero do Gurupa, um puro sangue da raça crioula, do qual ele foi sócio com Edmond Farhat, da Fazenda Jequitiba; tem 8 exemplares, que ao lado da égua quarto-de-milha, Holly Dun I, filha do também campeão Hollywood Cactus DV, são motivos de muito orgulho. Ali, vai se encontrar, o homem informal, que se veste com roupas simples, a camisa larga por fora da calça, os sapatos esportivos mais confortáveis é, certamente, um homem distinto daquele que se encontra nas salas de aula das universidades ou no escritório da rua Bahia, trajando elegantemente sóbrios ternos e gravatas finas, que são a sua marca. Nos dois ambientes, contudo, o que está sempre presente é a cordialidade típica do homem cortês e a fineza do **gentleman** que nunca o abandonam, com a diferença de que, na fazenda, ele abre mão das tantas formalidades que a carreira lhe obriga, e assim, torna-se mais natural, contudo, sem nunca ser caricato. O cotidiano da Santo Antônio de Palmares parece ter o condão de recarregar suas energias para recomeçar novamente mais uma semana de trabalho em São Paulo.

Decididamente, a fazenda revela uma outra face de PBC. Ferreiro Lapatza e o casal Gregorio Robles, professores espanhóis que passaram um agradável fim de semana na SAP, puderam conviver com ele fora do ambiente acadêmico e garantem, que mais do que o profissional e o intelectual, a pessoa de PBC é muito melhor. Isso porque, em meio aos queijos e vinhos das noites amenas, ouviram-no falar de muitos outros assuntos, que não do Tributário Direito ou Filosofia. É de Robles, ao falar de Paulo e Sonia, como amáveis anfitriões, o comentário: "Lá ficamos sabendo que no Brasil, a Providência nos havia presenteado com dois amigos maravilhosos".

A beleza da Santo Antônio de Palmares, pela profusão de cores da sua paisagem na luminosidade das manhãs, salta aos olhos de qualquer visitante. Para Paulo e Sonia, que dela muito se orgulham, é um sonho que se concretizou desde a experiência com a Fazenda Santa Teresinha no sertão pernambucano. Não é sem

A Santo Antônio de Palmares

A Fazenda Santo Antônio, que não é nem de Pádua, nem de Lisboa, mas sim de Palmares, leva o nome do santo que um dia batizou um dos velhos engenhos, que ficava em um município do interior de Pernambuco, onde os patriarcas José de Carvalho e Albuquerque e Francisca Gouveia de Barros, deram origem à família Barros Carvalho. Daí a denominação Fazenda Santo Antônio de Palmares, o centro em torno do qual gravitam várias fazendas, todas com nomes de santo: São José, São Fernando, Santa Terezinha, Nossa Senhora do Carmo e outras tantas. Uma justa homenagem a Leonardo, seu pai, e seus irmãos, que viveram a infância e a adolescência no antigo Engenho Santo Antônio, que se localizava em Palmares, na divisa com o município de Água Preta; um engenho banguê pernambucano que um dia Paulo chegou a pensar em comprar, talvez para capturar a memória dos tempos em que ali viveram os meninos de engenho, renascido agora na forma de uma grande e moderna fazenda paulista. Lembrando um pouco Carlos de Melo, o personagem central de *Banguê*, de José Lins do Rego, poderia se pensar em PBC como o bacharel citadino, divorciado da relação tradicional que seus antepassados tinham com a terra da qual se sentia separado, ao mesmo tempo em que tentava uma reconciliação. Contudo, ao contrário daquele, perdido em devaneios e incapaz para a vida prática, envidou todos os esforços para tornar essa reconciliação uma realidade.

A verdade, é que a ligação de PBC com a terra é algo entranhado no espírito da família Barros Carvalho. Além dele, que um dia comprou a fazenda Santa Teresinha, em pleno sertão pernambucano, e da qual foi proprietário por muitos anos, seus tios também cultivaram essa mesma paixão. Carlos, o filho mais velho de Carvalhinho e Francisquinha, foi proprietário do Engenho Prenda, em Canhotinho, Pernambuco. Antônio, o senador Barros Carvalho, além de ter possuído a Fazenda Catuama, naquele mesmo Estado e famosa pelas suas praias e coqueirais, foi também proprietário da Fazenda Santa Cecília, uma bela propriedade em Barra do Piraí, no Vale do Paraíba fluminense. Um outro tio, Edivaldo, também se dedicou à agricultura quando sua esposa Eudêna, recebeu a parte que lhe coube na herança das terras do Engenho de Nossa Senhora do Desterro, que pertencera a seus pais, Elpídio Monteiro da Costa e Silva e Maria das Dores Cavalcanti de Albuquerque Maranhão.

O que se destaca na paisagem da Santo Antônio de Palmares é a imensidão verde da cana e dos pastos polvilhados do branco e do marrom avermelhado que indicam a presença do gado. Talvez só a cana-de-açúcar ou algumas centenas de cabeças de bovinos não traiam a visão que se espera da fazenda, uma vez que há muito tempo essas atividades agrícolas e criatórias tomaram o lugar do café na paisagem agrária de São Paulo. Todavia, naquele espaço, existe algo peculiar, pois como se fosse um quadro, ele retrata exatamente a imagem que PBC queria criar, ou seja, uma atmosfera com algo de Nordeste em pleno interior paulista. A terra vermelha arroxeada daquele conjunto de fazendas, encravado na área central do estado de São Paulo, não menos que o massapê pernambucano tão bem descrito nas obras de Gilberto Freire, também parece sentir gosto em ser pisada e ferida pelos pés da gente, pelas patas dos bois e dos cavalos, deixando-se marcar até pelos pés dos meninos que correm em suas brincadeiras sobre ela.

Muito embora a cana-de-açúcar seja hoje bastante rentável, a razão do seu cultivo, segundo Paulo, se deveu também à um fato sentimental, que é a recriação do ambiente dos engenhos de seus ancestrais. A maior parte das terras são ocupadas pelos canaviais, mas há espaço o bastante para o cultivo de eucalipto, numa área de 280 alqueires, algumas qualidades de laranjas, que em breve devem ceder terreno ao eucalipto, a para o gado bovino, equinos para a reprodução e até para a criação de frangos, para a qual foram construídas modernas granjas. Conta também com várias represas de diversos tamanhos e uma boa reserva de matas naturais, que chega a 180 alqueires. Com execção das poucas vacas leiteiras que servem às necessidades dos que vivem na fazenda, o gado bovino é todo de corte, com os touros *Angus Simental,* cruzados com vacas nelores e guzerá e os *Brahman Vermelho,* com vacas que puxam mais para o *angus*. Quanto aos equinos, há o quarto-de-milha e o crioulo ou criollo, uma raça de cavalos sul-americana, cuja criação acabou se desenvolvendo nos pampas gaúchos, e que segundo PBC, adaptou-se bem ao gosto da lida caipira. Na Santo Antônio de Palmares, existe um Centro de Reprodução Animal – o CRIA, equipado com cocheiras e um moderno laboratório que confere à atividade reprodutiva um caráter eminentemente científico, dirigido pela veterinária Milena da Silva Machado, doutora em reprodução animal pela UNESP, de Botucatu. Há ainda um moderno Centro de Treinamento que oferece hospedagem, treinamento e doma de cavalos, além de aulas de equitação para crianças, adolescentes e adultos de toda a região central do estado.

Na sede da fazenda propriamente dita, e em seus arredores, estão a casa de Paulo e Sonia e a de cada uma das filhas. Diferentemente da *Casa Grande* freyriana, a casa principal é um reduto que recebe bem a todos, mas que permite aos membros da família terem seu próprio espaço e liberdade. Bem próximo, há uma capela consagrada à Nossa Senhora do Carmo, onde se realizam eventuais ofícios religiosos e que serve à família e a empregados na intimidade de suas orações diárias. Quase junto à sede, tem ainda uma pequena horta, o galinheiro e um bando de galinhas d'angola ou guiné, praticamente de estimação e que se deleitam soltas pela fazenda, parecendo desconhecer completamente o perigo que representam um fogão e uma panela.

Cabe à Sonia a tarefa de administrar a fazenda, o que faz com bastante mestria e competência. Ali, ela parece se sentir mais à vontade, uma anfitriã atenciosa e sempre bem humorada, que começa o dia tomando sol, aproveitando os bons ares daquela região. Depois, dirigindo um quadriciclo, desloca-se até o escritório da sede, para acertar com algum interessado, por exemplo, a venda de um lote de eucalipto ou a compra de algo que a fazenda necessite. Paulo Maia, um taxista de carros executivos, que trabalha com os grandes hotéis da cidade, e um motorista *ad hoc* do casal, sempre que o motorista titular não pode levá-los para a Santo Antônio dos Palmares, é só elogios à Sonia, pois essas viagens servem para que ela atualize o marido sobre as coisas da fazenda. Para ele, os dois se completam, embora caiba à PBC a decisão final: "O Dr. Paulo é um homem muito bem assessorado por gente muito competente, mas pode ter certeza de uma coisa, os outros podem até carregar o piano, mas na hora de tocar, quem toca é ele".

razão, que a filha Priscila, quando completou 22 anos, optou por viver na SAP, onde morou por três anos.

Uma das facetas de PBC, o homem verdadeiramente plural que todos conhecem, é sua dedicada religiosidade. Todos aqueles que têm ou tiveram o prazer de com ele conviver, ressaltam o lado católico cristão de um praticante guiado pela fé. No seu cotidiano, com um elenco de atividades variadas, e que se estendem até altas horas da noite, há sempre os momentos dedicados às orações, que começam pela manhã, à hora das refeições, à tarde e à noite, quando vai dormir. Persignar-se ao passar por alguma igreja ou antes de começar a refeição, uma manifestação de pura fé, uma prática habitual, soa estranho muitas vezes no dia a dia da vida moderna em que as pessoas não param, sequer para apreciar o prato que estão saboreando. Dar graças pelo alimento recebido, é verdadeiramente uma exceção nos tempos de hoje, assim como é também, o ato de entrar em uma igreja qualquer da cidade, numa manhã ou numa tarde qualquer, simplesmente para em silêncio, orar e conversar com Deus.

Paulo e Sonia têm em comum essa intensa religiosidade, e juntos procuram levar uma autêntica vida cristã, dedicando um tempo de suas rotinas para orações significativas agindo com gentileza e moderação em qualquer circunstância e dispondo-se sempre a ajudar o próximo. Princípios e práticas que procuraram incutir nas filhas e nos netos, o que contibuiu para que construíssem uma bela e sólida família. Ele é devoto de Santa Teresinha do Menino Jesus e ela, de Nossa Senhora do Carmo. Ambos frequentam há anos, a missa dominical das 19 horas da Igreja de São Gabriel Arcanjo, no Itaim Bibi, salvo quando são impedidos por algum imprevisto. Essa é uma prática que cultivam desde o tempo do namoro, quando iam às missas da Igreja Nossa Senhora do Brasil, mais próxima da casa onde morava Sonia. Quando residiam na rua Peixoto Gomide, frequentavam a Basílica de Nossa Senhora do Carmo, na Bela Vista. Posteriormente, já no Morumbi, passaram a assistir às missas de domingo na Igreja de São Pedro e São Paulo e, por fim, como fazem atualmente, na Igreja da São Gabriel.

A devoção de Paulo à Santa Teresinha do Menino Jesus, a santa de Lisieux, segundo ele próprio, vem dos meados de 1963, e se deu por conta de sua interseção, no processo de nomeação para o Ministério da Fazenda. Conta ele, que andava angustiado com a demora, até porque dependia dela para marcar a data do casamento com Sonia para o início do próximo ano, quando passando pela praça do Patriarca, no centro de São Paulo, resolveu entrar na Igreja de Santo Antônio, uma das mais antigas da cidade. Estava então imerso em oração diante de uma imagem da santa, quando percebeu em seu sorriso uma luz diferente, algo como se fosse um sinal. Era alguma coisa que nunca lhe acontecera antes, mas a surpresa maior veio em seguida, com seu primo José Carlos, de Brasília, mandando-lhe o ato de nomeação.

É por isso, que além da Bíblia, uma obra de leitura constante, PBC está sempre acompanhado do livro da Santa Teresinha. Heleno Torres, a exemplo de muitos outros amigos, tem um exemplar dado por Paulo. A própria Vanusa, sua cozinheira, revela que sobre sua escrivaninha no escritório, em que almoça todos os dias, há um exemplar de um livro da santa que ele sempre lê. É oportuno lembrar que o Papa Francisco, o Cardeal Bergoglio, também é devoto de Teresa de Lisieux, desde o tempo que vivia em Buenos Aires. De acordo com PBC, não foram poucas as interseções da santa, quando diante de um problema, recebendo sempre uma rosa branca como sinal. Em sua viagem ao Brasil, em julho de 2013, quando perguntado sobre o que levava em uma mala da qual nunca se separava, respondeu sem titubear: "Não muita coisa, só um barbeador, o breviário – o livro de orações, uma agenda, e um livro de Santa Teresinha do Menino Jesus, que é a santa da minha devoção". E é a devoção de PBC que o levou inúmeras vezes à Lisieux, uma cidade normanda no departamento de Calados, a quase 200 km de Paris, onde viveu e morreu no século XIX, a jovem Marie Françoise Thérèsè Martin, uma freira carmelita descalça, depois sagrada Santa Teresinha de Lisieux, ou do Menino Jesus, uma das três doutoras da Igreja.

Conhecido por ser um católico exemplar, desde 1976, visita com o amigo Ives Gandra Martins, nos meses de maio e outubro, um santuário de Nossa Senhora para uma romaria dedicada à Virgem Maria, sempre aclamada com admiração e carinho filial. Lembra a filha Priscila, que há algum tempo, quando ainda era solteira, chegou a acompanhá-lo por várias vezes ao final de cada mês, ao Santuário de São Judas Tadeu, no Jabaquara, onde ele cumpria a promessa por uma graça recebida. Todo o primeiro dia de outubro, que é consagrado à Santa Teresinha do Menino Jesus, presta-lhe uma homenagem visitando sua igreja situada na Rua Maranhão, em Higienópolis.

Um assíduo leitor de obras sobre temas religiosos, Paulo tem suas preferências, o que o leva a ler um livro duas ou três vezes, quando não mais, pelo fato de suas leituras serem acompanhadas com anotações. O livro *Confissões,* por exemplo, é um deles. Escrito à época do Baixo Império Romano, por Aurélio Agostinho, bispo de Hipona, e depois Santo Agostinho, um dos Padres da Igreja, é uma bela autobiografia que aborda sua vida nos tempos que antecederam sua conversão ao cristianismo. Uma outra obra entre suas preferidas é a biografia do apóstolo Paulo, que tem o título *São Paulo*, escrita nas primeiras décadas do século XX por Teixeira de Pascoais, que era o pseudônimo literário de Joaquim Pereira Teixeira de Vasconcelos, escritor e poeta português e também um bacharel em Direito, que chegou a fazer carreira no Judiciário. Por fim, *Glórias de Maria*, um livro escrito pelo religioso italiano Afonso Maria de Liguori, fundador da ordem dos Redentoristas, canonizado no século XIX, como Santo Afonso de Liguori. E isso, sem contar todos os livros escritos sobre Santa Teresinha de Lisieux, em especial a obra de Frei Patrício Sciadini.

O casal de namorados Paulo e Sonia com Mirene e Yeso Amalfi.

José Eduardo Bandeira de Mello, Mirene, uma amiga e Paulo ao lado de Sonia.

Mauro Falcão, pai de Sonia e Leonardo de Barros Carvalho.

Sonia e o beijo carinhoso do futuro sogro Leonardo.

No casamento: o senador Barros Carvalho e esposa Maria Inês, padrinhos de Paulo.

Os pais de Sonia, Egle e Mauro.

O casal com seus respectivos irmãos, Mirene e Sergio.

Recém-casados.

As filhas do casal: Renata, Roberta e Priscila (no colo de Roberta).

Sonia na década de 1970.

Sonia e as meninas no Clube Atlético Paulistano.

Paulo no aniversário da filha Roberta.

Paula e Sonia: os anfitriões em um dos eventos sociais nos anos 1980.

Priscila e Geraldo Ataliba no jantar de comemoração da livre-docência de Paulo (vide incidente narrado na p. 194).

O casal em companhia do jurista Gilberto de Ulhoa Canto.

PBC recebe, em sua residência, Leonel Brizola e Fernando Lyra, candidatos na eleição presidencial em 1989, num jantar de apoio à candidatura.

PBC, Brizola e Gerardo de Melo Mourão.

O jornalista Roberto D'Ávila, PBC e Leonel Brizola.

Leonel Brizola e a menina Fernanda de Barros Carvalho.

PBC recebe em sua casa Lutero Vargas, filho do ex-Presidente Getúlio.

Paulo entre o professor Guimarães e o empresário Olacyr de Moraes.

O lado futebolista de PBC.

Paulo e Sonia com as quatro filhas.

PBC e a caçula Fernanda.

O casal Barros Carvalho e os netos.

A família ao sol do Mediterrâneo.

PBC na informalidade de uma praia.

A família Barros Carvalho na casa em que viveu Santa Teresinha de Lisieux.

PBC contempla a imagem de Santa Teresinha, em Liseux, na França.

A família unida, França, 2007.

PBC e o neto, Filipe, numa "balada" em Saint-Tropez.

O avô Paulo e os netos Bruno e Filipe em Lisboa.

O casal em comemoração do Réveillon, em Paris.

As gêmeas Júlia e Luiza em companhia dos avós na África do Sul.

PBC, Sonia, a filha Fernanda e as netas no Cabo da Boa Esperança.

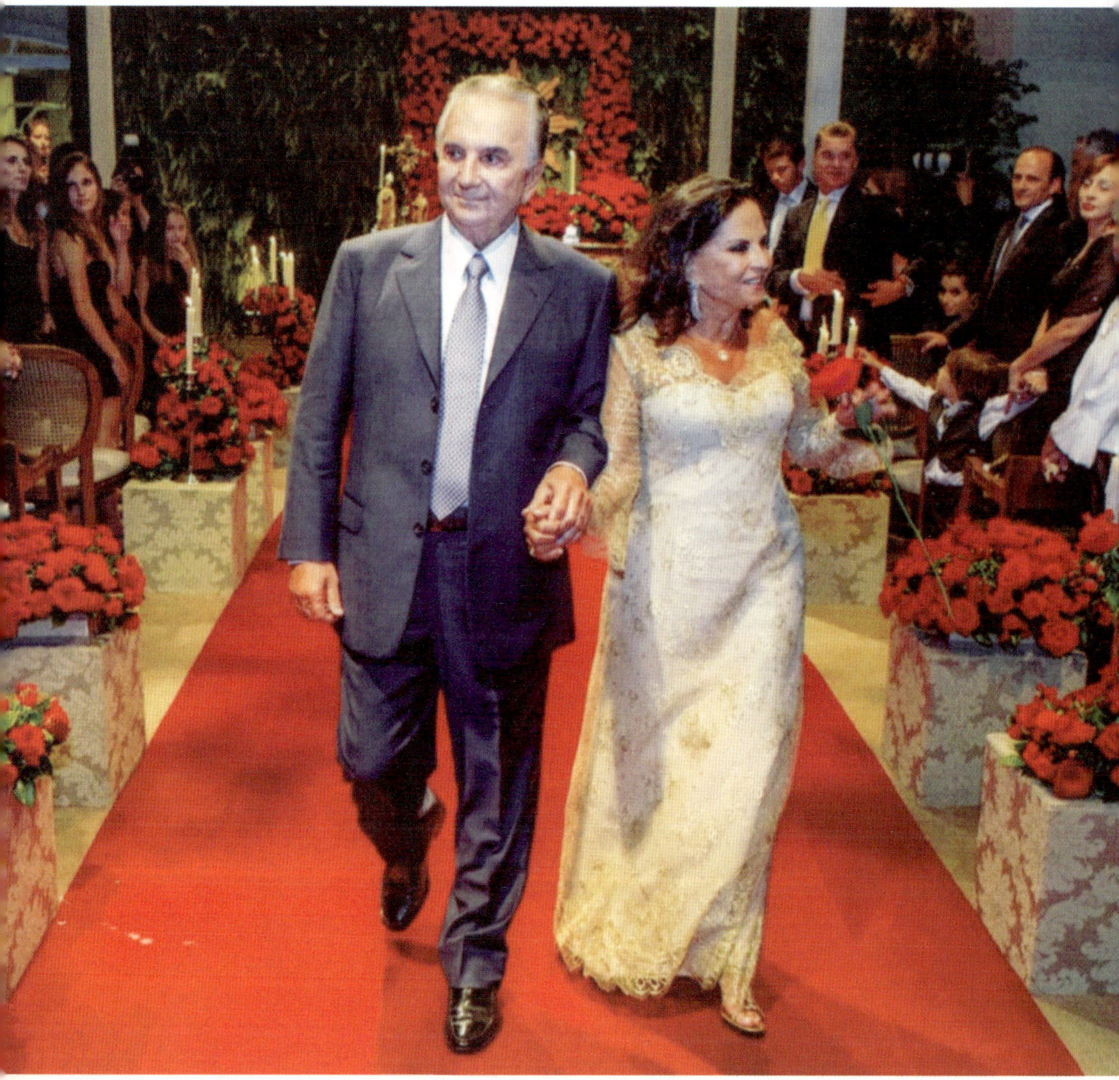

Cenas das Bodas de Ouro, São Paulo, 2014

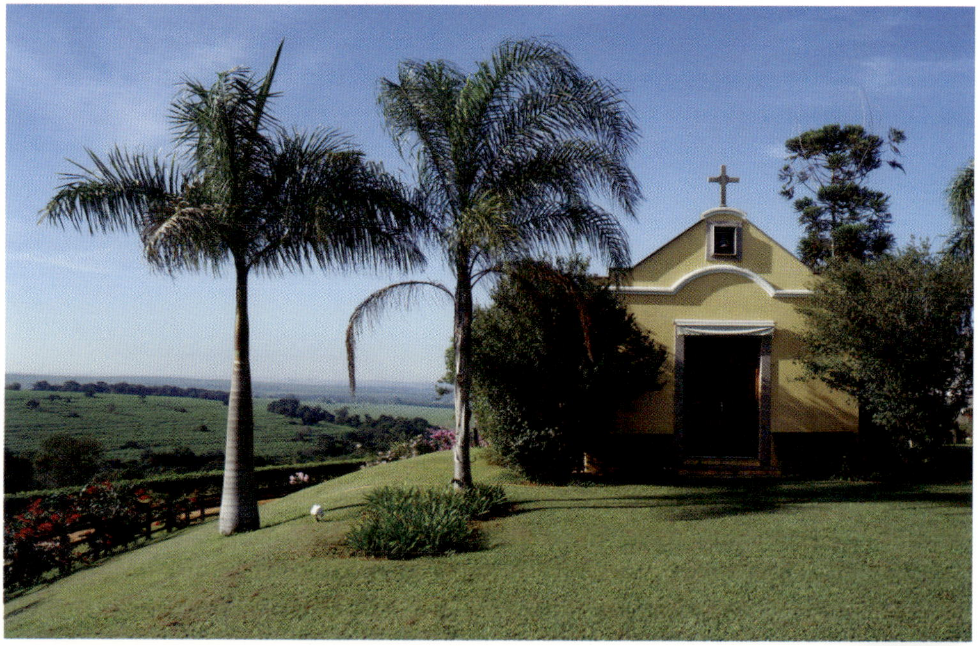

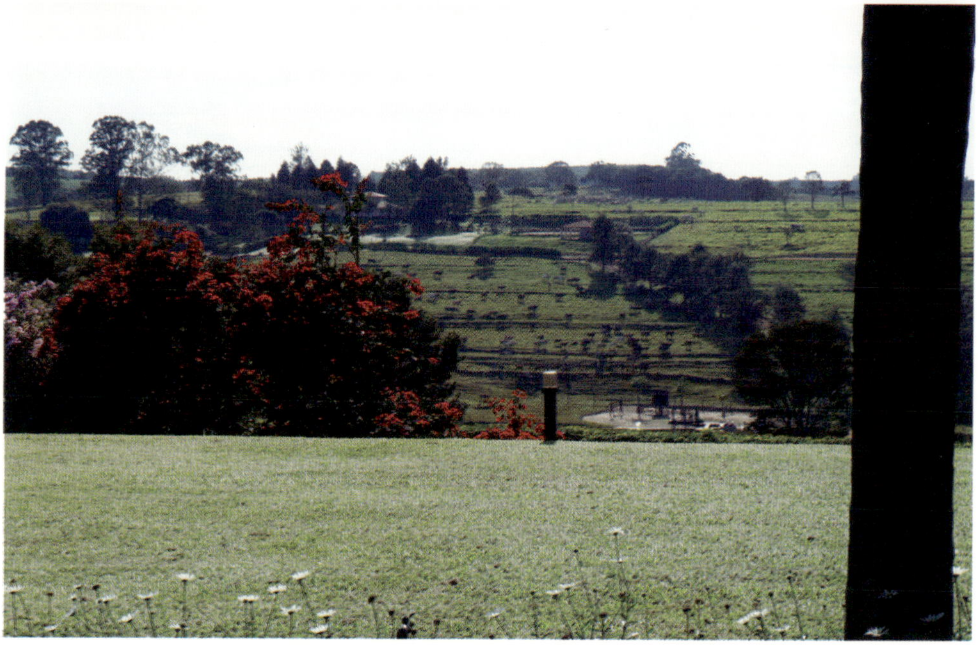

Flashes da fazenda Santo Antônio dos Palmares, com destaque para a capela de Nossa Senhora do Carmo.

5
O HOMEM DE CIÊNCIA:
PERCURSO ACADÊMICO E INTELECTUAL

O HOMEM DE CIÊNCIA:
PERCURSO ACADÊMICO E INTELECTUAL

Com mais de quatro décadas vitoriosas dedicadas ao magistério e a pesquisa no âmbito do Direito, o professor Paulo de Barros Carvalho é o fundador de uma Escola de pensamento jurídico, nacional e internacionalmente reconhecida pelo mundo científico, por dotar a ciência do Direito de novos métodos e abordagens, tomando como ponto de partida o Direito Tributário – a Escola Carvalhiana. Como disse Juan Morales Godo, Decano da Faculdade de Direito e Ciências Políticas, da Universidade Nacional Maior de São Marcos de, Lima, Peru: "O professor Paulo é o propulsor ativo de uma sólida *escola,* que se denomina Escola do Constructivismo Lógico-Semântico, e que vem continuamente produzindo contribuições significativas à Ciência do Direito e, particularmente, ao Direito Tributário". E isso pode ser constatado pela soma dos critérios essenciais existentes para assim qualificá-la, quais sejam, o reconhecimento acadêmico, o seu corpo substancial de conhecimento, as suas inúmeras contribuições ao Direito e o seu desenvolvimento por vários estudiosos, na sua maioria adeptos de sua doutrina e seus propagadores. Segundo o tributarista argentino, professor Alejandro Carlos Altamirano, catedrático da Universidade Austral, em Buenos Aires: "O professor Paulo de Barros Carvalho construiu, ao longo dos anos, um legado: criar uma escola de Direito e, em particular, enlaçar como poucos têm feito, nossa disciplina – o Direito Tributário – com a Filosofia do Direito produzindo uma contribuição original: a Teoria Geral do Direito". Assim também se manifesta Heleno Taveira Torres, hoje professor titular da Faculdade de Direito da USP, e depois seu orientando no Doutorado na PUC, que com ele convive desde 1991, quando de sua participação no seminário de Direito Tributário, em Recife, ao lado de Vilanova, José Souto Maior Borges e Geraldo Ataliba. Afirma o professor pernambucano, que "não há jurista da geração de Paulo de Barros Carvalho, que tenha forjado uma escola maior que a dele. Um autêntico organizador do pensamento e também das pessoas que se deixaram guiar pela sua liderança intelectual, como nenhum jurista europeu conseguiu sê-lo".

E quando se fala em escola, não é aquela em que prevalece sempre a vontade do líder, pois como diz o professor Eurico Marcos Diniz de Santi, da Escola de Direito da Fundação Getulio Vargas, de São Paulo, seu aluno e também seu assistente por vários anos, "não é a Escola de um homem seguido por satélites-admiradores de sua inteligência e criatividade; é uma Escola de pensamento pautada por método específico de investigação, objeto criteriosamente demarcado e consciência crítica de todas as restrições, dificuldades e problemas epistemológicos que tal pretensão acarreta." Para Tácio Lacerda Gama, seu orientando de Mestrado e Doutorado e, posteriormente, seu assistente na cadeira de Lógica Jurídica na Faculdade de Direito da PUC, entre 2004 e 2011, além de integrar a equipe de Barros Carvalho Advogados Associados, até o final de 2013, foi ele "seguindo sua vocação gregária e agregadora, o criador de uma coletividade com espírito que gosta de discutir categorias fundamentais e que aprendeu a olhar o mundo com a intuição dele, quebrando paradigmas não apenas na formulação de novas teorias, mas também na forma como se atua na prática cotidiana do Direito, ainda fortemente marcada pelo velho estilo coimbrão." O relato do filósofo Dardo Scavino, professor de renomadas universidades francesas, dá uma ideia do papel do velho mestre na formação e no encaminhamento das jovens gerações para o exercício de suas funções no mundo do Direito, como um pai conduzindo os seus muitos filhos, ou como um verdadeiro patriarca cioso de sua autoridade. De acordo com Scavino: "A primeira vez que vim a São Paulo convidado por Paulo de Barros Carvalho, eu não sabia qual era a sua importância no mundo do Direito como pensador, docente e editor. Lembro-me que fiquei muito impressionado com o respeito que seus alunos, seus colegas e discípulos o tratavam. Depois de alguns dias, me dei conta que o Professor Paulo havia criado uma autêntica escola de pensamento jurídico e, por sorte, que seu pensamento atribui uma grande importância à reflexão filosófica".

Os passos para a construção do grande cientista do Direito, e não apenas do Direito Tributário, a área que o consagrou em definitivo, mas da Teoria Geral do Direito e da Filosofia do Direito, foram marcados, desde o início, pela disciplina e pela dedicação, delineadoras de um perfil admirado por todos que o conhecem ou que com ele convivem. Entre estes, não há quem não destaque, na figura do jusfilósofo, a sua simplicidade e a sua modéstia ao lado da determinação, da disposição para os estudos e para o trabalho árduo, virtudes que naturalmente acompanham a vida de um verdadeiro intelectual sério e comprometido com sua doutrina, e mais ainda, pela sua disseminação por meio do IBET – Instituto Brasileiro de Estudos Tributários – que hoje é presente em trinta cidades do Brasil, formando e aprimorando anualmente milhares de estudantes, professores e profissionais que atuam nos mais variados campos do Direito, e que acabam por se tornar naturalmente os propagadores do seu pensamento, da sua doutrina, pela possibilidade de sua aplicação na prática.

É o caso de Mantovani Colares Cavalcanti, juiz da Vara da Fazenda Pública do Estado do Ceará, e há algum tempo também professor do IBET, para quem os elementos de sua obra densa e sofisticada tornaram-se ferramentas nas suas práticas do dia a dia. De acordo com ele: "É com a regra-matriz de incidência tributária, sua grande contribuição para o Direito que faço a decomposição das complexas causas que me chegam às mãos todos os dias". O mesmo poderia se dizer de Robson Maia Lins, Fabiana Del Padre Tomé e Lucas Galvão de Britto, que como muitos outros, primeiramente conheceram PBC pelo seu pensamento e pelas suas obras, tornando-se depois colaboradores do grande Mestre em São Paulo. Robson Maia, hoje um sócio e um dos seus melhores amigos, em meados dos anos noventa, quando ainda cursava Direito em Natal e trabalhava como estagiário da Vara da Fazenda Pública do Rio Grande do Norte, viu-se às voltas com um sério problema: 40% dos processos envolviam uma certa intimidade com o Direito Tributário e, somente conseguiu dar vasão ao seu trabalho quando passou a consultar o *Curso de Direito Tributário,* obra em que PBC se revelava o único tributarista do país disposto a enfrentar os problemas gerados pelos convênios do ICMS, firmados entre Estados da Federação, e que somente seriam atenuados com a nova disciplina introduzida pela Lei Complementar 87, de 1996. Essa mesma obra, mudaria para sempre a caminhada do também potiguar Lucas Galvão de Britto, que durante seu bacharelado não gostava de Direito Tributário, pois para ele "o que era ensinado na faculdade interessava mais a um contabilista, sempre às voltas com planilhas e cálculos". A mudança viria depois de conhecer o pensamento do tributarista Paulo de Barros Carvalho formulado a partir da Teoria Geral do Direito, com incursões pelos domínios da Filosofia e das teorias comunicacionais e linguísticas. Em 1997, Fabiana Del Padre Tomé, uma mato-grossense de Diamantino, que concluía o curso de Direito na Universidade Federal de Cuiabá, também estagiava na área tributária do escritório de José Guilherme Junior. O causídico cuiabano tinha contatos com PBC, a quem ela já admirava pelas ideias expostas nos poucos textos até então disponíveis, que foram lidos integralmente. Assim, decidiu mudar-se para São Paulo, onde foi acolhida por ele que seria seu orientador de mestrado e doutorado, entre 1998 e 2005. Hoje, além de professora da PUC/SP, Fabiana é uma brilhante advogada de Paulo de Barros Carvalho Advogados Associados, e autora, entre outras, da obra *A Prova no Direito Tributário,* um texto inteiramente desenvolvido com suporte na teoria de PBC, inscrita no quadro do constructivismo lógico-semântico.

A importância da sua teoria pode ser constatada também no relato de Cesar Garcia Novoa, professor de Direito Tributário da Universidade de Santiago de Compostela, que o conheceu em 1989, quando ainda fazia a pesquisa para o seu doutorado em São Paulo: "Recordo-me que foi no primeiro encontro que tive com Paulo, que ele me resumiu sua teoria da linguagem como forma de aproximação ao Direito Tributário. Fiquei impressionado com a clareza de suas ideias e desde esse momento não tenho deixado de segui-lo e nem de lê-lo".

A coletânea *As Contribuições do Construtivismo Lógico-Semântico para temas de Direito Administrativo, Penal, Tributário e Urbanístico,* publicada recentemente (Jam-Jurídica, Bahia, 2015), um conjunto de estudos de quatro estudantes de Doutorado da PUC-SP, apresentado como requisito da cadeira de Teoria Geral do Direito – Ordenamento Jurídico e Sistemas, cujo titular é PBC, é uma prova incontestável de que os fundamentos do construtivismo lógico-semântico por ele desenvolvidos, podem muito bem ser aplicados a qualquer um dos ramos da Ciência Jurídica, lançando novas luzes aos problemas jurídicos, o que torna possível a construção de respostas sólidas e eficientes a eles. Por meio dessa obra coordenada pelo professor Robson Maia Lins, os autores Angélica Guimarães, Bruno Soeiro Vieira, José Gomes de Lima Neto e Maria Carolina de Melo Amorim, todos eles seus ex-alunos da Pós-Graduação, homenageiam o Professor Paulo de Barros Carvalho, o responsável por lhes revelar outra forma de estudar o direito positivo, por ajudá-los a buscar luz própria e por ensiná-los a pensar cientificamente de forma independente.

****

Para quem durante boa parte de sua formação, pelo menos até começar o ensino superior, estudava somente para alcançar as médias exigidas que lhe possibilitassem a aprovação no final do ano letivo, poderia se esperar que fosse ele um universitário mediano, apenas interessado em receber um diploma e poder

Notas Sobre o Constructivismo Lógico-Semântico

Entendido como uma nova postura diante do pensar e do estudar o Direito, o constructivismo lógico-semântico, enquanto discurso filosófico, foi fundado pelo Professor Lourival Vilanova. Ele parte de premissas sólidas e tem como características a linguagem precisa e rigorosa e um instrumental metodológico ímpar que busca a explicação das coisas de forma consistente.

O grande e saudoso Mestre pernambucano admitia que o Direito é um sistema social que sofre influência de outros sistemas, ou seja, um subsistema como outros que formam uma totalidade dentro de um sistema social global, e em que todos mutuamente se influenciam de uma maneira tal, que não se pode ter um fato unicamente jurídico, ou político, ou ainda unicamente econômico, por exemplo. Assim, para entendê-lo, em suas múltiplas relações, há que se lançar mão de duas ferramentas essenciais para que isso aconteça, quais sejam: a lógica jurídica e a teoria da linguagem. Coube, entretanto, ao Professor Paulo de Barros Carvalho, discípulo de Vilanova, e uma das maiores expressões do Direito Tributário no Brasil, em razão de seu prestígio e de sua liderança intelectual, sua disseminação, enquanto segmento expressivo da doutrina do Direito brasileiro, conferindo-lhe também a merecida condição de uma verdadeira Escola de pensamento jurídico – a Escola do Constructivismo Lógico-Semântico – hoje com milhares de seguidores em todo o País e até no exterior.

Segundo a Professora Fabiana Del Padre Tomé, o constructivismo lógico-semântico, que também recebe nome de postura hermenêutico-analítica, e que enquanto método, também se tornou a base da Teoria Comunicacional do

Direito, formulada por Gregorio Robles, "não deve ser confundido com a filosofia analítica, em razão de sofrer uma forte influência do culturalismo. Para ela, configura o método de trabalho hermenêutico, orientado a cercar os termos do discurso do direito positivo e da Ciência do Direito para outorgar-lhes firmeza, reduzindo as ambiguidades e vaguidades, tendo em vista a coerência e o rigor da mensagem comunicativa". Além disso, ainda de acordo com a mestra da PUC/SP, "foi por meio do constructivismo lógico-semântico que o direito retomou suas discussões filosóficas, permitindo, inclusive, o reencontro de diversos ramos do Direito com suas origens na Teoria Geral do Direito".

Para o estudioso Charles William McNaughton, o constructivismo lógico-semântico é uma expressão que poderia ser vista em duas acepções. A primeira, para designar um método de investigação do sistema jurídico e a segunda para indicar uma corrente formada por milhares de estudiosos do Direito, que o examinam a partir de uma série de conceitos e preocupações bem peculiares, a ponto de imprimir um estilo de investigação dotado de um discurso característico e facilmente identificável. Nele, o domínio de um texto e a compreensão do que ele comunica, implica a composição e decomposição do mesmo em um processo em que a articulação e a desarticulação, a reunião e separação, a organização e a desorganização são essenciais.

Tomando por empréstimo as palavras de Fabiana del Padre Tomé, a importância do método e do sistema de referência, bem como das dificuldades inerentes ao estudo dos objetos culturais, como é caso do Direito, por si só já permitem entrever a relevância do constructivismo lógico-semântico. O estudo da teoria da linguagem tem finalidade específica de identificar instrumentos teóricos que permitam melhor compreensão e operacionalização da experiência jurídica. Afinal, segundo o Professor Gabriel Ivo, sem a comunicação não há Direito e, é ela, por sua vez, que impõe uma linguagem. Dessa forma, busca atender-se a sempre recomendável intersecção entre teoria e prática, entre ciência e experiência, ampliando, assim, o universo das formas jurídicas.

E sendo assim, conforme o próprio Professor Paulo de Barros Carvalho, "o modelo constructivista se propõe a amarrar os termos da linguagem, segundo os esquemas lógicos que deem firmeza à mensagem, pelo cuidado especial com o arranjo sintático da frase, sem deixar de se preocupar com o plano do conteúdo, escolhendo as significações mais adequadas à fidelidade da enunciação". Além disso, ele é, antes de mais nada, um eficiente instrumento de trabalho que alia teoria e prática, uma vez que um recurso analítico por ele proposto, a celebrada Regra-matriz de Incidência Tributária, é bastante usada em decisões emanadas por juízes em seus tribunais e mesmo por ministros do STF. Basta ver a decisão da RE 385091/2013, do Supremo Tribunal Federal, cujo relator foi o Ministro Dias Toffoli.

O constructivismo lógico-semântico, tomado como concepção filosófica que prima pela rigorosa elaboração da metodologia sintática e semântica do Direito, possibilita edificar uma teoria das normas bem estruturada em termos lógicos, discutida e esquematizada no nível semântico e com boas indicações para um desdobramento pragmático.

Por fim, vem de Paulo de Barros Carvalho, inserido no movimento do "giro-linguístico", promovido por filósofos e cientistas, num determinado momento do século XX, que se voltarem todas as atenções para a linguagem e sua importância para o saber científico, a maior contribuição para a sedimentação do constructivismo lógico-semântico entre nós. Seus escritos, sempre profundos e atentos ao modelo filosófico adotado, estimulam a investigação e a reflexão, exercendo, também, forte influência na produção científica nacional.

desempenhar o papel de um bom profissional no mercado de trabalho. E inicialmente não como um bacharel em Direito, mas sim como um engenheiro formado pelo Mackenzie, possivelmente como engenheiro mecânico, pois como dizia seu pai, esta sim era uma "profissão de futuro". Não estava de todo equivocado o velho Leonardo, uma vez que no final da década de 1950, a industrialização acelerada dos anos JK estava assentada sobre uma promissora indústria automobilística, que seria a grande responsável pela inserção do Brasil no grupo de novos países bafejados pelos efeitos dos anos dourados, preconizados pelo celebrado historiador britânico Eric Hobsbawm, em sua breve história do século XX.

Mesmo como estudante de Direito da PUC, nos dois primeiros anos do curso, tudo indicava que o seu caminho parecia ser bem diferente. Seu interesse pelo Direito Penal, que além da atração natural que essa disciplina exerce sobre os jovens iniciantes na carreira, se deu por influência das aulas do professor José Frederico Marques, titular dessa cadeira na PUC e pelo contato com a obra do médico e jurista pernambucano Aníbal Bruno, poderia tê-lo levado a um outro ramo bem diferente da advocacia, uma vez que seu aproveitamento nas provas valeu-lhe o convite para estagiar no escritório do professor Frederico Marques, um dos mais renomados juristas de São Paulo. Convite que declinou de pronto, talvez porque intuísse que o destino lhe reservava uma outra missão, que era a de perscrutar o mundo das ideias na busca de uma nova forma de se entender e ensinar a ciência do Direito.

Nesse sentido, até sua postura de aparente desligamento em sala de aula, perdido em divagações ou em leituras que nada tinham a ver com o assunto de uma determinada matéria considerada maçante, comportamento comum a qualquer estudante que procura sempre eleger as disciplinas do seu agrado, pode ser um indício de que seu interesse ia além dos conteúdos que ali se estudava. No segundo ano da graduação, por exemplo, agradava-lhe mais, entre vários outros, os textos do penalista Aníbal Bruno, marcados pelo elegante estilo literário e ao mesmo tempo preciso, que o diferenciava da literatura tradicional do direito ou dogmática penal. Afinal, mesmo Celso Antônio Bandeira de Mello, o renomado jurista, filho do grande professor Oswaldo Aranha Bandeira de Mello, e seu amigo de longa data, também tinha o costume de se dedicar a quaisquer outras atividades intelectuais, outras leituras, e até mesmo disputar renhidas batalhas navais durante as aulas "chatas" de Direito Administrativo, pelo qual nunca fez questão de esconder sua grande aversão. Aliás, diga-se de passagem, o mesmo Direito Administrativo que acabaria por consagrá-lo como um dos maiores administrativistas do país e, que no curso de Direito da PUC, era ministrado por nada mais nada menos que pelo seu próprio pai.

O interesse de Paulo pela própria língua portuguesa, com toda a sua riqueza, parece ter sido a primeira manifestação de que o caminho a ser percorrido era bem outro. Isso porque, sua postura reservada e a indisfarçável timidez eram reveladoras de uma certeza: a de que jamais seria um tribuno eloquente e arrebatador, qualidade natural de um grande causídico como Geraldo Ataliba, por exemplo, o carismático professor, que além de um grande amigo, foi também o seu padrinho intelectual e profissional, e que no círculo fechado de amigos, era tratado carinhosamente como "Gordo". Ataliba eletrizava plateias ouvintes pela veemência de sua retórica e, não raras vezes, recorria aos extremos dos recursos dramáticos que iam do discurso inflamado aos enérgicos murros na mesa. Este não era, com certeza, um perfil em que se encaixasse o jovem Paulo, bastante conhecido, entre os colegas do seleto grupo que frequentava na faculdade, pela sua postura sempre plácida e pela fala mansa.

Para ele, que vinha da área de exatas, o primeiro contato com a área de humanidades mostrou-se aparentemente mais fácil do que os cálculos e afins exigidos nos estudos de engenharia. Em pouco tempo, porém, o novo curso passou a apresentar-se pleno de dificuldades. Era muito mais difícil pela exigência de amplitude e profundidade do conhecimento e da própria compreensão do sentido histórico do Direito. Daí a necessidade de muita leitura de obras e textos, de conteúdos densos e difíceis de serem apreendidos ao primeiro contato. Assim sendo, mais do que a disciplina e a concentração, o domínio da língua pátria parecia ser uma condição fundamental para um melhor aproveitamento dos estudos, e como julgava ter um bom português, chegou a acreditar que sua adaptação ao novo curso seria apenas uma questão de tempo. Além disso, surgiu o interesse em prestar concursos públicos, não tão comuns naquele tempo, mas sempre difíceis, especialmente porque, à prova de português, era atribuído um grande peso.

Essa certeza, entretanto, deu lugar ao desalento quando se dispôs a resolver, até como um passatempo, os exercícios propostos em uma publicação popular da época, "100 frases erradas para corrigir". O resultado não foi nada auspicioso: em cada dez frases corrigidas acabou acertando apenas uma. Ali estava lançado o desafio, e como sempre ele não se recusou a enfrentá-lo. Por dez anos, por iniciativa própria, ele se dedicou intensamente, embora sem nenhuma sistematização, aos estudos da língua portuguesa. Aprofundou-se pelos tortuosos caminhos da gramática, aventurando-se pelas armadilhas da sintaxe, colecionado os melhores dicionários e tudo que estivesse relacionado à filologia e à filosofia, que logo o atraiu, além de ler tudo que pudesse ajudá-lo na superação dos obstáculos que porventura se apresentassem. A leitura das polêmicas entre juristas, como àquela do início do século XX, que envolveu Ruy Barbosa, o célebre jurista baiano e o professor Ernesto Carneiro Ribeiro, quando do lançamento do Código Civil Brasileiro, tornou-se quase obrigatória. Isso deu-lhe mais segurança e seu estilo de redação ficava cada vez mais elegante. Nesse meio de tempo, passou a se interessar pelo Direito Tributário, não só porque era algo que poderia ser útil às suas funções como Agente Fiscal de Tributos Internos do Ministério da Fazenda, mas porque passou a levar em conta as palavras do professor Ruy Barbosa Nogueira, responsável pela cadeira de Ciência das Finanças: "o futuro está aqui e eu estou instaurando esse curso no Brasil".

Nessa época, o Direito Tributário apresentava-se como novidade, uma vez que ensaiava os seus primeiros passos em alguns países do continente europeu desde os anos trinta. Foi na Itália, na Espanha e na Alemanha, a partir dessa década, que surgiam as primeiras publicações e os primeiros cursos que sugeriam a sua emancipação no conjunto da ciência do Direito. No Brasil, ele também era algo bastante novo, pois ainda não tínhamos sequer um sistema tributário minimamente ordenado, o que somente passaria a ocorrer a partir da Emenda Complementar 18, de 1965, e com a promulgação do Código Tributário Nacional, de 1966, esse último estabelecendo suas normas gerais, a partir do anteprojeto do doutor Rubens Gomes de Sousa, que aguardava aprovação desde a década anterior.

Nas instituições de ensino superior de então, o Direito Tributário era parte da matéria Ciência das Finanças, sendo estudado ao final do curso, como por exemplo, o que era ministrado pelo professor Ruy Barbosa, da PUC/São Paulo, que por sinal dava-lhe um tratamento bem diferente: dedicava um tempo mais curto para a apresentação de noções da Ciência das Finanças e do Direito Financeiro, reservando um tempo bem maior do seu curso para melhor ensinar o Direito Tributário. Até bem pouco tempo, era isso que acontecia em várias escolas de direito como a da Universidade Estadual de Londrina, em 1999, onde, de acordo com Aurora Tomazini de Carvalho, hoje integrante da equipe de Paulo de Barros Carvalho, conferencista do IBET e professora de Teoria Geral do Direito da UEL, o Direito Tributário só era tratado no 5º ano do curso, e voltado quase que exclusivamente para aqueles que optavam pelo Direito Empresarial.

Entretanto, ao que tudo indica, foi a Faculdade de Direito da PUC, a primeira a introduzir os estudos de Direito Tributário, tendo sido o próprio professor Ruy o responsável pela elaboração de um primeiro programa da disciplina, em 1954, mesmo como a parte final do curso de Ciência das Finanças. Na mesma época, o incansável Rubens Gomes de Sousa, uma referência entre todos os tributaristas, também defendia a inclusão do Direito Tributário como disciplina autônoma dos cursos de Direito. Por ser novidade e uma raridade nos meios acadêmicos, havia dificuldade na sua construção doutrinária enquanto disciplina. A produção bibliográfica era escassa e não havia sistematização, inclusive legislativa, para o pleno entendimento do sistema tributário nacional, o que acabava por gerar um confuso emaranhado de normas fiscais e tributárias. Lembrando um pouco o divertido carnaval tropical e colorido das estampilhas, tão bem apreendido pelo espírito crítico e irreverente do gaúcho Alfredo Augusto Becker.

No final dos anos sessenta, verificava-se o apogeu do estruturalismo europeu, e novas expressões como semântica, semiótica e linguística tornavam-se as palavras da moda no meio acadêmico. Coube a Paulo, em que já se manifestava o interesse pela teoria da linguagem e influenciado por novas leituras, entender que esta última – a linguística – não era algo que significasse um fim em si mesmo, mas sim, um sofisticado instrumento metodológico para o estudo e o ensinamento da ciência do Direito. Como ele próprio diria posteriormente "a filosofia da linguagem, tanto na versão do estruturalismo mais conectado com a linguística, quanto na proposta da filosofia analítica, em ligação mais estreita com a lógica e com a matemática, navega a velas pandas no que há de mais fino e elaborado do pensamento ocidental". Nessa época, fazia o curso de especialização – correspondente hoje ao mestrado – em Direito Comercial, na Universidade de São Paulo, onde ao longo de dois anos, teve aulas com os professores Filomeno Joaquim da Costa e Silvio Marcondes, ao mesmo tempo em que cursava os dois anos e meio de Administração de Empresas para graduados das mais diversas áreas, que era oferecido pela Fundação Getulio Vargas e que muito contribuiria para enriquecer seu currículo.

No curso da GV, reencontrou-se com Celso Ribeiro Bastos, um amigo do tempo de faculdade. Recém-chegado da França, estava bastante desencantado com o Direito, que para ele não passava de um "jogo de palavras" muito retórico, pois o que diziam e ensinavam na faculdade não se consubstanciava em algo tangível. Disso resultaram as longas conversas em que ele procurava convencer a Celso, e até a si mesmo, da importância da linguagem no Direito, comparando a bibliografia e os docentes da área com o que era oferecido pela Administração da Getúlio Vargas, uma bibliografia escassa – pelo menos na época – além de professores muito informais, embora fossem grandes comunicadores. Para tanto, citava o exemplo do ministro do Supremo Tribunal Federal, Raphael Monteiro de Barros, que fora seu professor de Processo Civil na faculdade e, que embora não apresentasse uma boa didática, impressionava o alunado pela postura em uma sala de aula pela aura do conhecimento de que era possuidor, o que inegavelmente lhe conferia, a estatura de um dos grandes mestres do Direito.

Nesse meio de tempo, surgiu a oportunidade de uma primeira experiência prática em advocacia, como seu pai um dia havia sugerido. Ao lado de José Eduardo Bandeira de Mello, Michel Temer, hoje Presidente da República, e de Celso Bastos, PBC foi um dos criadores de uma banca de advogados que funcionava na rua Maria Paula, um pouco antes do viaduto do mesmo nome, ocupando as dependências do antigo escritório do doutor Oswaldo Aranha Bandeira de Mello, que fora fechado, uma vez que este tornara-se desembargador do Tribunal de Justiça de São Paulo. Era o famoso escritório dos "quatro advogados e um só cliente", com uma causa que segundo ele próprio era uma coisa escabrosa, em que um filho se recusava a pagar pensão à própria mãe já idosa, o que resultava até em serem atendidos de má vontade pelos funcionários do Fórum. A experiência que não teve longa duração teria uma importância fundamental na vida de Paulo e dos outros três sócios. Isso porque, duas ou três vezes por semana à tarde, chovesse ou fizesse sol, lá estavam os inseparáveis Celso Antônio Bandeira de Mello e Geraldo Ataliba, grandes professores da Faculdade Paulista de Direito (PUC) e amigos de todos os integrantes do escritório, todos seus ex-alunos. Celso Antônio era Diretor Administrativo da Fundação Paulista de Amparo à Pesquisa (FAPESP) e Geraldo Ataliba, seu consultor jurídico. Aparentemente, segundo Paulo, parecia até que todos não tinham muito o que fazer, pois ali durante horas eram travadas longas discussões sobre os temas mais variados do Direito, em que as figuras centrais eram sempre os dois grandes mestres secundados pelo pequeno grupo de ex-alunos, que vez ou outra arriscava-se a fazer pequenas intervenções, mas que se extasiavam com o que aprendiam na informalidade. Com certeza, eram com aquelas agradáveis tertúlias que aprendiam muito mais do que tudo aquilo que estudaram durante anos nas salas de aulas da Faculdade de Direito.

Além disso, foi nessa ocasião que surgiram os convites feitos por Geraldo Ataliba e Celso Antônio aos três jovens advogados. O professor Ataliba havia sido aprovado por concurso para livre-docente e postulou a regência da cadeira de Ciência das Finanças, o que acabou gerando atritos com o professor Ruy Barbosa Nogueira, que embora não fosse concursado, era até então o responsável pela cátedra. Atritos que evoluíram, anos depois, para uma briga na justiça entre os dois professores; o primeiro, já como Reitor da PUC e o segundo, como Diretor da Faculdade de Direito da USP. Paulo era convidado para ser seu assistente na cadeira de Direito Financeiro e Ciência das Finanças, que abrangia também o Direito Tributário, o que foi prontamente aceito. Michel Temer, por sua vez, a convite também de Ataliba, passava a ser seu assistente em Direito Constitucional. Na mesma ocasião, Celso Bastos, convidado por Celso Antônio tornava-se seu assistente na cadeira de Direito Administrativo; algum tempo depois, Bastos iria se dedicar ao Direito Constitucional. José Eduardo, então às vésperas de seu casamento com Maria Lúcia, pleiteava e conseguiu o cargo de secretário da Faculdade de Farmácia, da USP. Além disso, Temer e Celso Bastos também haviam sido aprovados no concurso para a Procuradoria da Fazenda Estadual. É claro que essas ocorrências determinaram o esvaziamento do nascente projeto dos jovens causídicos. Desfazia-se o escritório de advocacia, que poderia ter sido promissor tal a importância atual dos profissionais que dele faziam parte. Por outro lado, ganharia muito a ciência jurídica, em especial a Teoria Geral e a Filosofia do Direito e o Direito Tributário, pois com isso tinha início a brilhante carreira universitária do professor e pesquisador Paulo de Barros Carvalho.

Em 10 de outubro de 1970, PBC tomava posse no cargo de professor assistente na PUC, o mesmo acontecendo com Michel Temer e Celso Bastos, além de Tereza Alvim, assistente do professor José Manuel de Arruda Alvim. Geraldo Ataliba praticamente exigiu que todos os novos assistentes fizessem rapidamente o doutorado, dentro de um curto prazo e sem nenhuma possibilidade de prorrogação. A insistência de Ataliba para que todos se tornassem doutores devia-se à iminência de instalação do curso de mestrado, o que de fato ocorreria em 1971. Assim, a toque de caixa e pela ordem, Tereza, Celso, Michel e Paulo defenderam suas teses de doutoramento, garantindo assim a instalação do curso de pós-graduação da Católica, o que de fato ocorreria em 1973.

Quanto à postura de Paulo em sala de aula, nesses primeiros passos no magistério superior, não são poucos os ex-alunos do bacharelado da PUC do início dos anos setenta que se recordam da forte impressão causada por ele, e não pela maneira como era apresentado aos alunos pelo sempre bem-humorado Geraldo Ataliba, que na sua primeira aula, o anunciou bombasticamente como "a maior autoridade em IPI" que ele conhecia. Essa forte impressão, é claro, explica-se se tanto pela rigorosa elegância que sempre o caracterizou como pela seriedade com que conduz o ensino de Direito Tributário. Como recorda Roque Antonio Carrazza, seu aluno na primeira turma de graduação, de 1971, quando fazia o quarto ano do seu bacharelado. O jovem estudante, hoje sócio-fundador do escritório Roque Carrazza Advogados Associados, um dos mais conceituados no campo do Direito Tributário, teria ficado impressionado com seu rico e preciso vocabulário, aliado à amplitude de seus conhecimentos e à profundidade de raciocínio, talvez prenunciando uma genialidade que então se manifestava. Essas características são até hoje marcas da sua personalidade singular e muito admiradas por todos que o conhecem. Carrazza, que hoje é titular da cadeira de Direito Tributário na Faculdade de Direito da PUC/SP, em 1976 e 1978, seria seu orientando no Mestrado e no Doutorado e se tornaria, juntamente com Elizabeth Nazar Carrazza, sua esposa, uma referência importante nesse campo e um de seus grandes amigos.

A sua tese *A estrutura lógica da norma jurídica tributária*, com a qual PBC conquistou com distinção o grau de doutor em Direito pela PUC, em 1973, por apresentar as premissas de como tratar o Direito e de como tratar o Direito Tributário, pode ser considerada a primeira prova dessa genialidade. Publicada em 1974, com o título *Teoria da Norma Tributária*, nela são incorporados aos modelos teóricos de Hans Kelsen, Alfredo Augusto Becker e de Geraldo Ataliba – seu orientador – as contribuições da teoria semiótica e da teoria linguística, rompendo com a tradição do estudo do Direito Tributário, a partir da hipótese normativa que glorificava o fato gerador. Posteriormente, com *A Regra-Matriz do ICM* – o S de Serviços somente seria incorporado posteriormente – tese que o tornou Livre-Docente em 1981, também na PUC, revelou sua festejada regra-matriz da incidência tributária, um sofisticado instrumento de análise de fenômeno de incidência da norma tributária em seus três aspectos fundamentais, o sintático, o semântico e o pragmático. O mesmo pode-se dizer da tese *Questões Substanciais de Direito Tributário*, de 1985, que lhe permitiu alcançar a titularidade na mesma universidade, grande parte dela incorporada ao seu *Curso de Direito Tributário*, hoje com vinte e oito edições.

Por fim, em 1997, com a tese *Direito Tributário – Fundamentos Jurídicos da Incidência*, que lhe garantia também a titularidade por concurso na Faculdade de Direito do Largo de São Francisco, o jusfilósofo se superava, não apresentando apenas importantes mudanças, mas uma autêntica revolução não só na teoria do Direito Tributário, mas principalmente na Teoria Geral do Direito. Nessa tese, PBC concluía que o fato jurídico e a obrigação tributária não serão jurídicos enquanto não ingressarem pelas portas do Direito, que são atos de enunciação. Em defesa de seus argumentos em que a relação Direito e teoria da linguagem, a ele tão familiar, são indissociáveis, convidou a todos os interessados que se dispusessem a apresentar um, e somente um bastava, fato jurídico sem linguagem. Para muitos, esse convite soava como um autêntico um desafio: "desisto de tal perspectiva teórica, se alguém apresentar-me fato jurídico sem revestimento linguístico". O certo é que até hoje, nada foi proposto em contrário, ainda que não tenha havido falta de procura ou curiosidade por parte de alguns estudiosos. A vaga de titular na USP, aberta com a aposentadoria do professor Alcides Jorge Costa, fora anteriormente ocupada pelo professor Ruy Barbosa Nogueira, seu antigo mestre na PUC. Vale a pena lembrar, que PBC é o único a alcançar a titularidade por concurso e na mesma disciplina, nas duas mais importantes universidades do país. Mais do que isso, em 2009, sua brilhante carreira foi coroada com os títulos de Professor Emérito da Universidade de São Paulo e da Pontifícia Universidade Católica, uma honraria, como se sabe, difícil de ser alcançada em uma universidade e quase impossível em duas. Na histórica Faculdade de Direito do Largo São Francisco, ao longo dos seus 188 anos de existência, apenas 41 professores foram agraciados com essa láurea. Na Faculdade de Direito da PUC, apenas dois: os professores Celso Antônio Bandeira de Mello, que recebeu o título em 2007, e Paulo de Barros Carvalho.

Ao longo desse processo revelador da sua vocação analítico-hermenêutica, mostravam-se frutíferos seu contato com a obra do jusfilósofo pernambucano Lourival Vilanova, um dos pilares do construtivismo lógico-semântico que o distingue entre todos os seus iguais, e as leituras sugeridas por Alfredo Augusto Becker, o notável jurista gaúcho que o conduziu pela seara da teoria da linguagem e um marco no Direito Tributário brasileiro, a partir das propostas de uma abordagem científica e essencialmente jurídica, afastando, assim, a interpretação tradicional com seus fundamentos nas Ciências das Finanças e na Economia, que prevalecia até então. Curiosamente, era o enlace Norte e Sul que em outros tempos fora o responsável pela união de seus pais que mais uma vez se repetia na história da sua vida, e desta feita fazendo o caminho inverso, a exemplo de Georg Friedrich Haendel e Johann Sebastian Bach, grandes nomes da música do século XVIII. Ambos ao invés de procurar as grandes expressões dos principais polos da música de sua época – Itália, França e Áustria – foram em busca de Lubeck, na região dos ducados teuto-dinamarqueses, para conhecer a execução e a arte organística de Buxtehude. Por sinal, Bach teria percorrido a pé os quase 320 quilômetros que separavam Arnstad, na Turíngia, onde trabalhava como organista, da longínqua cidade do Norte, onde vivia o grande mago da música setecentista.

O mesmo se daria com Paulo, que nos anos setenta, buscou em dois extremos do país – Porto Alegre e Recife – os conhecimentos de Alfredo Augusto Becker, segundo Geraldo Ataliba, um revolucionário no campo do Direito Tributário, e de Lourival Vilanova, o mestre dos mestres da Escola de Recife, em vez de se concentrar em São Paulo, onde estavam a Faculdade Paulista de Direito da PUC e a tradicional Faculdade de Direito do Largo de São Francisco, dois grandes centros do Direito do país, e um dos principais polos, ao lado do Rio de Janeiro, da produção jurídica nacional. E não foi apenas uma, mas sim várias as vezes, que se deslocou de São Paulo até o Moinhos de Vento, um bairro nobre porto-alegrense onde Becker morava, ou para o Pina, em Recife, bairro à beira-mar, fronteiriço a Boa Viagem, em que vivia o celebrado professor Vilanova, sempre com as anotações de dúvidas surgidas ao longo das suas leituras que humildemente, segundo ele próprio, expunha a esses dois grandes nomes do Direito. Em troca, depois de longas discussões, encontrava soluções e recebia sugestões que em muito contribuíram para o seu robustecimento intelectual e científico, condição essencial para se tornar o grande doutrinador. Foi a partir dos intensos contatos com estes dois mestres da ciência jurídica, que pode construir o aparato lógico-semântico em que se funda sua obra redescobrindo e revalorizando a teoria da linguagem, aplicando-a à Ciência do Direito. Vale lembrar, que ao mesmo tempo, entrava em contato com o recém-criado Programa de Comunicação e Semiótica da PUC, especialmente com a professora Lúcia Santaella, estabelecendo uma relação multidisciplinar de grande valia para seus estudos e pesquisas no campo da teoria da linguagem e sua aplicação ao Direito.

No início de 1976, depois de várias visitas, muitos telefonemas e cartas trocadas com Becker, Paulo comunicava, entusiasticamente, que havia encontrado na Livraria Lael, especializada em obras importadas de Direito, o exemplar raro da segunda edição de um dos livros de Achille Donato Giannini, renomado tributarista italiano, autor entre outras, de obras como: *Instituzione di Diritto Tributário* e *I concetti fondamentali del Diritto Tributário*. Em resposta, recebeu do mestre gaúcho, laconicamente, um conselho radical: "Você que já leu os clássicos de Direito Tributário, deixe-os de lado, pois existem novas leituras que realmente interessam ao estudioso do Direito". Em suma, o que ele queria dizer é que abandonasse tudo, deixasse de lado a bibliografia tradicional, pois o caminho era bem outro. Ato contínuo, em carta de 11 de maio do mesmo ano, Becker envia-lhe três livros como sugestão de leituras: *As Relações entre as Ciências de Linguagem e as demais Ciências*, do russo Roman Jakobson; *Curso de Linguística Geral*, de Ferdinand Saussure e *Semântica, Introdução à Ciência do Significado*, de Stephen Ullman, com a orientação para serem lidos nessa ordem. Na carta – e naquele tempo, as pessoas trocavam cartas – Becker, como que antevendo o efeito daqueles autores sobre o estudioso jurista paulistano, acrescentava: "Se eles te despertarem curiosidade suficiente para levar a cabo sua leitura integral, relata-me a reação do seu intelecto à ação da linguística e/ou semântica (a distinção entre ambas é bizantina e pertence ao capítulo da ginecologia angelical) ". No caso de uma reação favorável, ao final da missiva prometia e ao mesmo tempo fazia uma advertência: "Terei, então, mais uma vez a satisfação de te recomendar alguns outros livros e depois alguns mais .... e correrás o risco de estudar semiótica em detrimento do Direito Tributário. Não em prejuízo do Direito, porque perceberás – já agora no curso da leitura destes livros – que grande parte das interrogações e investigação da ciência semiótica apresentar-se-ão com fisionomia muitíssimo familiar a ti. Os juristas são, sem o saber, os semânticos da linguagem jurídica".

A figura excêntrica de Becker, adepto da cultura francesa e existencialista convicto, causava forte impressão, embora fosse um homem rico, pois era um dos membros da segunda banca de advogados do Rio Grande do Sul, criada por seu pai, o austero Walter Marcos Becker, e da qual fizeram parte Thompson Flores e José Eloy da Rocha, dois futuros ministros do Supremo Tribunal Federal. Era também um homem de hábitos curiosos, com poucos amigos e quase recluso, que ao se dar conta que seu trabalho rendia muito mais à noite, passou a criar, durante o dia, as condições noturnas para sua faina: cortinas bem fechadas, vedadas com tecidos pretos, telefone desligado, silêncio total e recomendações expressas para não ser incomodado. Disso resultaria uma rica produção que não se limitou apenas ao Direito, pois é dele uma biografia em francês de Albert Camus, prefaciada por Érico Veríssimo, e que ele pretendia que fosse publicada pela Editora Gallimard, de Paris. Ocorre, que a política da conceituada casa editorial era de prestigiar autores da língua francesa, escrevendo sobre figuras do pensamento francês, o que acabou por frustrar suas pretensões.

É no Direito Tributário, entretanto, que Becker se tornou uma referência com suas obras, pelo estilo forte e incisivo que chocava o leitor. É o caso do livro *Teoria Geral do Direito Tributário*, publicado pela Editora Saraiva, em 1963. Com seu tom retórico e contundente, nele defendia a ideia de que "havia um manicômio jurídico-tributário" no país, cuja "terapêutica da demência fazia tendermos a aceitar aquilo que tem aparência de logicidade, sem pensar". Era uma obra que de fato revolucionava o Direito tributário, a ponto de Dino Jarach, grande tributarista italiano radicado na Argentina desde o pós-guerra, confidenciar a Paulo, e posteriormente ao ministro Eros Grau, que este era um dos livros mais inteligentes que havia lido, mesmo que não concordasse com seu conteúdo. Depois do seu lançamento, Becker se dispôs a esperar exatos sete anos pelas manifestações do meio jurídico e acadêmico que com certeza viriam, fosse para criticar ou fosse para elogiar sua obra. Passados os sete anos, essas respostas nunca vieram, trazendo-lhe um profundo desgosto, acompanhado da forte depressão e a seguir o seu rompimento com a ciência do Direito Tributário. A partir dali, e conforme ele próprio afirmaria, suas relações com o Direito Tributário só se dariam em termos estritamente profissionais, e, evidentemente, cobrando bem mais caro por isso.

Alfredo Augusto Becker, nunca aceitou os convites para participar de bancas examinadoras, ministrar cursos, ou proferir palestras e conferências em qualquer parte do país, nem mesmo na escola de Direito da PUC, muito embora tenha sido convidado inúmeras vezes por Paulo e Ataliba. E mesmo sabendo que seus textos fotocopiados – na época, não havia proibição para tal – eram usados com frequência pelos professores e alunos dos cursos de especialização e de pós-graduação de Direito da Católica, até porque as edições de suas obras, especialmente a *Teoria Geral do Direito Tributário* estavam esgotadas. O isolamento, abraçado por ele como opção, pode muito bem ser entendido pela leitura do prefácio de Paulo de Barros Carvalho à segunda edição, publicada em 1999, do irônico e intrigante *Carnaval Tributário*, de sua autoria, criticando, de forma contundente e bem-humorada, a quantidade e a variedade dos tributos mascarados numa autêntica folia do tríduo momístico em que o grande destaque era a Escola de Samba da Vila Federal. Em um trecho dele, segundo Paulo: "Alfredo Augusto tenta explicar sua opção pelo 'outro mundo', que não o direito, e porque desapareceu do cenário jurídico, permanecendo como se fora um fantasma, ao mesmo tempo em que sumia a 2ª edição do *Teoria Geral do Direito Tributário*. Para fazê-lo, tece, em vinte e quatro capítulos, congregados em quatro partes, uma fileira de recordações, entrecortadas por registros interessantes de sua experiência profissional, de seus sonhos e esperanças, de um ideal vivido com entusiasmo e emoção, de quem se apega, efetivamente, a um compromisso sério e definitivo com a existência".

Se Becker teve uma importância fundamental na incursão de Paulo no campo da teoria da linguagem, foi de Lourival Vilanova, o grande Mestre do Recife, de quem veio a fundamentação filosófica para o estudo e a compreensão da Teoria Geral do Direito, enfatizando o entendimento da ciência jurídica como fenômeno linguístico. O primeiro contato com Vilanova, contudo, se deu em 1973, e em São Paulo, para onde nas últimas décadas do século passado, o jusfilósofo pernambucano vinha com bastante frequência. E eram três as razões que o traziam à capital paulista: a primeira, e presente em todas elas, era visitar a filha Ana Lúcia, o genro e os netos; a outra era para atender aos inúmeros convites para integrar bancas examinadoras na Faculdade de Direito do Largo de São Francisco e, finalmente, para proferir palestras e conferências ou conduzir grupos de estudos sobre Filosofia e Teoria Geral do Direito na Pontifícia Universidade Católica de São Paulo.

O estreitamento das relações com o professor Lourival, deu-se por conta de sua presteza em acompanhá-lo, quando este se deslocava pela capital, levando-o para a casa da filha onde se hospedava ou buscando-o para que cumprisse seus compromissos acadêmicos em São Paulo. Aliás, uma estratégia de aproximação, que aprendera com o genial Geraldo Ataliba, que entre 1973 e 1976 tornara-se Reitor da Pontifícia Universidade Católica de São Paulo. Nascia então, uma relação de amizade que se firmaria com o memorável curso de dois dias ministrado pelo professor pernambucano aos professores da PUC, em 1975, no auditório do Hotel Macksoud Plaza, na capital paulista, e que se consolidaria com suas peregrinações ao Estado de Pernambuco, em busca das palavras do grande mestre.

Por sua vez, as constantes visitas que lhe fazia o ainda jovem professor paulista, eram facilitadas pela presença dos muitos familiares que viviam em Recife, ou ainda pelo fato de ter-se tornado proprietário de uma fazenda em Arcoverde, na boca do sertão pernambucano, da qual esteve à frente por mais de dezoito anos. Da mesma forma, o apartamento de Candeias, também em Recife, que Paulo adquiriu para as férias da família, permitiu que fossem estreitados ainda mais os laços pessoais que o ligavam ao professor Vilanova. Além do mais, tendo tomado contato com sua obra, Paulo era sempre bem recebido quando lhe levava as dúvidas surgidas ao longo da leitura de seus próprios livros, como os clássicos **Causalidade e Relação no Direito** e **Estruturas Lógicas e o Sistema de Direito Positivo**.

Assim, os encontros entre ambos eram sempre de alto nível e de muito respeito; de um lado, o talentoso autor, dotado de uma capacidade intelectual incomum e de um conhecimento invulgar, nem sempre reconhecido pelos seus conterrâneos e de outro, um dedicado estudioso de sua consistente produção bibliográfica – a maior parte dela de difícil acesso – e que desde há algum tempo vinha mostrando uma predisposição para acentuar os aspectos linguísticos na construção da ciência do Direito. As dúvidas existentes eram sempre sanadas com calma e paciência pelo professor, que em muitos casos recorria aos exemplos práticos para elucidar algumas delas. É o exemplo da diferença entre *noesis* e *noema*, mesmo depois das pesquisas de Paulo em vários dicionários de filosofia. Numa tarde, estavam ele e o mestre sentados na varanda do apartamento com ampla vista para o mar, onde se perfilavam vários navios aguardando para adentrar ao porto de Recife – o porto de Suape só surgiria mais tarde. O mestre aponta o mar e pergunta: "você está vendo os navios"? Sim respondeu-lhe Paulo. "Pois é, o seu ato de olhar é *noesis*". E apontado para o final da formação, faz uma outra pergunta: "O que é que você está vendo agora"? Um navio, respondeu-lhe Paulo. "Agora o ato de olhar revelou-lhe um conteúdo, o que você recolheu com o ato, e isso é *noema*". Tudo o que era dito pelo Mestre ajudava no seu aprendizado, e não apenas para as questões do campo do Direito, mas para a vida. As dificuldades de compreensão de um texto seu, à primeira vista, eram sempre justificadas: "Paulo, a primeira leitura nada mais é do que a limpeza do terreno, o que cria as condições para as leituras seguintes". Ou ainda, o lema passado pelo professor que o acompanha ao longo de sua vida que é a "estratégia do respeito". Segundo Vilanova, "o respeito pelo próximo realiza um princípio ético fundamental. Quando ouvimos alguém, nos credenciamos para ser ouvidos". Em outras palavras: para ser ouvido é preciso saber ouvir. Foi do contato com o professor Lourival que veio a inspiração de Paulo para criar o curso de Lógica Jurídica, no mestrado e no doutorado da Pós-Graduação da Faculdade de Direito da PUC, em 1987.

Sempre entendendo a importância de PBC na divulgação do seu pensamento, pois não eram poucos os artigos, dissertações e teses que passaram a mencioná-lo, reconhecendo o seu papel na evolução do pensamento jurídico brasileiro, Vilanova não viveu para conhecer a grande homenagem que lhe prestaria seu discípulo. Em 2005, Paulo fez publicar em uma parceria Axis Mundi e IBET, os seus *Escritos Jurídicos e Filosóficos*. Uma obra em dois volumes, que teve o patrocínio da ECT – Empresa Brasileira de Correios e Telégrafos, primorosamente produzida com papel de alta qualidade e capa de tecido alemão, que pode ser considerada o embrião da futura Editora Noeses. A festa de lançamento dessa obra de referência de Lourival Vilanova foi realizada no Museu da Casa Brasileira, em São Paulo e reuniu centenas de convidados ligados à Ciência do Direito no Brasil. Entre tantos e importantes juristas e jusfilósofos presentes ao evento, deve-se destacar a figura emblemática de outro grande Mestre, o professor Miguel Reale.

O celebrado mestre pernambucano teve sua trajetória intelectual fortemente marcada pela sólida formação lógica, uma das conquistas do neoempirismo do Círculo de Viena, ao qual se alinhava o culturalismo da Escola de Baden, que também muito o influenciou, numa conjunção das mais felizes aliás, e de onde se originaram suas conhecidas inclinações para privilegiar o plano sintático da análise textual. Toda sua produção intelectual proclama farta e solenemente o caráter construtivo das ciências sociais, e notadamente dentro dela, a Ciência do Direito. Vilanova trouxe, para a Teoria Geral do Direito, uma linha muito mais voltada à linguagem, como expressão diferenciadora dos sistemas jurídicos, embasada na lógica jurídica, segundo ele, uma lógica que deveria ser cristalina, sem excessos para não se tornar logicismo. Curiosamente, sem nunca ter escrito uma obra específica sobre Direito Tributário, o mestre pernambucano, há muito, vem sendo um dos autores mais citados por especialistas desse ramo do Direito. Se Lourival Vilanova foi a grande expressão desse pensamento no Brasil, Paulo foi o responsável pela sua consolidação e pela sua difusão, tanto em âmbito nacional quanto internacional. Indiscutivelmente, é ele, hoje, a maior expressão dessa inovadora linha de pensamento.

Como se percebe, a trajetória de Paulo de Barros Carvalho acabaria por dar origem a uma autêntica escola, que é a Escola Carvalhiana. Uma Escola, que bem ao contrário da Escola dos Annales dos historiadores franceses, por exemplo, liderada por décadas com mão de ferro por Ferdinand Braudel, não se pretende hegemônica; que não contesta gratuitamente outras escolas de pensamento do Direito, por entender que os modelos de conhecimento são relativos. E isso, a liderança intelectual de PBC insiste que esteja sempre presente na formação dos seus seguidores, que hoje se somam aos milhares espalhados por todos os cantos do país. O seu estilo gentil e elegante, longe do espírito belicista, tão presente na maioria daqueles que militam no campo do Direito, é absorvido naturalmente pelos seus discípulos como parte integrante de um aprendizado que não se limita apenas aos conteúdos estudados, mas também à postura e às atitudes na vida prática. Como ser essencialmente gregário, quando se sentiu imerso naquele processo gerador de conhecimento propiciado por Vilanova, Paulo entendeu que não poderia retê-lo só para si, pois segundo ele, "transmitir é consolidar o conhecimento, e não apenas para mim, mas para todos que dele se pudessem valer". Em outras palavras, promover a sua circulação – do conhecimento – é uma forma de garanti-lo sempre vivo e dinâmico, capaz de reciclar-se e de renovar-se a cada novo aproveitamento que dele se faça. Guardá-lo a sete chaves, sem torná-lo, de alguma forma, um bem comum seria o mesmo, no limite, que decretar a sua finitude. E isso pode explicar a criação do seu celebrado Grupo de Estudos, em pleno funcionamento há 30 anos ininterruptos, e que se tornou, como ele próprio diz, a atividade principal dentre todas aquelas que ocupam o seu dia a dia. É nele que o Mestre cumpre a sua nobre missão de compartilhar o saber, e ao mesmo tempo, extrair, dos debates e estudos desenvolvidos em conjunto, a inspiração para elaborar suas teses, cumprindo o desiderato de que ao ensinar, também se aprende.

Em 2009, quando então se comemorava os vinte e cinco anos de existência do Grupo de Estudos, os próprios alunos das mais diversas turmas que por ele passaram, desde a sua fundação em 1985, decidiram homenageá-lo e a seu fundador, com a obra *Vilém Flusser e Juristas*, editado pela Noeses no mesmo ano. A publicação, coordenada por Florence Haret e Jerson Carneiro, tem como eixo as ideias de Flusser, pensador judeu de origem tcheca, pouco conhecido no meio acadêmico em geral, mas que viveu no Brasil entre 1939 e 1972, notabilizando-se pelos seus escritos filosóficos, em especial no campo da filosofia da linguagem, um provável reflexo da atmosfera cultural de Praga, terra em que floresceram o escritor Franz Kafka e o poeta Rainer Maria Rilke. Essa obra apresenta vários artigos de ex-alunos que um dia integraram o Grupo de Estudos e de outas importantes figuras das ciências jurídicas e humanas do País, como Celso Lafer, Tercio Sampaio Ferraz Junior, Alaôr Caffé Alves, Maria Garcia, Gustavo Bernardo Krause e Paulo de Barros Carvalho, com o brilhante texto *Poesia e Direito – O legislador como poeta: Anotações ao pensamento de Flusser*.

O Grupo de Estudos da Rua Bahia

> *"Em torno das 13h00 da tarde, como de costume, os conspícuos seguidores do Constructivismo Lógico-Semântico, com*

*aproximadamente 50 investigadores de muitas instituições prestigiosas, vão chegando ao auditório de Barros Carvalho Advogados Associados, onde, em breve, fará sua aparição o célebre Professor Paulo, que, com ânimo de um amante da Ciência, está próximo de proferir inefável discurso que ao longo da tarde gerará ideias medulares, as quais a posteriore decantarão em uma reinterpretação de algum instituto considerado aparentemente simples, ou simplesmente já discutido e aceito como verdadeiro por todos ou simplesmente complexo. Já são quase 13h00 da tarde, na Rua Bahia 1233, São Paulo, e vão se criando as condições materiais para forjar, mais uma vez, como se vem fazendo desde há muitos anos atrás, todas as terças-feiras, o sólido e nascente Constructivismo Lógico-Semântico".
(Relato de Juan Carlos Panéz Solórzano).*

Pode-se dizer que a Escola Carvalhiana tem sua origem neste seleto Grupo de Estudos, nascido em 1985, também conhecido como grupo de estudos de PBC, e que até hoje se reúne religiosamente todas as tardes de terça-feira do período letivo, no pequeno auditório da Editora Noeses, sediada na Rua Bahia. Um grupo de estudos, que segundo ele próprio, surgiu à semelhança dos muitos grupos de psicólogos que desde há algum tempo se reuniam para discutir as obras de psicologia analítica de Jung. Sua esposa Sonia, que também é psicóloga, fazia parte de um destes grupos que, provavelmente, tinham como modelo o Grupo de Estudos Carl Gustav Jung, fundado no Rio de Janeiro no final dos anos sessenta pela psiquiatra Nise da Silveira, cujos objetivos eram o estudo e a divulgação do pensamento e da *práxis* junguiana. Levar a ideia para o campo do Direito, que logo se tornaria exitosa, foi uma iniciativa exclusivamente de PBC.

A iniciativa de PBC poderia também lembrar o Grupo de Estudos d'O Capital, ou Seminário Marx, criado por professores assistentes das áreas de Filosofia, Ciências Sociais e História, da Universidade de São Paulo, em 1958 e que se reuniu até 1964, agregando mestres e alunos de diferentes áreas para o estudo da obra de Karl Marx, de uma forma rigorosamente acadêmica e interdisciplinar, bem diferente do que era feito até então, quando era usado apenas como base para partidos e doutrinas políticas. Ao trio fundador, núcleo inicial do grupo, o filósofo José Arthur Giannotti, o sociólogo Fernando Henrique Cardoso, e o historiador Fernando Antônio Novais, juntaram-se Octávio Ianni, Ruth Cardoso, Paul Israel Singer, Bento Prado Junior, Francisco Weffort, Ruy Fausto, Robert Schwarz, Juarez Brandão Lopes e Sebastião Cunha, entre muitos outros. Suas grandes heranças foram as teses e as obras geradas sob o seu influxo, marcantes no campo das ciências humanas do país. Mais do que isso, esse grupo estabeleceu uma nova prática de estudos e de leitura que acabou por revolucionar os meios acadêmicos. Parte dos seus integrantes fundariam, em 1969, o CEBRAP – Centro Brasileiro de Análise e Planejamento, que vem produzindo, ao longo das últimas décadas importantes estudos para a compreensão da realidade brasileira, em suas várias dimensões.

O Grupo de Estudos de PBC, especificamente, inspirou-se no modelo de construção do conhecimento aplicado por Lourival Vilanova, e ele próprio, por várias vezes, esteve presente nos encontros. O grupo surgiu com o objetivo de formar um núcleo de estudantes e intelectuais do Direito, dispostos a conferir as afirmações de Vilanova com os fundamentos da Teoria Geral do Direito e também com a consistência interior do discurso jurídico. Nos primeiros tempos, seus encontros aconteciam em uma grande sala na casa da Rua Traipu 902, Perdizes, onde também funcionava o primeiro escritório de advocacia de Barros Carvalho Advogados Associados. Religiosamente, como ainda hoje acontece todas as tardes de terça-feira, era em torno de uma grande mesa, uma verdadeira relíquia que pertenceu a Rubens Gomes de Sousa, orgulhosamente guardada por PBC até hoje, que se sentavam o Mestre e seus discípulos. E nos dias mais frios, bastante comuns na capital paulista, como lembra Tácio Gama, o ambiente tornava-se ainda mais aconchegante quando a lareira era acesa.

Com uma proposta que em muito se assemelha à Academia de Atenas, onde pontificou o filósofo Platão na Grécia Clássica, o Grupo de Estudos foi concebido como atividade de aprofundamento do conhecimento jurídico voltado para estudantes de pós-graduação, em sua maioria da PUC/SP. As leituras e discussões não abrangiam apenas o Direito Tributário, mas também a Teoria Geral de Direito e a Filosofia. Entre os pós-graduandos, como Tárek Moysés Moussallem, hoje professor da Universidade Federal do Espírito Santo e coordenador do IBET, de Vitória "era o que melhor havia na época, em que pessoas se reuniam com um único objetivo: estudar". Como o grupo não era aberto ao alunado em geral, seus participantes somente passavam a integrá-lo depois de passar por uma criteriosa seleção, entre dez ou quinze alunos no máximo. A presença não era obrigatória e não havia provas periódicas ou qualquer outra forma de avaliação, e mesmo assim, ninguém faltava. Logo, o convite para participar dos trabalhos diretamente coordenados pelo Professor Paulo era uma dádiva; algo como tirar a sorte grande. Com encontros semanais, sempre às terças-feiras, e sempre num clima descontraído de camaradagem e de reciprocidade, e como lembra ainda Moussalem: "Com os quibes e as esfihas que minha mãe enviava todas as semanas, aquilo virava uma boa farra intelectual". É de Flávia Holanda, uma estudante alagoana que um dia abandonou seu Estado e o conforto da família para se dedicar aos estudos de pós-graduação na PUC/SP, ao tomar como suas, as palavras de seus colegas, a constatação de que " o grupo de estudos é a melhor disciplina de mestrado e doutorado que jamais qualquer instituição teria condições de oferecer; o grupo é por si só uma titulação".

Fabiana Tomé também tem boas lembranças do grupo de estudos entre 1998 e 2001, do qual fizeram parte Paulo Conrado, Gustavo Amaral, Cristina Mendonça, Robson Maia e Tácio, participantes realmente de peso. Era uma época em que o IBET, sob a presidência de PBC, iniciava uma nova fase vitoriosa. Assim, por ali circulavam Pedro Lunardelli, Maria Rita Ferragut, Paulo Ayres Barreto, Cristiano Carvalho e Octávio Bulcão. Este último, é hoje um grande advogado baiano, membro da diretoria jurídica da Cia. Vale do Rio Doce e coordenador da sucursal do IBET em Salvador.

Ao seu objetivo primeiro, que era a leitura e a discussão dos textos do professor Lourival Vilanova, somaram-se os de outros autores como Pontes de Miranda, Ricardo Guibourg, Immanuel Kant, Edmund Husserl, Tercio Sampaio Ferraz Junior, José Luiz Fiorin, Miguel Reale, Jurgen Habermas, Gregorio Robles e Dardo Scavino, entre tantos outros. Contudo, é a obra do pernambucano Vilanova sua principal referência, visto que é estudada reiteradamente ano após ano, em sua quase totalidade, o que acabou por torná-la depois sobejamente conhecida por estudantes, professores e pesquisadores em todos os meios acadêmicos do país.

No seu formato inicial, o Grupo de Estudos funcionava como um autêntico trabalho de grupos. Um texto previamente escolhido, por exemplo, um escrito de Vilanova, era dividido em várias partes de tal maneira que todos participassem das discussões no encontro subsequente, discutindo o que haviam depreendido da leitura. Contudo, quase todos voltavam com o mesmo problema: não haviam entendido de maneira adequada o texto que lhes coubera enfrentar; um problema que ele conhecia, por experiência própria, quando dos seus encontros com o autor pernambucano, cujos textos extremamente densos eram de difícil entendimento à primeira leitura. A solução encontrada, um segundo formato ainda hoje praticado, foi a de se fazer uma leitura pausada e em voz alta, entremeada por observações, esclarecimentos e exemplos, além das dúvidas e indagações dos alunos. Um formato que lembra, em parte, a metodologia escolástica do medievo, em que o papel do Mestre consistia em ler, explicar e comentar textos valendo-se de exemplos, enquanto os discípulos deveriam mostrar, pela resolução de objeções e dificuldades, que haviam compreendido o que tinham aprendido. Eram dois os processos fundamentais nessa metodologia e que mutuamente se implicavam, ou seja, a *lectio* – o comentário ou exposição de um texto – e a *disputatio*, que era a discussão de um determinado problema com base no exame de argumentos favoráveis ou contrários. E é com extrema dedicação e calma que o professor Paulo cumpre seu mister de passar seu conhecimento a um grupo de alunos realmente interessados em entender o Direito de uma maneira muito mais atraente. Afinal, grandes textos devem ser lidos e explicados com paciência, palavra por palavra, argumento por argumento, para só então entender sua arquitetura e o todo de seu significado, o que para ele não parece nada difícil.

É do próprio professor Gregorio Robles Morchón, um dos principais nomes da Filosofia do Direito da Espanha e da Comunidade Europeia, quando de sua estada em São Paulo, a convite de PBC, para ministrar palestras sobre sua teoria comunicacional do Direito na PUC e USP, uma interessante confissão: de todos os eventos do qual participou na capital paulista, em meio a jantares e recepções, foi o Grupo de Estudos do IBET que mais o surpreendeu. De acordo com ele: "Seu Grupo de Estudos me impressionou muito. Não é frequente encontrar um nutrido conjunto de jovens interessados pelas questões teóricas do Direito. No curso de minha longa vida acadêmica, tenho trabalhado como professor ou pesquisador em quatro universidades espanholas (Complutense, UNED, Castilla-La Mancha e Ilhas Baleares) e em cinco estrangeiras (Munique, Viena, Friburgo em Brisgovia, George Mason University da Virgínia e Berlim). Posso assegurar que nunca havia encontrado algo similar ao que pude vivenciar no Grupo de Estudos dirigido pelo professor Paulo. A vontade de aprender e saber, o entusiasmo pelo Direito e por seus problemas teóricos e práticos. E tudo isso tornou-se possível graças à personalidade e ao caráter do eminente professor de São Paulo".

A união e a camaradagem entre os alunos, e destes com o Mestre, especialmente nos primeiros tempos, fizeram com que o Grupo de Estudos ultrapassasse as fronteiras paulistanas. Nas férias do início de ano, entre 1994 e 1997, e sob a liderança de PBC, quase todos viajavam para férias e estudos em Recife. Eram as famosas caravanas para Pernambuco que, conforme o próprio PBC, começaram e cresceram como o Galo da Madrugada, famoso bloco carnavalesco de Recife: "no início, eram apenas doze e, em poucos anos, já eram quarenta participantes". Segundo o professor Paulo Ayres Barreto, aluno e amigo de longa data, "não era importante apenas o lazer, a praia e os botecos do fim de tarde na Boa Viagem ou adjacências, que se estendia na maioria das vezes até às duas da manhã, mas a busca do saber, pois tudo estava estruturado em torno de do professor Lourival Vilanova. E não havia nada melhor do que desfrutar da sabedoria do grande mestre pernambucano, em sua própria terra".

O IBET e a Editora Noeses na difusão de uma doutrina

Não há como não associar a figura de Paulo de Barros Carvalho ao Instituto Brasileiro de Estudos Tributário – IBET, do qual é presidente desde 1977, e que com sua arte e engenho acabou por torná-lo um projeto pedagógico de excelência. É uma autêntica escola de direito tributário aceita e prestigiada nacionalmente, que oferece, semestralmente, cursos de especialização e extensão em Teoria Geral do Direito, Direito Tributário, Planejamento Tributário e Direito Processual Tributário, atualmente em vinte e nove cidades do país. Pelo IBET já passaram milhares de alunos, parte destes recém-bacharelandos, além de advogados e profissionais dos mais variados ramos do Direito, contadores e agentes fiscais. É no IBET que Paulo realiza o papel do educador, e o Instituto, do propagador de seu pensamento, da sua doutrina. Nos cursos do IBET, estão presentes o rigor e a sofisticação de sua metodologia, essencialmente científica e o elenco de professores altamente gabaritados, como especialistas, mestres e doutores, em sua maioria vindos de contatos acadêmicos anteriores na pós-graduação da PUC e USP, ou mesmo revelados no próprio Instituto; seus discípulos, escolhidos entre os melhores que buscaram e hoje disseminam sua doutrina e método, frutos de anos de incansáveis estudos e profundas reflexões dedicados à Ciência Jurídica.

O IBET foi fundado em 1971 por Rubens Gomes de Sousa, Antônio Roberto Sampaio Dória e Fábio Fanucchi, professores e tributaristas de grande expressão intelectual em nível nacional, e sua história se confunde com a própria evolução da história tributária do país, cuja sistematização jurídica era até certo ponto recente. A entidade tinha como objetivos iniciais a realização de congressos, seminários e cursos de especialização em Direito Tributário em todo o país. Com a morte de Gomes de Sousa, em 1973, e de Fábio Fannuchi, posteriormente, o IBET poderia mergulhar em um rápido processo de esvaziamento, não fosse a disposição de Paulo que passou a presidi-lo a partir de 1977, de resgatá-lo e de projetá-lo em âmbito nacional como uma das instituições educacionais privadas mais importantes do País, no campo do Direito. Uma prova disso; é o seu curso de especialização em Direito Tributário, pós-graduação *lato sensu* aprovado pelo MEC, que habilita seus concluintes para a docência no ensino superior. Além deste, com a duração de dois anos e carga horária de 360 horas-aulas, ministradas em quatro módulos semestrais de 90 horas cada, o IBET também oferece os cursos de extensão em Teoria Geral do Direito, com a duração de 1 ano – 120 horas-aulas, em dois módulos semestrais de 60 horas – Teoria e Prática do ICMS, Planejamento Tributário e Processo Tributário, cada um deles com a duração de sessenta horas em um único módulo.

Por sua vez, os Congressos Nacionais de Estudos Tributários organizados anualmente pelo IBET, tornaram-se eventos de grande relevância nos meios acadêmico e profissional tornando-se um dos mais importantes do país. É o grande encontro de estudiosos e especialistas da área tributária, que se realiza todos os anos no mês de dezembro, e que desde de 2004 acontece em São Paulo ocupando os vários ambientes de convenções do Hotel Renaissance, na região dos Jardins. Pela sua importância, é o registro sempre obrigatório na agenda de todos aqueles que militam no campo do Direito Tributário, como professores, juristas, advogados, contabilistas, empresários, juízes, promotores e conselheiros das mais variadas esferas e instituições jurídicas do País, como palestrantes e congressistas. Isso sem contar o grande número de estudantes de Direito, em busca do aprimoramento e da capacitação na área tributária. Esses encontros refletem o clima de uma verdadeira parceria, em que dezenas de renomados palestrantes se empenham em refletir sobre temas sempre polêmicos e muitas vezes espinhosos, e centenas de congressistas, ávidos de conhecimento, deixam momentaneamente de lado suas atividades profissionais, deslocando-se para São Paulo, muitos vindos de outras cidades e de outros estados, para acompanhar e aproveitar a programação.

Por essa razão, não é incomum em um ano ou outro, a presença de figuras preeminentes do campo jurídico, na composição das mesas dos congressos do IBET, quando ministros do STF, Eros Roberto Grau e Nelson Jobim, Everardo de Almeida Maciel, secretário da Receita Federal, entre 1995 e 2002, o consagrado jurista Ives Gandra Martins, Luís Inácio Adams, quando chefe da Advocacia Geral da União. José Agripino Maia, senador pelo Estado do Rio Grande do Norte, ou ainda os professores Aires Fernandino Barreto (in memoriam) e Eduardo Domingos Botallo, renomados tributaristas paulistas, participando de debates ou proferindo memoráveis conferências e palestras, sempre tão aguardadas.

Os três dias do congresso anual têm como característica a primorosa organização, imprimida pelo seu presidente Paulo de Barros Carvalho que, além da sempre esperada conferência de abertura, participa pessoalmente das discussões de todos os detalhes, a começar pela escolha do tema de cada um deles. Assim é que, elencando apenas os últimos, o VIII, realizado em 2011 teve como mote *Derivação e positivação do Direito Tributário*, enquanto o IX, em 2012, *Sistema Tributário e a estabilidade da Federação*. Da mesma forma, o X e o XI congressos, de 2013 e 2014, foram norteados, respectivamente, pelos temas *Sistema Tributário e as relações internacionais* e *O Direito Tributário entre a forma e o conteúdo*. Como se pode perceber, a escolha do tema espelha a atualidade das discussões, perfeitamente afinadas

Sucursais do IBET

São as cidades onde os cursos IBET são oferecidos. A escolha da região é realizada com base em estudo demográfico e a unidade implementada por profissionais intimamente ligados à Escola.

	Unidade	Desde	Coordenação
1	Bauru (SP)	1º semestre de 2009	Edson Franciscato Mortari (Mestre PUC/SP)
2	Belém (PA)	2º semestre de 2001	Eduardo Tadeu Francez Brasil (Mestre PUC/SP) Fernando Gomes Favacho (Doutor e mestre PUC/SP)
3	Belo Horizonte (MG)	1º semestre de 2007	Maria Inês Murgel (Doutora e mestre UFMG) Fábio Augusto Junqueira de Carvalho (Mestre UFMG)
4	Brasília (DF)	1º semestre de 2001	Roberta Maria Rangel (Mestre PUC/SP)
5	Campinas (SP)	1º semestre de 2003	Susy Gomes Hoffmann (Doutora e mestre PUC/SP) Silvia Helena Gomes Piva (Doutora e mestre PUC/SP)
6	Campo Grande (MS)	2º semestre de 1998	Clélio Chiesa (Doutor e mestre PUC/SP)
7	Cuiabá (MT)	2º semestre de 1998	Luis Fernando de Souza Neves (Mestre e doutorando PUC/SP)
8	Curitiba (PR)	2º semestre de 2005	Betina Treiger Grupenmacher (Pós-doutora Lisboa e professora UFPR)
9	Florianópolis (SC)	2º semestre de 2003	Ricardo Anderle (Doutor PUC/SP)
10	Fortaleza (CE)	1º semestre de 2013	Denise Lucena (Pós-doutora Lisboa e doutora PUC/SP)
11	Goiânia (GO)	1º semestre de 2006	Talita Pimenta Félix (Mestre e doutoranda PUC/SP)
12	João Pessoa (PB)	1º semestre de 2015	Erick Macedo (Mestre e doutorando PUC/SP) e Bianor Arruda Bezerra Neto (Doutor PUC/SP e mestre UFPB)
13	Londrina (PR)	1º semestre de 2001	Marcelo de Lima Castro Diniz (Doutor PUC/SP e mestre UEL)

14	Maceió (AL)	1º semestre de 2006	Felipe Ivo Albuquerque (Mestre UFAL) e Cristiano Araújo Luzes (Mestre UFPE)
15	Natal (RN)	2º semestre de 1998	Frederico Araújo Seabra de Moura (Mestre PUC/SP) Marco Bruno Miranda (Doutor UFPE)
16	Porto Alegre (RS)	2º semestre de 1998	Felipe Ferreira Silva (Doutor e mestre PUC/SP) Luiz Alberto Pereira da Silva Filho (Doutro e mestre PUC/SP)
17	Recife (PE)	1º semestre de 2001	Mary Elbe G. Queiroz (Pós-doutora Lisboa e doutora PUC/SP)
18	Ribeirão Preto (SP)	1º semestre de 2000	Marcelo Viana Salomão (Mestre PUC/SP)
19	Rio de Janeiro (RJ)	1º semestre de 2002	Frana Elizabeth Mendes (Doutora e mestre PUC/SP)
20	Salvador (BA)	2º semestre de 1998	Octavio Bulcão Nascimento (Mestre PUC/SP)
21	Santos (SP)	1º semestre de 2015	Galderise Fernandes Teles (Mestre e doutorando PUC/SP) e Francisco Leocádio Ribeiro Coutinho Neto (Mestre e doutorando PUC/SP)
22	Santo André (SP)	1º semestre de 2012	Nélida Cristina dos Santos (Doutora e mestre PUC/SP)
23	São José do Rio Preto (SP)	2º semestre de 2003	Henrique Mello (Doutorando USP) Francielli Honorato Alves (Mestre USP)
24	São José dos Campos (SP)	1º semestre de 2013	André Felix Ricota (Mestre PUC/SP) Andreia Foçaga Maricato (Doutora e mestre PUC/SP)
25	São Paulo (SP)	2º semestre de 1998	Cecilia Priscila de Souza – Mestre PUC/SP
26	Sorocaba (SP)	1º semestre de 2009	Rodrigo Dalla Pria (Doutor e mestre PUC/SP)
27	Teresina (PI)	1º semestre de 2013	Maurício Cezar Araújo Fortes (Doutor e mestre USP)
28	Uberlândia (MG)	1º semestre de 2001	José Ricardo Rocha Guerra (Mestre PUC/SP)
29	Vitória (ES)	2º semestre de 1999	Tárek Moysés Moussallem (Doutor PUC/SP e Professor UFES)

com a realidade nacional. Em 2012, por exemplo, estavam em pauta os impactos e problemas da tributação sobre a combalida Federação brasileira dilacerada pelos efeitos da Guerra Fiscal, enquanto em 2013, a realização dos grandes eventos internacionais no Brasil, como a Copa do Mundo de 2014 e as Olímpiadas do Rio de Janeiro de 2016.

O XII Congresso do IBET, realizado entre os dias 9 e 11 de dezembro de 2015, em São Paulo, teve como tema *Direito Tributário e os Novos Horizontes do Processo*. A exemplo dos anteriores, o encontro foi estruturado com mesas de exposição e debates, onde os congressistas puderam acompanhar e discutir muitas das questões atuais, em especial as inovações trazidas pelo Novo Código do Processo Civil e seus efeitos na prática do Direito Tributário, além de assistir às grandes conferências ministradas pelos professores Paulo Cesar Conrado, da PUC/SP, também Juiz Federal em São Paulo e pelo Ministro do Superior Tribunal de Justiça, desembargador Marcelo Navarro Ribeiro Dantas. O Novo Código regido pela Lei 13.105/2015, que entrou em vigor a partir de março de 2016, apresentou significativas modificações caracterizadas pela racionalização e celeridade processual no julgamento das causas perante os tribunais superiores, além da concretização da segurança jurídica, impactando o Direito Tributário. Pode-se afirmar, portanto, que os encontros anuais promovidos pelo IBET acabaram por se tornar importantes espaços de discussão de questões complexas e cruciais envolvendo a normatização e a aplicação da tributação, de interesse comum tanto para os profissionais do Direito e representantes do poder público, quanto para o contribuinte.

No final do dia da abertura do XII Congresso, na sede da editora Noeses, em Higienópolis, foi oferecido aos presentes o já tradicional coquetel, ao mesmo tempo em que se deu o lançamento de um elenco de obras publicadas pela editora Noeses: *Finanças Públicas e Tributação ao Lume dos Direitos e Garantias*, de Eduardo Marcial Ferreira Jardim; *Extrafiscalidade: Identificação, fundamentação, limitação e controle*, de Diego Bomfim; *O Estado à Luz da História da Filosofia do Direito,* de Ives Gandra Martins e *Mutação do conceito constitucional de mercadoria*, de Simone Rodrigues Costa Barreto. Na ocasião, a Quartier Latin também se fez presente com o lançamento da obra *Classificação Fiscal de Mercadorias*, de Milton Carmo de Assis Junior. E isso tudo, além da obra coletiva do Congresso, devidamente distribuída aos senhores congressistas, a maior e mais nova obra realizada em parceria com a apoiadora Editora Noeses.

Segundo Priscila de Souza, coordenadora do IBET, superando todas as expectativas e até mesmo a crise, o congresso de 2015 reuniu mais de seiscentas pessoas nos três dias de duração do evento e mostrou mais uma vez sua importância na agenda tributária nacional. Com suas conquistas, o IBET já se tornou tema de repercussão, pois está presente na vida do tributarista brasileiro, seja ele estudante, profissional veterano ou professor, uma vez que todos se unem ao instituto com a mesma vontade de aprender, saber e compartilhar conhecimento. Durante o evento, coube ainda à Priscila, anunciar aos presentes a boa nova para 2016, uma prova incontestável de que o IBET, a cada ano, amplia seus horizontes, e, desta feita, atingindo patamares internacionais.

De acordo com ela, no mês anterior, o Professor Paulo de Barros Carvalho, presidente do IBET, havia assinado convênios com os reitores da Universidade Ca'Foscari de Veneza e da secular Universidade de Siena, para a oferta de um Curso de Teoria Geral do Direito, a realizar-se na Itália, entre os dias 18 e 22 de abril de 2016, e que contaria com os melhores professores do mundo neste campo, entre eles o espanhol Gregorio Robles, os italianos Ricardo Guastini e Ugo Volli, e o brasileiro Paulo de Barros Carvalho. O evento, além de ser oportunidade imperdível para aprender mais sobre a Teoria Geral do Direito e a Semiótica, ainda contaria como crédito para os programas de pós-graduação no Brasil. O anúncio da realização desse curso com a participação de grandes figuras da ciência do Direito atraiu de imediato dezenas de interessados, e isso, apenas do Brasil.

Assim, a cidade de Veneza, patrimônio histórico da humanidade, com a misteriosa beleza de suas estreitas ruas ladeadas por canais e pontes e impregnadas pela atmosfera cultural, que anualmente atrai milhões de visitantes, foi o palco ideal para receber os 75 participantes do Curso, dentre eles 58 brasileiros. Não é por outra razão, que o Bar Dandolo, do tradicional hotel Danieli, uma construção que data do século XIV, foi o local escolhido para o coquetel do evento, garantindo que a cerimônia de boas-vindas aos participantes fosse permeada pelo clima de requinte e muita alegria. Sem contar que o entusiasmo que marcou o evento desde sua preparação pelos membros da equipe do IBET, presidida por Paulo de Barros Carvalho e coordenada por Priscila de Souza, Maria Leonor Leite Vieira, Lucas Galvão de Britto e Neiva Baylon, esteve presente em todos os momentos do Curso.

Contando com a participação de professores de altíssimo nível, as palestras foram acompanhadas por um público atento que, ao final de cada manhã, promovia profícuos debates com os mestres expoentes. A de Paulo de Barros Carvalho versou sobre a Interpretação Jurídica no Constructivismo Lógico-Semântico, seguida das demais, proferidas por Pierluiggi Chiassoni – o professor Ricardo Guastini não pode participar do evento – com o tema *Problems for an analytic philosophy of legal interpretation*, Ugo Volli com *Interpretation, Semiotic and legal interpretation*, e, finalmente, Gregorio Robles abordando *La teoría comunicacional del derecho y el método hermenéutico-analítico*.

No final da semana, coroando o fechamento do Curso, um grupo de 15 participantes expôs seus trabalhos sobre temas afetos ao Constructivismo Lógico-Semântico com brilhantismo. À medida que as apresentações se sucediam, mais clara ficava a adesão de todos à Escola do Constructivismo, com temas e ideias que se concatenavam umas às outras.

O êxito desse primeiro Curso Internacional, que reuniu um público incomum para eventos de tal envergadura que se realizam na Europa, além de uma fantástica experiência para todos os envolvidos, serviu ainda como o ponto de partida para que se consolide a inserção internacional do IBET, com amplas possibilidades de realização de novos encontros. E isso porque, já é manifesto o interesse de pelo menos quatro grandes instituições europeias dispostas a acolhê-los em parceria com o instituto brasileiro. Entre elas, as Universidades de Gênova, de Torino e de Pádova, na Itália e a Universidade Palma de Mallorca, na Espanha.

Por sua vez, o XIII Congresso do IBET, realizado entre os dias 7 e 9 de dezembro de 2016, teve como tema os 50 Anos do Código Tributário Nacional. O estatuto, nascido com a Lei nº 5172, de 25 de outubro de 1966, posteriormente denominada "Código Tributário Nacional" pelo Ato Complementar nº 36, de 13 de março de 1967, é um assunto que sempre atraiu PBC, como ficou claro na sua conferência de abertura do Congresso. Participando como conferencista, ou palestrante dos principais eventos comemorativos das cinco décadas do CTN, como o VIII Congresso Internacional de Direito Tributário do Paraná, em agosto, o congresso promovido pela OAB/RJ, em outubro, ou o seminário sobre o Código, promovido pela Associação dos Advogados de São Paulo, no mesmo mês, sua presença foi sempre muito esperada, por falar sempre com muita propriedade de um tema que lhe é bastante familiar.

Afinal, já no início da década de 1970, mais precisamente em 1972, participou de um ambicioso projeto de Geraldo Ataliba, do qual era assistente, que era percorrer todos os dispositivos do Código, juntamente com Rubens Gomes de Sousa, o principal responsável pelo projeto que se transformou na Lei 5172/66. Consistia ele, em uma série de encontros reservados desse seleto grupo que eram realizados na PUC/SP, às quartas-feiras, cujo objetivo era a leitura crítica do Código, apontando e discutindo suas incongruências, tecendo comentários e fazendo observações sempre pertinentes, devidamente registradas por uma competente taquígrafa da Gráfica dos Tribunais. Lamentavelmente, a morte de Rubens Gomes de Sousa, em setembro de 1973, acabaria por limitar o plano original do grupo à análise, somente dos 17 primeiro artigos do CTN. Uma obra inacabada, da qual resultou o livro Comentários ao Código Tributário Nacional, publicado pela Editora Revista dos Tribunais, em 1975.

Segundo PBC, hoje, depois de tanto tempo, "recuperando o conteúdo dos diálogos daqueles encontros e repensando o clima das reuniões, compreendi melhor o papel histórico do Código, com seus aspectos positivos e outros susceptíveis de críticas, incluindo-se nesse campo, as propriamente formuladas por Rubens Gomes de Sousa. Percebi, claramente, o peso da obra, sua importância para o Direito brasileiro, independentemente das discordâncias que o texto a cada instante pudesse provocar".

O Congresso de 2016 superou a marca dos anos anteriores, com o total de 778 inscrições. Além de ter sido dedicado às comemorações das cinco décadas do Código Tributário Nacional, coincidiu também com a celebração dos 45 anos do IBET, uma das razões, que segundo alguns de seus organizadores, teria contribuído para a presença de um número tão grande de interessados, vindo de toda parte do País. Para PBC, que preside o Instituto desde 1977, "este é o momento de compartilhar da honrosa participação dos professores, empenho e dedicação dos alunos e da competência e apoio da equipe de colaboradores. Sou grato a todos pela construção e credibilidade que dignificam essa trajetória".

Na noite do primeiro dia do Congresso, como nos anos anteriores, durante o coquetel oferecidos a todos os participantes, deu-se também o lançamento de livros publicadas pela Editora Noeses, em 2016, como *Hermenêutica e a Linguagem* – Um estudo sobre sua relação com a Filosofia, o Direito, o Neoconstitucionalismo e a defesa da dignidade da pessoa humana, de Antônio Baptista Gonçalves; *Curso de Teoria Geral do Direito*, em sua 5ª edição, de Aurora Tomazini de Carvalho; *A Prova no Direito Tributário*, 4ª edição, de Fabiana Del Padre Tomé; *Tributação do Mercado de Seguros, Resseguros e Previdência Complementar*, de Julia de Menezes Nogueira; *Planejamento Tributário* – Limites Normativos, de Paulo Ayres Barreto;

O Constructivismo Lógico-Semântico:

UM DEPOIMENTO

Em julho de 2015, participei do XXVII World Congress on the Philosophy of Law ans Social Philosophy - IVR em Washington D.C., a convite do professor Gregorio Robles Morchón, que na ocasião realizou um wokshop sobre sua Teoria Comunicacional do Direito. Eu e mais 10 professores do Brasil representamos o Professor Paulo de Barros Carvalho e o Constructivismo Lógico-Semântico, identificando os pontos de intersecção e congruência da Teoria comunicacional utilizado pelo prestigiado professor espanhol com a utilizada em nosso modelo.

Foram 5 dias de palestras e discussões intensas. Vários professores da Espanha, Colômbia, Inglaterra, Portugal apresentaram suas considerações a respeito da teoria e ao final o Prof. Gregorio Robles teceu considerações sobre todos os pontos trazidos por todos.

Participei atentamente de todos os debates e, além do workshop ao qual me referi, fiz uma apresentação do Constructivismo Lógico-Semântico num painel sobre novas teorias do direito, onde mais de 12 professores do mundo inteiro (Japão, China, Inglaterra, Polônia, Espanha, Itália) também expuseram suas Teorias sobre o Direito.

De tudo que vi, posso dizer, categoricamente, que nada me convenceu mais do que a nossa teoria. Saí do congresso com um único sentimento: "Como nós, que adotamos o Constructivismo Lógico-Semântico, estamos avançados, e como é brilhante o modelo criado pelo Prof. Paulo de Barros Carvalho". O que digo, pode parecer um pensamento pretencioso, aos muitos que não conhecem o Constructivismo, mas aqueles que conhecem, que lidam com a teoria e que estavam lá, tenho certeza que tiveram a mesma sensação.

Mas por que digo isso? Sem, é claro, desprestigiar nenhum professor e nenhuma colocação que escutei, todas muito bem pensadas e resultantes de trabalhos sérios de pesquisa. Digo, porque de tudo que vi, nenhuma teoria apresenta o rigor conceitual da Teoria do Prof. Paulo de Barros Carvalho, que o método do Constructivismo proporciona.

No Constructivismo, todos os conceitos são delimitados precisamente. Há um cuidado ao se empregar um temo, em identificar o sentido atribuído ao termo e em se trabalhar nos moldes do delimitado. Há uma preocupação com a definição e uso das palavras, que gera segurança e rigidez ao discurso.

Quem conhece a Teoria do Prof. Paulo de Barros Carvalho sabe muito bem do que estou falando. Com a delimitação dos conceitos e a coerência na amarração do discurso, a linguagem do cientista é impossível identificar um furo na Teoria, a não ser que outro modelo seja adotado. A sensação de quem trabalha com a teoria do Prof. Paulo é de um rigor, de uma precisão absoluta, construída sobre um discurso rígido, que pouquíssimas teorias (no mundo) nos dão. Além disso, sua teoria tem toda uma concepção filosófica por trás. Quantas teorias que conhecemos têm essa preocupação filosófica?

Por isso, quando participo de eventos como esse, saio sempre com a sensação de que estamos muito avançados e o quanto o modelo do Constructivismo é bom, forte e bem estruturado. Por isso, enquanto nossos palestrantes iam falando sobre o Constructivismo e apontando "problemas" na Teoria Comunicacional, mais eu pensava: "Nós não temos esse problema na nossa teoria, porque delimitamos os conceitos e os amarramos de forma coerente".

A definição de conceitos é o remédio para a vaguidade. Nenhuma teoria pode "descrever" seu objeto precisamente sendo vaga. Daí a genialidade do Prof. Paulo. Ele criou um modelo de pensamento jurídico diferente. Ao falar de "direito", ele primeiro define o que é direito. Ao falar de "norma jurídica", ele primeiro define o que é norma jurídica, assim também ao falar de fato jurídico, sistema, ordenamento, relação jurídica, validade. E não só define, mas vai a fundo na definição dos conceitos, amarrando-os de forma lógica (estruturalmente) e semântica (pelo conteúdo). Fora essa forma estrutural própria e a preocupação com o modelo filosófico, que não vejo nas outras teorias, o fato de tratar o direito como linguagem é uma visão além do alcance, o que o torna um visionário do Direito. Por isso, meu sentimento, ao voltar para casa, é de agradecimento. Só tenho que agradecê-lo, por ter aberto meus olhos para o Constructivismo Lógico-Semântico e compartilhado de sua visão.

E tenho certeza que todos os outros professores, que estiveram no evento, representando o Constructivismo Lógico-Semântico no workshop do Professor Robles voltaram para suas casas com a mesma sensação. E aqueles que nos ouviram, com bastante coisa para pensar sobre suas teorias.

Essa mesma sensação tive também logo que voltei, ao participar do I Seminário Internacional de Filosofia do Direito da PUC-SP com o prof. Frederick Schauer sobre a força do direito, em outubro de 2015. Questões que se mostram muito complicadas e indeterminadas nas outras teorias, na nossa ficam simples, justamente porque são delimitadas.

O prof. Schauer falou sobre uma impossibilidade de se identificar, apontar o que é o Direito. E eu fiquei pensando: "Se não podemos identificá-lo, como podemos estudá-lo"? Pensar o direito como linguagem resolve essa questão e muitas outras. E é quando presencio estas discussões, que claro são interessantes e nos possibilitam ver outros ângulos de análise do mesmo objeto, me questiono: "Será que eles não estão vendo o óbvio? Que o Direito é linguagem". Quanto mais eu vejo, mais me convenço da nossa Teoria. Mais tenho certeza de que ela é imbatível e mais admiro o Prof. Paulo de Barros Carvalho, pela genialidade do seu pensamento.

Outra situação também que pude ter essa experiência com relação à abrangência da Teoria do Prof. Paulo de Barros Carvalho, foi num congresso de Direito Tributário que participei em Lima, no Peru. Minha palestra foi depois da do Prof. Jorge Bravo, e ele estava justamente chamando a atenção de como no Brasil, nós estamos extremamente avançados no estudo do direito tributário em relação a outros países.

Nas suas palavras, ele dizia que enquanto no Peru e no resto do mundo, os juristas olhavam para o tributo enquanto uma prestação pecuniária, nós, no Brasil, estudávamos o tributo enquanto norma jurídica e tínhamos uma teoria para estudá-lo: a da Regra-Matriz de Incidência Tributária.

A Teoria da Regra-Matiz é só mais uma constatação da genialidade do Prof. Paulo de Barros Carvalho e da operacionalidade prática do uso do modelo do Constructivismo Lógico-Semântico no estudo do Direito.

Aurora Tomazini de Carvalho

Processo Tributário Analítico V.II e V.III, de Paulo Cesar Conrado; *Conflitos de Competência Tributária entre o ISS, ICMS e IPI*, de Ricardo Anderle; *Stock Options* – Os Planos de Opções de Ações e sua Tributação, de Thiago Taborda Simões e a obra *50 Anos do Código Tributário Nacional*, com artigos do XIII Congresso do IBET 2016. Somando-se os três livros lançados no mês anterior, *Derivação e Positivação no Direito Tributário*, V.III, de Paulo de Barros Carvalho; *A Superposição de Discursos Vencedores* – Análise pragmática das transformações jurisprudenciais em matéria tributária sob visão retórica realista, de Tatiana Aguiar, e *Ideologia de Gênero*, com coordenação de Ives Gandra da Silva Martins e Paulo de Barros Carvalho, em parceria com a UJUCASP, a Noeses ultrapassou a marca de 100 publicações em sua curta existência, uma vez que sua fundação é de 2005.

As palestras ministradas nos congressos anuais do IBET tornam-se artigos que passam a constituir uma publicação semelhante aos tradicionais anais de eventos dessa envergadura, mas que ao contrário da mesmice destes, toma a forma de uma obra coletiva densa da qual participam dezenas de autores, com trabalhos de altíssimo nível reproduzidos nas centenas de páginas que compõem cada uma delas. Desde 2005, foram produzidas mais de uma dezena dessas publicações, que no decorrer dos anos acabaram por se transformar em leitura obrigatória de todo estudioso. Assim, ao lado do material dos cursos do IBET essas publicações propiciaram a fundação da Editora Noeses que, diferentemente de qualquer outra casa editorial, é fornecedora do seu próprio público-alvo.

Nesse processo, foi importante o papel de Tácio Lacerda Gama, jovem advogado baiano da primeira turma do curso de especialização do IBET, que conheceu Paulo, em Salvador, quando do seu encerramento, em 1999. Tinha então 21 anos, e tomou a decisão de abandonar tudo e vir para São Paulo, onde não conhecia ninguém, para fazer o mestrado em Direito Tributário com o professor Paulo de Barros Carvalho. E não foi só o mestrado, pois sob sua orientação fez também o doutorado, tornou-se seu assistente em Lógica Jurídica por sete anos, professor da PUC e uma das expressões do grupo de advogados e professores, capitaneado por Paulo, a esta altura já bastante envolvido com o IBET e a participação em grandes eventos de Direito Tributário, não apenas no Brasil, mas também na América Latina e Europa. Além da estrutura natural de um escritório de advocacia, ocupavam lugares de destaque nesse grupo, Eurico Marcos Diniz de Santi e Heleno Taveira Torres, ambos também professores. Ao primeiro, cabia a coordenação do IBET e sua organização, enquanto a Heleno, os contatos e as ações voltadas para eventos no exterior. Havia, portanto, um espaço para que Tácio desempenhasse um importante papel no sonhado projeto de PBC, de criar uma editora diferente, que funcionasse como o veículo de expressão tanto da sua doutrina como as de outros juristas. Várias foram as sugestões de nome para a editora em seu nascedouro, como por exemplo Telos, vocábulo grego que significa meta ou objetivo, uma vez que a Noeses, como a conhecemos hoje, somente surgiria depois.

Coube a Tácio, sob a supervisão direta de PBC, o desenho e a execução do projeto que deu origem à Editora Noeses, a partir de um plano de negócio voltado para um mercado próprio, no caso o alunado do IBET, e da paixão de ambos pelos livros, em especial da área jurídica, carente de obras com qualidade gráfica e esteticamente agradáveis, uma vez que, segundo ele: "O que havia, na área do Direito, eram livros feios, com a pesada diagramação tradicional, sem nenhum atrativo para o leitor". Portanto, a Noeses começou trazendo inovações, a partir de um projeto gráfico que começava pela capa. Ao contrário das publicações tradicionais, em que os massudos livros de capa dura, envolta em outra de papel com cores insípidas, ou nem isso, optou-se pela capa mais leve e visualmente mais agradável. A criteriosa escolha do papel, sempre de boa qualidade, seguida do tamanho adequado da fonte e a moderna diagramação, além da relevância dos temas e autores escolhidos, quer sejam mestres e doutores publicando seus trabalhos, quer sejam consagrados nomes nacionais e internacionais do Direito, fizeram da Noeses uma referência no mercado editorial de obras jurídicas e filosóficas, isso sem esquecer a sua grande contribuição para que o hábito da leitura se tornasse algo prazeroso. Nessa empreitada de criação da Noeses, foi importantíssima a atuação da publicitária Fernanda de Barros Carvalho, filha caçula do professor Paulo.

Passados dez anos, a Editora Noeses é detentora de um rico catálogo com 110 títulos escritos por autores consagrados. São obras rigorosamente selecionadas e, muitas delas são, atualmente, adotadas ou indicadas na bibliografia dos cursos de Direito do país, algumas até, acabaram por se tornar a leitura obrigatória de milhares de estudantes. Assim, além do IBET, da PUC/SP – na graduação, especialização, mestrado e doutorado – e da USP, o mesmo ocorre nas universidades federais, da Bahia, de Pernambuco, do Paraná, de Minas Gerais, de Alagoas, do Rio Grande do Norte, do Espírito Santo e do Rio Grande do Sul. A estas deve-se acrescentar também, a Universidade Estadual de Londrina, Paraná, a Escola Paulista de Direito e a Fundação Armando Álvares Penteado – FAAP, ambas em São Paulo e das Faculdades Milton Campos, em Minas Gerais.

Quanto aos seus autores, a Noeses conta com um elenco de nomes que dispensa comentários. Entre eles, há que se destacar Ives Gandra Martins, Tercio Sampaio Ferraz Junior e Misabel Abreu Machado Derzi. Ou ainda, Paulo Ayres Barreto, Gabriel Ivo, Tárek Moysés Moussallem, Tácio Lacerda Gama, Robson Maia Lins, José Maurício Adeodato, Eduardo Marcial Ferreira Jardim, Roque Antonio Carrazza, Fabiana del Padre Tomé, Maria Rita Ferragut, Cristiano Carvalho, Aurora Tomazini de Carvalho, Paulo Cesar Conrado, Gregorio Robles, Dardo Scavino e Clarice von Oertzen Araújo. Isso, sem falar nos clássicos Lourival Vilanova, Amilcar de Araújo Falcão, Alfredo Augusto Becker e Paulo de Barros Carvalho. Além disso, pode-se dizer que a Editora Noeses é hoje o grande veículo de disseminação da consagrada doutrina daquele que um dia sonhou com a sua concepção e que tinha como um de seus objetivos principais a promoção de jovens talentos como Lucas Galvão de Britto, Charles William Mcnaughton, Florence

Haret e o paraibano Jonathan Barros Vita, além de muitos outros, hoje bastante conhecidos por suas conferências e publicações.

Nos anos de, 2014 e 2015, há que se destacar, como especialmente relevante, dois novos lançamentos da Editora Noeses, relacionados a Paulo de Barros Carvalho. Em 2014, foi publicado o primeiro volume de *Constructivismo Lógico-Semântico*, coordenado por PBC, e com a organização da professora Aurora Tomazini de Carvalho, no qual são apresentados 16 estudos sobre sua rica obra. Em 2015, deu-se o lançamento da sexta edição de sua extensa obra *Direito Tributário, Linguagem e Método*, lançada em 2009, e agora revisada e ampliada. Da sua primeira edição com 849 páginas, têm-se agora mais de 1100 páginas, dividida em duas partes. A primeira, com mais de 200 páginas, é dedicada aos problemas de natureza metodológica e da Teoria Geral de Direito, aprofundando os pressupostos filosóficos que tão bem maneja: analítica, hermenêutica, lógica, teoria da linguagem e teoria das normas e das relações. As outras centenas de páginas restantes são dedicadas ao Direito Tributário, aplicando as categorias elaboradas na primeira. Segundo Gregorio Robles, essa monumental obra "é um exemplo excelso de como combinar as inquietudes do pensamento filosófico com os conceitos e problemas próprios da dogmática jurídica. Nela, o professor Paulo abre uma forma absolutamente sugestiva de proceder aos estudos jurídicos para quem queira penetrar no sentido das instituições e contemplar o Direito, não como um aspecto isolado da realidade, e sim como emanação do pensamento e como resultado do mundo cultural e científico".

Como fruto de uma estreita colaboração de tantos anos, entre Paulo de Barros Carvalho e o renomado mestre espanhol é o livro coletivo *Teoria Comunicacional do Direito: Diálogo entre Brasil e Espanha*, que tem como coordenadores PBC e Gregorio Robles, e que também foi publicado pela Noeses, em 2011, com 30 trabalhos: 14 em língua espanhola e 16 e português. Ainda naquele ano, a Noeses publicou de Gregorio Robles, a primeira edição da obra *As Regras do Direito e as Regras dos Jogos. Ensaio sobre a Teoria Analítica do Direito*. Estava assim aberto um espaço para a publicação de outros autores estrangeiros, como é o caso do filósofo Dardo Scavino, autor de *A Filosofia Atual: Pensar sem Certezas*, traduzido e editado pela Noeses em 2014. E o resultado disso é a acolhida carinhosa do nome de PBC, bem como as homenagens que lhe são prestadas por grandes expressões do universo acadêmico. Exemplo disso: em entrevista no início de 2015, o catedrático espanhol Gregorio Robles, seu amigo e parceiro de longa data, antecipava que o segundo volume de sua obra *Fundamentos da Teoria Comunicacional do Direito*, seria dedicado à PBC. E isso aconteceu em maio de 2015, com sua primeira edição publicada pela Thomson Reuters-Civitas, Pamplona, Espanha. Ao final do prólogo dessa edição, uma singela mensagem homenageia o grande mestre brasileiro: "Este segundo volume está dedicado ao professor Paulo de Barros Carvalho, da Universidade de São Paulo, como mostra de meu agradecimento pela atenção que tem prestado à Teoria Comunicacional e por havê-la promovido entre seus próprios alunos".

É também *de 2014, a publicação 2ª edição do livro Guerra Fiscal. Reflexões Sobre a Concessão de Benefícios do ICMS*, obra conjunta de Ives Gandra Martins e Paulo de Barros Carvalho, que revisa e amplia a sua 1ª edição de 2012. Ambos são também coordenadores de três publicações da União dos Juristas Católicos de São Paulo, dos quais são presidente e vice-presidente, respectivamente. Trata-se das obras: *Inviolabilidade do Direito à Vida* (2013), *O Direito e a Família* (2014), *Imunidades das Instituições Religiosas*, lançada em outubro de (2015), além de, *Ideologia de Gênero* (2016). Em maio de 2016, deu-se o lançamento da obra *Lógica e Direito*, uma coletânea de textos de celebrados autores de diferentes áreas do conhecimento, coordenada por Paulo de Barros Carvalho e organizada por Lucas Galvão de Britto. São 14 textos distribuídos em 3 partes: Conhecimento e Lógica, Direito e Lógica e Lógica no Direito, tendo, como foco, o eixo jurídico. Aos escritos dos filósofos Lourival Vilanova, Tercio Sampaio Ferraz

Jr e Dardo Scavino, bem como da semióloga Lúcia Santaella, somam-se os textos de renomados juristas que tratam da interligação da Lógica aplicada ao Direito.

Embora não conste do catálogo da Noeses, há uma brilhante obra de autoria de PBC, que poucos conhecem. Divide-se em dois volumes com a edição limitada e disponível apenas aos seus assessores diretos, que como ele próprio diz "não poderia circular pelos meios convencionais de edição". Isso porque, trata-se de uma obra restrita e personalíssima, um conjunto de escritos produzidos no decorrer de mais de três décadas de pesquisas e investigações, a partir de anotações, memórias, comentários, resumo de leituras, fichamentos e combinação de itens a propósito da mensagem de autores, por ele lidos e estudados. Há também estudos elementares de Lógica, de Gramática da Língua Portuguesa, bem como uma relação de frases recolhidas de autores de tomo e um rico glossário composto de palavras insólitas que foram sendo encontradas ao longo de suas leituras. O primeiro volume *Anotações e Memórias de Leituras Jurídicas e Filosóficas*, com 918 páginas, é de 2008, enquanto o segundo, *Mais Anotações e Memórias*, com 274 páginas é de 2014. O mais curioso é a maneira como todo esse material foi anotado ao longo do tempo: muitos foram escritos à lápis, outros à tinta, e outros ainda datilografados, em pedaços irregulares de papel, verso de cópias de documentos, blocos de congressos, de seminários e de hotéis, e outras tantas bases rudimentares que possibilitassem as anotações. A digitação, correção, recuperação de grafias e de "arrumação" dos assuntos conferindo uma unidade no conjunto de matérias versadas, ficaram por conta da acuidade e competência profissional de Andrea Medina, sua incansável secretária em um trabalho árduo que se estendeu por mais de seis meses.

Tendo em mente a obra *Estruturas Elementares de Sociabilidade Intelectual*, do historiador Jean François Sirinelli, especializado em História Política e Cultural do século XX, o Grupo de Estudos, os livros da Noeses, e a própria editora, os cursos e os congressos anuais do IBET são como redes de convergência e

O Furacão das Perdizes

Na tarde do dia 15 de novembro de 1979, falecia em São Paulo, aos 59 anos, o jurista José Geraldo de Ataliba Nogueira. Com sua morte precoce, desaparecia um dos maiores publicistas brasileiros dos últimos tempos, cuja preocupação maior foi trazer para a esfera do Direito Público, temas até então tratados apenas no âmbito do Direito Privado, até então tratados apenas segundo o Direito Privado. Mentor de uma verdadeira revolução na dogmática do Direito Tributário, que tinha como polo a PUC/São Paulo, deixou um grande número de discípulos, hoje presentes nos tribunais, nas academias, nos institutos e na vida pública nacional, a partir da liderança que exerceu à frente da Escola Paulista de Direito Tributário, nascida na rua Monte Alegre.

Geraldo Ataliba, ao lado do grande amigo Celso Antônio Bandeira de Mello, com quem convivia desde o ensino primário, foi o formador de toda uma geração de juristas, a geração 60, hoje reconhecida pelos grandes publicistas, que forjou, também denominada de Turma das Perdizes, uma alusão ao bairro onde se localiza a Pontifícia Universidade Católica de São Paulo.

Embora transitasse por vários campos do Direito como o tributário, o administrativo e o constitucional, amplamente estudados na construção de suas teorias, Ataliba definia-se como um constitucionalista, mesmo sendo considerado uma das principais referências do Direito Tributário, que segundo ele deveria ser pensado a partir de premissas do Direito Constitucional. Para ele, a Constituição estava acima de tudo. Era um republicano convicto que discutia e brigava pela República se preciso fosse. Por coincidência ou ironia do destino, ele faleceu exatamente num dia 15 de novembro.

Além de se posicionar sempre em defesa da República, Geraldo Ataliba era um ardoroso municipalista que lutava pelos direitos e prerrogativas do Município, pela separação dos Poderes e contra qualquer ameaça à Federação. Por isso era francamente contrário ao fortalecimento da União. No Direito Tributário, deu sequência à grande revolução promovida por Alfredo Augusto Becker, que desde cedo muito o impressionou. É dele, a partir dos pontos criticados por Becker, como a expressão "fato gerador" que havia sido acolhida por todos os tributaristas, o estabelecimento da distinção entre hipótese de incidência e fato imponível, o que elimina de vez a ambiguidade daquela expressão.

Conhecido pela firmeza, era capaz de dizer o que pensava fosse a quem fosse, quando precisava chamar a atenção por alguma falha em uma argumentação ou em um voto, isso no caso do STF, dado por um Ministro meio desviado dos seus ideais e princípios. Com autoridade e liberdade, dava em qualquer um o puxão-de-orelha temido: "Como Ministro!!! Como é que o senhor dá um voto desse? Um constitucionalista, homem que conhece a República, que conhece a Federação"? Ou ainda, como lembra o Ministro Carlos Veloso, que presenciou em um julgamento, o sempre alerta Ataliba pedir a palavra para dizer a um juiz que a portaria, que este teimava em aplicar, simplesmente repetia dispositivo da Constituição. E que era muito mais nobre para um juiz invocar a Constituição, que é um ato da nação, do que invocar uma portaria, ato próprio dos porteiros.

Ataliba tinha o dom da palavra e estava sempre aberto a uma boa discussão. Conta Paulo de Barros Carvalho, que quando ia tomar chá com os Ministros do STF, no intervalo das sessões, ele começava a falar e com tal empolgação, que logo suas palavras tomavam o tom de um discurso, em que todos os presentes se aglomeravam à sua volta. Segundo Paulo, que o conhecia desde os tempos do São Luís, eram famosas as acaloradas discussões em que ele e Celso Antônio Bandeira de Mello, seu amigo inseparável, se envolviam na saída do colégio. Andavam pela Avenida Paulista, discutindo em voz alta e num determinado momento paravam no meio da rua, defendendo veementemente seus pontos de vista em altos brados, chegando a parar alguns transeuntes que por eles passavam. Para ele, um revolucionário da tribuna, uma conferência, uma palestra ou uma simples aula, jamais poderia ser lida, pois aquele que tinha a palavra fosse ele professor, conferencista ou palestrante deveria se comunicar intensamente com o público. Assim, suas palavras prendiam a atenção de qualquer plateia, encantando e arrebatando o público ouvinte, que não raras vezes, reagia com uma explosão de palmas.

Era também um verdadeiro democrata, sendo conhecida de todos sua aversão por qualquer regime de exceção. Entre 1973 e 1976, quando Reitor da PUC/SP, fez da Universidade uma trincheira contra a ditadura militar, acolhendo professores cassados como o celebrado Celso Furtado, ex-Ministro do governo João Goulart e o português Alberto Xavier, entre outros. Este último perdera sua cátedra na Faculdade de Direito de Lisboa, num primeiro momento de maior radicalismo da Revolução dos Cravos. Contra o golpe militar de 1964, adotara uma forma muito peculiar de protesto: todo dia 1º de abril, quando se comemorava o aniversário do golpe, a bandeira do Brasil era hasteada a meio pau, no que era cobrado pelos órgãos de segurança. A resposta irônica, com um sabor de brincadeira era sempre a mesma: a cordinha da bandeira estava meio frouxa e não funcionou bem, mas que na próxima vez, não haveria problema.

Em tudo que fazia, dedicava-se com toda a intensidade. Se a maioria dos juristas, de uma maneira geral, são figuras fechadas em suas redomas, que sem grandes emoções, dedicam-se à produção de textos tecnicamente impecáveis, herméticos em significados e intepretações, Ataliba era como um turbilhão movido pela paixão, que não raras vezes sobrepujava a razão. Era dono de um riso vibrante, que escolhia pessoas pelo brilho dos olhos, voltando-se para elas com atenção querendo saber delas, ouvindo-lhes, elogiando-as em alto e bom som para que todos ouvissem. Muitos de seus discípulos que, depois se destacaram, foram por ele convidados a ocupar posições tão logo surgisse uma oportunidade, colocando-os na roda, sugerindo as leituras adequadas e tomando conta da carreira de cada um deles. Um líder sempre presente, que motivava e agregava, juntando medalhões do Direito com novatos em que ele intuía a possibilidade de crescimento. Sempre polêmico, não estava interessado em agradar ninguém, e por isso muita gente não gostava dele, com ou sem razão. Era o homem franco, irrequieto, que não aceitava uma verdade pronta e acabada, pois estava sempre pronto para discuti-la. Às vezes podia ser rude, ríspido, ultrapassando limites e perdendo a cabeça. Com isso, granjeava inimigos, falando mal deles, dando-lhes boas cotoveladas e recebendo em troca outras tantas. Há que se lembrar do seu desentendimento com o professor Ruy Barbosa Nogueira, em 1975, que acabou nas barras dos tribunais.

Quando do seu sepultamento em novembro de 1979, o Supremo Tribunal Federal quebrou uma prática, uma tradição, que era a de não fazer homenagens. Segundo o Ministro Carlos Veloso, seu grande amigo e admirador, naquele dia não houve sessão no STF. Não foram discutidas questões constitucionais, porque não havia *quorum*. Foram quatro os Ministros do Supremo que se deslocaram até São Paulo para prestar, à beira do seu túmulo a última homenagem ao Professor Geraldo Ataliba, o eterno e incansável guerreiro das Perdizes.

de circulação do conhecimento que possibilitam a interação e a legitimação entre pares. Eles revelam a importância do **lugar** na produção dessa gama de conhecimento, tal como também destacaram os filósofos Michel de Certeau e Pierre Félix Bordieux.

A Doutrina Carvalhiana e sua Internacionalização

Desde os primeiros anos, como professor-assistente de cadeira de Direito Tributário da Pontifícia Universidade Católica de São Paulo, Paulo de Barros Carvalho procurou se inteirar do que ia pelo mundo do Direito, tanto na América Latina como no Velho Continente. O grande animador, já reconhecido nos meios acadêmicos e científicos latino-americanos, e sempre presente nos eventos internacionais de porte, era o carismático Geraldo Ataliba, seu grande amigo e também seu padrinho intelectual e profissional. Foi com Ataliba que Paulo deu os primeiros passos participando dos congressos e encontros de Direito Tributário, estabeleceu os primeiros contatos com figuras expressivas dessa disciplina no continente, alguns evoluindo para sólidas amizades, até hoje cultivadas, e revelou-se um inovador com suas pesquisas enlaçando o Direito Tributário e a Teoria Geral do Direito. Assim, em diversas oportunidades, foi marcante sua presença como brilhante expositor e sustentador de posições sempre substantivas e sólidas, que fizeram dele a figura sempre esperada em eventos de tal envergadura como as Jornadas Latino-americanas de Direito Tributário, organizadas pelo ILADT – Instituto Latino-americano de Direito Tributário. Completando sua XXIX edição, em 2016, as tão esperadas jornadas se realizaram em novembro, na Bolívia.

O ILADT foi criado no final da década de 1950, da iniciativa e dos esforços do professor uruguaio Ramón Valdés Costa, que sonhou com uma instituição que intercambiasse ideias e soluções para os problemas tributários, inicialmente entre três países do Cone Sul – Uruguai, Argentina e Brasil. A proposta foi imediatamente aceita pelos meios acadêmicos desses países, grandes especialistas que atuavam como professores de matéria financeira e tributária, logo se propagando para muitos outros países da América Latina, o que resultou na expansão do Instituto. E, é evidente, pelo fato do Direito Tributário estar situado no âmbito do Direito Público, que os políticos e mandatários destes países também apoiaram a ideia, pois afinal, de uma maneira geral, nos anos que se seguiram à Segunda Grande Guerra, a América Latina conheceu um acentuado desenvolvimento econômico com a industrialização, propagando-se, nos anos cinquenta, para os países maiores, enquanto que nas economias menores isso ocorreria somente a partir dos anos 1970. Por essa razão, na década de 1960, teve início um primeiro ciclo de reformas, em especial, a reforma tributária, lembrando que esse é o momento em que surge a ALALC – Associação Latino-Americana de Livre Comércio, a primeira tentativa de integração do continente; uma das pré-condições para o desenvolvimento e a superação da dependência dentro de uma nova ordem econômica mundial, como bem preconizava a tese cepalina. É no âmbito do ILADT que surgiria um Modelo de Código Tributário para a América Latina do Programa de Tributação Conjunta da Organização de Estados Americanos e do Banco Interamericanos de Desenvolvimento de 1967, sendo um dos três relatores da proposta o consagrado Professor Rubens Gomes de Sousa, o autor do Código Tributário Nacional brasileiro.

A constante presença de PBC nos eventos internacionais que contribuíram para o robustecimento do Direito Tributário em quase todos os países ibero-americanos, principalmente aqueles promovidos pelo ILADT, era certamente a confirmação do peso que sempre tiveram os juristas do Brasil em seus eventos, desde as II Jornadas Latino-americanas, de 1958, realizadas no México – sempre entendidas como fundacionais – como Rubens Gomes de Sousa, Aliomar Baleeiro, Ulhoa Canto, Amilcar de Araújo Falcão e o próprio Geraldo Ataliba, entre muitos outros. O ano de 1972 é o ano em que o jovem Paulo, recém-nomeado professor da PUC, faz o seu *debut* em eventos internacionais, como participante da I Reunião Regional do Instituto Latino-americano de Direito Tributário. Passados quarenta e três anos, é grande o elenco de suas participações em jornadas e congressos, no mínimo uma em cada ano, e não apenas na América Latina, uma vez que a partir de 1985, as entidades ibéricas – portuguesa e espanhola – e posteriormente, as italianas passaram a integrar o ILADT. Daí, a sua presença nas jornadas de Palma de Mallorca (Espanha), Lisboa (Portugal), Gênova (Itália) e Santiago de Compostela (Espanha).

O ponto culminante desse longo processo de internacionalização foi sem dúvida nenhuma o dia 23 de agosto de 2011, quando Paulo de Barros Carvalho recebeu o título de doutor *Honoris Causa* da Faculdade de Direito e Ciência Política da Universidade Nacional Mayor de San Marcos, em Lima, no Peru. Essa honraria concedida pela decana universidade, fundada em 1551, portanto, a mais antiga da América, vem contemplando personalidades que se destacam em seus campos de atuação, trazendo importantes contribuições para a sociedade em geral. No século XIX, Simón Bolivar e José de San Martin, os libertadores da América, foram os primeiros a recebê-la. A partir do século seguinte, o elenco de agraciados foi ampliado com a inclusão de nomes como o físico Albert Einstein, Charles de Gaulle, Presidente da França, Fidel Castro, líder da revolução cubana, o Papa João Paulo II, Ban Ki-moom, secretário-geral da ONU, Pablo Neruda, Jorge Luís Borges e Mario Vargas Llosa, além de outras expressões da literatura latino-americana. Na área jurídica, PBC é um dos poucos brasileiros, distinguido pelo título, ao lado dos alemães Robert Alexy e Claus Roxino. Luís Inácio Lula da Silva, ex-Presidente da República, também foi agraciado com a honraria.

A cerimônia de recebimento dessa mais alta distinção acadêmica aconteceu em La Casona de San Marcos, e na ocasião, em sua homenagem, também foi lançada o livro *Derecho Tributario – Tópicos Contemporáneos*, uma coletânea de artigos organizada por Maria Leonor Leite Vieira; Fabiana Del Padre Tomé; Lucas Galvão de Britto; Daniel Yacolca Estares e Jorge Bravo Cucci, com a tradução de Juan Carlos Panez Solórzano, e editado pela Ed y Libreria Jurídica Grijley, de Lima. Dois dias depois, 25 de agosto, era também agraciado pela comissão de governo da Universidade de Ciências e Humanidades de Lima, com o título de Professor Honorário.

Ainda no Peru, no mesmo ano, era publicado o primeiro volume da Coleção Derecho Tributario Contemporáneo, lançada pela ARA Editores de Lima. Tratava-se da *Teoría de la Norma Tributaria*, seu doutorado apresentado em 1973, a partir do original da 5ª edição da Quartier Latin, de São Paulo, 2009. Em 2011, também saia a edição mexicana de *Direito Tributário – Fundamentos Jurídicos da Incidência*, publicada pela RM Advisors Ediciones, com prefácio de Oswaldo Reyes Mora, a tese que lhe conferiu a titularidade na Universidade de São Paulo, relida e pensada a partir da 3ª edição da língua portuguesa e da 1ª em italiano. Essa última também teria a primeira edição peruana, em 2013, da nova edição em português publicada em 2012, pela Editora Saraiva, de São Paulo.

O início deste processo que projetou definitivamente o nome e a doutrina do professor Paulo em escala internacional, revelador agora de uma nova faceta, como editor e agregador de grandes figuras do Direito Tributário, parece ter sido o ano de 2003, como organizador e diretor do *Tratado de Derecho Tributario*, publicado pela Palestra Editores, de Lima, Peru. Essa obra reuniu consagrados nomes do Direito Tributário na América Latina e na Europa, como os argentinos José Osvaldo Casás e Alejandro Altamirano, o peruano Jorge Bravo, os espanhóis José Juan Ferreiro Lapatza e César Garcia Novoa, os italianos Andrea Amatucci e Franco Gallo, os brasileiros Sacha Calmon, Misabel Derzi e Heleno Torres. O ano seguinte, 2004, além da publicação da tradução argentina do seu *Fundamentos Jurídicos da Incidência*, pela Ábaco, de Buenos Aires, com prefácio de Ferreiro Lapatza, pode ser entendido como marcante em sua carreira, uma vez que este mesmo livro ganhava sua edição na língua italiana, com o prefácio de Andrea Amatucci, um dos maiores tributaristas italianos e a edição da prestigiada CEDAM – Casa Editrice Dott. Antonio Milani, de Pádua, Itália. Parte de uma coleção coordenada pelos professores Antonio e

Victor Uckmar, da Universidade de Gênova, essa importante obra recebeu o título de *Diritto Tributario*, que no entender dos editores era muito mais comercial. O lançamento dessa obra, que contou com a presença do Reitor da Universidade de Bolonha, professor Fábio Roservi Monaco, ocorreu naquela que é conhecida como uma das primeiras universidades europeias, cuja origem remonta a Baixa Idade Média. Na ocasião, como de costume, registrou-se o comparecimento de uma grande comitiva de estudantes e professores brasileiros, além de grandes nomes do Direito Tributário da Itália e da Espanha.

Em 2008, o nobre Colégio de Abogados de Madrid foi palco do lançamento da tradução espanhola de seu *Curso de Direito Tributário*, editado pela prestigiada Marcial Pons, e com o prefácio de Ferreiro Lapatza. Na ocasião, exatos 132 brasileiros entre professores e alunos, fizeram-se presentes ao lado do Mestre na celebração do grande acontecimento, gerando da parte dos seus admiradores espanhóis uma indagação no mínimo pitoresca: " como um grupo tão grande de pessoas vinha de tão longe para assistir ao lançamento de uma obra que já é conhecida de todos"?

A difusão de sua obra, que no conjunto apresenta-se como uma verdadeira revolução no Direito Tributário, vem influenciando fortemente a prática e o cotidiano do Direito em vários países. No Uruguai, segundo o professor José Luís Shaw, os princípios teóricos de Paulo de Barros Carvalho vêm sendo adotados por toda a dogmática uruguaia e pela jurisprudencia dos tribunais de justiça do país. Ainda de acordo com ele, a profusa obra de PBC tem tido uma ampla difusão nos meios acadêmicos e jurídicos da nação vizinha. Da mesma forma, o tributarista Humberto Medrano Cornejo escreve sobre o que ocorre no Peru: "É importante mencionar que, com frequência, nos procedimentos que os contribuintes seguem diante da Administração Tributária, ou Tribunal Fiscal e dos Juizados ou Salas do Poder Judicial, os advogados das partes costumam citar as teorias e os textos de Paulo de Barros Carvalho para respaldar as posições adotadas ao longo dos processos". Vale lembrar a professora Aurora Tomazini de

Carvalho, quando de um encontro com tributaristas no Peru, a revelação de uma fala do professor Jorge Bravo Cucci, comparando a noção de tributo existentes nos dois países, a partir da contribuição de PBC: "O Brasil está bem à frente de todos nós que entendemos o tributo como prestação e não como norma jurídica como ali é entendido, tal como preconiza o grande professor brasileiro". Ou ainda o que diz o professor espanhol Cesar Garcia Novoa, da Universidade de Santiago de Compostela: "Sem dúvida, a doutrina do professor Paulo teve e tem uma grande influência na formação da tese da obrigação tributária na Espanha. Hoje se respeita e se admira a doutrina tributária latino-americana graças às contribuições como a de Paulo de Barros Carvalho".

Outras Dimensões do Homem de Ciência

Essa projeção internacional, além de uma movimentada agenda para atender aos muitos compromissos em território nacional, isso sem falar nas aulas – suas faltas são raras – nas suas orientações no pós-graduação, no cotidiano do "Escritório", que compreende a Noeses, o IBET e o próprio escritório de advocacia, nunca deixou tempo para que ele pensasse em se aventurar por outras searas, como por exemplo, a vida política ou o exercício de um cargo público. Diga-se de passagem, são atividades que não parecem fazer parte do seu projeto de vida, desenhado e consolidado ao longo de quatro décadas dedicadas à docência e à pesquisa.

Em outubro de 2002, entretanto, durante o primeiro mandato do presidente Lula, PBC aparece ao lado de Eros Roberto Grau, Sacha Calmon Navarro Coelho, Márcio Thomas Bastos (falecido em 2014), Misabel de Abreu Machado Derzi, Miguel Reale Junior e outros juristas, como um dos indicados ao Supremo Tribunal Federal em razão da aposentadoria de três ministros que deveria ocorrer no primeiro semestre do ano seguinte. Embora a imprensa veiculasse sua possível nomeação, Paulo nunca mostrou muito interesse em se tornar um Ministro do STF e isso porque, embora fosse honroso ocupar uma cadeira da Suprema Corte, sempre entendeu que sua atuação estava muito mais voltada para a docência e para a pesquisa científica visando à consolidação de sua doutrina. E não era a primeira vez, que isso acontecia.

Em 1986, na época do Plano Cruzado, quando o Ministro da Fazenda era Dilson Funaro, seu nome foi cogitado para assumir a Secretaria da Receita Federal, vago em decorrência da saída de Luiz Romero Patury Accioli. Também naquela ocasião, a imprensa deu amplo destaque à sua possível nomeação, evidenciando seus apoiadores – a Diretoria da FIESP, várias figuras de destaque dos meios empresarial e político, e até aqueles que faziam restrições ao seu nome. Ele mesmo confessa que, na ocasião, não se sentiria à vontade em um cargo dessa envergadura, "tão ou mais importante como o do Presidente da República". Muito embora, o primeiro da lista fosse Antonio Angarita, professor da Fundação Getulio Vargas e ex-presidente da VASP, o nome escolhido foi do advogado e administrador paulista Guilherme Quintanilha de Almeida, que esteve à frente da Receita Federal até 1987.

Ao que parece, a única vez em que houve uma aproximação, demonstrando diretamente um certo interesse em que ele ocupasse algum cargo nos altos escalões do governo, foi em 1995, e desta feita com uma sondagem feita pessoalmente por Eduardo Jorge Caldas Pereira, Secretário Geral da Presidência, no primeiro mandato de Fernando Henrique Cardoso. Novamente aparecia a oportunidade de ocupar a Secretaria da Receita Federal, pois era vontade do Presidente da República a opção por um nome com o perfil de Paulo de Barros Carvalho: um intelectual da área tributária, que modernizasse os quadros daquele órgão com cursos, seminários e iniciativas que reciclassem o funcionalismo federal, com a participação, inclusive, de professores estrangeiros. Contudo, a aliança eleitoral que deu a vitória ao candidato do PSDB acabou por favorecer o nome de Everardo de Almeida Maciel, aparentado de Marco Maciel, também pernambucano, e vice-presidente eleito na chapa de FHC. O que foi uma boa escolha, segundo o próprio PBC, uma vez que Everardo Maciel foi

Secretário da Receita Federal, durante os dois mandatos presidenciais de Fernando Henrique Cardoso, portanto, até 2002.

O que sempre pareceu claro a PBC é a impossibilidade de conciliar sua prestigiada carreira acadêmica e o trabalho incansável do pesquisador, sempre pronto a inovar a produção de conhecimento, com o exercício de qualquer cargo público ou político por indicação e mera nomeação, uma vez que aquela, desde o início, foi construída solidamente a partir de concursos públicos e graças aos seus méritos. Além disso, nunca lhe passou pela cabeça abandonar a sala de aula, seus alunos, as leituras e as investigações no campo da ciência jurídica, para exercer uma função pública que naturalmente está vinculada ao mundo político, uma vez que nunca viveu para ou da política.

Sua contribuição na esfera pública como servidor do Ministério da Fazenda se deu com a participação, por vários anos, no antigo Conselho de Contribuintes a partir dos anos setenta, tanto nas câmaras transitórias em São Paulo, como nas câmaras fixas em Brasília, e também como representante da sociedade civil. Em 2009, com a criação do CARF – Conselho de Administração dos Recursos Fiscais – que substituiu os antigos conselhos, passou a integrar o Comitê de Seleção dos Conselheiros, onde atuou por dois anos. Poderiam ser citados ainda, os anos em que foi lotado na assessoria econômica de vários ministros da Fazenda, como por exemplo Mário Henrique Simonsen, com quem colaborou na condição de consultor.

Deve se destacar mais recentemente, sua participação na Comissão Especial Externa do Senado Federal, criada em março de 2012, pelo então senador José Sarney, à época o presidente daquela Casa, com a finalidade de analisar e propor soluções para as questões relacionadas ao sistema Federativo brasileiro, a Comissão do Pacto Federativo, ou "Comissão dos Notáveis" como ficou sendo conhecida. Constituída de juristas, economistas e cientistas políticos, com o total de 14 membros, sua tarefa era discutir um novo pacto federativo e a relação entre os Estados, os

Municípios e a União, o que de certa maneira provocou uma reação por parte de membros do Congresso, que equivocadamente entendiam serem estas prerrogativas das duas casas legislativas. Essa comissão foi presidida pelo Ministro Nelson Jobim e dela participaram, além de Paulo de Barros Carvalho, os economistas Bernard Appy, ex-secretário do Ministério da Fazenda, João Paulo dos Reis Velloso, ex-Ministro do Planejamento, Sérgio Roberto Rios do Prado, do Instituto de Economia da Unicamp e Fernando Rezende; os juristas Ives Gandra da Silva Martins, Luís Roberto Barroso, Marco Aurélio Marrafon; o doutor Adib Jatene (falecido em 2014), ex-ministro da Saúde, o sociólogo e cientista político Bolivar Lamounier e os professores Everardo de Almeida Maciel, ex-Secretário da Receita Federal e Michal Gartenkraut ex-presidente do IPEA e Manoel Felipe do Rego Brandão, ex-Procurador da Fazenda Nacional.

Os trabalhos da comissão, vale salientar, não eram remunerados. Contudo, tinham por outro lado todo o apoio do Senado Federal, através dos vários órgãos a ele afetos, com o poder, inclusive, de realizar audiências públicas com a participação da sociedade. Ela teria o prazo inicial de 60 dias para rever as relações entre as unidades federadas e sugerir os mecanismos eficazes para evitar a guerra fiscal, propondo uma nova distribuição de recursos para os Fundos de Participação dos Estados e dos Municípios e apresentar soluções para tornar mais eficiente o sistema tributário nacional, além de analisar questões políticas relacionadas a esses temas. Os resultados dos trabalhos da "Comissão dos Notáveis" foram apresentados em relatório com propostas para subsidiar futuras proposições legislativas, como três projetos de emenda constitucional, quatro projetos de lei complementar, um projeto de lei ordinária, um projeto de resolução do Senado e duas emendas a propostas que já tramitavam no Congresso Nacional, além de outras relevantes sugestões aos legisladores.

Cabe lembrar também, que durante vinte anos ininterruptos, entre 1993 e 2013, coube a ele a função de Coordenador da Pós-Graduação em Direito, da Pontifícia Universidade Católica de

São Paulo, período em que lançou as bases para o seu reconhecimento como um curso de excelência que sempre garantiu a nota mais elevada na avaliação da CAPES. Na Coordenadoria Geral de Especialização, Aperfeiçoamento e Extensão da Universidade – COGEAE – ele ainda atua como coordenador da sua área de atuação. Ao longo desses vinte anos, várias centenas de mestrandos e doutorandos de todos os Estados brasileiros passaram por ele, sendo sempre gentilmente acolhidos. Só para lembrar, até o segundo semestre de 2016, estiveram sob sua orientação direta, 403 trabalhos, entre mestrados e doutorados, um sem número de monografias de conclusão de curso e centenas de participações em bancas examinadoras. O carinho com que recebe a todos, indistintamente, estimulando aqueles que não são aprovados em uma primeira seleção a novas tentativas, é de amplo conhecimento de toda a comunidade acadêmica.

Não é sem razão, que em setembro de 2015, a APGC – Associação de Pós-Graduandos em Direito da PUC, a mesma entidade que o indicou para receber o título de professor emérito, outorgou-lhe o título de **Patronus Perpetuus** como reconhecimento pela sua brilhante atuação à frente da Pós-Graduação daquela universidade durante anos seguidos. Na ocasião, o Professor Ricardo Sayeg, que também foi agraciado com o título de **Advocatus Perpetuus,** fez uso da palavra em agradecimento, e que em muito resume a importância de PBC como incentivador e fomentador da pesquisa no campo do Direito: "Paulo de Barros Carvalho é o meu grande mentor. Ele tem todo mérito perante o alunado por sua liderança, conteúdo, seriedade e trajetória humanística. Encarna todos princípios que defendemos. Por isso, honra maior do que ser lembrado é ter meu nome associado à de sua pessoa. Fui seu aluno e suas aulas estão em minha formação. Sinto-me um representante modesto da geração que o Professor Paulo construiu na PUC-SP".

Deste número tão elevado de mestres e doutores, que direta ou indiretamente são a ele ligados, boa parte é de estudantes de Estados do Nordeste, como Rio Grande do Norte, Ceará, Paraíba, Pernambuco, Alagoas e Bahia, pois como filho de nordestino, cedo entendeu que de alguma forma poderia contribuir para a formação de profissionais gabaritados. Foi essa a razão, dos títulos de cidadão paraibano, pernambucano e baiano, com que foi agraciado, concedidos pelas Assembleias Legislativas desses Estados. Ao cidadão paulistano Paulo de Barros Carvalho, pelas tantas láureas e honrarias recebidas em reconhecimento à sua atuação como mestre, pesquisador e formador de gerações, melhor seria titulá-lo como o verdadeiro cidadão do mundo, pois é também Doutor *Honoris Causa* pela Universidade Potiguar, de Natal, Professor Emérito da Faculdade de Itu, da Escola Paulista de Direito, da Escola de Direito do CEU-IICS, todas de São Paulo. A essas também poderiam ser acrescentados títulos e menções de Câmaras Municipais, como a de Sorocaba, São Paulo, Campo Grande, Mato Grosso do Sul, Natal e Caicó, Rio Grande do Norte e João Pessoa, Paraíba, entre muitas outras. Em 16 de maio de 2016, foi a vez da sua amada Recife. A Câmara Municipal da capital pernambucana, pelo Decreto Legislativo n.732/2106, aprovou o projeto de autoria da própria Comissão Executiva daquela edilidade, concedendo-lhe o Título de Cidadão do Recife.

Em cada um desse eventos e cerimônias, engana-se quem pensa em encontrar uma celebridade, como muitas que primam pelo distanciamento e pela arrogância, quando em contato com o público. O que se vê é um homem gentil e amável, embora reservado, mas sempre pronto a conversar com qualquer um, e nunca muito afeito a manifestações espetaculosas. Exemplo disso ocorreu em 2007, quando a Câmara Municipal de Caicó, no Rio Grande do Norte, concedeu-lhe, em sessão solene, o título de Cidadão Honorário, a qual seguiu-se um almoço para mais de 5000 pessoas da região e até de Estados vizinhos, organizado pelos irmãos Robson e Rodney Maia Lins, na Fazenda Amparo, em Jardim de Piranhas. O motivo da festividade, ao som da boa música regional, com um show do afamado "Os Três do Nordeste", era um agradecimento feito em nome de toda a comunidade potiguar, pelos mais de 70 mestres e doutores em Direito Tributário do Rio Grande Norte que foram alunos de PBC. Lembram-se muitos dos presentes, das inesperadas palavras do Mestre homenageado, que em muito são reveladoras do seu lado simples e humilde: "Isso é para mim? Ela me parece muito mais uma grande festa de lançamento de uma candidatura à Presidência da República". Segundo Sonia, sua esposa sempre presente, foram horas e horas de celebração em meio a um mundo de gente, e ele não demonstrou cansaço uma vez sequer, conversando e ouvindo a todos com atenção e elegância, marcas indeléveis de sua personalidade.

Como praticante da advocacia consultiva, ao lado dos doutores Maria Leonor Leite Vieira e Antonio Sergio Falcão, PBC é um dos sócios-fundadores do escritório Barros Carvalho Advogados Associados, com a sede inicial na rua Traipu 902, em Perdizes, e hoje localizado na rua Bahia 1233, o escritório Barros Carvalho Advogados Associados é hoje amplamente reconhecido pela excelência técnica de seus serviços advocatícios. Sua atuação no campo do Direito Público, com destaque para a área do Direito Tributário no âmbito das esferas administrativas e judiciais, em seus aspectos consultivos e contenciosos, vem se estendendo também para as áreas do Direito Constitucional, Administrativo e Econômico. Com isso, tem-se adequado ao perfil daqueles que a ele recorrem, especialmente do meio empresarial, o que de certa maneira exigiu a criação de um escritório em Brasília, DF, instalado no edifício Business Center Park. Isso porque cresceu a necessidade de seus clientes em ações no âmbito dos tribunais superiores localizados na Capital Federal.

O escritório é reconhecidamente atuante na área do Direito Tributário, atendendo aos seus clientes na elaboração de pareceres, no planejamento tributário e prestando serviços de consultoria. Além da produção de pareceres, em caráter preventivo, ou com o fim de instruir feitos administrativos ou judiciais, conta também com especialistas altamente credenciados nos diversos temas de Direito Público, habilitando-se, desse modo, a proceder à análise dos mais variados assuntos, tanto para propor como para contestar ações ajuizadas. Para isso, examina a legalidade e constitucionalidade de leis nas quatro esferas de competência, toma as medidas judiciais cabíveis e outras convenientes aos interesses dos clientes, além de apresentar impugnações, recursos, memoriais, pedidos de regimes especiais e realizar sustentações orais e consultas à Administração Pública.

As inovações têm sido uma marca do escritório Barros Carvalho ao longo de sua existência, uma vez que seus associados construíram, em mais de três décadas, uma autêntica cultura da empresa, fundada na pessoalidade de todos os seus integrantes, e destes para com a sua clientela. O que pode ser explicado, de um lado pela postura filosófica do seu idealizador e um de seus fundadores, e por outro, pelas suas dimensões, como uma empresa de médio porte, em que a convivência saudável é uma de suas marcas principais. Isso também, porque sempre contou com uma equipe altamente qualificada, visto que são profissionais com mestrado e doutorado, em sua maioria dedicados ao ensino nas principais universidades de São Paulo. Estes são alguns diferenciais que acabaram por torná-lo uma verdadeira boutique de Direito Tributário, oferecendo um atendimento personalizado

Atualmente, conta com os serviços de 18 profissionais, advogados e consultores, incluindo-se os estagiários. Além de Paulo de Barros Carvalho, Maria Leonor Leite Vieira e Antonio Sergio Falcão, os sócios-fundadores, fazem parte da equipe os advogados associados: Tamara Ambra Ciorniavei, Sandra Cristina Denardi, Fabiana Del Padre Tomé, Robson Maia Lins, Thais de Moraes Yaryd Ramirez, Marcela Conde Acquaro, Olívia Tonello Mendes Ferreira, Maria Ângela Lopes Paulino Padilha, Lucas Galvão de Britto, Taísa Silva Reque e Marília Bezzan Rodrigues Alves. O contencioso do escritório está a cargo dos advogados Maria Leonor e Robson Maia. Na esfera consultiva, o grande parecerista é próprio PBC que conta com o concurso dos advogados Fabiana Tomé e Lucas Galvão de Britto, entre outros, também importantes. Para PBC, Robson Maia Lins, no escritório desde 2003, pela sua habilidade, capacidade de articulação e bons relacionamentos, dá ao escritório a necessária dimensão política, ao passo que o competente Lucas Galvão de Britto é, hoje, o seu braço direito.

O que garante a necessária coesão à equipe da Barros Carvalho, é o fato de que todos os seus integrantes são formados pelo professor Paulo, mestres e doutores e, em sua maioria, professores universitários. São conhecidos autores de trabalhos publicados no Brasil e no exterior, além de participar com frequência em seminários ou como palestrantes e conferencistas em congressos. A convivência no campo acadêmico possibilita a exposição de suas experiências, o contato com novos lançamentos da literatura especializada e a permanente troca de informações, o que em muito contribui para que estejam sempre atualizados com as constantes reformas na legislação, possibilitando, dessa forma, um atendimento eficaz aos seus clientes na solução dos problemas jurídicos e fiscais.

Além disso, o escritório procura manter um estreito relacionamento com acadêmicos e outros profissionais da advocacia nas principais cidades do brasileiras e no exterior, pela reconhecida credibilidade e a sólida reputação no seu ramo de atividades. Assim é, que Barros Carvalho Advogados Associados, vem sendo reconhecido, desde 2004, pela Chamber's Global, como um dos mais importantes e influentes escritórios especializados em Direito Tributário do País. Faz sentido, portanto, a informação de Robson Maia Lins, de que além de empresários, prefeituras e outras instituições que recorrem aos seus serviços, quase cinquenta por cento dos clientes do Escritório Barros Carvalho Advogados Associados são os outros escritórios de advocacia.

Pelo Barros Carvalho Advogados Associados passaram vários profissionais no início de carreira e que atualmente advogam em seus próprios escritórios, mantendo, contudo, uma relação de parceria saudável com aquela entidade que muito contribuiu para a formação e o crescimento profissional de cada um. É o caso, entre tantos, de Eduardo Pugliese Pincelli, sócio do Souza, Schneider, Pugliese e Sztokfisz Advogados e Tácio Lacerda Gama, do Lacerda Gama Advogados, ambos associados por anos ao escritório de PBC. Parcerias que abrangem também, muitos de seus ex-alunos na pós-graduação, hoje grandes nomes da advocacia, como Heleno Taveira Torres, do escritório Heleno Torres Advogados, Samuel Carvalho Gaudêncio e Charles William McNaughton, atualmente sócios do escritório Gaudêncio e McNaughton Advogados e Paulo Ayres Barreto, filho do reputado jurista Aires Fernandino Barreto (*in memoriam*), lidera o escritório Aires Barreto Advogados, renomados *bureaux* de advocacia, hoje reconhecidos nacionalmente.

Como parecerista, Paulo de Barros Carvalho tem-se destacado como um dos mais respeitados do país, pois são muitos os seus pareceres repercutindo nas inúmeras decisões proferidas por nossos tribunais superiores. No Supremo Tribunal Federal (STF), por exemplo, estão presentes nas mais importantes discussões e decisões judiciais daquela Corte, como na análise da inconstitucionalidade do art. 3º, parágrafo 1º, da Lei 9.718/89, no caso da COFINS, que acabou por ser revogado. Da mesma forma, foram extremamente valiosas suas considerações no parecer que embasou a decisão do relator, Ministro Celso de Mello, em 15 de maio de 2006, na ação em que se discutiu a legitimidade ativa para exigência do ICMS sobre importação de gás natural. Ou ainda, em 2004, nos votos do Ministros Celso de Mello e Ricardo Lewandowsky, no caso do IPI – alíquota zero, que teve como relator o Ministro Cezar Peluso.

Ao longo de sua brilhante trajetória, pela importância da sua atuação no campo do Direito Tributário, Paulo de Barros Carvalho credenciou-se para ser eleito um dos melhores tributaristas do mundo pela revista britânica *Corporate Tax Who's Who Legal*, publicada pela *Law Business Research Ltd*, sucessivamente, em 2004, 2006, 2007, 2008 e 2009. Pela mesma razão, em 2005 agraciado, com o 17º Prêmio Tributarista do Ano, outorgado pela IOB Thomson. E em 2008, 2009, 2010 e 2013, recebeu o prêmio Análise Advocacia 500, outorgado pela Análise Editorial, de São Paulo, responsável pela publicação do anuário, sendo reconhecido como o profissional Mais Admirado do Direito, na categoria Direito Tributário. Por fim, na *International Tax Review*, prestigiada publicação no campo do Direito, ao elencar advogados de dezenas de países da Europa, América do Norte, América do Sul, Ásia e Oceania, que atuam no contencioso tributário, e em que o Brasil se faz presente com vinte profissionais, Paulo de Barros Carvalho é apontado como um dos principais tributaristas do mundo, em 2011, 2012 e 2015.

Na residência de Geraldo Ataliba, 1972. Da esquerda pra direita: Pedro Luciano Marrey Jr., Rubens Gomes de Sousa, Geraldo Ataliba, Paulo de Barros Carvalho, José Eduardo Monteiro de Barros e Persio de Oliveira Lima.

Da esquerda pra direita: Vicente Greco, Marco Aurélio Greco, Geraldo Ataliba e esposa Ana Maria, Elizabeth Carrazza, Sonia e PBC.

Da esquerda pra direita: PBC, Sonia Correia da Silva, Persio de Oliveira Lima, Rubens Gomes de Sousa, Von Horn (tributarista holandês), Elizabeth Carrazza e Geraldo Ataliba.

PBC, Ataliba e o italiano Victor Ukmar, 1974.

Aliomar Baleeiro profere palestra na PUC, entre Ataliba e PBC, 1974.

PBC no primeiro Congresso Brasileiro de Direito Tributário – São Paulo, SP, 1981.

PBC nas Jornadas Latino-americanas de Direito Tributário – Caracas, Venezuela, 1977.

Na XX Jornadas Latino-americanas de Direito Tributário, PBC sorri com a piada de Humberto Medrano – Quito, Equador, 1981.

O inesquecível amigo Geraldo Ataliba.

PBC com Vilanova em Recife.

Dois momentos de PBC, 1965.

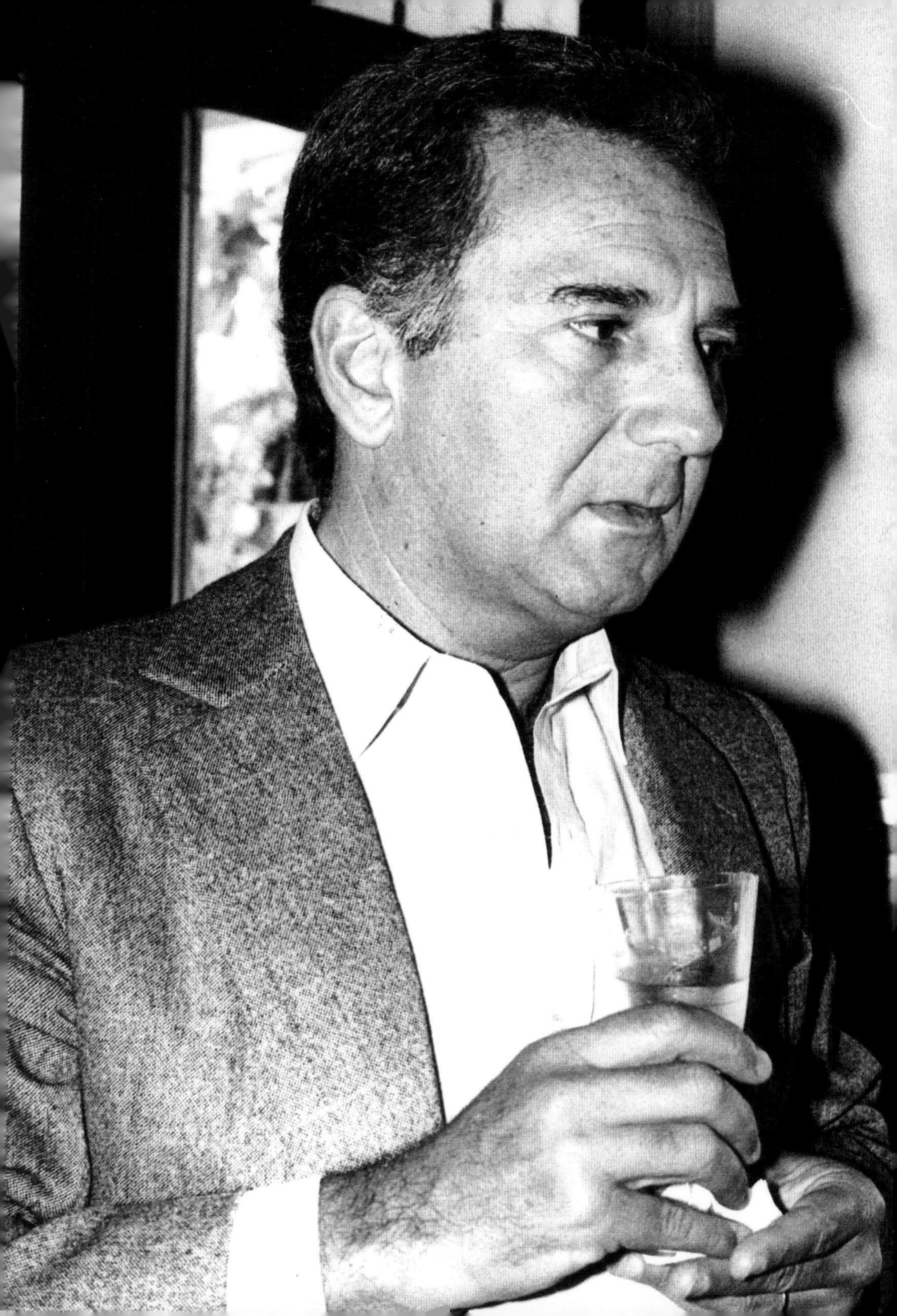

O merecido descanso. Em pé, da esquerda para a direita: Pedro Luciano Marrey Jr., Cleber Giardino, Fernando Albino de Oliveira, Eduardo Botallo e Persio de Oliveira Lima. Sentados estão Ataliba e PBC.

Entre Professores e alunos, PBC com Vilanova na Universidade Federal de Pernambuco.

Reuniões do Grupo de Estudos. No antigo escritório da rua Traipú e mais recentemente, na sede da editora Noeses, na rua Bahia.

Laçamento da obra *Diritto Tributario*, edição italiana de *Fundamentos Jurídicos da Incidência* - Bolonha, Italia, 2004. Da esquerda pra direita: Mirla Lofrano, Antonio Sergio Falcão, Robson Maia Lins, Thais Ramirez, Eurico Diniz de Santi, PBC, Tácio Lacerda Gama, Maria Leonor Leite Vieira, Eduardo Pugliese Pincelli.

Cerimônia de outorga do título de *honoris causa* na Universidad de San Marcos – Lima, Peru, 2011.

PBC no recebimento do título de Professor Emérito da Faculdade de Direito da USP, 2009.

Concurso de Livre-Docência de Humberto Ávila. Da esquerda para a direita: Ministro Eros Grau, Humberto Ávila, José Souto Maior Borges, PBC, Clemerson Clèvè e Ministro Carlos Mário Velloso. USP, 2007.

Corpo docente da Faculdade de Direito no Prédio do Largo São Francisco – USP.

PBC com Victor Ukmar e Sonia.

Com Prof. Ramón Valdés e José Juan Ferrero Lapatza.

Com Gregorio Robles Morchón na FAAP, 2002.

Com Alejandro Altamirano, Buenos Aires, 2002.

Com Miguel Reale, no Lançamento do Livro de Vilanova "Escritos Jurídicos e filosóficos", José Junior Vieira ao fundo. Museu da Casa Brasileira, SP, 2003.

Com Ministro Nelson Jobim no I Congresso Nacional de Estudos Tributários do IBET no Hotel Renaissance – São Paulo, SP, 2004.

Com Heleno Torres no III Congresso Internacional de Direito Tributário – Recife, PE, 2005.

O discípulo e o mestre. Samuel Gaudêncio e PBC, na Universidade de Bolonha, Itália 2014.

Mais do que relações profissionais, uma amizade de longa data. PBC com casal Marcela e Robson Maia Lins.

PBC e Sonia com a Maria Leonor Vieira e família Maia Lins.

Recebendo o título de Cidadão Pernambucano, 2005.

PBC, José Maranhão, Harrison Targino e Rômulo Gouveia, Presidentes da OAB e Assembleia Legislativa, 2005.

PBC toma posse como membro do Instituto Histórico e Geográfico de São Paulo, 2015.

Lançamento do Livro *Direito Tributário*: Linguagem e Método, 2008.

6
PAULO DE BARROS CARVALHO VISTO POR AMIGOS

PAULO DE BARROS CARVALHO VISTO POR AMIGOS

ROQUE ANTONIO CARRAZZA – Professor Titular da Cadeira de Direito Tributário da Faculdade de Direito da PUC/SP

"É uma grande honra, para mim, fazer uso da palavra, nesta sessão solene do Egrégio Conselho Universitário, durante a qual será outorgado o Título de Professor Emérito da Pontifícia Universidade Católica de São Paulo ao Professor Titular, Doutor Paulo de Barros Carvalho. Habituado à tribuna, ainda que a ela nunca suba sem temor e sem tremor – que bem lhe conheço as tramas, as sutilezas e as armadilhas –, confesso-lhes que poucas vezes na vida enfrentei missão tão complexa e espinhosa, qual seja a de traçar um retrato de alguém do porte intelectual e moral do nosso laureado desta noite.

Anima-me a circunstância de ter podido, ao longo dos anos, apreciar de perto o caráter de Paulo de Barros Carvalho, seu valor, enfim, suas múltiplas qualidades. Realmente, fui seu aluno nos cursos de bacharelado, mestrado e doutorado. Mas, acima de tudo, fui, desde o primeiro momento – e continuo sendo – seu admirador e amigo.

Bacharel em Direito, aqui pela PUC/SP, na turma de 1965, foi nesta Casa que Paulo de Barros Carvalho formou convicções, que compuseram muito da essência de sua personalidade. Aqui desenvolveu a arte de ouvir e de falar e, mercê de sua lhaneza de trato, seus modos amáveis e inegável cultura jurídica, logo foi convidado para reger uma das turmas de Direito Tributário, da Faculdade de Direito. E foi nessa condição que o conheci, nos idos de 1971, quando cursava o 4° ano do Curso de Bacharelado. Recordo-me de haver-me impressionado com seu vocabulário rico e elegante, com a profundidade de seu raciocínio, com o sopro de sua genialidade, que já se manifestava. Genialidade que testemunhei ainda mais de perto, quando, em 1973, voltei a contatá-lo, agora no Curso de Mestrado, sempre elegante no modo de falar e escrever, sempre fidalgo no trato com as pessoas, especialmente com os alunos, que muito estima.

Abro aqui um ligeiro parêntese, para dizer que Paulo de Barros Carvalho é uma das mais brilhantes inteligências da Universidade brasileira, que se dedicou, durante décadas, à Ciência Jurídica, à redação de trabalhos de tomo e à formação de discípulos, que hoje ocupam relevantes cargos, seja na docência superior, seja nas carreiras jurídicas em geral. Um ser naturalmente nobre e generoso, voltado à amizade e ao diálogo, e – repito – à arte de bem escrever.

De fato, quem se dá conscientemente a este duro ofício (o de escrever), percebe, nas obras de Paulo de Barros Carvalho, dentre outras virtudes notáveis, o cuidado de redação, o estilo saborosamente clássico, a seriedade da pesquisa e, acima de tudo, o gênio criativo. Com o refinamento de sua erudição, consegue a façanha de musicar até o prosaico tributo. Aliás, já que tomei por empréstimo a Música, sinto-me confortável para afirmar que estas são a tônica e a dominante da vida e da obra de do Professor Paulo. E mais: fez, de sua existência, um magistério permanente.

Dedicado, estudou e estuda diariamente, Direito Tributário, Teoria Geral do Direito e, com muito entusiasmo, Filosofia, da qual conhece, como poucos, as opulências. Foi graças a este labor constante que se submeteu, quando isso ainda não era imperativo, a todos os concursos da vida acadêmica: é especialista, doutor, livre-docente e titular. Aliás, titular não apenas da Faculdade de Direito da Pontifícia Universidade Católica de São Paulo (*PUC/SP*), mas também da Faculdade de Direito da Universidade de São Paulo (*USP*). Nada mais, nada menos, do que as duas melhores faculdades de Direito do Brasil. É, até hoje, o único professor a conquistar as duas cátedras, por concurso e, ainda por cima, na mesma disciplina. Mas, com a certeza que a amizade de quase quarenta anos me infunde, sei que seu amor intelectual está na PUC/SP. Aqui se formou, aqui galgou todos os degraus da carreira universitária, aqui continua lecionando. Aqui influiu para que uma de suas filhas (Priscila) se graduasse em Direito, e aqui tem um neto (Bruno), que ora cursa o 1º ano do Curso de Bacharelado, também em Direito. Aqui mora seu coração.

Mudando de assunto, não posso deixar de mencionar as gerações de pensadores que Paulo de Barros Carvalho formou em seus decantados Grupos de Estudo, que, em mais de 20 anos de ininterrupto funcionamento, têm refletido sobre o pensamento de Lourival Vilanova, Pontes de Miranda, Ricardo Guibourg, Kant, Husserl, Warat, José Roberto Vernengo, Pablo Navarro, Marcelo Neves, Tercio Sampaio Ferraz, Miguel Reale, Habermas, Gregorio Robles, Ricardo Guastini e tantos e tantos outros pensadores de igual grandeza, alguns dos quais até então desconhecidos no Brasil.

Também o pensamento de Paulo de Barros Carvalho tem merecido repetidos e necessários estudos, no Brasil e no exterior. No Brasil, em praticamente todas as Faculdades de Direito e nos locais onde finca sua bandeira o prestigioso *Instituto Brasileiro de Estudos Tributários – IBET*, que nosso laureado preside. E, no exterior, em universidades da Espanha, da Itália, da Argentina, do Chile e do Peru, onde, registro com satisfação, há quatro grupos de estudo que esmiúçam, com mão diurna e noturna, a genial obra do nosso, a partir de hoje, Professor Emérito. Dignas de nota, igualmente, suas centenas de participações em bancas de mestrado, de doutorado, de livre-docência e de titularidade, nas mais importantes Universidades brasileiras.

Este é apenas um ligeiro esboço do imenso *curriculum vitae* do Professor Paulo. Um currículo verdadeiramente notável, que não só revela seu labor profícuo e múltiplo, como dá conta da variedade e exuberância de seus escritos, fiel que é ao adágio latino *nulla dies sine linea*. Não há como, pois, em tão breve tempo como este que me é destinado, desincumbir-me, por inteiro, da missão de apresentar-lhe toda biografia. Alguns pontos, no entanto, carecem de ser mais bem desenvolvidos. O de um conferencista brilhante, que percorreu, pode-se dizer, todos os grandes centros culturais da América Latina, além de haver ministrado cursos na Espanha, na Itália e em Portugal, sempre elevando o nome do Brasil. Participou – e continua a participar – de múltiplos simpósios e congressos jurídicos, sendo, em vários deles, mercê de suas proverbiais qualidades, seu Presidente.

Professor titular, por concurso – como já disse –, da Faculdade de Direito da PUC/SP e da Faculdade de Direito USP ("*A Velha e Sempre Nova Academia*", a Faculdade de Direito do Largo de São Francisco), é um dos grandes protagonistas brasileiros da maior das aventuras humanas: a aventura de pensar. Nesta época que, não raro, os que falam apostam no despreparo dos ouvintes, Paulo de Barros Carvalho dá-lhes a mão e os conduz ao infinito. Ele é, além de tudo, um homem de princípios, de posições definidas, que, pela força irradiante de suas qualidades, é por todos respeitado. Homens como ele são raros. Com efeito, ele está entre os que não desertam, entre os que não renunciam, entre os que não capitulam, entre os que não se mascaram, entre os que não se degradam. Está, enfim, com a Verdade. Com a Verdade que liberta, segundo a palavra eterna de Cristo. E porque está com a verdade, não se importa se alguma vez corre o risco de ficar só.

Os fatalistas costumam dizer que o destino dos homens está escrito nas estrelas. Talvez o de alguns. Há homens, porém, que são os donos do próprio destino. Paulo de Barros Carvalho é um destes homens. É um infatigável edificador da própria vida. Pensou sobre tudo, como todo homem de Ciência que se preza. Mas, como é possível pensar sobre tudo? A frase tem que ser matizada: Paulo pensou sobre tudo o que importa ser pensado. Tudo nele respira atualidade, finura de percepção, rica sensibilidade, brilho de alvorecer, estrela que rompe a neblina e vence a escuridão.

Fez muito e o muito que fez foi inspirado pelo entusiasmo. Afinal, como bem observou Ortega y Gasset, só se consegue descobrir a verdade, fazendo refulgir e, até mesmo, arder as coisas. É o que Paulo faz em suas aulas e conferências. Lamentava Goethe ser "*tão verde a árvore da vida e tão cinzenta a teoria*". Pois Paulo de Barros Carvalho logrou a proeza de inventar teorias tão estimulantes, tão seivosas, tão verdejantes, quanto a própria árvore da vida. Acreditando que "*a verdade só pode existir na figura de um sistema*", a unidade e a coerência pulsam em cada passagem de seus inúmeros escritos, como a concha marinha na qual se deixa ouvir o rumor de todo o Oceano". **Homenagem à Paulo de Barros Carvalho na sessão solene de entrega do título de Professor Emérito da PUC/SP, em 11 de setembro de 2009.**

DARDO SCAVINO – Professor de Filosofia da Universidade de Pau e Países do Adour (França)

"Meu primeiro contato com PBC foi via e-mail quando ele me propôs a tradução e a edição de um livro meu, convidando-me a apresentá-lo em maio de 2014. Sempre teve comigo um tratamento muito cordial e muito caloroso. A primeira vez que vim a São Paulo convidado por Paulo de Barros Carvalho, eu não sabia qual a sua importância no mundo do Direito como pensador, docente e editor. Lembro-me que fiquei muito impressionado com o respeito que seus alunos, seus colegas e discípulos o tratavam. Depois de alguns dias, me dei conta que o Professor Paulo havia criado uma autêntica escola de pensamento jurídico e, por sorte, que seu pensamento atribui uma grande importância à reflexão filosófica. Não sou um especialista em Direito, e menos ainda, em Direito Tributário, mas penso que o constructivismo lógico-semântico de PBC constitui uma das contribuições mais decisivas para a compreensão do Direito. Parafraseando uma célebre frase de Nietzsche, PBC mostrou que não julgamos os fatos senão suas interpretações. Quando conheci PBC, me impactou sua vitalidade, a diversidade de tarefas que leva a cabo. Seu trabalho como advogado, como professor, como editor, como pensador, sua preocupação em formar as novas gerações e por ajudá-las a dar seus primeiros passos no mundo do Direito Tributário. Me pareceu ver um pai como muitos filhos ou uma espécie de patriarca. Uma figura que já não se vê nestes tempos em que a gestão empresarial e a competitividade mercantil parece ter invadido tudo".

CESAR GARCIA NOVOA – Professor da Universidade de Santiago de Compostela, Espanha

"O meu primeiro contato com o professor Paulo ocorreu no ano de 1989, quando estava em São Paulo, fazendo pesquisas para minha tese de doutoramento sobre a repetição do indevido com o professor Geraldo Ataliba, que nos apresentou.

Na época, Paulo de Barros Carvalho tinha um escritório no bairro de Perdizes, próximo da PUC e se mudaria posteriormente para Higienópolis. Ali, ele tinha uma excelente biblioteca que logo foi posta à minha disposição. Tratou-me com respeito e um afeto enorme; eu, que então tinha 24 anos e estava dando meus primeiros passos na investigação do Direito Tributário. Recordo-me especialmente da minha primeira visita ao seu escritório quando fui acompanhado da professora Leonor Vietes, que era então docente da Universidade Mackenzie de São Paulo. Era a época da agitada campanha eleitoral das eleições de 1989 que levaram Fernando Collor de Mello à presidência da República. E Paulo de Barros estava com Leonel Brizola. Mas além dessa anedota, lembro que foi naquele primeiro encontro que o professor Paulo me resumiu sua teoria da linguagem como forma de aproximação ao Direito Tributário. Fiquei impressionado com a clareza de suas ideias e desde esse momento não tenho deixado de segui-lo e nem de lê-lo.

Além deste primeiro encontro foram muitas as vezes que nos encontramos em Jornadas e Congressos internacionais. Neles, a participação do professor é sempre a mais brilhante e a mais esperada. Também a primeira vez que li inteiro seu Curso de Direito Tributário, tive a sensação que pela primeira vez podia ter uma visão integral do Direito Tributário.

As contribuições de Paulo de Barros Carvalho aos estudos de Direito Tributário são decisivas. Ninguém, na América Latina, teve a capacidade de inovar e influenciar o pensamento jurídico-tributário como ele. Sem dúvida, a doutrina do professor Paulo teve e tem uma grande influência na formação da tese da obrigação tributária na Espanha. Hoje se respeita e se admira a doutrina tributária latino-americana graças às contribuições como as do professor Paulo. Para finalizar, gostaria de dizer simplesmente, que conhecê-lo foi uma das experiências científicas e pessoais mais importantes da minha vida como tributarista".

EROS ROBERTO GRAU, Professor Titular de Direito Econômico da Faculdade de Direito da Universidade de São Paulo e Ministro do Supremo Tribunal Federal – STF

"Paulo, meu Amigo. Dizer em poucas palavras o que deve ser dito. Não apenas o que deve ser dito em uma sessão solene da velha e sempre nova Academia, mas também o que o olhar alcança quando voltamos no tempo. Dizer em poucas palavras o que se diz quando alguém mais tem algo a dizer pela nossa voz. Era uma rua saindo à direita de quem sobe a ladeira ao lado do estádio do Pacaembu. A casa de um amigo de meu pai, Leonardo. Uma visita após o jantar, se bem me lembro. Meu pai e minha mãe me levaram com eles. Eu nutria a esperança de jogar bola – tinha onze ou doze anos – com o filho do amigo de meu pai. Paulo não estava. Fiquei na sala, frustrado, ouvindo a conversa dos mais velhos. Depois, nos encontramos algumas vezes, um tanto à distância, ele um pouco mais velho do que eu, ainda que apenas um pouco. A diferença de idade, quando se é menino, faz com que o mais velho um pouquinho veja no outro somente um fedelho. Ao final dos anos sessenta, sobretudo nos setenta, passamos a estar próximos, pelas mãos do Ataliba, que agora tem também algo a dizer, pela minha voz. Meu olhar alcança, voltando no tempo, um momento em que – lembro-me bem – na sala da Congregação, ali, Ataliba e eu conversávamos. Uma tarde de quinta-feira. Sabíamos que imediatamente após a aposentadoria de nosso Alcides Jorge Costa nenhum colega do Departamento de Direito Econômico e Financeiro habilitar-se-ia à sua sucessão. O nome de Paulo e a disposição de o estimularmos a preparar-se para o concurso surgiram ali. Paulo fazia carreira acadêmica na PUC, intensamente, mas o convencemos. As circunstâncias fizeram com que eu participasse da banca do seu concurso para Professor Titular, como acontecera quando do concurso anterior, ao qual se apresentara Alcides. Duas dessas ciladas que as circunstâncias acadêmicas de quando em quando urdem. Examinei-os, os dois. Mais justo seria que eles me examinassem. É desnecessário relembrar momentos marcantes, com títulos e datas, da vida intelectual de Paulo de Barros Carvalho. Todos a conhecem, Professor Titular das Arcadas e da PUC. Doutrinador que construiu sua teoria para explicar o fenômeno normativo. Paulo não se basta em relatar o conhecimento jurídico. Inovou a Ciência do Direito, seu pensamento cruzando longitudes e latitudes. A partir da aplicação do chamado giro linguístico ao direito, a teoria da incidência da regra jurídica, que tem sido referida como a teoria carvalhiana. Eu só não gosto desse nome, preferia teoria de Barros de Carvalho, porém, por conta de Pontes de Miranda [teoria pontiana] ela está condenada a ser chamada assim. Porque a teoria de Paulo, estruturada no campo do Direito Tributário, o transcende, enriquecendo a Teoria Geral do Direito. Nada pode ser afirmado como verdadeiro senão se indicarmos o modelo dentro do qual a proposição se aloja. As premissas desde as quais o raciocínio partir determinarão o sentido da afirmação. A incidência da regra jurídica é ato humano, do intérprete/aplicador do direito. No mundo do direito, nada pré-existe à linguagem; é no seu plano que os objetos jurídicos acontecem. A incidência da regra jurídica compreende dois momentos: primeiro, o da subsunção ou de inclusão de classes, no qual se reconhece a ocorrência concreta de um fato, inserindo-o na classe dos fatos previstos na suposição de uma norma geral e abstrata; o segundo, de implicação, porquanto a norma prescreve que do fato concreto efetivamente ocorrido surgirá determinada relação jurídica entre dois ou mais sujeitos de direito. Daí que, diversamente do que era dito antes de Paulo, a incidência da regra jurídica não é infalível. Ao contrário – Paulo observa – ela jamais se dará sem que um ser humano opere a subsunção e, a seguir, a implicação que a prescrição normativa determina. A realidade jurídica é esculpida pela linguagem do direito. Devo, contudo, dizer em poucas palavras o que devo vos dizer. Cá não estou para rememorar lições de Paulo, todas memoráveis. Mais do que da razão, nesta sessão solene da velha e sempre nova Academia, devo vos dizer da afetividade. Manuel Bandeira dizia estar farto do lirismo comedido. Pois eu também, embora mais farto ainda de discursos bem-comportados, com ar de aulas magnas. Não vou por aí. Meu olhar alcança, voltando no tempo, o velho Leonardo e Dyonísio Brochado, meu padrinho de crisma, que nos ensinou – a mim e ao Paulo – a glória que é o São Paulo Futebol Clube. Alcança meu olhar também seu tio, Antônio de Barros Carvalho, que conheci de longe, bela figura, fiscal do consumo, como Leonardo e meu pai. O Senador Barros de Carvalho, que – lembro-me bem – esteve firme na Campanha da Legalidade. Eis aí, Paulo, o que não se esperava de mim saudando-o neste fim de tarde em que Você se transforma em Professor Emérito da Faculdade de Direito da USP. Dizer em palavras tão simples, coloquiais, sem pompas bacharelescas, o que deve ser dito. Palavras, não da razão, apenas de afetividade. Vivi a honra de recebê-lo como Professor Titular aqui mesmo, no Salão Nobre, então dizendo, em determinado ponto de meu discurso: "Que bom, repito-o, que bom podermos dizer

– fingindo humildade – que bom podermos dizer, singelamente, se alguém pergunta o que fazemos, que bom podermos dizer, simplesmente: 'sou professor no Largo de São Francisco'"! Deve ser melhor ainda sê-lo duplamente, Professor Titular e Professor Emérito das Arcadas! Aqui estamos a fruir outro instante em que a Vida nos sorri. É muito bom. Sinto a falta do gordo Ataliba, nosso Amigo do peito. Que bom se ele estivesse entre nós, ainda que, se fosse assim, ele é quem o estaria saudando. Mas falaria por mim, tal como – disso Você pode estar certo – falo eu por ele agora. Por isso pretendi dizer, em poucas palavras, um tanto do que o Ataliba teria a dizer-lhe. Tenho duas queixas de Paulo. Não jogou bola comigo aquela vez e, há uns dois ou três anos, estando em Honfleur, não me telefonou. Esquecera de levar o nosso número. Depois, teve a "caradura" de contar que almoçou com Sonia em um dos restaurantes do Vieux Bassin, a poucos metros do nosso apartamento. Você jamais supôs, Paulo, que eu me aproveitaria deste momento para um acerto de contas em torno dessas duas frustrações que me causou. A considerar, no entanto, que foram somente duas mancadas em tantos anos, vou esquecê-las. Só não esqueço a Amizade. Eu lhe disse isso antes, quando o recebi aqui mesmo, no Salão Nobre, como Professor Titular. Isso é, no entanto, tão verdadeiro que me permito repeti-lo. Há, meu caro Amigo, por certo há um lugar, nutrido pelas nossas boas lembranças, onde se encontram os homens de boa vontade, lá onde há de estar o Ataliba. Lá, desse mesmo lugar, hão de agora também deitar os olhos sobre nós o velho Leonardo e o velho Grau, que nos ensinaram a Amizade". **Saudação proferida na cerimônia em que Paulo de Barros Carvalho recebeu o título de Professor Emérito da USP, em 26 de novembro de 2009.**

JOSÉ JUAN FERREIRO LAPATZA – Professor Catedrático das Universidade de Barcelona e Valencia, Espanha

"Conheci meu amigo Paulo em 1979 no Congresso que o Instituto Latino-Americano de Direito Tributário – ILADT realizou em Palma de Mallorca naquele ano. Até então, eu não ia assistir aos congressos porque não gostava de cruzar o Atlântico de avião. Naquele Congresso, sem dúvida, passei a me interessar pelo Instituto, suas reuniões e as pessoas que dele participavam. Entre elas estavam Paulo e sua mulher Sonia. Acredito que nos sentamos na mesma mesa de almoço. E a conversação me levou a ler e a me interessar por sua obra. Nem ele nem suas obras, até então, haviam despertado meu interesse.

Desde logo, os congressos do ILADT e mais que esses, um encontro que tive com ele em São Paulo foi para mim um acontecimento, uma vez que se tratou de uma ceia em uma de suas fazendas, em que estivemos a sós sentados com um bom queijo e bebendo um magnífico vinho. Conversamos por um longo tempo, horas, e não de Direito Tributário, mas de muitos outros temas. Neste encontro, comecei a ver em Paulo, a pessoa mais do que o profissional, e soube que a pessoa é muito melhor do que o profissional que ele é. Acredito que a maior contribuição que Paulo trouxe em seus livros técnicos são suas considerações não técnicas, mas sim linguísticas ou filosóficas no sentido mais profundo do que eu considero como filosofia, que é o amor pelo saber, pela ciência que se cultiva.

A obra de Paulo foi traduzida para o castelhano por minhas instâncias e foi publicada pela editora que fundei com D. Marcial Pons há muitos anos. O livro se difundiu muito, tanto que agora tem sua edição esgotada. Todos os meus amigos acadêmicos e profissionais que o leram sempre me fizeram muitos elogios que aliás são merecidos.

Creio que tudo o que eu disse até aqui não reflete com a intensidade merecida a forte, profunda e original personalidade de

Paulo. Mas a admiração que sinto por ele está dentro de mim. O meu agradecimento por sua amizade".

JOSÉ SOUTO MAIOR BORGES – Professor Titular de Direito Tributário nos Cursos de Pós-Graduação da Faculdade de Direito da Universidade Federal de Pernambuco Professor Honorário na Faculdade de Direito da PUC/SP

"Data de dezembro de 1972, a minha amizade por Paulo de Barros Carvalho, graças à intermediação de Geraldo Ataliba, nosso amigo em comum. Nessa época, participei do Curso de Especialização em Direito Tributário da Pontifícia Universidade Católica, de São Paulo, em nível de pós-graduação, dando a aula de encerramento e, com imensa insegurança psicológica e inquietação intelectual, participando dos debates. Paulo me acolheu em suas circunstâncias pessoais e familiares com uma edificante dedicação e comovedora simpatia.

Ainda hoje, recordo com saudade o entusiasmo dos nossos primeiros contatos. Eram intermináveis as nossas conversas sobre o Direito Tributário. Posteriormente, Paulo daria a mesma acolhida a Alberto Xavier e tantos outros quantos dele precisassem. A Faculdade de Direito da PUC era então um caldeirão em efervescência. Uma revolução na dogmática do Direito Tributário partia da rua Monte Alegre. Até hoje, ainda participo, como convidado, dos Cursos de Especialização em Direito Tributário, oferecidos por aquela instituição.

Até hoje ainda ressoam, em minha lembrança, o ruído e o ritmo dos meus próprios passos nas imediações da Faculdade de Direito, me preparando psicologicamente para enfrentar o plenário, antes que nela penetrasse. Quantas vezes visitei a capela sóbria e recatada que ali existe".

JORGE BRAVO CUCCI – Professor da Universidade Católica de Lima, Peru

"A Paulo de Barros Carvalho, eu conheci primeiro através de suas ideias. Recordo-me que em 1988, sendo estudante na Faculdade de Direito e Ciências Políticas da Universidade de Lima, li pela primeira vez a obra Hipóteses de Incidência Tributária, de Geraldo Ataliba, e na plêiade de autores citados, destacava o pensamento de Paulo que chamou imediatamente minha atenção. Comecei a buscar informações sobre sua obra que se encontrava originalmente escrita em sua língua natal.

Quando iniciei minha experiência como professor em 1996, traduzi um artigo seu sobre a interpretação das normas tributárias para difundi-la entre meus alunos. Em 11 de agosto desse ano – lembro-me perfeitamente da data, pois acabava de me casar e estava em lua de mel no Brasil – conheci PBC no I Congresso Internacional de Direito Tributário, de Vitória. Recordo que o professor Eurico Diniz de Santi leu aquela tradução que eu havia preparado e, imediatamente, nos apresentou. Desde essa data, iniciamos uma relação de amizade e acadêmica fecunda que foi se fortalecendo com o tempo.

Ao final do ano 2009, uma dupla de alunos meus, depois de escutar em classe as referências constantes à suas teorias, mostraram-se muito interessados em viajar ao Brasil e conhecer de perto os avanços da doutrina do professor Paulo, e aprender diretamente na fonte, sobre o construtivismo lógico-semântico. Entrei em contato com ele, interessado em explorar conjuntamente essa possibilidade, e devo dizer que minha petição foi aceita imediatamente. Com o calor natural próprio de um pai, acolheu a Cláudia e Juan Carlos, dispensando-lhes um valioso tempo e tornando possível que assistam livremente às aulas de graduação, mestrado e doutorado e as reuniões do grupo de estudos do IBET.

Essa grandeza, própria dos seres superiores, de inteligência livre, é uma marca indelével na personalidade do nosso elogiado, em que a soberba não tem espaço e deixa espaço à humildade, à honestidade e à grandeza de coração. É um visitante frequente do Peru, onde o tivemos como conferencista em diversas oportunidades. Em 2001, por ocasião de uma de suas visitas a Lima, iniciou uma profícua relação com a Universidade Nacional Maior de San Marcos, ao ser convidado para dar uma palestra nesta centenária casa de estudos. A partir dali, sua relação com a São Marcos se consolidou e já está germinando seus primeiros frutos como provarão as futuras gerações de tributaristas peruanos. Hoje, suas obras – em cuja tradução me acompanham alunos sanmarquinos – são utilizadas com os textos de estudos em vários cursos. Em minhas aulas, em que chego a ter duzentos alunos, são muito frequentes as referências ao seu nome e às suas teorias. O reconhecimento de suas contribuições ao Direito é tão grande, que em 2011, a Universidade Nacional Maior de São Marcos lhe conferiu o título de Doutor *Honoris Causa*".

IVES GANDRA DA SILVA MARTINS – Professor Emérito da Universidade Mackenzie, São Paulo

"Conheço Paulo de Barros Carvalho há mais de 40 anos. Jovem professor da PUC, em Direito Tributário, já impressionava a todos pela seriedade de suas pesquisas científicas, pela clareza de sua exposição nas aulas e, principalmente, pela originalidade de suas posições, rigorosamente pautadas pela dicção perfeita, sem transigências ou modismos, numa permanente recuperação do que de mais rico o idioma produzira, desde a fundação do Condado Portucalense. Estilista admirado entre os colegas, conseguia reviver vocábulos belos e esquecidos do vernáculo, que inexplicavelmente deixaram de ser usados, com o lema de que a função do escritor, em qualquer área científica, é alargar as riquezas do idioma, e não reduzi-las. Não havia, à época, a internet, cujo maior desserviço ao idioma tem sido a redução permanente das expressões, tornando-as cada vez mais pobres e amputadas. Aliomar Baleeiro, certa vez, confessou-me que Paulo escrevia com tal riqueza idiomática, e que tinha por ele tal admiração, que, no Tratado que pretendia organizar, em 10 volumes, sobre direito tributário, um deles seria escrito por Paulo. Fui examinado, em minha tese de doutoramento, por Paulo de Barros Carvalho, que me inquiriu com elegância, mas firmeza, tornando aquele exame – o primeiro, neste nível, na Universidade Mackenzie –, segundo os que assistiram, um debate fecundo sobre os novos rumos do direito tributário no Brasil. Participaram da banca o professor português Alberto Xavier e os brasileiros Walter Barbosa Corrêa, Álvaro Villaça de Azevedo e Bernardo Ribeiro de Moraes – orientador, tendo permanecido à mesa, o magnífico reitor da Universidade, durante todo o concurso (Professor Ricardo Teixeira Brancato). Na sua defesa de titulação, seja para a Pontifícia Universidade Católica, seja para a Universidade de São Paulo, em que conquistou ambas as cátedras com louvor, lançou alguns dos fundamentos do atual direito tributário brasileiro, sendo que em virtude de sua originalidade criativa, hoje muitos dos seus livros influenciam grande parte dos ensinamentos sobre a matéria no Brasil e em alguns países latinos da América e da Europa. Um deles é o estudo do conceito de regra-matriz de cada tributo, à luz de uma visão filosófica neopositivista, em que a linguagem passa a ser o fator de distinção de toda a ciência, numa adaptação da teoria de Catherein para o direito. Utilizou-se da semiótica para descobrir, na essência de cada tributo, a regra-matriz, à luz do discurso implicador de sua criação. Estabeleceu, desta forma, os limites em que a imposição tributária pode ser realizada, na transposição da sintética enunciação, principalmente dos impostos, na lei suprema, para a legislação infraconstitucional, com o que determina as fronteiras além das quais qualquer exigência terminaria por ser maculadora da Carta Magna. E foi pelo prisma de sua formulação da regra-matriz de cada tributo, que aprofundou um segundo elemento a iluminar a reflexão tributária no Brasil e em diversos países, ou seja, os estudos de lógica jurídica. Talvez, ninguém no Brasil tenha se aprofundado tanto na obra do grande jusfilósofo pernambucano Lourival Vilanova quanto Paulo de Barros Carvalho. Toda a filosofia do direito que hospedou em sua obra tem também a sua matriz na lógica jurídica de Vilanova. Hegel, no seu livro 'A fenomenologia do Espírito', dá pouca importância à matemática como ciência, em que a lógica é, principalmente, realçada, sob a alegação de ser uma ciência pobre e previsível. Não abre campo, segundo o criador do idealismo filosófico, ao escritor, às maravilhas da especulação sem limites. Nada mais incorreto. Hegel não era especialista em matemática e desconhecia que se trata de uma ciência em permanente evolução, ao ponto de as teses de doutoramento, em todo o mundo, deverem exteriorizar um teorema novo, não formulado ou equacionado por ninguém, até aquele momento. A formulação de uma teoria nova em relação a cada tema é, de rigor, a demonstração de que não se trata nem de uma ciência previsível, nem de uma ciência pobre, que se alicerçaria na menos especulativa das divisões da filosofia, ou seja, a lógica. Paulo, no seu rigor científico, trouxe para o direito tributário as lições de Vilanova, formatando brilhante escola neste ramo de Direito, que, como disse, influencia parte substancial do direito impositivo no País e em outros países. Todos os seus livros têm tido ampla repercussão no Brasil e fora dele. Não sem razão, nas duas Universidades em que se tornou professor titular de cadeira, recebeu também, honraria máxima, o título de professor emérito (USP e PUC-SP). Poderia continuar falando sobre o jusfilósofo, que é Paulo e sobre sua obra e realizações, por tempo infinito, mas preferi por aqui parar. Quero voltar-me, agora, para duas outras facetas da personalidade plural de Paulo, que nem todos conhecem. A primeira é de pai de família dedicado, casado com Sonia há dezenas de anos e com 4 filhas, num casamento sólido e cristão, que serve de modelo – num período em que os enlaces matrimoniais duram pouco –, para gerações futuras, para os seus amigos e principalmente para os seus familiares. Sua vida familiar irrepreensível reflete-se na convivência que mantém com seus amigos, em que a lealdade e a disponibilidade são as notas dominantes, impressionando a todos como consegue, com afabilidade, bom senso, carinho e magnanimidade, manter tantas relações, tantos amigos, a ponto de fazer de cada um de seus alunos, seu admirador e seguidor. Por ser um homem justo, expressão que, no Novo Testamento, foi dada ao pai adotivo de Cristo, Paulo de Barros Carvalho preenche todos os requisitos para merecer o adjetivo que a meu ver melhor pode retratar a figura de qualquer pessoa, nesta passagem pela terra. Paulo, além de ser o filósofo, o jurista, o escritor, o professor, o advogado é fundamentalmente o homem justo, título que as escrituras outorgam a muitos poucos. O segundo aspecto que gostaria de realçar na personalidade de Paulo é ser um católico exemplar. Desde 1976 – portanto há 35 anos – Paulo e eu, nos meses de maio e outubro, visitamos um Santuário de Nossa Senhora para uma romaria, dedicando à Virgem Maria pleito filial de admiração e carinho. Sabemos, como advogados, que a grande advogada nossa perante seu Filho – que graças a Ela foi o Deus Encarnado –, atende aos nossos apelos e serve de permanente inspiração a todos os que a ela recorrerem. Somos os dois, Marianos, e consideramos que sua proteção permite-nos vislumbrar, em todos os acontecimentos da vida, a vontade divina, submetendo-nos à sua inspiração e devotando-lhe o respeito e amor que lhe são devidos. E, agora, paro definitivamente por aqui, se não continuaria a falar do admirável acadêmico que hoje recebemos na Academia Brasileira de Filosofia. Alegra-nos, confreiras e confrades da nossa Academia, em ter, a partir de hoje, como companheiro de luta e reflexões, a densa personalidade deste admirável jusfilósofo que é Paulo de Barros Carvalho. A Casa, meu caro Paulo, a partir de hoje, é também sua". **Discurso de Recepção a Paulo de Barros Carvalho como Membro da Academia Brasileira de Filosofia, em 09 de junho de 2010.**

JOSÉ OSVALDO CASÁS – Professor Emérito das Universidades de Buenos Aires e El Salvador

"O meu contato com o professor Paulo de Barros Carvalho teve lugar no âmbito das Jornadas Latino-americanos de Direito Tributário e acredito que a primeira oportunidade em que fomos apresentados foi na sua XVII edição realizada em Cartagena das Índias, Colômbia, em 1995. Naquele evento, a figura de

Barros Carvalho, catedrático da Universidade de São Paulo e da Pontifícia Universidade de São Paulo, honrou a trajetória que os juristas brasileiros sempre tiveram no âmbito do Instituto Latino-americano de Direito Tributário, a partir da presença fundacional nas II Jornadas do México, do aludido Instituto, por parte do professor Rubens Gomes de Sousa, que seria um dos três relatores do Modelo de Código Tributário para a América Latina do Programa de Tributação Conjunta da Organização dos Estados Americanos e do Banco Interamericano de Desenvolvimento, de 1967. Não devemos nos esquecer de que aquele que o precedera à cátedra nas universidades paulistas, o professor Geraldo Ataliba, também foi um animador constante de todas as atividades do Instituto.

A presença do professor Barros Carvalho amplificou a difusão do pensamento de figuras consulares de seu país neste ramo do Direito, como Amilcar de Araújo Falcão, Aliomar Baleeiro, Alfredo Augusto Becker e Gilberto Ulhoa Canto, que se tornaram presença obrigatória nas notas de respaldo das pesquisas que se desenvolviam em distintos países da América Latina, em especial na Argentina. Particularmente, tenho sempre em conta o fato dele me distinguir com a encomenda do texto *Notas ao Direito Argentino* para introduzir em seu livro *Direito Tributário. Fundamento Jurídico da Incidência*, cuja 1ª edição em espanhol de Ábaco de Rodolfo Depalma, foi publicada em Buenos Aires, em 2002. Nelas, pude ressaltar os sólidos fundamentos, que a Teoria Geral de Direito oferecia para um desenvolvimento sistêmico e consistente do Direito Tributário. A obra de Paulo de Barros Carvalho teve uma ampla repercussão em nosso país e rapidamente teve que ser reeditada, sobretudo ao advertir que nas fontes de suas concepções se encontrava o grande jurista pernambucano Lourival Francisco Vilanova.

A pesquisa realizada por Barros Carvalho também denota pontos de contato com o pensamento filosófico do Direito desenvolvido na Argentina e que encontra, em Carlos Cossio, uma de suas figuras mais proeminentes, abrindo caminho a vários enfoques, fundamentalmente por parte da escola positivista e analítica, onde se destacam Carlos E. Alchourrón, Eugenio Bulycin, Ricardo Guibourg e Martín D. Farrell.

GREGORIO ROBLES MORCHÓN – Catedrático de Filosofia do Direito, na Universidade das Ilhas Baleares (Palma de Mallorca); professor de Direito da União Europeia na Fundação Mapfre-Estudos, em Madri, Espanha

"Em 1982, assisti a um congresso na cidade de La Plata (Argentina), onde conheci Lourival Vilanova. Este professor me falou de sua atividade acadêmica no Brasil e de algumas pessoas interessadas em Teoria Geral do Direito. Uma dessas pessoas era o professor Paulo de Barros Carvalho. Alguns anos depois, Paulo me enviou um livro de sua autoria sobre Direito Tributário (Curso de Direito Tributário. 2ª edição. Editora Saraiva, São Paulo, 1986). Mais tarde, recebi outra de suas obras: Direito Tributário – Fundamentos Jurídicos da Incidência. 2ª edição. Editora Saraiva, São Paulo, 1999. Ainda que esses livros não pertencessem às minhas especialidades acadêmicas – a Teoria do Direito, a Sociologia Jurídica e o Direito da União Europeia – eles me interessaram muito, uma vez que neles encontrei desenvolvida uma Teoria Geral de Direito Tributário.

No ano 2000, recebi na minha casa em Madrid o professor Heleno Taveira Torres, então colaborador do professor Paulo, que me transmitiu o seu convite para ministrar algumas aulas em São Paulo. Com grande generosidade fui convidado, em companhia de minha esposa, a professora Maria Virginia Martínez Bretones, a participar de algumas sessões do seu "Grupo de Estudos", assim como a lecionar na Universidade Católica (PUC/SP) e na Faculdade de Direito do Largo de São Francisco (USP).

O que me chamou a atenção primeiramente na personalidade de Paulo foi sua bondade natural. Ademais, logo descobri sua enorme capacidade de trabalho, seu entusiasmo pela Ciência Jurídica e pela Filosofia do Direito, sua competência organizativa e seu fino sentido para relacionar uma disciplina positiva, como é o Direito Tributário, com os temas e perspectivas filosóficas. Tenho que dizer que em Espanha não conheço nenhum tributarista que tenha curiosidade pelos ditos temas, mas sim especialistas em sua disciplina, demasiadamente práticas para deixar voar a imaginação especulativa.

Bastou apenas uns dias para me convencer que Paulo era uma pessoa excepcional. Isso porque, entre as jornadas acadêmicas, eu e minha mulher tivemos a sorte de compartilhar com Paulo e sua esposa Sonia, um fim de semana na Fazenda Santo Antônio de Palmares, onde conversamos muito sobre assuntos variados. Falamos de nossos países, de nossas famílias, sobre Literatura, sobre a Universidade e sobre a vida. Paulo estava muito interessado na Teoria Comunicacional do Direito, sobre a qual, na época, eu já havia publicado alguns livros. Fez me várias perguntas e uma delas foi sobre a repercussão que a dita teoria havia tido na Espanha. "No momento pouca, mas sei que terá", respondi. "Pois no Brasil ela vai ter antes que em Espanha", garantiu-me ele, o que com efeito acabou por acontecer. Para mim, o professor Paulo tem sido um incentivo em meu trabalho intelectual e uma pessoa a quem agradeço vivamente o interesse que tem sabido despertar por meus estudos entre seus discípulos. Nunca poderei agradecer suficientemente essa atitude generosa e objetiva.

Devo destacar igualmente a insigne obra do amigo professor Paulo. Novamente encontramos nela um traço pouco frequente: a união estreita entre a Filosofia e a Ciência Jurídica. O Direito Tributário sai dos seus estreitos limites como é geralmente tratado para se conectar com abordagens que fazem desse ramo do Direito uma disciplina humanística, e mais, levanta numerosos problemas para os quais a Teoria do Direito pode dar resposta. Paulo tem desenvolvido sua própria concepção teórico-jurídica (o constructivismo lógico-semântico) a partir da obra de Lourival Vilanova e de outros autores brasileiros, com relevantes contribuições próprias.

Suas concepções têm um certo parentesco com a Teoria Comunicacional e, por isso, nosso diálogo é fluido e enriquecedor reciprocamente. Creio que já posso adiantar, que como homenagem à sua figura, o segundo volume de minha obra principal – Teoria do Direito. Fundamentos de Teoria comunicacional do Direito – que espero, venha a luz ainda neste ano, será dedicado ao Professor Paulo de Barros Carvalho. É um reconhecimento que desejo expressar publicamente a quem, a milhares de quilômetros de meu país, tem confiado na potencialidade da minha teoria comunicacional. Há alguns anos, por proposta minha – o que para mim constituiu uma honra – o professor Paulo foi admitido na Real Academia de Ciências Morais e Políticas, de Madrid, como Acadêmico Correspondente. Por outro lado, em meu Seminário de Filosofia do Direito (Universidade San Pablo – CEU, Madrid) se comentam suas ideias, tanto por parte dos participantes espanhóis como de brasileiros que nos visitam.

Em suma, para mim e para muitas das pessoas vinculadas ao meu trabalho acadêmico, o professor Paulo de Barros Carvalho tem sido e é uma dádiva do destino, uma pessoa que irradia bondade e sabedoria, um jurista excelso, um intelectual profundo. Quero desejar que Deus lhe dê saúde e, que assim, possamos seguir desfrutando de sua presença, do seu saber e de sua companhia".

(ALEJANDRO CLÁUDIO ALTAMIRANO – Professor de Direito Tributário da Universidade Austral, Buenos Aires, Argentina)

"Conheci o professor Paulo de Barros Carvalho, na ocasião em que organizou, com um destacado trabalho do professor Heleno Taveira Torres, um formidável e inesquecível I Congresso Internacional de Direito Tributário, na cidade de Vitória, Espírito Santo. A assistência foi apoteótica. Versou sobre a Segurança Jurídica. Nesse evento, no qual participei graças à enorme generosidade do professor Paulo, junto com outros argentinos, desfrutamos de sua personalidade tão agradável e de sua maestria para enlaçar a Filosofia do Direito com o Direito Tributário, tema que sempre suscitou meu interesse.

Interessa-me destacar duas visões que tenho de sua personalidade. Por um lado, ele sempre me impressionou por ter uma ideia e um objetivo muito claro: a formação de uma escola de Direito de cunho próprio (que creio eu, transcende o mero Direito Tributário) e este é o seu grande legado acadêmico, além de sua profusa obra. Por outro lado, tem uma questão de dimensão estritamente humana: o professor Paulo é uma das pessoas com quem me sinto confortável ao interagir, conversar e aprender sempre com ele, e além do mais, é uma das pessoas que sempre quero ver com mais frequência. Para mim, é uma das pessoas que agradeço ter conhecido por ter-me marcado, ter-me deixado sinais de seu conhecimento.

Tive a oportunidade de participar de um livro em sua homenagem, apresentando um artigo sobre *Legalidade e Discricionariedade* em que assinalo, na introdução, minha visão desse grande jurista brasileiro, que a reitero nesta oportunidade. Nela, destaco que Barros Carvalho amalgama sua finíssima e encantadora personalidade com uma forte e decidida influência intelectual, comprometida com o ensino e com uma claríssima vocação altruísta com seus discípulos, que é transcendental no presente e no futuro do Direito Tributário brasileiro.

A obra do professor Paulo de Barros Carvalho ilumina, como um farol, o Direito Tributário, indicando o caminho da Ciência Jurídica, quando os naturais desvios de percurso nos afastam do enfoque metodológica, adequado, e será sempre uma referência obrigatória, pois aborda os problemas nucleares da "Teoria Geral do Tributo" e dá respostas aos mesmos. Aprendi do formidável professor paulista, a vinculação da Filosofia do Direito com o Direito Tributário e a importância da linguagem para o Direito em geral, pois como ele analisa os fenômenos jurídicos, a partir da perspectiva dos princípios, suas reflexões serão sempre profundas.

Em toda sua obra ele deixa transparecer que o espírito humano aspira encontrar, na comunicação, certa coerência com relação ao mundo circundante e com as ferramentas do pensamento jurídico alcançar a compreensão da mensagem. A ausência de nexo entre texto e contexto representa um ruído, pois dificulta e retarda a devida recepção da mensagem. Como ensina o professor Paulo: "Sendo assim, o direito estabelecido, enquanto conjunto de prescrições jurídicas, em um determinado espaço territorial e em um preciso intervalo de tempo, será tomado como objeto da cultura, criada pelo homem para organizar os comportamentos intersubjetivos, canalizando-os em direção aos valores que a sociedade quer ver realizados. E entendo a locução "objeto cultural" como designativa daqueles bens derivados e complexos, que ostentam uma forma de integração do ser e do dever-ser. Nessa concepção, o bem da cultura será visto sempre em sua dualidade existencial: suporte e significado (valor), de tal modo que este último penetre no primeiro, sem que um se reduza ao outro, mantendo-se aquela relação de implicação e polaridade".

JOSÉ LUIS SHAW – Professor Titular da Universidade Nacional do Uruguai

"Conheci Paulo em princípios da década de 1970 por ocasião das Jornadas Internacionais organizadas pelo Instituto Latino-americano de Direito Tributário (ILADT), quando conheci outro grande tributarista brasileiro e seu grande amigo, como foi Geraldo Ataliba. A participação de Paulo e Geraldo nessas primeiras jornadas, quando éramos muitos jovens, foi propiciada pelo grande Mestre uruguaio Ramón Váldés Costa que, em contato com Mestres brasileiros e de outros países sul-americanos de sua geração, sempre impulsionou a participação de jovens valores da América Latina nas jornadas do ILADT. De imediato, pude apreciar o grande mérito acadêmico de Paulo e suas excepcionais qualidades humanas, tendo o privilégio de cultivar com ele (e igualmente com Geraldo Ataliba), uma grande amizade com a qual me sinto muito honrado.

Essa amizade, cimentada no grande respeito por sua obra e apreço por suas qualidades pessoais, fora do âmbito acadêmico, se desenvolveu até hoje por ocasião de minhas viagens a São Paulo e de Paulo a Montevideo, em diversas circunstâncias, geralmente de caráter acadêmico, que em Montevideo se realizam tanto em nível da Cátedra de Direito Financeiro da Faculdade de Direito da Universidade da República, como do Instituto Uruguaio de Estudos Tributários, assim como também nas Jornadas Latino-americanas de Direito Tributário, organizadas na órbita do ILADT em diversos países da América Latina e Europa.

As contribuições de Paulo ao Direito Tributário, a partir da Teoria Geral do Direito e da Filosofia do Direito, são sem dúvida excepcionalmente valiosas. Alguém disse, com acerto e respeitoso humor, que não se sabe exatamente se Paulo é um tributarista que tem incursionado com singular êxito na Teoria Geral do Direito e Filosofia do Direito, ou um filósofo que tem incursionado com singular êxito no Direito Tributário. Porém, não resta dúvida que esse enfoque em seus estudos é particularmente adequado e valioso.

A obra de Paulo tem sido recebida amplamente no Uruguai. Já desde a publicação, em 1974, da sua *Teoria da Norma Tributária*, sua concepção sobre a estrutura da norma jurídica tributária contrasta com o enfoque clássico de encarar o estudo da totalidade dos elementos do tributo através do exame do fato gerador, entendendo que o mesmo, em seus diversos aspectos, engloba a todos. Nesse enfoque, o expoente mais conspícuo foi Dino Jarach que em sua clássica obra *O fato Imponível*, elabora uma Teoria Geral do Direito Tributário Substantivo em torno do fato gerador e cuja concepção foi resumida posteriormente em seu *Curso Superior de Direito Tributário*, em 1969.

De Barros Carvalho se remonta as concepções da Teoria Geral do Direito, cujos princípios aplicam-se ao Direito Tributário, e partindo dos ensinamentos de Kelsen e Cossio, recorda que toda a norma jurídica, enquanto disposição que regula na forma abstrata situações ou condutas-tipo, tem uma mesma estrutura lógica derivada de sua representação em um juízo hipotético: um suposto ou hipótese de fato ao qual se imputa uma consequência para o caso de que o mesmo se cumpra efetivamente na prática. Transportados estes conceitos ao campo da norma tributária material ou substantiva, conclui que a hipótese ou suposto tributário (ou fato gerador como preferimos chamar-lhe) contém um conjunto de critérios para a identificação de fatos da realidade física e que a consequência contém um conjunto de critérios que delimitam uma relação (a relação jurídico-tributária) que vinculará, em caso de ocorrer efetivamente o fato descrito na hipótese, o Estado como sujeito ativo e a alguma pessoa física ou jurídica como sujeito passivo de uma obrigação tributária.

Em outras palavras, os diferentes aspectos da hipótese tributária ou fato gerador só se referirão a esse fato hipotético e não aos diferentes aspectos da relação jurídica tributária, cujo conteúdo refere a obrigação tributária que constitui a consequência normativa da ocorrência efetiva no mundo fenomênico. Esta concepção foi aplicada por mim na obra *O Imposto ao Valor Agregado – Fato Gerador*, publicada em 1978, e que a partir dai, foi adotada por toda a dogmática uruguaia e ainda pela jurisprudência de nossos tribunais de justiça. Pela importância de sua obra, não resta a menor dúvida de que Paulo de Barros Carvalho integra o seleto grupo de grandes juristas latino-americanos, cuja projeção transcende o âmbito do nosso continente.

HUMBERTO MEDRANO CORNEJO – Professor Catedrático de Direito Tributário da Pontifícia Universidade Católica do Peru

"Fui apresentado a Paulo em 1975, durante as VII Jornadas Latino-americanas de Direito Tributário, que se realizaram em Caracas, Venezuela. A apresentação esteve a cargo do grande mestre e amigo Geraldo Ataliba, que já havia se referido a ele em termos muito elogiosos. Desde o primeiro momento, notei sua clara inclinação para a filosofia do Direito. Essa impressão foi se confirmando ao longo dos anos e se manifestou uma vez mais, quando das XVI Jornadas do ILADT que tiveram lugar em Lima, Peru, Paulo apresentou uma estupenda comunicação: "O Princípio da Segurança Jurídica em Matéria Tributária", onde as citações de autores como Schopenhauer, Lourival Vilanova e Kelsen, entre outros, revelam claramente as fontes por ele utilizadas com frequência. O conhecimento dos trabalhos de distinguidos filósofos, somado a uma grande inteligência, permitem que ele exponha seu pensamento com grande facilidade.

Nossos encontros ao longo do tempo acontecem basicamente nas diversas Jornadas que são organizadas pelo Instituto Latino-americano de Direito Tributário, onde a contribuição de Paulo tem sido essencial, como parte da delegação do Brasil. Desde o início, suas comunicações e exposições têm estado sempre mais próximas dos princípios jurídicos que do direito positivo.

Recordo-me com especial carinho do VIII Congresso Brasileiro de Direito Tributário, organizado pelo Instituto Internacional de Direito Público e Empresarial (IDEPE), então dirigido por Geraldo Ataliba e presidido pela professora Misabel Derzi, que se realizou em setembro de 1994, no hotel Maksoud Plaza, em São Paulo. Nesse congresso, Paulo de Barros Carvalho teve, como é sempre habitual, uma magnífica intervenção. Na mesma oportunidade, Paulo muito gentilmente, convidou-me para um jantar em sua casa, no bairro do Morumbi onde, como de costume, ele deu mostras dos seus grandes dotes de amigo e de anfitrião.

Sempre se tem comentado sua inovadora posição que, ao aludir à preconizada autonomia do direito tributário, critica a "departamentalização" em que se tem incorrido, assinalando que ele não pode ocultar a necessária inter-relação que deve existir entre os diferentes componentes do sistema jurídico fazendo-o aparecer como um todo, uno e indivisível.

Com esta expressão se invoca a unidade geral do Direito, o que para um jurista é muito importante, especialmente quando se trata de Direito Tributário porque é geralmente entendido que, neste campo, participam outras disciplinas (economia, contabilidade), mas que não podemos esquecer que para o intérprete a proposição efetuada pela norma jurídica resulta essencial. A interpretação é um processo de criação de sentido, devendo considerar-se a norma jurídica como o resultado desse processo. Paulo de Barros Carvalho insiste em confirmar o emprego da linguagem como único modo de conhecimento e construção da realidade, ao ser o Direito um objeto cultural criado para a ordenação das condutas. O esquema da regra-matriz é um desenvolvimento aplicativo do constructivismo lógico-semântico. Sua utilização conduz ao momento 'em que a teoria e a prática se encontram para propiciar o domínio da mente humana sobre o mundo circundante, em particular em nosso caso, a propósito das complexidades do fenômeno jurídico da incidência tributária'.

Sua obra é sem dúvida uma referência indispensável nos cursos de Direito Tributário de todas as faculdades em nosso país. Seus textos são utilizados em vários cursos e no mundo acadêmico são reiteradas as referências ao seu nome e suas teorias. É importante mencionar que, com frequência, nos procedimentos que os contribuintes seguem diante da Administração Tributária, o Tribunal Fiscal e os Juizados e Salas do Poder Judicial, os advogados das partes citam as teorias e os textos de Paulo de Barros Carvalho para respaldar as posições adotadas ao longo dos processos.

Para finalizar, gostaria ainda de fazer duas menções significativas, mas de caráter distinto. A primeira, é uma ocorrência do ano de 2012, nas Jornadas Latino-americanas de Direito Tributário, que aconteceram em Santiago de Compostela, Espanha, quando foi realizada uma homenagem ao professor José Juan Ferreiro Lapatza quem, em seu discurso de agradecimento, teve merecidas e elogiosas frases para o maestro, chegando a assinalar em tom festivo – mas que encerrava um acerto essencial – "todo mundo sabe que a cidade de São Paulo se chama assim em homenagem a Paulo de Barros Carvalho", gerando risos entre os presentes e um imediato e caloroso aplauso. Em definitivo, essa era uma maneira que todos os presentes expressaram sua admiração e carinho pelo grande jusfilósofo brasileiro.

Um segundo evento particularmente importante se realizou na cidade de Lima, em 23 de agosto de 2011, e nada menos que na quatricentenária Universidade Nacional Maior de São Marcos, onde foi conferida a ele o título de Doutor *Honoris Causa*. Na imponente cerimônia, o professor Jorge Bravo Cucci fez uma análise de sua obra e das profundas contribuições que ele trouxe para o Direito Tributário. Ressaltou, em especial, o conteúdo de sua tese de doutorado "A Estrutura Lógica da Norma Jurídica Tributária" que logo foi publicada com o título "Teoria de la Norma Tributaria". Nessa ocasião, destacou que "o professor Paulo dá mostra de seu gênio criativo, de seu potencial conceitual, de sua visão distinta e livre frente as limitações do conhecimento, e coloca os primeiros alicerces para uma nova teoria do tributo".

Aderimos entusiasticamente a tais expressões, mas deixamos expressa a certeza de que nenhum de seus méritos jurídicos – que são muitos – se comparam com seus elevados dons pessoais, sentido de cavalheirismo e decência, que são os atributos fundamentais de sua personalidade".

CRONOLOGIA DA TRAJETÓRIA ACADÊMICA E PROFISSIONAL DE PAULO DE BARROS CARVALHO

1963

Nomeado, em caráter interino, Fiscal Auxiliar de Tributos Internos do Ministério da Fazenda, em São Paulo.

1965

Bacharel em Ciências Jurídicas e Sociais, pela Faculdade Paulista de Direito, da Pontifícia Universidade Católica de São Paulo.

1968

Pós-Graduado em Administração de Empresas, pela Fundação Getulio Vargas, em São Paulo.

1969

Efetivado em setembro, por concurso interno, como Auditor Fiscal do Tesouro Nacional do Ministério da Fazenda.

Especialista em Direito Comercial (atual Curso de Mestrado), pela Faculdade de Direito da Universidade de São Paulo, em 1969. Este curso teve duração de 02 (dois) anos e foram apresentadas 02 (duas) dissertações: "A natureza jurídica das ações das sociedades anônimas" e "A figura do sócio comerciante na falência das sociedades mercantis", ambas levadas à apreciação de bancas examinadoras.

Publicação do artigo *Introdução ao Estudo do Imposto sobre Produtos Industrializados* – Revista de Direito Público nº 11, São Paulo.

1970

Especialista em Direito Tributário, pela Pontifícia Universidade Católica de São Paulo.

Ingresso no quadro docente da Faculdade Paulista de Direito, da Pontifícia Universidade Católica de São Paulo, lecionando a disciplina Direito Tributário no curso de Graduação.

1971

Publicação do artigo *O Campo Restrito das Normas Gerais de Direito Tributário*, Revista dos Tribunais nº 433, São Paulo.

1972

Participação nas I Reuniones Regionales del Instituto Latinoamericano de Derecho Tributario (**Argentina, Brasil e Uruguai**), com a apresentação da tese: "A obrigação tributária e as normas primárias e secundárias de Kelsen".

1973

Doutor em Direito Tributário, pela Pontifícia Universidade Católica de São Paulo, com a tese: "**A estrutura lógica da norma jurídica tributária**". A banca examinadora foi composta pelos Professores: Antônio Roberto Sampaio Dória (USP), José Manuel de Arruda Alvim Neto (PUC/SP), Celso Antônio Bandeira de Mello (PUC/SP) e Geraldo Ataliba (PUC/SP)

Professor de Direito Tributário nos cursos de especialização realizados pela Pontifícia Universidade Católica de São Paulo.

1974

Doutor em Direito Tributário, inicia o magistério no programa de Pós-Graduação em Direito da Pontifícia Universidade Católica de São Paulo.

Participação no *I Encontro Nacional de Procuradores Municipais*, promovido pela Secretaria de Assuntos Jurídicos do Município de Recife, Pernambuco.

Publicação da 1ª edição da tese de Doutorado com o título *Teoria da Norma Jurídica,* pela Editora Lael, São Paulo.

Exerceu a função de Presidente de Câmara do Primeiro Conselho de Contribuintes do Ministério da Fazenda, de 1974 a 1976.

1975

Participação na VII Jornadas Latinoamericanas de Derecho Tributario, realizadas em Caracas (Venezuela), com a apresentação da tese: "A isenção como instrumento da extrafiscalidade".

Participação no Congresso Interamericano de Direito Tributário, realizado no Centro de Estudos de Extensão Universitária, São Paulo, como Vice-Presidente da Comissão de Tributos Vinculados, apresentando o trabalho "Dificuldades Jurídicas Emergentes da Adoção dos Chamados 'Tributos Fixos'".

Publicação do livro *A Inconstitucionalidade dos Tributos Fixos*, pela Editora Resenha Tributária, São Paulo.

Participação como coautor da obra *Comentários ao Código Tributário Nacional*, com Geraldo Ataliba e Rubens Gomes de Sousa, publicado pela Editora Revista dos Tribunais, São Paulo.

Publicação do livro *Dificuldades Jurídicas Emergentes da Adoção dos Chamados Tributos Fixos*, pela Editora Resenha Tributária, São Paulo.

Participação como coautor da obra *Interpretação do Direito Tributário*, com Dino Jarach, Geraldo Ataliba, Gilberto Ulhoa Canto e Rubens Gomes de Sousa, publicado pela Editora Saraiva, São Paulo.

Sócio-fundador do Instituto Internacional de Direito Público e Empresarial – IDEPE, São Paulo.

1976

Participação na Reunião Regional Latino-Americana de Direito Tributário, realizada na sede da OAB, seção do Rio Grande do Sul, com a apresentação da tese: "Igualdade Constitucional e Tributos Fixos".

Participação como Preletor Especial de Direito Tributário, no Fórum Nacional de Debates sobre Ciências Jurídicas e Sociais, realizado na Universidade de Brasília, DF.

Membro da Comissão Organizadora do I Simpósio Brasileiro de Direito Tributário, realizado no Centro de Estudos de Extensão Universitária, em São Paulo, e autor do trabalho "Decadência e Prescrição".

Nomeado membro da 4ª Câmara do Primeiro Conselho de Contribuintes, em Brasília, para o biênio 1976-1978.

Publicação de *Decadência e Prescrição no Direito Tributário*, Caderno de Pesquisas Tributárias nº 1, Editora Resenha Tributária, São Paulo.

1977

Relator do Brasil no Congresso Luso-hispano-americano de Direito Tributário, realizado em 1977, em Pamplona – Espanha, apresentando a tese: "O grupo de sociedades como sujeito de obrigações tributárias".

Participação no II Simpósio Nacional de Direito Tributário, realizado no Centro de Estudos de Extensão Universitária, com a apresentação do tema: "Contribuições Especiais – PIS/PASEP".

Eleito Presidente do IBET – Instituto Brasileiro de Estudos Tributários, São Paulo.

Publicação de *Obrigação Tributária*, em "Comentários ao Código Tributário Nacional", Volume III, Editora José Bushastky, São Paulo.

1978

Publicação do livro *Elementos de Direito Tributário*, em coautoria com Rubens Gomes de Sousa, Gilberto de Ulhoa Canto, Geraldo Ataliba e Celso Antônio Bandeira de Mello, pela Editora Revista dos Tribunais, São Paulo.

1979

Participação no *Ciclo de Debates sobre o Código Tributário do Município"*, realizado pela Câmara Municipal de São Paulo, na qualidade de expositor.

Participação no *Congresso Brasileiro de Direito Financeiro*, realizado pela Associação Brasileira de Direito Financeiro, no Rio de Janeiro, com apresentação das teses: "O estatuto do contribuinte" e "Normas Tributárias".

Participação no III Simpósio Nacional de Direito Tributário, realizado no Centro de Estudos de Extensão Universitária, apresentando a tese: "O Fato Gerador do ICM".

Conferencista no *Congresso Brasileiro Fisco-Contribuinte*, promovido pela Associação Nacional dos Agentes do Fisco-Federal – ANAFE.

1980

Conferência inaugural do *IV Simpósio Brasileiro de Direito Tributário*, realizado no Centro de Estudos de Extensão Universitária, sobre o tema: "A responsabilidade tributária".

II Curso de Direito Tributário, promovido pelo Centro Acadêmico XXII de Agosto da Faculdade de Direito da PUC/SP.

Conferencista no *Ciclo de conferências sobre "Institucionalização do processo administrativo-fiscal"*, promovido pela Ordem dos Advogados do Brasil (seção de São Paulo) e pelo Instituto dos Advogados de São Paulo.

Participação no *I Congresso Internacional de Estudos Tributários e IV Congresso Interamericano de Tributação*, com a apresentação da tese: "Procedimento administrativo tributário".

1981

Livre-docente em Direito Tributário, pela Pontifícia Universidade Católica de São Paulo, com a tese: "A regra-matriz do ICM". A banca examinadora foi composta pelos Professores: Lafayete Pondé (UFBA e Presidente do Conselho Federal de Educação), Antônio Roberto Sampaio Dória (USP), Carlos Mário da Silva Veloso (UFBR e Ministro do Tribunal Federal de Recursos), Geraldo Ataliba (PUC/SP e USP) e Celso Antônio Bandeira de Mello (PUC/SP).

Participação como coordenador, ao lado dos Professores Geraldo Ataliba e Antônio Roberto Sampaio Dória, no I Congresso Brasileiro de Direito Tributário, promovido pelo IBET/IDEPE, de 16 a 20 de março de 1981, em São Paulo.

Publicação da tese de Livre-Docência "A Regra-Matriz do ICM", edição particular limitada, São Paulo.

Conferencista no Seminário de Direito Tributário, promovido pela Associação dos Magistrados Brasileiros, Escola Superior da Magistratura Nacional em convênio com a Universidade do Estado do Rio de Janeiro.

Palestrante no Simpósio sobre o Sistema Tributário Nacional, realizado pela Câmara dos Deputados, em Brasília, com o tema: "Sistema Tributário Municipal".

VI Simpósio Nacional de Direito Tributário, realizado no Centro de Estudos de Extensão Universitária, em 10 de outubro de 1981, onde proferiu palestra sobre o tema: "Princípio da Legalidade".

Participação nas X Jornadas del Instituto Latinoamericano de Derecho Tributario, no período de 26 a 31 de outubro de 1981, em Quito (Equador), promovidas pelo Instituto Latino-americano de Direito Tributário e pelo Instituto Equatoriano de Derecho Tributario

1982

Participação no *Curso de Processo Administrativo Fiscal*, promovido pela Escola de Administração Fazendária do Estado da Bahia, entre 15 e 18 de junho de 1982, em Salvador – BA, tendo discorrido sobre o tema: "Processo Administrativo Fiscal, como espécie e gênero Processual".

Conferencista no evento promovido pela *Ordem dos Advogados do Brasil – Seccional de Goiás*, em 26 de agosto de 1982, abordando o tema "Tributos Municipais".

Participação no *I Simpósio Nacional de Direito Tributário*, em outubro de 1982, Belo Horizonte – MG, com a tese: "O princípio da anterioridade em matéria tributária".

1983

Debatedor da sessão especial de 13/09, do *III Congresso Brasileiro de Fiscais de Tributos Estaduais*, realizado em São Paulo, no período de 12 a 16 de setembro de 1983, quando apresentou o tema: "Reforma tributária e a autonomia dos Estados e Municípios".

Participação na Semana de Estudos sobre o Sistema Tributário Nacional, promovido pelo Departamento de Direito Econômico e do Trabalho da Faculdade de Direito e Instituto dos Advogados do Rio Grande do Sul, de 03 a 07 de outubro de 1983, em Porto Alegre, RS.

1984

Publicação da 1ª edição do livro "Curso de Direito Tributário", Editora Saraiva, São Paulo.

Publicação do estudo "O caráter tributário das sobretarifas arrecadadas para o Fundo Nacional de Telecomunicações (FNT)", *Diário do Comércio e Indústria*, em São Paulo, em 06 e 07 de agosto de 1984 e na *Revista de Direito Tributário* n. 31.

Artigo: "O ICM nas transferências de matriz para filial", publicado no *Diário do Comércio*, São Paulo.

Artigo: "O ICM e o fornecimento de alimentação e bebidas em bares e restaurantes", publicação no *Diário do Comércio*, São Paulo.

1985

Professor Titular em Direito Tributário, pela Pontifícia Universidade Católica de São Paulo, com a tese "Questões substanciais de Direito Tributário". A banca examinadora foi composta pelos Professores: Josaphat Marinho (UFBA e UFBR), José Souto Maior Borges (UFPE), Maria Helena Diniz (PUC/SP e USP), Celso Antônio Bandeira de Mello (PUC/SP) e Geraldo Ataliba (PUC/SP e USP).

Ministrou aula sobre o tema: "Hermenêutica jurídico-tributária" no *Curso Superior de Direito Tributário*, promovido pelo Instituto dos Advogados de São Paulo e Instituto dos Advogados do Estado do Espírito Santo, no período de 18 a 30 de novembro de 1985, em Vitória – ES.

1986

Conferencista no Seminário sobre Interpretação das Normas Jurídicas Tributárias – módulo I, realizado pela ESAF Escola de Administração Fazendária (Ministério da Fazenda), em 26 de setembro de 1986, em Brasília – DF.

Conferencista na *V Semana de Estudos de Direito Público*, promovida pela Universidade Estadual de Maringá - PR, de 27 a 28 de outubro de 1986, falando sobre o tema: "Princípios Constitucionais Tributários e a Estrutura do Sistema Brasileiro".

Conferencista no Seminário sobre Interpretação das Normas Jurídicas Tributárias – módulo II, realizado pela ESAF - Escola de Administração Fazendária (Ministério da Fazenda), de 03 a 07 de novembro de 1986, em Brasília – DF.

Membro da comissão científica do Congresso Pan-Americano de Tributação e 6º Congresso Brasileiro de Fiscais Tributários, de 01 a 05 de dezembro de 1986, no Centro de Convenções da Bahia, em Salvador - BA.

Conferencista, coordenador e presidente do II Congresso Brasileiro de Direito Tributário, promovido pelo IBET – IDEPE, de 03 a 06 de dezembro de 1986, em São Paulo – SP.

Membro da comissão científica do Congresso Pan-Americano de Tributação e 6º Congresso Brasileiro de Fiscais Tributários, realizado em Salvador, Bahia.

1987

Criação da cadeira de Lógica Jurídica na Faculdade de Direito da Pontifícia Universidade de São Paulo.

Organizador do *Curso de Lógica Jurídica "Direito e Linguagem"*, promovido pelo IBET Instituto Brasileiro de Estudos Tributários, de 27 a 28 de novembro de 1987, em São Paulo – SP, ministrado pelo Professor Lourival Vilanova.

1988

Participação no *II Fórum Jurídico – "A Constituição Brasileira"*, promovido pela Fundação Dom Cabral, em Belo Horizonte – MG, de 19 a 21 de setembro de 1988.

Conferencista no *Curso sobre "A Nova Constituição Brasileira"*, realizado pelo IDEPE, em São Paulo, no período de 09 de agosto a 06 de outubro de 1988, na qualidade de Coordenador e conferencista no III Congresso Brasileiro de Direito Tributário, promovido pelo IBET – IDEPE, de 09 a 11 de novembro de 1988, em São Paulo.

1989

Palestra proferida sobre o tema: "Sistemática do ICMS" no *IV Curso de Atualizações Jurídicas*, promovido pelo Centro de

Estudos da Procuradoria Geral do Estado de São Paulo, em Bauru – SP, nos dias 16 e 17 de março de 1989,

Conferencista no Curso de Direito Tributário, realizado pelo IBET, IDEPE e ESAF, de 03 a 07 de abril de 1989, em São Paulo - SP.

Conferencista no Fórum de Debates sobre a Constituição de 1988, realizado pela ESAF, no período de 01 a 02 de junho de 1989, em Curitiba – PR.

Participação no IV Congresso Brasileiro de Direito Tributário, promovido pelo IBET – IDEPE, de 12 a 14 de junho de 1989, em São Paulo, na qualidade de coordenador e conferencista.

Participação no II Congresso Nacional de Estudos Tributários, promovido pela Academia Brasileira de Direito Tributário, de 04 a 06 de outubro de 1989, em São Paulo - SP, sobre o tema "Os Tributos da Nova Constituição – ano I".

Conferencista no I Congresso Nacional de Estudos Tributários, promovido pela Academia Brasileira de Direito Tributário e Instituto Baiano de Direito Tributário, de 19 a 23 de setembro de 1989, em Salvador – BA.

Participação no Seminário organizado pela Faculdade de Direito de São Bernardo do Campo, em 08 de novembro de 1989, com conferência sobre o tema: "Sistema Constitucional Tributário".

1990

Participação no Seminário promovido pela ESAF e IDEPE, em Brasília – DF, no dia 22 de maio de 1990 onde ministrou palestra sobre o tema: "Base de cálculo, capacidade contributiva e igualdade tributária".

Conferencista no Seminário sobre Tributos Municipais, realizado pela ABRASF Associação Brasileira dos Secretários das Finanças das Capitais e IDEPE Instituto Internacional de Direito Público e

Empresarial, em São Paulo, nos dias 20 e 21 de agosto de 1990.

Participação no Seminário organizado pela Academia Brasileira de Direito Tributário, de 31 de agosto a 01 de setembro de 1990, em São Paulo, com a exposição do tema: "Lei Complementar Tributária".

Conferencista no *II Simpósio Nacional de Estudos Tributários*, promovido pela Academia Brasileira de Direito Tributário, de 31 de agosto a 01 de setembro de 1990, em São Paulo.

Participação no Fórum Nacional de Direito Constitucional, em 15 de setembro de 1990, proferindo palestra sobre o tema: "O Direito Tributário na Constituição".

Participação no Curso de Direito Tributário, realizado pelo IDEPE e ESAF, em São Paulo, de 17 a 21 de setembro, na qualidade de expositor.

Participação no Seminário organizado pela Academia Internacional de Direito e Economia, em São Paulo, no dia 23 de novembro de 1990, com a conferência sobre o tema: "Os Municípios e o sistema constitucional".

Participação no Ciclo de Palestras sobre Direito Tributário, em 29 de novembro de 1990, organizado pela Associação Brasileira de Direito Financeiro, palestrando sobre o tema: "ICMS – fato gerador e base de cálculo".

1991

Expositor Exclusivo no III Seminário sobre Lógica Jurídica, promovido pela Universidade Federal do Espírito Santo, nos dias 02, 03 e 04 de abril de 1991.

Expositor e debatedor no V Congresso Brasileiro de Direito Tributário, realizado de 24 a 26 de abril de 1991.

Participação no Seminário sobre o Direito Tributário na Constituição de 1988, organizado pelo Tribunal Regional Federal da 3ª Região, no dia 27 de maio de 1991, em São Paulo – SP, na qualidade de conferencista, expondo o tema: "Presunção de legitimidade da tributação em face da nova Constituição".

Participação no Seminário promovido pela Faculdade de Direito de Maringá, no Paraná, em 06 de junho de 1991, na qualidade de conferencista, expondo sobre o tema: "A regra-matriz do IPTU".

Participação no III Simpósio de Direito Constitucional e Tributário, em 26 de setembro de 1991 onde palestrou sobre o tema: "Princípios Constitucionais Tributários".

Participação no Seminário sobre Direito Tributário, promovido pela CEFIBRA, no Rio de Janeiro – RJ, em 18 de outubro de 1991, proferindo palestra sobre o tema: "Sistema Tributário de Base Geográfica x Sistema Tributário de Base Econômica".

Participação no *I Curso de Direito Tributário*, realizado no Hotel Porto do Sol, de Vitória – ES, em 06 e 07 de novembro de 1991, expondo sobre o tema: "Os Tributos Municipais".

Conferencista no Seminário sobre Direito Constitucional e Tributário, realizado pelo Tribunal Regional Federal da 3ª Região e IDEPE, no período de 25 a 28 de novembro de 1991, expondo sobre o tema: "Legalidade e Igualdade no Direito Tributário".

Professor Exclusivo do Curso de Direito Tributário, realizado pelo Departamento Jurídico da Petrobras, constante de 10 (dez) aulas dirigidas aos advogados da empresa, iniciando em 26 de junho e encerrando em 11 de dezembro de 1991.

1992

Conferencista no *X Curso de Atualizações Jurídicas*, promovido pelo Centro de Estudos da Procuradoria Geral do Estado de São Paulo, em Tupã – SP, em 20 de março de 1992, expondo sobre o tema: "Imposto único: a capacidade contributiva e a simplificação da imposição tributária".

Palestrante no *Simpósio Nacional de Direito Tributário*, organizado pela IOB, no período de 26 a 28 de março de 1992, em São Paulo, com a exposição do tema: "Normas Gerais de Direito Tributário".

Conferência proferida no *Encontro Regional de Empresários de Micro e Pequena Empresa*, promovido pelo SENAC e SEBRAE, em São Paulo.

Palestra em Ribeirão Preto, no Estado de São Paulo, em 28 de maio de 1992, sobre o tema: "Reforma tributária como alavanca do desenvolvimento social e econômico".

Participação no *III Simpósio Nacional de Estudos Tributários*, promovido pela Academia Brasileira de Direito Tributário, em 01 de junho de 1992, na qualidade de conferencista, expondo sobre o tema: "Questões jurídicas sobre o novo Finsocial".

Palestrante no *I Simpósio de Direito Tributário de Presidente Prudente*, promovido pela Academia Brasileira de Direito Tributário, no período de 11 a 13 de junho de 1992, com a exposição do tema: "Tutela tributária do cidadão no município".

Participação no *Seminário Nacional sobre o "Ajuste Fiscal do Governo Federal"*, promovido pelo Centro de Estudos Jurídicos Municipais, da Secretaria de Finanças do Município de Recife – PE, entre 27 e 28 de julho de 1992, na qualidade de palestrante, expondo sobre o tema: "Perspectivas e limites da simplificação tributária".

Conferência no *Curso de Especialização em Direito Tributário*, promovido pelo Centro de Estudos de Extensão Universitária, em 25 de agosto de 1992, expondo sobre o tema: "Competência Residual da União – Impostos Extraordinários".

Conferencista no *Simpósio sobre Direito Tributário*, realizado pela Faculdade de Direito de Marília – SP, em 26 de agosto de 1992, expondo sobre o tema: "Hermenêutica jurídico-tributária".

Conferencista no *VI Congresso Brasileiro de Direito Tributário*, promovido pelo IDEPE, no período de 16 a 18 de setembro de 1992, em São Paulo – SP, com o tema: "O princípio da progressividade e o imposto sobre a renda e proventos de qualquer natureza".

Participação no *V Simpósio Nacional de Direito Tributário*, organizado pelo Instituto Baiano de Direito Tributário, em Salvador – BA, de 24 a 26 de setembro de 1992, na qualidade de palestrante, expondo sobre o tema: "As imunidades no texto da Constituição de 1988".

Participação no *II Simpósio de Estudos Tributários em Minas Gerais*, promovido pelos Procuradores da Fazenda de Minas Gerais, Academia Brasileira de Direito Tributário, Escola Nacional de Magistratura e a Associação dos Magistrados de Minas Gerais, no Teatro Municipal de São João Del Rey, no período de 22 a 24 de outubro de 1992.

Conferência no *Ciclo de Palestras sobre Direito Tributário*, realizado pelo Tribunal de Impostos e Taxas do Estado de São Paulo, em 10 de dezembro de 1992, com a exposição do tema: "Lançamento Tributário".

1993

Participação como coordenador ao lado dos Professores Lourival Vilanova, José Souto Maior Borges e João Maurício Adeodato, no *Seminário sobre Teoria Geral de Direito*, de 25 a 29 de janeiro de 1993, na Faculdade de Direito da Universidade Federal de Pernambuco.

Palestra ministrada no *Encontro Jurídico*, promovido pela Câmara de Comércio Brasil - Alemanha, em 14 de abril de 1993, tratando do tema: "Princípios Constitucionais Tributários".

Conferencista no Curso de Direito Tributário, no Tribunal Regional Federal da 3ª Região – São Paulo, em 26 de abril de 1993, expondo sobre o tema: "Princípios Informadores do Sistema Constitucional Tributário".

Expositor no Curso "Processo Administrativo e Processo Judicial Tributário", promovido pela Procuradoria Geral do Estado por meio do Centro de Estudos, nos dias 31 de maio, 01, 02, 03 e 04 de junho, apresentando o tema: "Lançamento dos Tributos Estaduais".

Conferencista no IV Simpósio Nacional de Estudos Tributários, promovido pela Academia Brasileira de Direito Tributário, realizado em 14 e 15 de junho de 1993, com a exposição sobre o tema: "O Sistema Tributário na Revisão Constitucional".

Participação no Curso de Direito Tributário, promovido pelo Tribunal Regional Federal da 3ª Região, no período de 12 de abril de 1993 a 14 de junho de 1993, em São Paulo – SP, onde ministrou aula sobre "O Princípio da Segurança Jurídica em Matéria Tributária".

Participação no Curso de Lógica Jurídica, promovido pela Faculdade de Direito de Curitiba e dirigido a seus professores, ministrando aulas nos dias 20, 21, 27 e 28 de agosto de 1993.

Participação na *XVI Jornadas Latinoamericanas de Derecho Tributario*, realizadas em Lima, Peru, de 05 a 10 de setembro de 1993, na qualidade de palestrante, expondo sobre o tema: "Tributação e Segurança Jurídica".

Participação no *Seminário sobre "Temas Tributários"*, promovido pela Universidade de Santiago de Compostela, na Espanha, no período de 25 a 30 de setembro de 1993, como Professor convidado pela Universidade Espanhola.

Conferência sobre o tema *"Reforma Constitucional de Princípios Tributários"*, proferida em 07 de outubro de 1993, a convite da Federação das Indústrias de Campinas, SP.

Conferência sobre o tema *"O Município na Constituição – Sistema Tributário Nacional"*, proferida em 15 de outubro de 1993, na Câmara Municipal de São Paulo.

Conferência sobre o tema *"A regra-matriz de incidência tributária"*, proferida em 27 de outubro de 1993, a convite da Faculdade de Direito da UNIP, em São Paulo.

Seminário realizado pela Faculdade de Direito de Uberlândia, em Minas Gerais, em 11 de novembro de 1993, na qualidade de palestrante, expondo sobre o tema: "Reforma Constitucional e o Sistema Tributário".

Reuniões sobre Lógica Jurídica, desde 1993, na sede do IBET, em São Paulo, com frequência aproximada de duas sessões semanais, na qualidade de Presidente.

Conferência sobre o tema *"A vida e a obra de Alfredo Augusto Becker"*, proferida em 27 de novembro de 1993, a convite do Instituto dos Advogados do Rio Grande do Sul, em Porto Alegre – RS.

1994

Participação no *Fórum sobre a Revisão Constitucional*, promovido pela Comissão de Estudos sobre a Revisão Constitucional, na Câmara Municipal de São Paulo, em 16 de fevereiro de 1994, na qualidade de conferencista, expondo sobre o tema: "O Município na Constituição".

Conferencista no *Curso de Direito Tributário*, realizado pela OAB, em Sorocaba (SP), no dia 16 de março de 1994, expondo sobre o tema "Princípios Constitucionais Tributários".

Conferência sobre o tema "As isenções tributárias e o ICMS" proferida no *Curso de Direito Tributário*, promovido pela Secretaria da Fazenda do Estado do Mato Grosso do Sul, em Campo Grande, no dia 11 de abril de 1994.

Palestrante no *Simpósio organizado pela Faculdade de Direito de Ilhéus – BA*, em 29 de abril de 1994, expondo sobre o tema: "O Sistema Tributário e a Revisão Constitucional".

Conferência sobre o tema "Processo Tributário – Administrativo e Judicial", proferida no *V Simpósio Nacional de Estudos Tributários*, promovido pela Academia Brasileira de Direito Tributário, no período de 26 a 27 de maio de 1994, em São Paulo – SP.

Participação no *XX Encontro Nacional de Procuradores Municipais*, promovido pelo Instituto Brasileiro de Direito Municipal e Prefeitura Municipal de Blumenau – SC, de 10 a 13 de julho de 1994.

Participação no *III Fórum Nacional de Direito Constitucional*, realizado em Curitiba – PR, no período de 25 a 26 de agosto de 1994, na qualidade de conferencista, expondo sobre o tema "Sistema Tributário Constitucional".

Coordenador e conferencista do *VIII Congresso Brasileiro de Direito Tributário*, promovido pelo IDEPE, em São Paulo – SP, de 14 a 16 de setembro de 1994.

Conferência no *Curso sobre "ICMS – Temas Atuais"*, promovido pela Procuradoria Geral do Estado de São Paulo, no período de 20 a 23 de setembro de 1994, expondo sobre o tema: "O Lançamento Tributário e o ICMS".

Palestrante no *VI Simpósio de Direito Constitucional Tributário*, realizado em Salvador – BA, no período de 29 de setembro a 01 de outubro de 1994, abordando o tema: "Interpretação do Direito".

Participação no *III Seminário Nacional de Pesquisa e Pós-Graduação em Direito*, promovido pelo CONPEDI – Conselho Nacional de Pesquisa e Pós-Graduação em Direito, de 27 a 28 de outubro de 1994, na qualidade de debatedor da Mesa Redonda "A.P.G. em Direito: Avaliação e Perspectivas".

Palestra sobre o tema *"Norma Jurídica Tributária"*, ministrada em 04 de novembro de 1994, no Curso de Direito da Universidade Braz Cubas, em Mogi das Cruzes, SP.

Palestra sobre o tema *"Direito Tributário"*, proferida em no Curso de Direito da Universidade Braz Cubas, em Mogi das Cruzes, SP, em 25 de novembro de 1994.

Palestra sobre o tema *"O ISS e a atividade da cooperativa de serviços médicos"*, a convite da Unimed do Estado de São Paulo e Federação Estadual das Cooperativas Médicas.

Palestrante no *III Simpósio Nacional de Direito Tributário*, promovido pela IOB em São Paulo, no dia 25 de novembro de 1994, expondo sobre o tema: "ICMS e Substituição Tributária".

Participação na *I Jornadas Jurídicas de Direito Constitucional*, em São Paulo, no período de 30 de novembro a 01 de dezembro de 1994, Fórum sobre a Revisão Constitucional promovido pelo IBDC e Fórum das Américas, na qualidade de expositor.

1995

Encontro de Intercâmbio Acadêmico entre o Programa de Pós-Graduação em Direito da Pontifícia Universidade Católica de São Paulo e a Faculdade de Direito do Recife, no período de 23 a 27 de janeiro de 1995, na qualidade de coordenador e debatedor Especial.

Conferência sobre o tema *"Reforma da Constituição e Cláusulas Pétreas"*, proferida no dia 23 de março de 1995, na Federação das Indústrias, promovida pelo Instituto de Estudos Tributários do Rio Grande do Sul.

Palestra sobre o tema *"Sistema Tributário Nacional"*, proferida no dia 15 de maio de 1995, no Curso de Direito da Universidade Braz Cubas, em Mogi das Cruzes, SP.

XVI Congresso Brasileiro de Direito Constitucional, realizado em 23 de maio de 1995, na qualidade de Presidente e Expositor do tema: "Desconstitucionalização em Matéria Tributária".

Curso "Temas Fundamentais de Direito Tributário (Tributo a Alfredo Augusto Becker), promovido pelo Instituto dos Advogados de São Paulo e Academia Brasileira de Direito Tributário, em 05 de junho de 1995, na qualidade de Palestrante, expondo sobre o tema: "Atividades do Direito Tributário".

VI Simpósio Nacional de Estudos Tributários, promovido pela Academia Brasileira de Direito Tributário, realizado em 22 e 23 de junho de 1995, São Paulo, na qualidade de Palestrante, expondo sobre o tema: "Atualidades em Direito Tributário".

Palestra sobre o tema *"Atividades do Direito Tributário"*, ministrada no dia 25 de junho de 1995, na Academia Brasileira de Direito Tributário.

VI Encontro Estadual de Advogados, promovido pela Escola Superior de Advocacia – OAB – Seccional Vitória – ES, em 09 de agosto de 1995, na qualidade de Palestrante, expondo sobre o tema "A Ética Profissional e a Formação Jurídica".

Palestra sobre o tema *"COFINS, PIS e Operações Relativas à Energia Elétrica, Serviços de Telecomunicações, Derivados do Petróleo, Combustíveis e Minerais do País"*, promovida pela Dialética – Edições, eventos e cursos, ministrada em 11 de agosto de 1995.

XVII Jornadas Latinoamericanas de Derecho Tributário, realizadas em Cartagena de Índias, na Colômbia, no período de 01 a 06 de outubro de 1995, promovidas pelo Instituto Latinoamericano de Derecho Tributário – ILADT.

Curso de Especialização em Direito Tributário, da Pontifícia Universidade Católica de São Paulo – PUC/SP, em 06 de novembro de 1995, na qualidade de Conferencista, expondo sobre o tema: "Normas Gerais do Direito Tributário".

1º Colóquio de Sociossemiótica, realizado de 08 a 10 de novembro de 1995, no Centro Universitário Maria Antônia, em São Paulo, apresentando a pesquisa: "A Visão Semiótica na Interpretação do Direito".

Toma posse como Membro Titular da cadeira nº 80 da Academia Paulista de Direito, cujo Patrono é Alfredo Augusto Becker, diploma que lhe foi outorgado em 22 de outubro de 1995.

1996

Seminário de Intercâmbio entre o Programa de Pós-Graduação em Direito da Pontifícia Universidade Católica de São Paulo e a Faculdade de Direito do Recife, em homenagem ao Prof. Lourival Vilanova, realizado de 15 a 18 de janeiro de 1996, no Recife, na qualidade de Palestrante, expondo sobre o tema: "Linguagem e Direito".

Palestra sobre o tema *"A regra-matriz da incidência tributária"*, ministrada no Auditório da Procuradoria Geral do Estado de Alagoas, no dia 23 de janeiro de 1996.

Seminário "Temas Relevantes do Direito Tributário Atual", realizado em Ribeirão Preto, no dia 10 de maio de 1996, na qualidade de Palestrante, expondo sobre o tema: "Medidas Provisórias em Matéria Tributária – Possibilidade, Reedições e Princípio da Anterioridade".

Conferência sobre o tema *"Positivismo Jurídico"*, ministrada em 13 de maio de 1996, na Universidade Federal do Paraná.

VII Simpósio Nacional de Estudos Tributários, promovido pela Academia Brasileira de Direito Tributário, de 29 a 31 de maio de 1996, em São Paulo, na Universidade Mackenzie, com Conferência sobre o tema: "Soberania Constitucional e Tributação".

Congresso Internacional de Direito Constitucional, Administrativo e Tributário, promovido pelo Instituto Brasileiro de Estudos do Direito, de 22 a 24 de agosto de 1996, no Recife – PE, na qualidade de Palestrante, expondo sobre o tema "Tributação e Segurança Jurídica".

Palestra no Curso *"Temas de Direito Público"*, ministrada no dia 16 de setembro de 1996, promovido pelo Instituto dos Advogados de São Paulo e Escola Paulista de Advocacia.

X Congresso Brasileiro de Direito Tributário, promovido pelo IGA-IDEPE, de 23 a 25 de outubro de 1996, em São Paulo, na qualidade de Conferencista.

I Fórum de Debates de Altos Estudos Tributários, promovido pela Academia Brasileira de Direito Tributário, em 04 de novembro de 1996, em São Paulo, na qualidade de Conferencista, expondo sobre o tema: "A Segurança Jurídica – Presunção e Lançamento Tributário".

Curso de Lógica Jurídica, em 18 e 19 de novembro de 1996, em Salvador – BA, na qualidade de Palestrante.

I Congresso Brasileiro de Direito Público – "Um Tributo à Memória de Geraldo Ataliba", de 27 a 30 de novembro de 1996, em Natal – RN, na qualidade de Palestrante, expondo sobre o tema: "Princípios de Direito Público".

XVIII Jornadas Latinoamericanas de Derecho Tributário, promovido pelo Instituto Uruguaio de Estudos Tributários, no período de 01 a 06 de dezembro de 1996, em Montevideo – Uruguai, na qualidade de Relator Geral do Tema I.

1997

Professor Titular em Direito Tributário, pela Faculdade de Direito da Universidade de São Paulo, com a tese: "Fundamentos Jurídicos da Incidência Tributária". A banca examinadora foi composta pelos Professores: Lourival Vilanova (UFPE), José Souto Maior Borges (UFPE), Min. Carlos Mário Veloso (UFBR e Ministro do

Supremo Tribunal Federal), Fábio Nusdeo (USP) e Eros Roberto Grau (USP).

Participação no *Curso de Extensão sobre "Princípios Fundamentais de Direito Tributário"*, em 20 de janeiro de 1997, promovido pelo Centro de Ciências Jurídicas da Universidade Federal de Pernambuco.

Palestrante no *Seminário Especial IOB sobre ICMS-LC 87/96*, em 16 de maio de 1997, apresentando o tema "Base de Cálculo".

Participação na *III Jornadas Brasileiras sobre Temas da Justiça Federal*, promovido pela Universidade Federal de Santa Catarina, Associação dos Juízes Federais do Brasil e Fundação José Arthur Boiteux, de 04 a 06 de junho de 1997.

Palestrante no *VIII Simpósio Nacional de Estudos Tributários*, promovido pela Academia Brasileira de Direito Tributário, em 06 de junho de 1997.

Participação no *13º Colóquio Internacional da International Association for the Semiotics of Law*, sobre Direito Oficial, Contracultura e Semiótica do Direito, realizado na Faculdade de Direito da Universidade de São Paulo, na qualidade de expositor, com o tema: "Semiótica e Textos Jurídicos-Positivos", no período de 18 a 21 de agosto de 1997.

Palestrante no *I Congresso Nacional de Estudos Tributários no Amazonas*, realizado no período de 20 a 22 de agosto de 1997, expondo sobre o tema: "Fundamentos Jurídicos da Incidência Tributária".

Coordenador do *XI Congresso Brasileiro de Direito Tributário*, promovido pelo IGA-IDEPE, de 05 a 07 de novembro de 1997, em São Paulo.

Participação no *I Congresso Brasileiro de Direito Tributário*, promovido pela APEJ – Academia Paranaense de Estudos Jurídicos, no período de 17 a 19 de novembro de 1997, na qualidade de

Palestrante, com o tema: "A Hipótese de Incidência Tributária e a Teoria da Norma", no período de 17 a 19 de novembro de 1997.

Participação no *VI Simpósio Nacional IOB de Direito Tributário*, em 20 de novembro de 1997, expondo sobre o tema: "Lançamento por Homologação".

Participação no *Simpósio Especial em Comemoração ao 10º aniversário da ABDT – Academia Brasileira de Direito Tributário*, com exposição sobre o tema "Questões Polêmicas de Direito Tributário", em 05 de dezembro de 1997.

Torna-se Membro Efetivo da Academia de Ciências de Nova York em setembro de 1997.

Torna-se Membro Titular do Instituto Ibero-Americano de Direito Público – IADP em novembro de 1997.

1998

Professor de Direito Tributário nos cursos de Graduação e Pós-Graduação da Faculdade de Direito da Universidade de São Paulo.

Conferencista no *II Congresso Brasileiro de Direito Tributário e Administrativo*, realizado no período de 23 a 25 de abril de 1998, apresentando o tema: "Reforma Administrativo-Tributária do Estado".

Palestra sobre o tema *"Interpretação em Matéria Tributária"*, proferida no Tribunal de Impostos e Taxas – TIT, em São Paulo, no dia 25 de junho de 1998.

Palestra sobre o tema *"Princípios Constitucionais Tributários"*, proferida na FIG Faculdades Integradas de Guarulhos, no dia 10 de agosto de 1998.

Conferencista no *I Congresso Internacional de Direito Tributário*, em Vitória – ES, realizado no período de 12 a 15 de agosto de 1998, expondo sobre o tema "Os Valores Atuais do Direito Tributário".

Participação no *II Congresso Nacional da Associação Brasileira de Direito Tributário*, em Belo Horizonte – MG, no período de 31 de agosto a 02 de setembro de 1998, com o tema: "O ISS na Constituição e na Lei Complementar. A Tributação dos Profissionais Liberais".

Participação no *VII Simpósio Nacional IOB de Direito Tributário*, nos dias 05 e 06 de novembro de 1998.

Participação no *VIII Congresso Jurídico Brasil-Alemanha*, realizado nos dias 12 e 13 de novembro de 1998, em Salvador – BA.

Nomeado pela direção da CAPES para exercer, no período de 01 a 05 de junho de 1998, a função de consultor na área de Direito.

Torna-se Membro do Conselho Científico da Sociedade Brasileira de Direito Público, em setembro de 1998.

1999

Publicação da obra *Fundamentos Jurídicos da Incidência*, Editora Saraiva, São Paulo.

Palestra sobre o tema *"A regra-matriz da incidência, obrigação tributária e sujeição passiva"*, ministrada no Curso de Especialização em Direito Tributário do IBET – IBDT, em 10 de abril de 1999.

Conferência no *II Seminário Piauense de Direito Administrativo*, realizado no período de 28 a 30 de abril de 1999, em Teresina – PI.

Palestra sobre o tema *"Fontes do Direito Tributário"*, ministrada no Curso de Especialização em Direito Tributário do IBET – IBDT, em 22 de maio de 1999.

Conferencista no *II Congresso Nacional da ABDT – Associação Brasileira de Direito Tributário*, no dia 12 de junho de 1999, em Belo Horizonte – MG.

Ministrou aula sobre o tema *"Lançamento Tributário: Decadência e Prescrição"*, no Curso de Direito Tributário e a Reforma Constitucional, no dia 20 de agosto de 1999, em Santos – SP.

Participação no *II Congresso Sul-Brasileiro de Direito Tributário*, no dia 27 de agosto de 1999, em Florianópolis – SC, na qualidade de Palestrante, expondo sobre o tema: "Mercosul e Reforma Tributária".

Palestra sobre o tema *"Suspensão da exigibilidade do crédito tributário"*, no Curso de Especialização em Direito Tributário do IBET – IBDT, no dia 28 de agosto de 1999.

Palestra sobre o tema *"O Direito Tributário"*, no Curso de Especialização em Direito Tributário, na Pontifícia Universidade Católica de São Paulo, no dia 30 de agosto de 1999.

Palestra sobre *"Grandes questões atuais do Direito Tributário"*, promovida pela Dialética, em 16 de setembro de 1999, em São Paulo – SP.

Palestra sobre *"Obrigação e Crédito Tributário"*, proferida na USP, a convite do IBDT, no dia 18 de setembro de 1999.

Palestra sobre o tema *"Princípios do Planejamento Tributário"*, proferida no Seminário de Planejamento Tributário sob a Perspectiva Interna e Internacional", em 24 de setembro de 1999.

Palestra sobre o tema *"Limitações materiais ao poder de tributar"*, proferida na AJURIS, em Porto Alegre – RS, no dia 09 de outubro de 1999.

Palestra sobre o tema *"Tributação de Cooperativas"*, proferida no I Simpósio Brasileiro sobre a Tributação de Cooperativas, no dia 10 de novembro de 1999.

2000

Palestra sobre o tema *"Fato, obrigação e extinção de crédito"*, no Curso de Especialização em Direito Tributário do IBET, em Porto Alegre – RS, no dia 18 de março de 2000.

Palestra sobre o tema *"IPTU, ITR e a regra-matriz de incidência"*, no Curso de Especialização em Direito Tributário do IBET, em Salvador – BA, no dia 08 de abril de 2000.

Palestra sobre *"Obrigação Tributária"*, no Curso de Direito Tributário, promovido pelo Centro de Extensão Universitária, em 18 de abril de 2000.

Palestra sobre *"Crédito Tributário e Lançamento Ofício Tributário"*, no Curso de Especialização em Direito Tributário, promovido pela COGEAE/PUC, em São Paulo, no dia 24 de abril de 2000.

Palestra sobre o tema *"Crédito Tributário e Lançamento Ofício Tributário"*, no Curso de Especialização em Direito Tributário, promovido pela COGEAE/PUC, em São Paulo, no dia 02 de maio de 2000.

Palestra sobre o tema *"Tributos em Espécie"*, no Curso de Especialização em Direito Tributário do IBET, em São Paulo, no dia 06 de maio de 2000.

Palestra sobre *"Interpretação da Norma Tributária"*, proferida na UNIVAG Faculdades Unidas de Várzea Grande, em Cuiabá – MS, no dia 13 de maio de 2000.

Palestra sobre o tema *"Norma Tributária – Estrutura e Interpretação"*, proferida no Fórum Internacional "Tendencias Actuales em el Derecho Tributario", convidado pelo Colegio de Abogados de Lima, no período de 17 a 19 de maio de 2000.

Membro honorário, declarado pelo Colegio de Abogados de Lima, no dia 18 de maio de 2000, em conformidade com o artigo 9º do

Estatuto, acompanhado da respectiva medalha (criada em 1804 pelo Rei Carlos IV, da Espanha).

Palestra no *Programa de Pós-Graduação em Direito Tributário e Direito Processual Tributário da PUC/PR*, proferida em 25 de maio de 2000.

Participação no *XXI Congresso Brasileiro de Direito Constitucional*, em 25 de maio de 2000, na qualidade de Palestrante, expondo sobre o tema: "Vícios e Virtudes do Sistema Constitucional Tributário. A Reforma Tributária, Impostos Cumulativos e Não Cumulativos. O Código de Defesa do Contribuinte".

Palestra sobre o tema *"Tributos em Espécie"*, proferida na Academia Brasileira de Direito Tributário, no dia 01 de junho de 2000.

Palestra sobre o *"O Papel dos Princípios na Construção do Direito Tributário"*, proferida no Ciclo de Palestras sobre Temas Atuais de Direito, a convite da AJURIS Associação dos Juízes do Rio Grande do Sul, no dia 05 de junho de 2000.

Palestra sobre o tema *"Papel Constitucional Atribuído à Lei Complementar em Matéria Tributária"*, proferida no IBDC Instituto Brasileiro de Direito Constitucional, no dia 20 de junho de 2000, em São Paulo.

Palestra ministrada na FIG Faculdades Integradas de Guarulhos, no dia 12 de agosto de 2000.

Participação no *IV Congresso Nacional da Associação Brasileira de Direito Tributário*, no dia 25 de agosto de 2000, em Belo Horizonte – MG, expondo sobre o tema: "Lei Complementar 102".

Palestra sobre *"A regra-matriz da incidência tributária"*, proferida no Curso de Especialização em Direito Tributário do COGEAE/PUC, em São Paulo, no dia 29 de agosto de 2000.

Palestra proferida no *I Congresso Alagoano de Direito Tributário* em 01 de setembro de 2000.

Palestra proferida na UNICAP Universidade Católica do Recife, período de 02 a 04 de setembro de 2000.

Palestra sobre *"A regra-matriz da incidência tributária"*, proferida no Curso de Especialização em Direito Tributário do COGEAE/ PUC, em São Paulo, no dia 11 de setembro de 2000.

Palestra sobre o tema *"Crédito Tributário, Lançamento, Prescrição e Decadência"*, proferida no Curso de Iniciação ao Direito Tributário, promovido pelo IDEPE, em 12 de setembro de 2000.

Palestra sobre o tema *"Direito Tributário e o Conceito de Tributo"*, proferida no Curso de Especialização em Direito Tributário do IBET, em São Paulo, no dia 16 de setembro de 2000.

Palestra sobre o tema *"Isenções Tributárias"*, proferida no Curso de Especialização em Direito Tributário do IBET, em Ribeirão Preto – SP, no dia 23 de setembro de 2000.

Palestra proferida na Secretaria da Fazenda do Recife, nos dias 28, 29 e 30 de setembro de 2000.

Participação no IX CONPEDI, no Rio de Janeiro – RJ, realizado no período de 19 a 20 de outubro de 2000.

Participação no *XIV Congresso Brasileiro de Direito Tributário*, nos dias 25, 26 e 27 de outubro de 2000.

Palestra proferida no Encontro Minas-Brasília de Juízes Federais, em Belo Horizonte, nos dias 29 de novembro e 01 de dezembro de 2000.

2001

Conferência sobre o tema *"Semiótica, Linguagem, Realidade e Direito"*, ministrada no Curso de Formação em Direito Tributário da Receita Federal, em São Paulo, no dia 16 de abril de 2001.

Aula sobre *"Obrigação Tributária"*, ministrada nos dias 10 e 18 de abril de 2001, no Centro de Extensão Universitária, em São Paulo.

Conferência sobre o tema *"Estrutura da norma completa e conclusões"*, proferida no Curso de Formação em Direito Tributário da Receita Federal, em São Paulo, no dia 25 de abril de 2001.

Participação no *Congresso Brasileiro de Direito do Estado*, em Salvador – BA, nos dias 26 e 27 de abril de 2001.

Participação no Seminário *"Altos Estudos Tributários"*, realizado pela ABDT, no período de 24 a 27 de maio de 2001, na Ilha de Comandatuba, Bahia, com carga horária de 17 horas.

Aula ministrada no *Curso de Pós-Graduação em Direito Tributário* das Faculdades Maringá, em 04 de agosto de 2001.

Conferência inaugural no *III Simpósio Internacional de Direito Tributário* da PUC/PR, na data de 09 de agosto de 2001.

Conferência sobre o tema *"Sistema Constitucional Tributário (princípios gerais, limitações, partilha de competência)"* ministrada no Curso de Iniciação ao Direito Tributário, promovido pelo IDEPE, no dia 14 de agosto de 2001.

Conferência sobre *"A regra-matriz de incidência, obrigação tributária e sujeição passiva"*, no Curso de Especialização em Direito Tributário do IBET, em Londrina – PR, no dia 18 de agosto de 2001.

Aula sobre o tema *"Direito Tributário e o Conceito de Tributo"*, ministrada no Curso de Especialização em Direito Tributário da PUC/COGEAE, nos dias 03 e 04 de setembro de 2001.

Palestra sobre o tema *"Reflexões acerca do Princípio da Capacidade Contributiva"*, proferida na Universidade Prebisteriana Mackenzie, em 26 de setembro de 2001.

Palestra sobre o tema *"Crédito Tributário, Lançamento e Espécies de Lançamento Tributário"*, ministrada no Curso de Especialização em Direito Tributário do IBET, em São Paulo, no dia 29 de setembro de 2001.

Participação como conferencista do *I Congresso de Direito Tributário*, no período de 30 de setembro a 03 de outubro de 2001, realizado no Centro de Convenções da UFPE, em Recife – PE, com carga horária de 30 horas.

Palestra sobre o tema *"Organização dos Estados-Membros"*, proferida no I Curso de Pós-Graduação "Lato Sensu" – Especialização em Direito Público, promovido pela Escola Paulista da Magistratura, no dia 08 de outubro de 2001.

Participação na *Jornada de Estudos Jurídicos de Bauru*, promovida pela Instituição Toledo de Ensino, em 17 de outubro de 2001.

Conferencista no Simpósio de Direito Tributário *"Tributação e Direitos Fundamentais"*, em 18 de outubro de 2001, em Campo Grande – MS.

Conferência sobre o tema *"Interpretação, validade, vigência e eficácia das normas tributárias"*, proferida no Curso de Especialização em Direito Tributário do IBET, em Belém, no dia 27 de outubro de 2001.

Participação no 9º Simpósio Internacional de Iniciação Científica da USP – SIICUSP, com o trabalho *"O Princípio da Isonomia no Direito Tributário"*, evento – Humanas e Humanidades, realizado nos dias 08 e 09 de novembro de 2001, no campus "Armando Salles de Oliveira".

Conferência sobre o tema *"Regra-matriz de incidência – hipótese tributária"*, ministrada no Curso de Especialização em Direito Tributário do IBET, no Recife, em 24 de novembro de 2001.

Palestra sobre o tema *"Causas Gerais Antielisivas"*, proferida na Universidade Federal do Rio Grande do Sul, em 30 de novembro de 2001.

2002

Membro fundador do INAC – Instituto Nacional de Ciências Jurídicas Professor Lourival Vilanova, em Recife (PE), 02 de janeiro de 2002.

Palestra sobre o tema *"Teoria da Norma"*, proferida na Universidade Presbiteriana Mackenzie, no Curso de Especialização em Direito Tributário, no dia 12 de março de 2002, das 19:00 às 22:30 h.

Aula sobre o tema *"Regra-matriz de incidência: hipótese tributária"*, ministrada no Curso de Especialização em Direito Tributário do COGEAE/PUC, nos dias 08 e 09 de abril de 2002, das 19:00 às 23:00 h.

Aula sobre o tema *"Obrigação Tributária"*, ministrada no Curso de Especialização em Direito Tributário, do Centro de Extensão Universitária, no dia 11 de abril de 2002, das 09:00 às 12:15 h.

Conferência sobre o tema *"Espécies Tributárias"*, proferida no dia 13 de abril de 2002, no Curso de Especialização em Direito Tributário do IBET, no Rio de Janeiro, das 9:00 às 13:00 h.

Conferência sobre o tema *"Imunidades Tributárias"*, no I Curso de Aperfeiçoamento em Direito Tributário da UNIBRASIL, em Curitiba, no dia 19 de abril de 2002, das 19:00 às 21:00 h.

Participação no *II Congresso Brasileiro de Direito do Estado*, nos dias 24, 25 e 26 de abril de 2002, no Centro de Convenções, em Salvador, com Conferência Magna sobre o tema: "A Legitimidade Jurídica do Planejamento Tributário".

Aula sobre o tema *"Princípios Gerais do Sistema Tributário Nacional"*, ministrada na Escola Superior de Direito, em São Paulo, no dia 14 de maio de 2002, das 18:30 às 22:50 h.

Conferência sobre o tema *"Interpretação, validade, vigência e eficácia das normas tributárias"*, proferida no Curso de Especialização em Direito Tributário do IBET, em Ribeirão Preto, no dia 18 de maio de 2002, das 09:30 às 13:30 h.

Participação no *XXIII Congresso Brasileiro de Direito Constitucional "O Brasil à Espera de um Projeto Global"*, promovido pelo Instituto Brasileiro de Direito Constitucional, nos dias 22, 23 e 24 de maio de 2002, no Salão Trianon do Sheraton Mofarrej Hotel, em São Paulo – SP, perfazendo a carga horária de 24 horas.

Participação no *Congresso Direito Tributário em Questão*, no período de 02 a 05 de junho de 2002, no Hotel Serrano, em Gramado, onde proferiu palestra sobre o tema "Reforma do Sistema Tributário Brasileiro".

Aula sobre o tema *"A obrigação tributária e os seus elementos e a regra-matriz de incidência tributária"*, ministrada nas Faculdades Jorge Amado e JusPodivm, em Salvador, no dia 29 de junho de 2002, das 07:30 às 13:30 h.

Palestrante no *Seminário Internacional de Planejamento Tributário*, nos dias 08 e 09 de agosto de 2002, realizado no Mar Hotel, no Recife – PE.

Conferência sobre o tema *"Sistema Constitucional Tributário (princípios gerais, limitações, partilha de competência)"*, proferida no Curso de Iniciação ao Direito Tributário do IDEPE, no dia 20 de agosto de 2002, das 19:00 às 21:30 h.

Participação no *VI Congresso da Associação Brasileira de Direito Tributário*, no período de 21 a 23 de agosto de 2002, realizado no Espaço Luminis, em Belo Horizonte – MG, onde proferiu palestra sobre o tema: "Princípios Constitucionais da Igualdade, Segurança Jurídica e Capacidade Contributiva – Valores, Princípios e Normas".

Participação na *XXI Jornadas Latino-Americanas de Derecho Tributario*, organizadas pela Associazione Italiana per il Diritto Tributario Latino-Americano (AIDTLA), em Barcelona – Genova, no período de 31 de agosto a 06 de setembro de 2002.

Aulas no *Curso Semiótica e Direito Tributário*, promovido pela Fundação Escola Superior de Direito Tributário, de Porto Alegre, nos dias 03, 04 e 05 de outubro de 2002, com carga horária de 09 horas/aula.

Aula sobre o tema: *"Normas gerais de direito tributário e competência tributária"*, ministrada no II Curso de Formação em Direito Tributário da Receita Federal – SP, em 08 de outubro de 2002, das 09:00 às 12:30 h.

Palestra sobre o tema: *"Princípio da Proporcionalidade no Direito Tributário"*, proferida no Seminário sobre o Princípio da Proporcionalidade nos Tribunais, promovido pela Associação Paulista dos Advogados do Banco do Brasil, em 11 de outubro de 2002, São Paulo – SP.

Conferência sobre o tema *"Direito Tributário e o Código de Defesa do Contribuinte"*, proferida no IV Simpósio Nacional de Direito Constitucional, promovido pela Academia Brasileira de Direito Constitucional, em 14 de outubro de 2002, no Teatro Guaíra, em Curitiba – PR.

Palestra sobre *"A Interpretação das Normas e Princípios Tributários em face das Constantes Mutações Constitucionais"*, proferida em 15 de outubro de 2002, na UNISINOS, em Porto Alegre – RS.

Participação no XVI Congresso Brasileiro de Direito Tributário, organizado pelo Instituto Geraldo Ataliba – IGA - IDEPE, nos dias 23, 24 e 25 de outubro de 2002, no Hotel Maksoud Plaza, em São Paulo – SP, na qualidade de presidente da comissão científica, onde proferiu palestra sobre "Normas antielisivas".

Presidente do *Congresso Internacional sobre Negócios Jurídicos e Internet*, no Hotel Transamérica, em São Paulo – SP, no período de 19 a 21 de novembro de 2002.

Conferencista na II *Jornadas Nacionales de Derecho Tributario "Ilícitos Tributarios"*, na Facultad de Derecho de la Universidad

Austral, em Buenos Aires – Argentina, nos dias 21 e 22 de novembro de 2002.

Participação no Congresso do CONPEDI, na PUC/SP, nos dias 25 e 26 de novembro de 2002.

Participação no 11º Simpósio IOB de Direito Tributário, no Hotel Intercontinental, São Paulo – SP, nos dias 28 e 29 de novembro de 2002, onde ministrou conferência sobre o tema *"A Teoria das Provas no Procedimento e no Processo Administrativo Tributário"*.

Conferência sobre o tema *"Regra-matriz de incidência – hipótese tributária"*, proferida no Curso de Especialização em Direito Tributário do IBET, em Salvador – BA, no dia 30 de novembro de 2002.

2003

Publicação da obra coletiva *Tratado de Derecho Tributario*, sob sua coordenação, Palestra Editores, Lima, Peru.

Conferência sobre o tema *"Direito tributário e conceito de tributo"*, proferida no Curso de Especialização em Direito Tributário do IBET, em São Paulo – SP, no dia 22 de março de 2003.

Conferência sobre *"A regra-matriz de incidência, obrigação tributária e sujeição passiva"*, proferida no Curso de Especialização em Direito Tributário do IBET, em Porto Alegre – RS, no dia 29 de março de 2003.

Palestra sobre o tema *"Metodologia da Ciência no Direito Positivo"*, proferida no Pós-Graduação da Universidade de São Paulo, em São Paulo – SP, no dia 09 de abril de 2003.

Conferência sobre o tema *"Direito tributário e o conceito de tributo"*, proferida no Curso de Especialização em Direito Tributário do IBET, em Campinas – SP, no dia 12 de abril de 2003.

Aula sobre o tema *"Obrigação tributária"*, ministrada no Curso de Especialização em Direito Tributário, promovido pelo Centro de Extensão Universitária, em São Paulo – SP, no dia 22 de abril de 2003.

Participação no III Congresso Brasileiro de Direito do Estado, no período de 23 a 25 de abril de 2003, no Centro de Convenções, em Salvador – BA, proferindo palestra sobre o tema *"A Teoria das Provas e a Constituição dos Créditos Tributários".*

Palestra sobre *"Reforma Tributária"*, ministrada na V Semana Jurídica da Faculdade de Direito da Fundação Armando Alvares Penteado – FAAP, em São Paulo – SP, em 07 de maio de 2003.

Palestra sobre o tema *"Tratados Internacionais em Matéria Tributária – artigo 98 do CTN"*, ministrada na Faculdade de Direito da Universidade Presbiteriana Mackenzie, em São Paulo – SP, em 12 de maio de 2003.

Palestra sobre *"A Teoria das Provas e a Constituição dos Créditos Tributários"*, proferida no Seminário de Direito Tributário, promovido pelo Espaço Treinamento, no Auditório da Justiça Federal, em Maceió – AL, em 16 de maio de 2003.

Aula sobre *"A obrigação tributária e seus elementos. A regra--matriz de incidência tributária"*, ministrada no Curso de Pós-Graduação da Faculdade de Direito de Alagoas, em Maceió – AL, no dia 17 de maio de 2003.

Conferência sobre o tema *"Interpretação, validade, vigência e eficácia das normas tributárias"*, ministrada no Curso de Especialização em Direito Tributário do IBET, em Uberlândia – MG, no dia 24 de maio de 2003.

Participação nas Primeiras Jornadas Internacionales *"Sistema Tributario Peruano – Camino a la Globalización"*, promovido pelo IPIDET Instituto Peruano de Investigación y Desarrollo Tributario, realizado no período de 27 a 29 de maio de 2003, no Salão Alameda, do Double Tree El Pardo Hotel, em Lima (Peru), na qualidade de Expositor, com o tema "La interpretación de la norma y la elusión tributaria".

Participação no Seminário Internacional *"Reforma de la Constitución en el Perú en Materia Tributaria"*, realizado de 28 a 30 de maio de 2003, na Facultad de Derecho y Ciencia Política da la Universidad Nacional Mayor de San Marcos, em Lima (Peru) na qualidade de Expositor, com o tema "Método de interpretación de la Constitución em materia tributaria".

Participação no XIV Simpósio Nacional de Estudos Tributários, promovido pela Academia Brasileira de Direito Tributário, realizado nos dias 05 e 06 de junho de 2003, no Salão de Eventos do Braston Hotel, em São Paulo – SP, na qualidade de Conferencista, com o tema *"A Base de Cálculos do ICMS na EC n.33 e o Princípio da Legalidade"*.

Aula sobre o tema *"Lei complementar e normas gerais de Direito Tributário"*, ministrada na JusPodivm, em Salvador – BA, em 14 de junho de 2003.

Presidente de Honra do II Congresso de Direito Tributário em Questão, realizado pela Fundação Escola Superior de Direito Tributário, no período de 19 a 22 de junho de 2003, na Expogramado, Gramado – RS, e exposição do tema *"Reforma Constitucional Tributária e Alterações da Legislação Infraconstitucional"*.

Aulas da disciplina *"Teoria da Norma Tributária"*, ministradas no Curso de Especialização em Direito Tributário, promovido pela UNDB Unidade de Ensino Superior Dom Bosco, no período de 23 a 27 de junho de 2003, como Professor Visitante, em São Luís – MA.

Conferência sobre *"Sistema Constitucional Tributário: princípios gerais, limitações, partilha de competência"*, proferida no Curso de Especialização em Direito Tributário do IGA – Instituto Geraldo Ataliba – IDEPE – Instituto Internacional de Direito Público Empresarial, em 19 de agosto de 2003, em São Paulo – SP.

Aula sobre *"Interpretação no Direito Tributário"*, ministrada no Curso de Especialização em Direito Tributário do IBEJ Instituto Brasileiro de Estudos Jurídicos, no dia 23 de agosto de 2003, em Curitiba – PR.

Presidente do II Congresso Internacional de Direito Tributário – Sistema Tributário e Desenvolvimento, realizado pelo IBET – Instituto Brasileiro de Estudos Tributários e IPET – Instituto Pernambucano de Estudos Tributários, no período de 27 a 29 de agosto de 2003, no Centro de Convenções do Recife – PE, onde proferiu Conferência de Abertura sobre *"Reforma Tributária"*.

Aulas sobre *"Direito tributário e o conceito de tributo"*, ministradas no Curso de Especialização em Direito Tributário da PUC/COGEAE, nos dias 01 e 02 de setembro de 2003, em São Paulo – SP.

Aula sobre *"Obrigação e Crédito Tributário"*, ministrada no Curso de Especialização em Direito Tributário, promovido pelo IBDT – Instituto Brasileiro de Direito Tributário, no Salão Nobre da USP, São Paulo - SP, no dia 13 de setembro de 2003.

Comercio Internacional e Imposición, promovido pela Fondazione Antonio Uckmar, Universidad Austral, Universidade Católica de Salta, PUC/SP, Centro Ricerche Tributarie dell'Impresa-CERTI (Università Bocconi) e Associazione Italiana per il Diritto Tributario Latino-Americano, no período de 17 a 19 de setembro de 2003, no NH City Hotel, Salón Plaza Mayor, em Buenos Aires – Argentina, proferindo Conferência sobre "Comercio internacional y controles sobre la elusión fiscal".

Conferência sobre *"Fontes do Direito Tributário"*, ministrada no Curso de Especialização em Direito Tributário, promovido pelo IBET – Instituto Brasileiro de Estudos Tributários, Vitória – ES, no dia 27 de setembro de 2003.

Conferência sobre *"Reforma tributária e valores constitucionais"*, ministrada no XXIX Congresso Nacional de Procuradores de Estado, promovido pela APESE Associação dos Procuradores do

Estado de Sergipe, realizado no Hotel Parque dos Coqueiros, em Aracajú – SE, no dia 06 de outubro de 2003.

Conferência sobre "*Reforma Tributária – Aspectos gerais e limites constitucionais*", ministrada no XVII Congresso Brasileiro de Direito Tributário, promovido pelo Instituto Geraldo Ataliba – IDEPE Instituto Internacional de Direito Público e Empresarial, realizado no Hotel Gran Meliá – WTC, São Paulo – SP, no dia 08 de outubro de 2003, na qualidade de Presidente da Comissão Científica.

Conferência sobre "*Reforma Tributária: alterações da legislação do ICMS*", proferida no V Simpósio Nacional de Direito Constitucional, realizado pela Academia Brasileira de Direito Constitucional, no dia 13 de outubro de 2003, no Teatro Guaíra, em Curitiba – PR.

Membro Catedrático da Academia Brasileira de Direito Constitucional, com o título outorgado em 13 de outubro de 2003, em Curitiba – PR

Conferência sobre "*Fontes do direito tributário*", proferida no Curso de Especialização em Direito Tributário do IBET, em 11 de outubro de 2003, em São José do Rio Preto – SP.

Conferência sobre "*As competências tributárias*", proferida no XXVIII Simpósio Nacional de Direito Tributário, no Centro de Extensão Universitária, São Paulo – SP, em 17 de outubro de 2003.

Conferência sobre "*A Reforma Tributária*", proferida no 12º Simpósio IOB de Direito Tributário, realizado pela IOB – Thomson, no Hotel Blue Tree Convention, em 12 de novembro de 2003, em São Paulo – SP.

Participação no Curso de Pós-Graduação "*Inversiones extranjeras y doble imposición: España, Brasil, Cuba y Perú*", realizado na Universidade de Barcelona, no período de 24 a 30 de novembro de 2003.

2004

Publicação da 2ª. edição do livro *Derecho Tributario – Fundamentos Jurídicos de la Incidencia*, Editorial Ábaco de Rodolfo Depalma, Buenos Aires, Argentina.

Publicação da obra *Diritto Tributario – Il Fenomeno Dell'Incidenza Giuridico-Tributaria*, CEDAM, Bolonha, Itália.

Conferência sobre *"Conceito e classificação de tributos"*, proferida no Curso Anual de Direito Tributário, promovido pela Sociedade Brasileira de Direito Público, no dia 11 de março de 2004, em São Paulo – SP.

Conferência sobre *"O tributo e suas espécies"*, proferida na UNICAP Universidade Católica de Pernambuco, no dia 19 de março de 2004, em Recife – PE.

Conferência sobre *"Isenções tributárias e a regra-matriz de incidência"*, ministrada no Curso de Especialização em Direito Tributário do IBET, no dia 20 de março de 2004, em São Paulo – SP.

Aulas sobre *"Regra-matriz de incidência: hipótese tributária"*, ministradas no Curso de Especialização em Direito Tributário da PUC/COGEAE, nos dias 05 e 06 de abril de 2004, em São Paulo – SP.

Membro do Conselho de Catedráticos do Instituto Internacional de Estudos de Direito do Estado – IIEDE desde 05 de abril de 2004.

Aulas inaugurais sobre *"A relevância da Teoria Geral do Direito e da Lógica Jurídica na compreensão do Direito"*, ministradas no Curso de Especialização em Direito Tributário da Escola de Direito de São Paulo da Fundação Getulio Vargas – FGV/EDESP, nos dias 12 e 13 de abril de 2004, em São Paulo – SP.

Aula sobre *"Obrigação Tributária"*, ministrada no Curso de Especialização em Direito Tributário promovido pelo Centro de

Extensão Universitária, no dia 13 de abril de 2004, em São Paulo – SP.

Conferência sobre *"Fontes do Direito Tributário"*, proferida no Curso de Especialização em Direito Tributário do IBET – Instituto Brasileiro de Estudos Tributários, em 17 de abril de 2004, no Rio de Janeiro – RJ.

Conferência sobre *"Sistema tributário, competência e princípios"*, proferida no Curso de Especialização em Direito Tributário do IBET – Instituto Brasileiro de Estudos Tributários, em 24 de abril de 2004, em São Paulo – SP.

Conferência sobre *"Tributação e Segurança Jurídica"*, proferida no IV Congresso de Direito Tributário, Constitucional e Administrativo, realizado por Chiesa Centro de Estudos Jurídicos e UCDB Universidade Católica Dom Bosco, no Centro de Convenções "Rubens Gil de Camilo", Campo Grande – MS, em 05 de maio de 2004, na qualidade de Presidente do Congresso.

Palestra *"O direito tributário atual, avanços e retrocessos"*, proferida no IV Congresso Brasileiro de Direito do Estado, realizado no Bahia Othon Palace Hotel, Salvador – BA, 13 de maio de 2004.

Palestra *"Os princípios constitucionais de direito tributário e as garantias do contribuinte"*, proferida no Encontro Nacional de Direito e Legislação Trabalhista, promovido pelo Instituto Brasileiro de Ensino e Cultura – IBEC e Universidade Potiguar, no Centro de Convenções do Hotel Pirâmide, em Natal – RN, no dia 15 de maio de 2004.

Palestra *"A Teoria da Norma Jurídica no pensamento de Lourival Vilanova"*, proferida no Instalação do Fórum Prof. Dr. Lourival Vilanova, Justiça Federal em Pernambuco, Caruaru – PE, no dia 21 de maio de 2004.

Conferência *"Prospecção em matéria tributária: o que está por vir"*, proferida no III Congresso de Direito Tributário em Questão, realizado pela Fundação Escola Superior de Direito Tributário, no

Hotel Serrano, Gramado – RS, em 17 de junho de 2004, na qualidade de Presidente de Honra do Congresso.

Conferência *"Sistema Constitucional Tributário: princípios gerais, limitações, partilha de competência"*, proferida no Curso de Iniciação ao Direito Tributário, realizado no Auditório da Secretaria da Justiça, em São Paulo – SP, no dia 10 de agosto de 2004.

Palestra *"Teoria das provas no Direito Tributário e os princípios constitucionais dos procedimentos de lançamento e fiscalização e do processo tributário"*, proferida no II Seminário do Instituto Pernambucano de Estudos Tributários, realizado nos dias 2 e 3 de setembro de 2004, no Mar Hotel, Recife – PE.

Conferência *"Princípios do Processo Administrativo Tributário"*, proferida no I Congresso Nacional do Processo Administrativo Tributário, realizado nas Faculdades COC, em Ribeirão Preto – SP, no dia 06 de outubro de 2004.

Conferência *"Princípios tributários: valores e limites objetivos. Um caso: o regime constitucional das isenções e o mecanismo de alíquota-zero"*, proferida no VI Simpósio Nacional de Direito Constitucional, realizado no Teatro Guaíra, em Curitiba – PR, no dia 07 de outubro de 2004.

Conferência *"Imunidade e normas gerais de direito tributário"*, proferida no Curso de Especialização em Direito Tributário do IBET, em Brasília – DF, no dia 16 de outubro de 2004.

Palestra *"Evento e fato jurídico tributário e a sua prova"*, proferida em Maringá – PR, em 23 de outubro de 2004.

Conferência *"A teoria das provas e o procedimento administrativo tributário"*, proferida no Congresso Jurídico Processo e Constituição: Aspectos Contemporâneos, promovido pela Escola Brasileira de Estudos Constitucionais – EBEC, no Centro de Eventos do Mag Shopping, em João Pessoa, no dia 06 de novembro de 2004.

Conferência *"Atualidade Tributária Pós-Reforma"*, proferida no II Congresso Brasileiro de Direito Público em São Paulo, promovido pela Academia Brasileira de Direito Tributário, no Auditório Jaraguá, Hotel Holiday Inn Select Jaraguá, em 08 de novembro de 2004.

Palestra *"Aplicação e Interpretação da legislação tributária"*, proferida no Tribunal de Justiça de Porto Alegre, em 22 de novembro de 2004.

Conferência *"Regra-matriz de incidência – hipótese tributária"*, proferida no Curso de Especialização em Direito Tributário do IBET, em Salvador – BA, no dia 27 de novembro de 2004.

Presidente do I Congresso Nacional de Estudos Tributários, promovido pelo IBET Instituto Brasileiro de Estudos Tributários, realizado nos dias 15, 16 e 17 de dezembro de 2004, no Hotel Renaissance, São Paulo – SP, onde proferiu a conferência *"No Percurso de Produção do Sentido Jurídico: do 'Teoria da Norma Tributária' ao 'Fundamentos Jurídicos da Incidência Tributária'.*

Eleito um dos melhores tributaristas do mundo, pela revista britânica Corporate Tax Who's Who Legal, publicada pela Law Business Research Ltd.

2005

Aula sobre *"Sistema Tributário"*, ministrada no Curso Anual de Direito Tributário, promovido pela Sociedade Brasileira de Direito Público, no dia 17 de março de 2005.

Conferência *"Reforma Tributária"*, proferida no Congresso Internacional de Direito Tributário do Paraná, promovido pelo IETRE Instituto de Estudos Tributários e Relações Econômicas Internacionais, realizado na Estação Embratel Convention Center em Curitiba/PR, no dia 30 de março de 2005.

Conferência *"O fato jurídico tributário e a teoria das provas"*, proferida no I Simpósio de Direito – Questões Polêmicas de Direito Tributário, promovido pelo INEJ Instituto Nacional de Estudos Jurídicos, realizado no Auditório da AJURIS em Porto Alegre/RS, no dia 31 de março de 2005.

Aula *"Obrigação tributária"*, ministrada no módulo Sistema Constitucional Tributário e Normas Gerais II, que integra o Curso de Especialização em Direito Tributário do Centro de Extensão Universitária, em São Paulo – SP, no dia 12 de abril de 2005.

Conferência *"La Justicia Tributaria: experiencia brasilera"*, proferida no Congresso Internacional de Derecho Tributario "La Justicia Tributaria", promovido pela Facultad de Derecho de la Universidad Austral, realizado no Hotel Park Hyatt, em Mendonza – Argentina, nos dias 21 e 22 de abril de 2005.

Conferência *"Reforma tributária e valores do sistema constitucional. Limites para as mudanças constitucionais"*, proferida no I Congresso Internacional de Direito Tributário do Rio de Janeiro, promovido pelo IET RJ – Instituto de Estudos Tributários do Rio de Janeiro, realizado no Hotel Sofitel Copacabana, no Rio de Janeiro – RJ, no dia 27 de abril de 2005.

Conferência *"Direitos fundamentais e tributação"*, proferida no V Congresso Brasileiro de Direito do Estado, promovido pelo Instituto de Direito Público da Bahia – IDPB, realizado no Bahia Othon Palace Hotel, no dia 05 de maio de 2005.

Conferência *"Reforma Tributária: Limites Constitucionais"*, proferida no 5º. Congresso de Direito Tributário, Constitucional e Administrativo, promovido pela Uinversidade Católica Dom Bosco e Chiesa Centro de Estudos Jurídicos, realizado no Centro de Convenções "Rubens Gil de Camilo", em Campo Grande – MS, no dia 06 de maio de 2005.

Palestra *"Imunidade e Normas Gerais de Direito Tributário"*, proferida no Curso de Especialização em Direito Tributário do IBET

Instituto Brasileiro de Estudos Tributários, no dia 14 de maio de 2005, na Faculdade das Américas, em São Paulo – SP.

Palestra *"A prova no procedimento administrativo"*, proferida na Abertura das Comemorações de 70 anos do Tribunal de Impostos e Taxas, no Auditório da Secretaria da Fazenda, no dia 07 de junho de 2005.

Conferência *"O princípio da segurança jurídica no ordenamento tributário brasileiro"*, proferida no Congresso Brasileiro de Direito Tributário, no dia 09 de junho de 2005, no Pestana Bahia Hotel, em Salvador – BA.

IV Congresso de Direito Tributário em Questão, realizado pela Fundação Escola Superior de Direito Tributário, no período compreendido entre 16 e 19 de junho de 2005, no Hotel Serrano, em Gramado – RS, na qualidade de Presidente de Honra, onde proferiu a conferência *"Fato Jurídico Tributário: A importância da prova"*.

Conferência *"Crédito-Prêmio de IPI e a possibilidade de mudança da jurisprudência dos tribunais superiores – uma análise à luz da segurança jurídica",* proferida no II Encontro Nacional de Direito e Legislação Tributária, no dia 24 de junho de 2005, no Centro de Convenções do Pirâmide Palace Hotel, em Natal – RN.

Palestra *"O princípio da segurança jurídica e a crise dos valores jurídicos que o Brasil atravessa"*, proferida no IX Congresso de Direito Tributário, promovido pela ABRADT – Associação Brasileira de Direito Tributário, no dia 29 de junho de 2005, no Ouro Minas Palace Hotel, em Belo Horizonte – MG.

Aulas no Curso de Especialização em Direito Tributário da PUC/COGEAE, sobre o tema *"Direito tributário e o conceito de tributo"*, nos dias 15 e 16 de agosto de 2005, em São Paulo – SP.

Palestra *"Função das normas jurídicas no Direito Tributário"*, proferida no Curso de Pós-Graduação "Lato Sensu" – Especialização em

Direito Público, promovido pela Escola Paulista da Magistratura, no dia 24 de agosto de 2005, em São Paulo – SP.

Palestra *"Sistema Constitucional Tributário Brasileiro"*, proferida na "IX Semana de Estudos Jurídicos – II Congresso de Direito Processual e Cidadania", promovida pela Faculdade de Direito da Universidade São Judas Tadeu, no dia 26 de agosto de 2005, em São Paulo – SP.

Discurso em homenagem aos 80 anos do Prof. Victor Uckmar, representando os tributaristas brasileiros, em Buenos Aires – Argentina, no dia 10 de setembro de 2005.

Palestra *"Segurança jurídica e garantia do devido processo legal em matéria tributária"*, proferida no III Congresso Internacional de Direito Tributário, promovido pelo IPET Instituto Pernambucano de Estudos Tributários, realizado no Centro de Convenções de Pernambuco, em Olinda – PE, no dia 21 de setembro de 2005.

Aula *"Estrutura da norma jurídica (fato jurídico, relação jurídica e sanções)"*, ministrada no Curso de Teoria Analítica do Direito e Lógica Jurídica, promovido Escola de Direito de São Paulo da Fundação Getulio Vargas, no dia 28 de setembro de 2005, em São Paulo – SP.

Aula no Curso de Especialização em Direito Constitucional Tributário da PUC/COGEAE, sobre o tema *"Princípio da certeza do direito e da segurança jurídica em matéria tributária"*, no dia 14 de outubro de 2005, em São Paulo – SP.

Participação no XIX Congresso Brasileiro de Direito Tributário, realizado pelo Instituto Geraldo Ataliba – IDEPE, no período compreendido entre 26 e 28 de outubro de 2005, no Hotel Gran Meliá – WTC, em São Paulo – SP, onde proferiu discurso em homenagem ao Professor Geraldo Ataliba e a palestra *"Segurança Jurídica e Direito Tributário"*.

Presidente do II Congresso Nacional de Estudos Tributários, realizado pelo IBET Instituto Brasileiro de Estudos Tributários, nos dias 14, 15 e 16 de dezembro de 2005, no Hotel Renaissance, em São Paulo – SP, onde proferiu a conferência *"Segurança jurídica e Estado de Direito".*

Recebe o Título de Cidadão Paraibano, outorgado no dia 23 de setembro de 2005, pelo Senhor Deputado Rômulo José de Gouveia, Presidente da Assembleia Legislativa do Estado da Paraíba e pelo Senhor Deputado Vital Filho, autor do requerimento que propôs a homenagem (Lei 7.735 de 18 de maio de 2005).

Recebe o Título de Cidadão Pernambucano, outorgado pelo Senhor Deputado Romário Dias, Presidente da Assembleia Legislativa do Estado de Pernambuco, e o Senhor Deputado Bruno Araújo, autor da Resolução n. 689/2005, no dia 21 de setembro de 2005

Recebe o17º Prêmio Tributarista IOB, concedido em 25 de novembro de 2005.

Recebe o Prêmio de Tributarista do Ano, outorgado pela FADISP – Faculdade Autônoma de Direito, em 09 de dezembro de 2005.

2006

Eleito **um dos melhores tributaristas do mundo**, pela revista britânica Corporate Tax Who's Who Legal, publicada pela Law Business Research Ltd.

Aula inaugural *"A lógica deôntica no pensamento de Lourival Vilanova",* proferida no Programa de Pós-Graduação em Direito da Universidade Federal de Pernambuco, em 06 de março de 2006, Recife – PE.

Palestra *"A Pós-Graduação da Faculdade de Direito da PUC/SP",* proferida no Centro Acadêmico XXII de Agosto, entidade representativa dos estudantes da Faculdade Paulista de Direito da Pontifícia Universidade Católica de São Paulo, no dia 08 de março de 2006, em São Paulo – SP.

Palestra *"Solenidade de Formatura do 2º Curso de Especialização em Direito Tributário"* e *"Solenidade de Abertura do 3º Curso de Especialização em Direito Tributário"*, proferida na Escola Fazendária do Estado de São Paulo – Fazesp, no dia 09 de março de 2006, em São Paulo – SP.

Palestra *"Direito Tributário e o Conceito de Tributo"*, proferida no Curso de Especialização em Direito Tributário do IBET – Instituto Brasileiro de Estudos Tributários, no dia 11 de março de 2006, na Faculdade das Américas, em São Paulo – SP.

Aula *"Espécies Tributárias"* ministrada no Curso de Especialização do IBET – Instituto Brasileiro de Estudos Tributários, no dia 25 de março de 2006, em Maceió – AL.

Conferência de Abertura do *I Encontro Nacional de Estudos Tributários,* proferida dia 30 de março de 2006, no Salão Nobre da Faculdade de Direito do Rio Grande do Sul.

Aula *"Fontes do Direito Tributário"*, proferida no Curso de Especialização do IBET – Instituto Brasileiro de Estudos Tributários, no dia 08 de abril de 2006, em Ribeirão Preto – SP.

Palestra sobre *"Regra-Matriz"*, proferida no Auditório da FAAP – Fundação Armando Álvares Penteado, no dia 11 de abril de 2006, em São Paulo – SP

Aula *"Obrigação Tributária"*, proferida no CEU – Centro de Extensão Universitária, no dia 24 de abril de 2006, em São Paulo – SP.

Participação no II Congresso Internacional de Direito Tributário do Paraná, realizado pelo Instituto de Estudos Tributários e Relações Econômicas Internacionais, no dia 26 de abril de 2006, em Curitiba – PR, onde abordou o tema *"O Papel da Jurisprudência na Concretização do Princípio de Segurança Jurídica – Reflexões Sobre os Recentes Julgamentos em Matéria Tributária"*.

Aula *"Fontes do Direito Tributário"*, proferida no Curso de Especialização em Direito Tributário do IBET – Instituto Brasileiro de Estudos Tributários, no dia 06 de maio de 2006, em Goiânia.

Participação no Seminário ICMS – Questões Atuais – realizado pelo Instituto Brasileiro de Estudos Tributários, no dia 23 de maio de 2006, em Brasília, onde proferiu a palestra *"O princípio constitucional da não – cumulatividade"*.

Participação no V Congresso de Direito Tributário em Questão – realizado pela Fundação Escola Superior de Direito Tributário, no dia 30 de junho de 2006, no Centro de Eventos do Hotel Serrano, em Gramado – RS, onde proferiu a palestra *"As decisões do STF em face ao Princípio de Segurança Jurídica"*.

Conferência *"O depósito recursal na esfera administrativa e as garantias do contraditório e da ampla defesa"*, proferida no X Congresso de Direito da ABRADT, realizado no Ouro Minas Palace Hotel, no dia 11 de agosto de 2006, em Belo Horizonte – MG.

Palestra sobre o tema *"Conceito de tributos e espécies tributárias"*, proferida no Curso de Atualização em Direito Tributário promovido pelo IBDT – Instituto Brasileiro de Direito Tributário, no dia 19 de agosto de 2006, em São Paulo – SP.

Aula *"Definição de tributo e espécies tributárias"*, ministrada no Curso de Pós-Graduação em Direito Empresarial da FAAP - Fundação Armando Alvares Penteado, no dia 30 de agosto de 2006, em São Paulo – SP.

Aula *"Semiótica da Linguagem Jurídica"*, ministrada no Curso de Teoria Geral do Direito do IBET – Instituto Brasileiro de Estudos Tributários, no dia 13 de setembro de 2006, em São Paulo – SP.

Aula *"Fontes do direito tributário"*, ministrada no Curso de Especialização em Direito Tributário do IBET – Instituto Brasileiro de Estudos Tributários, no dia 23 de setembro de 2006, em Porto Alegre – RS.

Conferência *"Os 40 anos do CTN – reflexões sobre sua função e aplicação"*, proferida no VI Congresso Internacional de Direito Tributário de Pernambuco, no dia 27 de setembro de 2006, no Mar Hotel, em Recife – PE.

Participação na 23ªˢ Jornadas del Instituto Latinoamericano de Derecho Tributário, realizadas no período de 22 a 26 de outubro de 2006, no Sheraton Hotel, em Córdoba – Argentina, onde proferiu a palestra *"Cláusula General Antielusiva"*.

Conferência *"Segurança jurídica em face da recorrente alteração de posicionamento dos tribunais superiores"*, proferida no XX Congresso Brasileiro de Direito Tributário, em 27 de outubro de 2006, no Hotel Maksoud Plaza, em São Paulo – SP.

Palestra *"Reforma tributária. Implicações administrativas e propostas tributárias"*, proferida no XII Simpósio Jurídico Tributário, promovido pela ABCE – Associação Brasileira das Concessionárias de Energia Elétrica, em 13 de novembro de 2006, no Centro de Convenções do Hotel Pestana, em São Paulo – SP.

Palestra *"A Regra-matriz de incidência das contribuições e princípios constitucionais tributários"*, proferida no Seminário Contribuições Previdenciárias no Sistema Constitucional Tributário, no dia 27 de novembro de 2006, no Hotel Blue Tree Park, em Brasília – DF.

Aula *"Teoria dos Valores"*, miniministrada no Curso de Teoria Geral do Direito do IBET – Instituto Brasileiro de Estudos Tributários, no dia 29 de novembro de 2006, em São Paulo – SP.

Palestra *"Os 40 anos do Código Tributário Nacional"*, proferida na ABDF – Associação Brasileira de Direito Financeiro, em 06 de dezembro de 2006, no Rio de Janeiro – RJ.

Conferência *"Interpretação e percurso gerador de sentido"*, proferida no III Congresso Nacional de Estudos Tributários do IBET – Instituto Brasileiro de Estudos Tributários, no Hotel Renaissance, em 13 de dezembro de 2006, em São Paulo – SP.

2007

Publicação da 2ª edição do livro *Comentários ao Código Tributário Nacional*, escrito em coautoria com Geraldo Ataliba e Rubens Gomes de Sousa, publicado pela Editora Quartier Latin, São Paulo.

Lançamento da 1ª edição do livro *Curso de Derecho Tributario*, Editora Marcial Pons, Madri, Espanha.

Aula *"Isenções tributárias e a regra-matriz de incidência tributária"*, ministrada no Curso de Especialização em Direito Tributário do IBET – Instituto Brasileiro de Estudos Tributários, no dia 10 de março de 2007, em São Paulo – SP.

Palestra *"Marketing de Incentivo – Visão Jurídico-Tributária"*, proferida no Seminário Marketing de Incentivo. Uma visão legal, promovida pela AMPRO – Associação de Marketing Promocional, no dia 23 de março de 2007, no Hotel WTC – São Paulo, em São Paulo – SP.

Aula *"Sistema Tributário Nacional"*, ministrada no Curso de Atualização em Direito Tributário do IBDT – Instituto Brasileiro de Direito Tributário, no dia 24 de março de 2007, em São Paulo – SP.

Palestra *"Interpretação do fato jurídico tributário"*, ministrada no I Seminário Municipal de Direito Tributário, no dia 13 de abril de 2007, no Auditório do Edifício Matarazzo, em São Paulo – SP.

Palestra *"Reforma tributária e simplificação do sistema de aplicação e exigibilidade de tributos"*, proferida no VII Congresso Brasileiro de Direito do Estado, realizado no Othon Palace Hotel, no dia 19 de abril de 2007, em Salvador – BA.

Aula *"Interpretação das normas jurídicas"*, ministrada no Curso de Teoria Geral do Direito do IBET – Instituto Brasileiro de Estudos Tributários, no dia 02 de maio de 2007, em São Paulo – SP.

Aula *"Fontes do Direito Tributário"*, ministrada no Curso de Especialização em Direito Tributário do IBET – Instituto Brasileiro de Estudos Tributários, no dia 05 de maio de 2007, em Belo Horizonte – MG.

Conferência *"Os valores jurídicos e a crise do Judiciário"*, proferida no III Congresso Brasileiro de Direito Processual, promovido pela Faculdade Maurício de Nassau, no Centro de Convenções de Pernambuco, no dia 17 de maio de 2007, em Recife – PE.

Aula sobre *"Sistema tributário, competência e princípios"*, proferida no Curso de Especialização em Direito Tributário do IBET – Instituto Brasileiro de Estudos Tributários, no dia 19 de maio de 2007, em Recife – PE.

Conferência *"O fortalecimento da União e a reforma tributária,* proferida no II Encontro Nacional de Estudos Tributários, promovido pela Universidade Federal do Rio Grande do Sul, no Salão Nobre da Faculdade de Direito, no dia 01 de junho de 2007, em Porto Alegre – RS.

Aula *"Teoria dos valores"*, ministrada no Curso de Teoria Geral do Direito do IBET – Instituto Brasileiro de Estudos Tributários, no dia 13 de junho de 2007, em São Paulo – SP.

Conferência *"Súmula vinculante e seus efeitos no processo tributário"*, proferida no VI Congresso de Direito Tributário em Questão da FESDT – Fundação Escola Superior de Direito Tributário, no Hotel Serrano, em Gramado – RS, no dia 30 de junho de 2007.

Palestra *"Prerrogativas e Limites da Fiscalização Tributária"*, proferida no I Simpósio de Advocacia Empresarial da ALAE – Aliança de Advocacia Empresarial, no dia 16 de agosto de 2007, no Hotel Unique, em São Paulo – SP.

Palestra *"O papel dos acordos de bitributação"*, proferida no II Congresso de Direito Tributário Internacional do IBDT – Instituto Brasileiro de Direito Tributário, no dia 19 de agosto de 2007, no Salão Nobre da USP, em São Paulo – SP.

Aula *"Sistema Constitucional Tributário: princípios gerais, limitações, partilha de competência"*, ministrada no Curso de Iniciação ao Direito Tributário do Instituto Geraldo Ataliba – IDEPE, no dia 21 de agosto de 2007, em São Paulo – SP.

Conferência *"O princípio da capacidade contributiva como limitação constitucional do poder tributar"*, proferida no XI Congresso Internacional da ABRADT – Associação Brasileira de Direito Tributário, no dia 24 de agosto de 2007, no Hotel Mercure, em Belo Horizonte – MG.

Aula *"Direito Tributário e conceito de tributo"*, ministrada no Curso de Especialização em Direito Tributário da COGEAE – PUC/SP, nos dias 3 e 4 de setembro de 2007, em São Paulo – SP.

Aula *"Globalização e Direito Econômico"*, ministrada no Curso de Especialização em Direito Penal da COGEAE – PUC/SP, no dia 03 de setembro de 2007, em São Paulo – SP.

Aula *"Tributo e suas espécies"*, ministrada no Curso de Especialização em Direito Empresarial da FAAP – Fundação Armando Alvares Penteado, no dia 05 de setembro de 2007, em São Paulo – SP.

Aula *"Fontes do direito tributário"*, ministrada no Curso de Especialização em Direito Tributário do IBET – Instituto Brasileiro de Estudos Tributários, no dia 15 de setembro de 2007, em São Paulo – SP.

Palestra *"O 'devido processo legal' na Constituição da República"*, proferida no Seminário Processo Tributário e Execução Fiscal, promovido pelo IBET – Instituto Brasileiro de Estudos Tributários, no dia 17 de setembro de 2007, no Hotel Blue Tree Park, em Brasília – DF.

Palestra *"Prescrição e Decadência no Lançamento por Homologação na Doutrina e na Jurisprudência do STJ"*, proferida no VII Congresso Internacional de Direito Tributário de Pernambuco, no dia 26 de setembro de 2007, no Mar Hotel, em Recife – PE (Presidente de Honra do Congresso).

Palestra *"Tributação e Desenvolvimento"*, proferida no VII Congresso Alagoano de Direito Público, no Centro de Convenções de Alagoas, no dia 12 de outubro de 2007.

Palestra *"O papel discursivo dos princípios na retórica jurídico--tributária"*, proferida no XXI Congresso Brasileiro de Direito Tributário do Instituto Geraldo Ataliba – IDEPE Instituto Internacional de Direito Público e Empresarial, no Hotel Maksoud Plaza, no dia 17 de outubro de 2007.

Aula *"Fundamentos da Incidência Tributária"*, ministrada no Curso de Especialização em Direito Tributário – Uma Visão Constitucional – Módulo I, da COGEAE-PUC/SP, no dia 26 de outubro de 2007.

Conferência *"Interpretação econômica e legalidade tributária"*, proferida no II Congresso Brasileiro de Direito Tributário, no Pestana Bahia Hotel, Salvador/BA, no dia 21 de novembro de 2007.

Conferência *"Lei Geral de Transação Tributária"*, proferida no III Seminário Jurídico da Petrobras: "O Jurídico e sua atuação estratégica", no Hotel Windsor Barra, Rio de Janeiro/RJ, no dia 23 de novembro de 2007.

Aula *"Interpretação no Direito Positivo"*, ministrada no Curso de Teoria Geral do Direito do IBET – Instituto Brasileiro de Estudos Tributários, São Paulo/SP, no dia 27 de novembro de 2007.

Conferência *"Os limites da interpretação jurídica na dogmática brasileira"*, proferida no IV Congresso Nacional de Estudos Tributários – Tributação e Processo do IBET Instituto Brasileiro de Estudos Tributários, no Hotel Renaissance, em São Paulo/SP, no dia 12 de dezembro de 2007.

Eleito *um dos melhores tributaristas do mundo*, pela revista britânica Corporate Tax Who's Who Legal, publicada pela Law Business Research Ltd.

Recebe o título de Cidadão Honorário de Caicó, Rio Grande do Norte, outorgado no dia 20 de julho pela Presidência da Câmara Municipal de Caicó, de acordo com o Decreto Legislativo n. 2, de 14 de junho de 2007.

Título de Cidadão Pessoense, a partir da proposição do vereador Benilton Lúcio de Lucena. Decreto Legislativo n. 161, de 10 de outubro de 2007.

2008

Palestra *"Da Constituição Federal ao Código Tributário – Competência, Limitações e Princípios"*, proferida no Curso de Especialização em Direito Tributário promovido pela Escola Superior da Procuradoria Geral do Estado de São Paulo, no dia 29 de fevereiro de 2008, em São Paulo – SP.

Palestra *"Princípio da Segurança Jurídica: mudança da Jurisprudência dos Tribunais e consequências fiscais"*, proferida no Congresso IBDT AJUFE de Direito Tributário Brasileiro, no dia 06 de março de 2008, no Salão Nobre da Faculdade de Direito da USP, em São Paulo – SP.

Palestra *"Hermenêutica constitucional, interpretação e aplicação das normas tributárias. Interpretação econômica e legalidade tributária"*, proferida no Curso de Especialização em Direito Constitucional Aplicado, promovido pela Escola de Magistrados do Tribunal Regional Federal da 3ª. Região, no dia 08 de março de 2008.

Palestra *"Sistema Tributário Nacional"*, proferida no Curso de Atualização em Direito Tributário do IBDT – Instituto Brasileiro de Direito Tributário, no dia 15 de março de 2008, no Auditório XI de Agosto, Faculdade de Direito da USP, São Paulo – SP.

Palestra *"Segurança Jurídica e Jurisprudência do STJ em matéria tributária"*, proferida no II Congresso Maranhense de Estudos Tributários do IMAET – Instituto Maranhense de Estudos Tributários, no dia 26 de março de 2008, no Rio Poty Hotel, em São Luís – MA.

Palestra *"Crédito tributário, lançamento e espécies de lançamentos"*, proferida no Curso de Especialização em Direito Tributário do IBET – Instituto Brasileiro de Estudos Tributários, Vitória, ES.

Conferência *"A experiência do sistema tributário nacional – uma análise crítica"*, proferida no IV Congresso Internacional de Direito Tributário do Paraná, no Grand Hotel Rayon, no dia 15 de abril de 2008, em Curitiba – PR.

Aula *"Sistema Constitucional Tributário – competência"*, ministrada no Curso de Aperfeiçoamento em Direito Tributário promovido pelo UNIBANCO, no dia 24 de abril de 2008, em São Paulo – SP.

Aula *"Fontes do Direito Tributário"*, ministrada no Curso de Especialização em Direito Tributário do IBET – Instituto Brasileiro de Estudos Tributários, em 26 de abril de 2008, em São Paulo – SP.

Conferência *"Segurança Jurídica e Mutação de Orientação Jurisprudencial nos Tribunais Superiores"*, ministrada no VIII Congresso Brasileiro de Direito do Estado, no dia 08 de maio de 2008, no Bahia Othon Palace Hotel, em Salvador – BA.

Torna-se Membro Honorário do Instituto Uruguayo de Estudios Tributarios em 21 de maio de 2008.

Conferência *"Princípio da Segurança Jurídica"*, proferida no Tribunal de Impostos e Taxas, no dia 03 de junho de 2008, em São Paulo – SP.

Presidiu a mesa *"Ordem Econômico-Tributária"* no Congresso "Os 20 anos da Constituição Cidadã", no Salão Nobre da Faculdade de Direito do Largo São Francisco/USP, no dia 06 de junho de 2008, em São Paulo – SP.

Conferência *"Percurso gerador de sentido: do texto à norma"*, proferida na Jornada Paulista de Direito Tributário promovida pela Escola Paulista de Direito –EPD, no dia 13 de junho de 2008, em São Paulo - SP.

Membro Honorário Associado do CONPEDI – Conselho Nacional de Pesquisa e Pós-Graduação em Direito desde 19 de junho de 2008.

Aula *"Direito Tributário, Linguagem e Método"*, ministrada no Curso de Teoria Geral do Direito do IBET – Instituto Brasileiro de Estudos Tributários, no dia 24 de junho de 2008, em São Paulo – SP.

Conferência *"Limites constitucionais ao poder de instituir obrigações"*, proferida no XIX Simpósio Nacional de Estudos Tributários promovido pela ABDT – Academia Brasileira de Direito Tributário, no dia 26 de junho de 2008, em São Paulo – SP.

Conferência *"A utilização indiscriminada dos Princípios Jurídicos em matéria tributária"*, proferida no VII Congresso de Direito Tributário em Questão promovido pela Fundação Escola Superior de Direito Tributário, no dia 28 de junho de 2008, em Gramado – RS.

Prêmio Spencer Vampré, outorgado pela Faculdade de Direito da Universidade de São Paulo, em 11 de agosto de 2008.

Aula *"Sistema Constitucional Tributário: princípios gerais, limitações, partilha de competência"*, ministrada no Curso de Iniciação ao Direito Tributário do Instituto Geraldo Ataliba – IGA-IDEPE, no dia 19 de agosto de 2008, em São Paulo – SP.

Conferência *"Interpretação e compreensão no Direito Público"*, proferida no I Curso de Especialização em Direito Público da FAZESP – Escola Fazendária do Estado de São Paulo, no dia 25 de agosto de 2008, em São Paulo – SP.

Conferência *"O conflito entre os princípios da eficiência e da segurança jurídica na dinâmica do Direito Tributário"*, proferida no XII Congresso Internacional de Direito Tributário promovido pela ABRADT – Associação Brasileira de Direito Tributário, no dia 27 de agosto de 2008, no Ouro Minas Palace Hotel, em Belo Horizonte – MG.

Aula *"Isenções e a regra-matriz de incidência tributária"*, ministrada no Curso de Especialização em Direito Tributário do IBET – Instituto Brasileiro de Estudos Tributários, no dia 30 de agosto de 2008, em Ribeirão Preto – SP.

Aula *"Teoria da Interpretação na Tradição"*, ministrada no Curso de Teoria Geral do Direito do IBET – Instituto Brasileiro de Estudos Tributários, no dia 02 de setembro de 2008, em São Paulo – SP.

Aula *"Reforma Tributária"*, ministrada no Curso de Pós-Graduação "Lato Sensu" – Especialização em Direito Público da Escola Paulista da Magistratura, no dia 03 de setembro de 2008, em São Paulo – SP.

Conferência *"Teoria das provas e a constituição do crédito tributário"*, proferida no *VIII Congresso de Direito Tributário, Constitucional* e Administrativo, no Centro de Convenções Rubens Gil de Camillo, no dia 04 de setembro de 2008, em Campo Grande/MS.

Título de Cidadão Baiano outorgado no dia 11 de setembro de 2008, pelo Senhor Deputado Marcelo Nilo, Presidente da Assembleia Legislativa da Bahia.

Conferência *"A Linguagem Constitutiva do Direito"*, proferida nas Jornadas Institucionais ANOREG/SP, no Espaço de Eventos Hakka, no dia 18 de setembro de 2008, em São Paulo/SP.

Conferência *"Metodologia e Linguagem no Direito Tributário"*, proferida no VIII Congresso Internacional de Direito Tributário de Pernambuco, no Mar Hotel, em Recife/PE, no dia 24 de setembro de 2008 (Presidente de Honra do Congresso).

Congresso de Direito Tributário – Homenagem ao Professor Paulo de Barros Carvalho, promovido pelo Centro Acadêmico XI de Agosto, no Salão Nobre da Faculdade de Direito da USP, no dia 29 de setembro de 2008, em São Paulo/SP.

Aula *"Crédito tributário, lançamento e espécies de lançamento"*, proferida no Curso de Especialização em Direito Tributário do IBET – Instituto Brasileiro de Estudos Tributários, no dia 18 de outubro de 2008, em Goiânia/GO.

Participação nas XXIV Jornadas do ILADT – Instituto Latinoamericano de Derecho Tributario, realizadas em Isla de Margarita, Venezuela, no dia 20 de outubro de 2008, proferindo a palestra *"Obligación Tributaria: Definición, acepciones, estructura interna y límites conceptuales"*.

Conferência *"O preâmbulo da Constituição e seu caráter eminentemente prescritivo"*, proferida no XXII Congresso Brasileiro de Direito Tributário, promovido pelo Instituto Geraldo Ataliba – IDEPE, no Hotel Maksoud Plaza, em São Paulo/SP, no dia 24 de outubro de 2008.

Conferência *"O Sistema Tributário na Constituição de 88 nos seus 20 anos de existência"*, proferida na Reunião Mensal das Associadas do CESA – Centro de Estudos das Sociedades de Advogados, no Hotel Renaissance, em São Paulo/SP, no dia 29 de outubro de 2008.

Título Associado – Benemérito, outorgado no dia 27 de novembro de 2008 pela Faculdade de Direito da Universidade de São Paulo, Associação dos Antigos Alunos da Faculdade de Direito da USP e Centro Acadêmico XI de Agosto.

Conferência *"Direito Tributário, Linguagem e Método"*, proferida no V Congresso Nacional de Estudos Tributários, promovido pelo IBET – Instituto Brasileiro de Estudos Tributários, no Hotel Renaissance, em São Paulo/SP, no dia 10 de dezembro de 2008, na qualidade de Presidente do Congresso.

Publicação da edição limitada de *Anotações e memórias de leituras jurídicas e filosóficas*, Editora Noeses, São Paulo.

É publicada pela Editora Quartier Latin a obra, *Direito Tributário – Homenagem a Paulo de Barros Carvalho*, coordenado pelo Professor Luís Eduardo Schoueri, São Paulo.

Recebe o Prêmio Análise Advocacia do ano, outorgado pela Análise Editorial, por ter seu nome apontado como o *Mais Admirado do Direito na categoria Tributário*.

Eleito *um dos melhores tributaristas do mundo*, pela revista britânica Corporate Tax Who's Who Legal, publicada pela Law Business Research Ltd.

2009

Professor Emérito da Pontifícia Universidade Católica de São Paulo – PUC/SP – outorgado em setembro de 2009.

Professor Emérito da Universidade de São Paulo – outorgado em novembro de 2009.

Professor Emérito da Faculdade de Direito de Itu (Organização Sorocabana de Assistência e Cultura) – outorgado em novembro de 2009.

Prêmio Análise Advocacia do ano, outorgado pela Análise Editorial, por ter sido apontado como o *Mais Admirado do Direito na categoria Tributário*.

Publicação da 5ª edição *do livro Teoria da Norma Tributária* (Tese de Doutorado). Editora Quartier Latin, São Paulo.

Eleito *um dos melhores tributaristas do mundo*, pela revista britânica Corporate Tax Who's Who Legal, publicada pela Law Business Research Ltd.

Aula inaugural *"Princípios, normas e enunciados"*, ministrada no Curso de Pós-Graduação *Lato Sensu* – Especialização em Direito Tributário, promovido pela ESPGE – Escola Superior da Procuradoria Geral do Estado de São Paulo, no dia 03 de março de 2009, São Paulo – SP.

Aula *"Direito Tributário e conceito de tributo"*, ministrada no Curso de Especialização em Direito Tributário da Faculdade de Direito da Universidade de São Paulo, no dia 12 de março de 2009.

Aula *"A regra-matriz de incidência, obrigação tributária e sujeição passiva"*, ministrada no Curso de Especialização em Direito Tributário do IBET – Instituto Brasileiro de Estudos Tributários, no dia 14 de março de 2009, em Florianópolis – SC.

Conferência *"Teoria Geral do Direito e o processo de positivação da norma jurídica"*, proferida no Curso de Especialização em Direito Processual Tributário do IBET – Instituto Brasileiro de Estudos Tributários, no dia 04 de abril de 2009, em Ribeirão Preto – SP.

Conferência *"A modulação de efeitos nos controles concentrado e difuso de inconstitucionalidade em matéria tributária: segurança jurídica e razoabilidade no direito tributário"*, proferida no IX Congresso Brasileiro de Direito do Estado, no dia 16 de abril de 2009, no Bahia Othon Palace, em Salvador – BA.

Aula *"Sistema tributário, competência e princípios"*, ministrada no Curso de Especialização em Direito Tributário do IBET – Instituto Brasileiro de Estudos Tributários, no dia 25 de abril de 2009, em Curitiba – PR.

Palestra *"Carga tributária no Brasil e isenções fiscais"*, proferida no XXIX Congresso Brasileiro de Direito Constitucional do

IBDC – Instituto Brasileiro de Direito Constitucional, no Teatro Renaissance, em São Paulo – SP, no dia 05 de junho de 2009.

Palestra *"Direito Tributário, linguagem e método"*, proferida na II Jornada de Direito Tributário da Escola Paulista de Direito – EPD, em São Paulo – SP, no dia 19 de junho de 2009.

Aula *"Regra-matriz de incidência tributária"*, proferida no Curso de Especialização em Direito Tributário do IBET – Instituto Brasileiro de Estudos Tributários, em São Paulo – SP, no dia 20 de junho de 2009.

Aula *"Teoria dos Valores"*, ministrada no Curso de Teoria Geral do Direito do IBET – Instituto Brasileiro de Estudos Tributários, em São Paulo – SP, no dia 23 de junho de 2009.

Conferência *"Segurança Jurídica e Direitos Fundamentais em Matéria Tributária"*, proferida VIII Congresso de Direito Tributário em Questão da FESDT – Fundação Escola Superior de Direito Tributário, no Serrano Resort, Convenções & SPA, em Gramado – RS, no dia 27 de junho de 2009, na qualidade de Presidente de Honra do Congresso.

Aula *"Regra-matriz e obrigação tributária"*, proferida no Curso de Especialização em Direito Tributário do IBET – Instituto Brasileiro de Estudos Tributários, no dia 08 de agosto de 2009, no Rio de Janeiro – RJ.

Conferência *"Interpretação das normas jurídico-tributárias"*, proferida no Curso de Pós-Graduação em Direito Tributário do IDP – Instituto Brasiliense de Direito Público, no dia 14 de agosto de 2009, em Brasília – DF.

Aula *"Isenções tributárias e a regra-matriz de incidência tributária"*, proferida no Curso de Especialização em Direito Tributário do IBET – Instituto Brasileiro de Estudos Tributários, no dia 15 de agosto de 2009, em Brasília – DF.

Conferência *"A pesquisa nos programas de pós-graduação em Direito no Brasil"*, proferida no I Encontro de Pós-Graduações de Direito PUC/SP – USP – Mackenzie, no dia 18 de agosto de 2009, em São Paulo – SP.

Conferência *"Língua, realidade e Direito"*, proferida no Curso de Aperfeiçoamento/ Merecimento – Filosofia do Direito promovido pela Escola Paulista da Magistratura, no dia 20 de agosto de 2009, em São Paulo – SP.

Aula *"Sistema Constitucional Tributário: princípios gerais, limitações, partilha de competência"*, ministrada no Curso de Iniciação ao Direito Tributário promovido pelo Instituto Geraldo Ataliba – IGA-IDEPE, no dia 01 de setembro de 2009, em São Paulo – SP.

Conferência *"Princípios tributários e seus conteúdos de valores na aplicação do Direito Tributário"*, proferida no IX Congresso Internacional de Direito Tributário de Pernambuco, promovido pelo IPET – Instituto Pernambucano de Estudos Tributários, no dia 10 de setembro de 2009, em Porto de Galinhas PE (Presidente de Honra do Congresso).

Aula *"Sistema e princípios constitucionais"*, ministrada no Curso de Especialização em Direito Tributário da PUC/SP-COGEAE, nos dias 19 e 20 de outubro de 2009.

Conferência *"Aspectos do processo tributário"*, proferida no XXIII Congresso Brasileiro de Estudos Tributários, promovido pelo Instituto Geraldo Ataliba – IDEPE, no dia 23 de outubro de 2009, no Hotel Maksoud Plaza, em São Paulo - SP.

Presidente de mesa *"La Idea de Justicia em los Juegos"* no I Encontro Iberoamericano de Direito Constitucional, promovido pelo IBDC Instituto Brasileiro de Direito Constitucional, no Novotel Jaraguá, em São Paulo – SP, no dia 29 de outubro de 2009.

Aula *"Que é a teoria comunicacional do direito?"*, proferida no Curso de Teoria Comunicacional do Direito, promovido pelo IBET Instituto Brasileiro de Estudos Tributários e UNIFAI Centro

Universitário Assunção, no dia 30 de outubro de 2009, em São Paulo – SP.

Aula *"Regra-matriz de incidência tributária"*, ministrada no Curso de Pós-Graduação em Direito Tributário do IDP – Instituto Brasilliense de Direito Público, no dia 03 de novembro de 2009, em Brasília – DF.

Aula *"Direito Tributário e Valor"*, ministrada no Curso Sistema Constitucional Tributário – Direito e Interpretação, promovido para a Diretoria Jurídica do Banco do Brasil, na Sede do Banco do Brasil, em Brasília – DF, no dia 04 de novembro de 2009.

Conferência *"Teoria dos Valores"*, proferida no Curso de Aperfeiçoamento/ Merecimento – Filosofia do Direito promovido pela Escola Paulista da Magistratura, no dia 05 de novembro de 2009, em São Paulo – SP.

Aula *"Princípio da certeza do direito e da segurança jurídica em matéria tributária"*, ministrada no Curso de Especialização em Direito Tributário – Uma Visão Constitucional – Módulo I, da COGEAE-PUC/SP, no dia 06 de novembro de 2009, em São Paulo – SP.

Aula *"Regra-matriz de incidência – hipótese tributária"*, ministrada no Curso de Especialização em Direito Tributário do IBET – Instituto Brasileiro de Estudos Tributários, no dia 07 de novembro de 2009, em São Paulo – SP.

Conferência *"Segurança Jurídica como Valor Constitucional"*, proferida no XII Congresso Internacional de Direito Tributário da ABRADT – Associação Brasileira de Direito Tributário, realizado na Faculdade de Direito Milton Campos, em Belo Horizonte – MG, em 11 de novembro de 2009.

Conferência *"Sistema Constitucional: Competências e Princípios"*, proferida no III Congresso Brasileiro de Direito Tributário, promovido pelo Instituto Baiano de Direito Tributário, no Bahia Othon Palace, em Salvador – BA, no dia 12 de novembro de 2009.

Conferência *"Direito Tributário e Valor"*, proferida no I Encontro de Direito Tributário da UNIFIG – Universidade Integrada de Guarulhos, em Guarulhos – SP, no dia 13 de novembro de 2009.

Conferência *"A construção de sentido dos textos jurídicos tributários"*, proferida no VI Congresso Nacional de Estudos Tributários do IBET – Instituto Brasileiro de Estudos Tributários, no Hotel Renaissance, em São Paulo – SP, no dia 09 de dezembro de 2009, na qualidade de Presidente do Congresso.

Representante da Sociedade Civil no Comitê de Seleção de Conselheiros do Conselho Administrativo de Recursos Fiscais – CARF no período de setembro de 2009 a abril de 2015

2010

Eleito Vice-Presidente da Associação Brasileira de Direito Financeiro – ABDF.

Membro Titular da Cadeira 14 da Academia Brasileira de Filosofia (posse em 09/06/2010).

Eleito Presidente do Conselho Editorial da Revista Tributária das Américas.

Recebe o Prêmio Análise Advocacia 500, outorgado pela Análise Editorial, apontado como o *Mais Admirado do Direito na categoria Tributário*.

Recebeu o Título de Professor Emérito da Escola Paulista de Direito em 16/09/2010.

XXV Jornadas Latinoamericanas y XXXIV Colombianas de Derecho Tributário, promovidas pelo ICDT Instituto Colombiano de Derecho Tributário, em Cartagena de Índias, Colômbia, no período de 14 a 20 de fevereiro de 2010, como Moderador da mesa "Seminario de Justicia Constitucional y Tributación".

"Saudação aos Calouros" da Faculdade de Direito da Universidade de São Paulo, no dia 22 de fevereiro de 2010, no Salão Nobre da Faculdade.

Conferência *"Direito Tributário: interpretação e planejamento tributário"*, proferida no Curso de Especialização em Direito Tributário da Faculdade de Direito da Universidade de São Paulo, no dia 25 de fevereiro de 2010, no Auditório "XI de Agosto", São Paulo – SP.

Conferência *"O Sistema Constitucional Tributário Atual"*, proferida no I Congresso Brasileiro de Estudos Tributários promovido pelo IBET – Instituto Brasileiro de Estudos Tributários, no Majestic Palace Hotel, em Florianópolis – SC, no dia 07 de abril de 2010.

Aula *"Fontes do Direito Tributário"*, ministrada no Curso de Especialização em Direito Tributário do IBET – Instituto Brasileiro de Estudos Tributários, em São Paulo – SP, no dia 17 de abril de 2010.

Aula *"Interpretação, validade, vigência e eficácia das normas tributárias"*, ministrada no Curso de Especialização em Direito Tributário do IBET – Instituto Brasileiro de Estudos Tributários, em Maceió – AL, no dia 08 de maio de 2010.

Conferência *"A reforma do sistema constitucional tributário brasileiro"*, proferida no 5º Congresso Internacional de Direito Tributário do Paraná, no Hotel Four Points Sheraton, em Curitiba – PR, no dia 12 de maio de 2010.

Conferência *"A conversação entre os sistemas de Direito Tributário nos países americanos"*, proferida no I Encontro Internacional da Academia Tributária das Américas, no Hotel Pestana, em Salvador – BA, no dia 20 de maio de 2010.

Aula *"Teoria dos Valores e Ciência do Direito"*, proferida no Curso de Teoria Geral do Direito do IBET – Instituto Brasileiro de Estudos Tributário, em São Paulo, no dia 22 de julho de 2010.

Conferência *"Incidência jurídico-tributária: configuração lógica, dimensão semântica e projeção pragmática"*, proferida no IX Congresso de Direito Tributário da FESDT – Fundação Escola Superior de Direito Tributário, no Serrano Resort, em Gramado – RS, no dia 25 de junho de 2010.

Conferência *"Segurança Jurídica"*, proferida na III Jornada de Direito Tributário e Processual Tributário da Escola Paulista de Direito, no dia 05 de agosto de 2010, em São Paulo – SP.

Conferência *"O legislador como poeta"*, proferida no Simpósio Internacional "A filosofia da ficção de Vilém Flusser", na Universidade do Estado do Rio de Janeiro, no dia 09 de agosto de 2010, no Rio de Janeiro – RJ.

Conferência *"Direito Tributário e Conceito de Tributo"*, proferida no Curso de Especialização em Direito Tributário da Faculdade de Direito da Universidade de São Paulo, no dia 12 de agosto de 2010, em São Paulo – SP.

Conferência *"Direito Tributário e o Conceito de Tributo"*, proferida no Curso de Especialização em Direito Tributário do IBET – Instituto Brasileiro de Estudos Tributários, no dia 13 de agosto de 2010, em Bauru – SP.

Conferência *"Sistema Constitucional Tributário: princípios gerais, limitações, partilha de competência"*, proferida no Curso de Iniciação do Direito Tributário do Instituto Geraldo Ataliba – IGA/IDEPE, em São Paulo – SP, no dia 24 de outubro de 2010.

Conferência *"Procedimento e Processo Fiscal"*, proferida no III Seminário Nacional de Melhores Práticas e Propostas de Gestão da Arrecadação Municipal e II Encontro sobre Julgamento Administrativo Municipal Tributário, no Braston Hotel, em São Paulo – SP, no dia 26 de agosto de 2010.

Conferência *"Tributo: evolução científica da doutrina"*, proferida na Faculdade de Direito da Universidade Presbiteriana Mackenzie, em São Paulo – SP, no dia 08 de setembro de 2010.

Conferência *"A Interpretação Econômica no Direito Tributário: um falso problema"*, proferida Seminário de Direito Tributário do Conselho Administrativo de Recursos Fiscais (CARF), na Escola Fazendária, em Brasília – DF, no dia 14 de setembro de 2010.

Aula *"Interpretação, validade, vigência e eficácia das normas tributárias"*, proferida no Curso de Especialização em Direito Tributário do IBET – Instituto Brasileiro de Estudos Tributários, em Salvador – BA, no dia 02 de outubro de 2010.

Conferência *"Princípios de eficiência e simplificação no procedimento tributário e a proteção dos direitos fundamentais do contribuinte"*, proferida no X Congresso Internacional de Direito Tributário de Pernambuco, promovido pelo IPET – Instituto Pernambucano de Estudos Tributários, em Recife – PE, no dia 06 de outubro de 2010.

Conferência *"Os novos caminhos da interpretação tributária no Brasil"*, proferida no XXIV Congresso Brasileiro de Direito Tributário do Instituto Geraldo Ataliba – IDEPE, no Hotel Maksoud Plaza, em São Paulo – SP, no dia 20 de outubro de 2010.

Presidente de Mesa *"Direito Internacional e Direitos Humanos"* do 3º Cid – Congresso Internacional de Direito Brasil – Europa: Internacionalização do Direito, Cortes Internacionais e as formas de resolução de conflitos no mundo globalizado, realizado pela PUC/SP, Comunidade de Juristas da Língua Portuguesa e Universidade de Lisboa, no dia 02 de dezembro de 2010.

Aula *"Teoria da interpretação no direito positivo"*, proferida no Curso de Teoria Geral do Direito do IBET – Instituto Brasileiro de Estudos Tributários, em São Paulo – SP, no dia 07 de dezembro de 2010.

Conferência *"Direito Tributário e Conceitos de Direito Privado"*, proferida no VII Congresso Nacional de Estudos Tributários do IBET – Instituto Brasileiro de Estudos Tributários, no Hotel Renaissance, em São Paulo – SP, no dia 08 de dezembro de 2010 (Presidente do Congresso).

2011

Recebe o Título de Doutor *Honoris Causa* da Facultad de Derecho y Ciencia Política de la Universidad Nacional Mayor de San Marcos, Lima, Peru.

Publicação do livro *Teoria de la Norma Tributária*, Ara Editores, Lima, Peru.

Publicação do livro *Derecho Tributario – Fundamentos jurídicos de la incidência*, RM Advisors Ediciones, México.

Publicação do livro *Teoria Comunicacional do Direito: Diálogo entre Brasil e Espanha (Coordenador)* – Editora Noeses – São Paulo – 2011.

Publicação do livro *Derivação e Positivação no Direito Tributário* – Volume I - Editora Noeses – São Paulo – 2011.

Aula *"As novas tendências da interpretação jurídica"*, proferida no Curso de Especialização em Direito da Universidade Estadual de Londrina, em Londrina/PR, no dia 11 de março de 2011.

Aula *"Direito Tributário e o conceito de tributo"*, proferida no Curso de Especialização em Direito Tributário do IBET – Instituto Brasileiro de Estudos Tributários, em Sorocaba/SP, no dia 26 de março de 2011.

Aula *"Filosofia da Ciência do Direito Positivo"*, proferida no Curso de Teoria Geral do Direito promovido pelo IBET – Instituto Brasileiro de Estudos Tributários, em São Paulo – SP, no dia 05 de abril de 2011.

Conferência *"Tributação da atividade empresarial"*, proferida no II Congresso Brasileiro de Estudos Tributários promovido pelo IBET – Instituto Brasileiro de Estudos Tributários e ACET – Associação Catarinense de Estudos, no Majestic Palace Hotel, em Florianópolis/SC, no dia 07 de abril de 2011.

Conferência *"Nós somos realmente livres?"*, proferida no evento Libertas XXI, promovido pelo Instituto Municipalizar e Academia Brasileira de Filosofia, no Rio de Janeiro/RJ, em 14 de abril de 2011.

Conferência *"Ativismo Judicial no Direito Tributário"*, proferida no XI Congresso Brasileiro de Direito do Estado, promovido pelo Instituto Brasileiro de Direito Público (IBDP), no Bahia Othon Palace, em Salvador – BA, no dia 19 de maio de 2011.

Conferência *"Interpretación de las normas jurídicas tributarias"*, proferida no II Congreso Internacional de Derecho Tributario, no Auditório da Universidad de Lima (Peru), em 25 de agosto de 2011.

Aula *"Conceito de tributo e suas espécies"*, ministrada no Curso de Iniciação ao Direito Tributário promovido pelo Instituto Geraldo Ataliba – IGA-IDEPE, em São Paulo – SP, no dia 30 de agosto de 2011.

Conferência *"Reflexões sobre a interpretação das normas tributárias e a Jurisprudência dos tribunais"*, proferida no XI Congresso Internacional de Direito Tributário de Pernambuco promovido pelo IPET – Instituto Pernambucano de Estudos Tributários, em Recife – PE, no dia 21 de setembro de 2011.

Aula *"Interpretação, validade, vigência e eficácia das normas tributárias"*, ministrada no Curso de Especialização em Direito Tributário do IBET – Instituto Brasileiro de Estudos Tributários, em Recife – PE, no dia 24 de setembro de 2011.

Conferência *"Derivação e Positivação no Direito Tributário"*, proferida no XXV Congresso Brasileiro de Direito Tributário – Sistema Constitucional Tributário, promovido pelo Instituto Geraldo Ataliba – IDEPE, no Hotel Maksoud Plaza, em São Paulo – SP, no dia 21 de outubro de 2011.

Conferência *"A verdade material no processo administrativo tributário"*, proferida no IV Congresso Brasileiro de Direito Tributário, promovido pelo Instituto Baiano de Direito Tributário, em Salvador – BA, no dia 31 de outubro de 2011.

Conferência *"Princípios Constitucionais Tributários"*, proferida no Curso de Especialização em Direito Tributário – Uma Visão Constitucional – Módulo I, da COGEAE -PUC/SP, em São Paulo – SP, no dia 25 de novembro de 2011.

Palestra *"As novas tendências do contencioso administrativo federal"*, proferida no Congresso Brasileiro de Contencioso Administrativo Tributário da Ordem dos Advogados do Brasil, Seção de São Paulo, na FECOMÉRCIO, em São Paulo – SP, no dia 09 de dezembro de 2011.

Conferência *"Derivação e positivação no direito tributário"*, proferida no VIII Congresso Nacional de Estudos Tributários do IBET – Instituto Brasileiro de Estudos Tributários, no Hotel Renaissance, em São Paulo – SP, no dia 14 de dezembro de 2011 (Presidente do Congresso).

2012

Publicação da obra *Guerra Fiscal: Reflexões sobre a concessão de benefícios no âmbito do ICMS* – em coautoria com Ives Gandra da Silva Martins – Editora Noeses – São Paulo – 2012.

Nomeado Acadêmico Correspondente pela Real Academia de Ciências Morales y Políticas da Espanha.

Nomeado pelo Senado Federal membro da Comissão do Pacto Federativo (Comissão dos Notáveis), com o objetivo de analisar questões relacionadas ao pacto federativo brasileiro.

Recebe a Comenda Comemorativa dos 400 anos de Natal – Rio Grande do Norte, outorgada pela Câmara Municipal.

Torna-se Sócio Honorário do Instituto Sergipano de Estudos Tributário.

Recebe o Título de Cidadão Sorocabano, outorgado pelo Vereador José Francisco Martinez, Presidente da Câmara Municipal de Sorocaba.

Professor Emérito do CEU- IICS Centro de Extensão Universitária – Instituto Internacional de Ciências Sociais.

Curso de Derecho Tributario – Editora y Librería Jurídica Grijley – Peru – 2012.

Aula Magna no Curso de *Teoria Geral do Direito* do IBET – Instituto Brasileiro de Estudos Tributários, em São Paulo – SP, no dia 27 de março de 2012.

Aula *"Regra-matriz: consequente e obrigação"*, ministrada no Curso de Especialização em Direito da COGEAE – PUC/SP, em São Paulo – SP, nos dias 02 e 03 de abril de 2012.

Aula *"Derivação e Positivação no Direito Tributário"*, ministrada no Curso de Especialização em Direito Tributário do IBET – Instituto Brasileiro de Estudos de Natal – RN, no dia 19 de abril de 2012.

Aula Magna *"Segurança Jurídica"*, ministrada nos Cursos de Especialização e Mestrado em Direito da Universidade Federal do Rio Grande do Norte, em Natal – RN, no dia 20 de abril de 2012.

Conferência *"O sistema tributário brasileiro e as reformas que se pretende implantar"*, proferida no VI Congresso Internacional de Direito Tributário do Paraná, em Curitiba – PR, no dia 25 de abril de 2012.

Conferência *"Homogeneização do sistema tributário brasileiro. A busca pela racionalidade"*, proferida no XI Congresso de Direito Tributário do Nordeste Brasileiro, promovido pelo ISET – Instituto Sergipano de Estudos Tributários, em Aracajú – SE, no dia 09 de maio de 2012.

Conferência *"Ativismo Judicial no Direito Tributário"*, proferida no X Congresso de Direito Tributário, Constitucional e Administrativo, promovido pelo Chiesa Instituto de Estudos Jurídicos, em Campo Grande – MS, no dia 17 de maio de 2012.

Conferência *"A reforma tributária possível na visão dos juristas"*, proferida no Congresso "A Reforma Tributária Possível – A busca do consenso", promovido pela Academia Internacional de Direito e Economia, na FECOMERCIO, em São Paulo – SP, no dia 22 de maio de 2012.

Conferência *"Presunções de Fatos Jurídicos Tributários e Teoria da Linguagem"*, proferida no V Congresso Brasileiro de Direito Tributário, promovido pelo IBDT – Instituto Baiano de Direito Tributário, em Salvador – BA, no dia 13 de junho de 2012.

Aula *"Teoria dos Valores. Ciência do Direito"*, ministrada no Curso de Teoria Geral do Direito do IBET – Instituto Brasileiro de Estudos Tributários, em São Paulo – SP, no dia 19 de junho de 2012.

Conferência *"ICMS e Federalismo"*, proferida no XI Congresso de Direito Tributário em Questão, promovido pela FESDT – Fundação Escola Superior de Direito Tributário, em Gramado – RS, no dia 29 de junho de 2012.

Aula *"Sistema Constitucional Tributário: princípios gerais, limitações, partilha de competência"*, proferida no Curso de Iniciação ao Direito Tributário do Instituto Geraldo Ataliba – IDEPE (Instituto Internacional de Direito Público e Empresarial), em São Paulo – SP, no dia 21 de agosto de 2012.

Palestra *"Pacto Federativo"*, proferida no III Workshop Tributário do Instituto Geraldo Ataliba – IDEPE (Instituto Internacional de Direito Público e Empresarial), em São Paulo – SP, no dia 24 de agosto de 2012.

Conferência *"A liberdade como um valor constitucional"*, proferida no Libertas XXI – Liberdade e Democracia no novo século, realizado pela Academia Brasileira de Filosofia, no Auditório do Tribunal de Contas do Estado do Tocantins, em Palmas – TO, no dia 27 de agosto de 2012.

Conferência *"Segurança Jurídica Tributária"*, proferida nas XXVI Jornadas Latinoamericanas de Derecho Tributario, no Hotel Puerto del Camino, em Santiago de Compostela – Espanha, no dia 06 de setembro de 2012.

Conferência *"A questão da prova no planejamento tributário"*, proferida no Curso *Planejamento Tributário* do IBET – Instituto Brasileiro de Estudos Tributários, em São Paulo – SP, no dia 10 de setembro de 2012.

Conferência *"Federalismo e contencioso tributário: o enfrentamento dos conflitos verticais e horizontais de competência impositiva"*, proferida no XVI Congresso Internacional de Direito Tributário da ABRADT – Associação Brasileira de Direito Tributário, em Belo Horizonte – MG, no dia 19 de setembro de 2012.

Conferência *"Tributação das Sociedades Cooperativas – impacto jurídico"*, proferida no XI Fórum de Aspectos Legais do Cooperativismo, promovido pela SESCOOP/SP – Serviço Nacional de Aprendizagem do Cooperativismo no Estado de São Paulo, em São Paulo – SP, no dia 21 de setembro de 2012.

Conferência *"Sistema tributário, competência e princípios"*, proferida no Curso de Especialização em Direito Tributário do IBET – Instituto Brasileiro de Estudos Tributários, em São Paulo – SP, no dia 22 de setembro de 2012.

Conferência *"A reforma tributária do ICMS no contexto do pacto federativo: desafios e soluções"*, proferida no XII Congresso Internacional de Direito Tributário de Pernambuco, promovido pelo IPET – Instituto Pernambucano de Estudos Tributários e CEAT – Centro de Estudos Avançados em Direito Tributário e Finanças Públicas do Brasil, no Mar Hotel, em Recife – PE, no dia 26 de setembro de 2012.

Aula *"Reforma Tributária"*, ministrada no Curso de Especialização em Direito Tributário Aplicado: Tributos em Espécie da Universidade Federal do Rio Grande do Sul – UFRGS, em Porto Alegre – RS, no dia 05 de outubro de 2012.

Conferência *"Os tributos e a federação que deve-ser"*, proferida no XXVI Congresso Brasileiro de Direito Tributário do Instituto Geraldo Ataliba – IDEPE, no Hotel Maksoud Plaza, em São Paulo – SP, no dia 17 de outubro de 2012.

Conferência *"Tributação e o pacto federativo"*, proferida na I Jornada de Debates sobre Contencioso Tributário Administrativo e Judicial, promovida pela ABAT – Associação Brasileira de Advocacia Tributária, no Hotel Golden Tulip Paulista Plaza, em São Paulo – SP, no dia 26 de outubro de 2012.

Conferência *"Adequação do fato à jurisprudência"*, proferida no 2º Encontro entre a Confederação Nacional do Comércio de Bens, Serviços e Turismo (CNC) e os Representantes do Conselho Administrativo de Recursos Fiscais (CARF), promovido pela CNC, em parceria com o CARF, na Sede da CNC, em Brasília – DF, no dia 07 de novembro de 2012.

Conferência *"Sistema Tributário Nacional e a Estabilidade da Federação Brasileira"*, proferida no IX Congresso Nacional de Estudos Tributários do IBET – Instituto Brasileiro de Estudos Tributários, realizado no Hotel Renaissance, em São Paulo – SP, no dia 12 de dezembro de 2012 (Presidente do Congresso).

2013

Derecho Tributario – Fundamentos Jurídicos de la incidência – Editora y Librería Jurídica Grijley – Peru – 2013.

Derivação e Positivação no Direito Tributário – Volume II - Editora Noeses – São Paulo – 2013.

Nomeado pela Ordem dos Advogados do Brasil, Seção de São Paulo, para compor a "Comissão Especial da Reforma Política", em 29 de julho de 2013.

Nomeado pela Ordem dos Advogados do Brasil, Seção de São Paulo, para compor a "Comissão de Direito Aduaneiro", para o triênio 2013/2015, em 30 de julho de 2013.

Conferência *"Interpretação, integração e aplicação do Direito Tributário"*, proferida no Aniversário do INEPPAT – Instituto de Estudos e Pesquisas de Processos Administrativos Tributários, em Fortaleza – CE, no dia 04 de março de 2013.

Aula *"Ciência e Teoria Geral do Direito"*, ministrada no Curso de Especialização em Direito Tributário do IBET – Instituto Brasileiro de Estudos Tributários, em São Paulo – SP, no dia 16 de abril de 2013.

Conferência *"Federação Brasileira e Guerra Fiscal"*, ministrada no IV Congresso Brasileiro de Estudos Tributários – Tributação e Desenvolvimento Industrial da ACET – Associação Catarinense de Estudos Tributários, em Florianópolis – SC, no dia 07 de maio de 2013.

Conferência *"Direito Tributário, Linguagem e Método"*, proferida no II Simpósio de Filosofia do Direito Tributário, promovido pela Pontifícia Universidade Católica do Rio Grande do Sul, em Porto Alegre – RS, no dia 10 de maio de 2013.

Conferência *"Tributação: desafios para construir uma Federação mais harmônica"*, proferida no XI Congresso de Direito Tributário, Constitucional e Administrativo, promovido pelo Chiesa Instituto de Estudos Jurídicos, em Campo Grande – MS, no dia 16 de maio de 2013.

Conferência *"A verdade material no processo administrativo tributário"*, proferida no Seminário Internacional de Direito Tributário CNI-CARF, em Brasília – DF, no dia 05 de junho de 2013.

Conferência *"Interpretação do Direito Tributário"*, proferida no Curso de Aperfeiçoamento para Magistrados, promovido pela Escola da Magistratura, em Vitória – ES, no dia 24 de junho de 2013.

Conferência *"Os caminhos da Teoria Comunicacional do Direito no Brasil"*, proferida no XXVI Congresso Mundial de Filosofia do Direito e Filosofia Social", promovido pela Associação Brasileira de Filosofia de Direito e pela Internacionale Vereinigung für Rechts – und Sozialphilosophie, em Belo Horizonte – MG, no dia 23 de julho de 2013.

Conferência *"A interpretação constitucional e o Direito Tributário"*, proferida no Curso de Hermenêutica Jurídica, promovido pelo Tribunal Regional Federal da 4ª. Região, em Porto Alegre – RS, no dia 20 de agosto de 2013.

Conferência *"Sistema Constitucional Tributário: princípios gerais, limitações, partilha de competência"*, proferida no Curso de Iniciação ao Direito Tributário, promovido pelo Instituto Geraldo Ataliba – IDEPE (Instituto Internacional de Direito Público e Empresarial), em São Paulo – SP, no dia 28 de agosto de 2013.

Aula *"Filosofia da Linguagem e o Constructivismo Lógico-Semântico"*, ministrado Curso Teoria Geral do IBET – Instituto Brasileiro de Estudos Tributários, em São Paulo – SP, no dia 03 de setembro de 2013.

Conferência *"As novas tendências na intepretação da legislação tributária"*, proferido no II Congresso sobre questões polêmicas no direito tributário, nos tribunais e no processo administrativo, promovido pelo Instituto dos Advogados do Rio Grande do Sul e Academia Brasileira de Direito Tributário, em Porto Alegre – RS, no dia 06 de setembro de 2013.

Palestra *"A Comissão Especial Externa do Senado Federal para questões relacionadas ao sistema federativo e aos Municípios"*, proferida no VI SENAM/V EJUMT, em São Paulo – SP, no dia 12 de setembro de 2013.

Conferência "*Diagnóstico e recomendações da Comissão de Especialistas do Senado sobre o Pacto Federativo*", proferida no XVII Congresso Internacional de Direito Tributário da ABRADT – Associação Brasileira de Direito Tributário, Belo Horizonte – MG, no dia 25 de setembro de 2013.

Aula "*Validade e interpretação das normas tributárias*" ministrada no Curso de Especialização em Direito Tributário da COGEAE – PUC/SP, no dia 30 de setembro de 2013.

Conferência "*A atividade tributária como fator de equilíbrio da estrutura federativa do Brasil*", proferida no XIII Congresso Internacional de Direito Tributário de Pernambuco, promovido pelo IPET – Instituto Pernambucano de Estudos Tributários, em Recife – PE, no dia 02 de outubro de 2013.

Conferência "*O descompasso entre a federação brasileira e a realidade nacional*", proferida no XXVII Congresso Brasileiro de Direito Tributário do Instituto Geraldo Ataliba – IDEPE, em São Paulo – SP, no dia 23 de outubro de 2013.

Conferência "*As grandes polêmicas em torno da interpretação no Direito Tributário*", proferida no VII Congresso Ibero-Americano de Direito Tributário, em Fortaleza – CE, no dia 01 de novembro de 2013.

Conferência "*O Direito Tributário e a Constituição de 1988*", proferida no IBMEC, no Rio de Janeiro – RJ, no dia 07 de novembro de 2013.

Conferência "*O Contencioso Administrativo como forma de garantia da Segurança Pública*", proferida na 2ª. Jornada de Debates sobre Contencioso Tributário – Administrativo e Judicial, promovida pela ABAT – Associação Brasileira de Advocacia Tributária, em São Paulo – SP, no dia 12 de novembro de 2013.

Conferência "*Direitos Humanos na Educação e na Cultura*", proferida na Jornada Mundial de Direitos Humanos: Capitalismo Humanista e Novo Constitucionalismo, promovida pela Escola Paulista da Magistratura e a Pontifícia Universidade Católica de São Paulo – PUC/SP, em São Paulo – SP, no dia 02 de dezembro de 2013.

Conferência "*O sistema tributário e a federação brasileira*", proferida no X Congresso Nacional de Estudos Tributários do IBET – Instituto Brasileiro de Estudos Tributários, em São Paulo – SP, no dia 04 de dezembro de 2013 (Presidente do Congresso).

2014

Recebeu o título de Doutor *Honoris Causa* da Universidade Potiguar, no Rio Grande do Norte, em 16 de janeiro de 2014.

Edição limitada do livro **Mais anotações e memórias**, Editora Noeses, São Paulo.

Publicação da 26ª edição do livro *Curso de Direito Tributário*, Editora Saraiva, São Paulo.

Conferência "*Direito tributário e o conceito de tributo*", proferida no Curso de Especialização em Direito Tributário do IBET – Instituto Brasileiro de Estudos Tributários, em São Paulo – SP, no dia 15 de fevereiro de 2014.

Aula "*Regra-matriz de incidência tributária*", proferida no Curso de Especialização em Direito Tributário da Faculdade de Direito de Ribeirão Preto da Universidade de São Paulo, em Ribeirão Preto – SP, no dia 21 de fevereiro de 2014.

Conferência "*Sistema tributário, competência e princípios*", proferida no Curso de Especialização em Direito Tributário do IBET – Instituto Brasileiro de Estudos Tributários, em Porto Alegre – RS, no dia 08 de março de 2014.

Aula "*Ciência do Direito e Teoria Geral do Direito*", ministrada no Curso de Teoria Geral do Direito do IBET – Instituto Brasileiro de Estudos Tributários, em São Paulo – SP, no dia 18 de março de 2014.

Conferência "*Teoria Geral do Direito e o Constructivismo Lógico-Semântico*", proferida no Seminário de Teoria Geral do Direito – Estudos em homenagem ao centenário de nascimento do Professor Lourival Vilanova, no Mar Hotel, em Recife – PE, no dia 05 de abril de 2014 (Presidente do Seminário).

Aula "*Extinção do crédito tributário*", ministrada no Curso de Especialização em Direito Tributário da PUC/SP-COGEAE, em São Paulo – SP, nos dias 29 de abril e 05 de maio do 2014.

Conferência "*A regra-matriz de incidência tributária*", proferida no Seminário de Direito Tributário no Espírito Santo, em Vitória – ES, no dia 09 de maio de 2014.

III Congresso Brasileiro de Direito Tributário Atual do IBDT/AJUFE/FDUSP-DEF – Presidente de Mesa do Painel "*Segurança Jurídica, Urgência da Arrecadação e Razoável Duração do Processo*", em São Paulo – SP, no dia 21 de maio de 2014.

Conferência "*O tributo e a federação brasileira*", proferida no VII Congresso Internacional de Direito Tributário do Paraná, em Curitiba – PR, no dia 06 de agosto de 2014.

Palestra "*Interpretação em matéria tributária*", proferida no Curso de Especialização em Direito Tributário do Centro de Extensão Universitária – CEU, no dia 11 de agosto de 2014.

Conferência "*A intertextualidade nas decisões do CARF*", proferida na Rodada de Debates: Grandes Questões em Discussão no CARF, promovido pela Foco Fiscal, em São Paulo – SP, no dia 02 de setembro de 2014.

Conferência "*A Constitucionalidade da Lei do IPTU de 2014 de Salvador – BA*", proferida no XXVI Encontro Nacional da Federação Nacional dos Auditores e Fiscais de Tributos Municipais, VII

Seminário Nacional de Melhores Práticas e Propostas de Gestão e Arrecadação e do Gasto Municipal, *VI Encontro sobre Julgamento Administrativo Municipal Tributário*, no dia 18 de setembro de 2014, em São Paulo – SP.

Conferência "*Imunidades e Direitos Fundamentais*", proferida na VII Conferência Estadual dos Advogados do Rio Grande do Sul, promovida pela OAB/RS, no dia 26 de setembro de 2014, em Porto Alegre – RS.

Conferência "*Política tributária e princípio da igualdade*", proferida no III Congresso Brasileiro de Governança Tributária, promovido pelo IBPT – Instituto Brasileiro de Planejamento e Tributação, no dia 09 de outubro de 2014, em Curitiba – PR.

Conferência "*A federação brasileira e o sistema tributário*", proferida no Instituto de Direito Tributário do Paraná, no dia 10 de outubro de 2014, em Curitiba – PR.

Conferência "*Guerra Fiscal e os desafios para uma tributação justa dentro da Federação Brasileira*", proferida no evento "Quinta Jurídica", promovido pela Escola de Magistratura Federal – Núcleo RN, no dia 16 de outubro de 2014, em Natal – RN.

Conferência "*Extinção da obrigação tributária, compensação e repetição do indébito*", proferida no Curso de Especialização em Direito Tributário do IBET – Instituto Brasileiro de Estudos Tributários, no dia 17 de outubro de 2014, em Natal – RN.

Conferência "*A certeza nas relações jurídicas tributárias*", proferida no XXVIII Congresso Brasileiro de Direito Tributário, promovido pelo Instituto Geraldo Ataliba – IDEPE, no dia 22 de outubro de 2014, em São Paulo – SP.

Conferência "*Direito Tributário, Hermenêutica, Argumentação e Decisão Judicial*", proferida no Fórum Paraibano de Direito Tributário, no Centro de Eventos do Tropical Hotel Tambaú, em João Pessoa – PB, no dia 20 de novembro de 2014.

Conferência "*A federação brasileira e o nosso sistema tributário*", proferida no VIII Congresso Ibero-Americano de Direito Tributário, promovido pela OAB-CE, no Hotel Seara, em 24 de novembro de 2014.

Conferência "*Ética, Direito e Poder*", proferida no XV Seminário Internacional Ética na Gestão – Ética, Direito e Poder, promovido Comissão de Ética Pública, no Plenário Ministro Arnaldo Sussekind do TST, Brasília – DF, em 05 de dezembro de 2014.

Conferência "*O Direito Tributário – Entre a forma e o conteúdo*", proferida no XI Congresso Nacional de Estudos Tributários, promovido pelo IBET – Instituto Brasileiro de Estudos Tributários, no Hotel Renaissance, em São Paulo – SP, no dia 10 de dezembro de 2014 (Presidente do Congresso).

2015

Publicação da 10ª edição da obra *Direito Tributário – Fundamentos Jurídicos da Incidência*, Editora Saraiva, São Paulo.

Lançamento da 6ª edição da obra *Direito Tributário Linguagem e Método*, Editora Noeses, São Paulo.

Conferência "*Aspectos fundamentais do Constructivismo Lógico-Semântico*", proferida no Seminário de Teoria Geral do Direito – Estudos em Homenagem ao Professor Lourival Vilanova, promovido pelo IBET – Instituto Brasileiro de Estudos Tributários, no Hotel Seara, em Fortaleza – CE, em 06 de março de 2015.

Aula "*Tributo: sua configuração estática, semântica e pragmática*", proferida no Curso de Especialização em Direito Tributário Aplicado: Tributos em Espécie, promovido pela Universidade Federal do Rio Grande do Sul, em Porto Alegre – RS, no dia 10 de abril de 2015.

Conferência "*Julgados sob a orientação 'caso a caso': necessidade de uniformização de critérios*", proferida no XI Congresso de

Direito Tributário, Constitucional e Administrativo, promovido pelo Chiesa Instituto de Estudos Jurídicos, em Campo Grande – MS, no dia 21 de maio de 2015.

Conferência "*A relevância do Direito Tributário para a proteção dos princípios insculpidos na Magna Carta*", proferida no Seminário Internacional "Os 800 anos da Magna Carta", promovido pelo Pinheiro Neto Advogados, em São Paulo – SP, no dia 09 de junho de 2015.

Conferência "*Regra-matriz de incidência – hipótese tributária*", proferida no Curso de Especialização em Direito Tributário do IBET – Instituto Brasileiro de Estudos Tributários, em João Pessoa – PB, no dia 13 de junho de 2015.

Conferência "*Interpretação em matéria tributária*", proferida no Curso de Especialização em Direito Tributário do Centro de Extensão Universitária, em São Paulo – SP, no dia 23 de junho de 2015.

Conferência "*O Constructivismo Lógico-Semântico*", proferida no Curso de Especialização em Direito Tributário da COGEAE/PUC, em São Paulo – SP, no dia 24 de junho de 2015.

Conferência "*Processo administrativo tributário: substância e forma*", proferida na 4ª. Jornada de Debates Contencioso Tributário Administrativo e Judicial, promovida pela ABAT – Associação Brasileira de Advocacia Tributária, em São Paulo – SP, no dia 25 de junho de 2015.

Conferência "*Processo Administrativo Tributário: o julgamento entre conteúdo e forma*", proferida no XIV Congresso de Direito Tributário em Questão, promovido pela FESDT – Fundação Escola Superior de Direito Tributário, em Gramado – RS, no dia 26 de junho de 2015.

Aula inaugural "*A atividade profissional entre a forma e o conteúdo da linguagem*", proferida para 1ª. Turma do Mestrado Profissional em Direito da Empresa e dos Negócios, da UNISINOS

– Universidade do Vale dos Sinos, em São Leopoldo – RS, no dia 14 de agosto de 2015.

Membro Titular do Instituto Histórico e Geográfico de São Paulo, concedido em sessão de 15 de julho de 2015, e posse em cerimônia realizada em 19 de agosto de 2015.

Conferência de abertura do *XII Congresso Nacional de Estudos Tributários*, promovido pelo IBET realizado entre os dias 9 e 11 de dezembro de 2015, no Hotel Renaissance, em São Paulo, que teve como tema Direito Tributário e os Novos Horizontes do Processo. (Presidente do Congresso)

Título *Patronus Perpetuus*, outorgado pela Associação de Pós-Graduandos em Direito da PUC/SP, no dia 02 de setembro de 2015.

2016

Membro Honorário da ABDPRO – Associação Brasileira de Direito Processual, empossado em 16 de março de 2016, em Ribeirão Preto – SP.

Organização como Presidente do IBET em parceria com a Università Ca'Foscari de Veneza e a Universitá di Siena, Itália, do *I Curso Internacional de Teoria Geral do Direito* realizado em Veneza, entre 18 e 22 de abril de 2016, que teve como tema Interpretação Jurídica: Semiótica, Textos e Normas.

Conferência: *A Interpretação Jurídica no Constructivismo Lógico-Semântico*, proferida na abertura do I Curso Internacional de Teoria Geral do Direito, Veneza, Itália, em abril de 2016.

Presidente do CMR – Centro de Estudos Jurídicos Miguel Reale desde maio de 2016.

Membro Honorário do IPDT – Instituto Potiguar de Direito Tributário, empossado em maio de 2016.

Título de Cidadão do Recife concedido pela Presidência da Câmara Municipal, em 16 de maio de 2016. Decreto Legislativo n. 732/2016.

Agraciado como título de Cidadão Natalense, outorgado pela Presidência da Câmara Municipal de Natal, Rio Grande do Norte, em 25 de maio de 2016, a partir da proposição dos vereadores Bertonne Marinho e Aquino Neto.

Lançamento sob sua coordenação e organização de Lucas Galvão de Britto do livro: *Lógica e Direito*, Editora Noeses, São Paulo. Maio de 2016.

Nomeado pela Ordem dos Advogados do Brasil, Seção de São Paulo, para compor a "*Comissão de Direito Aduaneiro*", para o triênio 2016/2018, em 07 de junho de 2016.

Coordenador da *Revista de Direito Tributário Contemporâneo*, publicada pela Thomson Reuters, por meio do seu solo editorial Revista dos Tribunais, desde julho 2016.

Conferência "*Os 50 Anos do Código Tributário Nacional*" na abertura do VIII Congresso Internacional de Direito Tributário do Paraná, 31 de agosto, Curitiba.

Palestra de Abertura do Congresso "*50 anos do Código Tributário Nacional*", promovido pela OAB/RJ, 13 de outubro, Rio de Janeiro.

Abertura do curso "*Os 50 Anos do CTN*" organizado pela Associação dos Advogados de São Paulo, com a palestra "50 anos do Código Tributário Nacional: notas históricas e perspectivas", 24 de outubro, São Paulo.

Organizador do Programa de atualização em Direito **PRODIREITO – *Direito Tributário*** – volume III, em coautoria com Fabiana Del Padre Tomé e Lucas Galvão de Britto – IBET/Artmed Panamericana Editora – Porto Alegre – 2016.

Organizador do Programa de atualização em Direito *PRODIREITO – Direito Tributário* – volume IV, em coautoria com Fabiana Del Padre Tomé e Lucas Galvão de Britto – IBET/Artmed Panamericana Editora – Porto Alegre – 2016.

Organizador do Programa de atualização em Direito *PRODIREITO – Direito Tributário* – Ciclo 2, volume I, em coautoria com Fabiana Del Padre Tomé e Lucas Galvão de Britto – IBET/Artmed Panamericana Editora – Porto Alegre – 2016.

Organizador do Programa de atualização em Direito *PRODIREITO – Direito Tributário* – Ciclo 2, volume II, em coautoria com Fabiana Del Padre Tomé e Lucas Galvão de Britto – IBET/Artmed Panamericana Editora – Porto Alegre – 2016.

Organizador do Programa de atualização em Direito *PRODIREITO – Direito Tributário* – Ciclo 2, volume III, em coautoria com Fabiana Del Padre Tomé e Lucas Galvão de Britto – IBET/Artmed Panamericana Editora – Porto Alegre – 2016.

Lançamento do livro *"Ideologia de Gênero"*, obra coordenada por Ives Gandra da Silva Martins e Paulo de Barros Carvalho. Editora e Livraria Noeses, 24 de novembro, São Paulo.

Lançamento da obra *Derivação e Positivação no Direito Tributário*, Volume III, 1ª edição. Editora e Livraria Noeses, 24 de novembro, São Paulo.

Lançamento da obra *Teoría de la norma tributaria* – 2ª. edición – Ediciones Olejnik – Bogotá – Colombia – 2016.

Conferência de abertura do *XIII Congresso Nacional de Estudos Tributários*, promovido pelo IBET realizado entre os dias 7 e 9 de dezembro de 2016, no Hotel Renaissance, em São Paulo, que teve como tema "Os 50 Anos do Código Tributário Nacional". (Presidente do Congresso)

FONTES E REFERÊNCIAS BIBLIOGRÁFICAS

AMALFI, YESO. *O futebolista que mudou o mundo*. São Paulo: Editora CLA Cultural, 2009.

ARRUDA, José Jobson de Andrade. *Historiografia*: teoria e prática. São Paulo: Alameda, 2014.

ARRUDA, Maria Arminda do Nascimento. *Metrópole e cultura*: São Paulo na metade do século. São Paulo: EDUSP, 2001.

_____. *Mitologia da mineiridade*. São Paulo: Brasiliense, 1999.

BOURDIEU, Pierre. A ilusão biográfica. In: **AMADO**, Janaina & **FERREIRA**, Marieta M. (orgs). *Usos e abusos da história oral*. Rio de Janeiro: Editora Fundação Getulio Vargas, 2002.

BORGES, José Souto Maior. *Ciência feliz*. São Paulo: Editora Max Limonad, 2000.

CABRAL, Flávio José Gomes. *Velhos engenhos & antigas famílias de Bonito*. Recife: Centro de Estudos de História Municipal (Coleção Tempo Municipal, 30), 2010.

CARVALHO, Delano Marroquim de Barros. **RAÍZES E LAÇOS**. Genealogia de famílias pernambucanas. http://www.delanocarvalho.com

CERTEAU, Michel de. "A operação historiográfica". In: **CERTEAU**, M. *A escrita histórica*, Rio de Janeiro: Forense Universitária, 2002.

DOSSE, François. *O desafio biográfico*: escrever uma vida. São Paulo: EDUSP, 2009.

LEVI-STRAUSS, Claude. *O pensamento selvagem*. São Paulo: Companhia Editora Nacional, 1976.

LORIGA, Sabina. *O pequeno X*: da biografia à História. Belo Horizonte: Autêntica Editora, 2011.

MOURÃO, Gerardo Mello. *Um Senador de Pernambuco*: Breve Memória de Antônio de Barros Carvalho. Rio de Janeiro: TOPBOOKS, 1999.

SIRINELLI, Jean-François. "Os intelectuais". In: **RÉMOND**, René (org.). *Por uma história política*. Rio de Janeiro: Editora Fundação Getulio Vargas, 2003.

viena *gráfica*

Impressão e Acabamento:
www.graficaviena.com.br
Santa Cruz do Rio Pardo - SP